GARDE DU CORPS

Trevor Rees-Jones

et Moira Johnston

GARDE DU CORPS

Le témoignage du seul survivant

Traduit de l'anglais par
Laure Joanin-Llobet

JC Lattès

Titre de l'édition originale
THE BODYGUARD'S STORY
publiée par Little, Brown & Company, UK.

Aux amis et aux familles de ceux qui ont péri dans l'accident

Déclaration de Trevor

Raconter mon histoire dans un livre est la dernière chose à laquelle j'ai rêvé. Si on me l'avait suggéré dans l'année qui a suivi l'accident, j'aurais répondu « foutaises ! » Depuis le début, depuis le moment où j'étais encore inconscient à l'hôpital, ma famille a essayé de rester discrète et d'éviter le feu des projecteurs. Lorsque je me suis réveillé, j'ai partagé complètement ce sentiment. Nous avions mené une vie calme et simple à Oswestry, une ville du Shropshire. On ne l'apprécie que lorsqu'on la perd. C'est ce qui s'est produit le jour de l'accident.

Tous les médias se sont focalisés sur nous — sur moi, ma mère, mon beau-père, même sur ma grand-mère qui vivait au Pays de Galles. La plupart des informations étaient fausses, certaines tout bonnement inventées. Nous décidâmes sur-le-champ de ne pas donner d'interviews. Durant les deux ans et demi qui ont succédé, je n'en ai donné qu'une, parce que j'éprouvais beaucoup de compassion pour mon employeur, Mohammed Al Fayed qui avait perdu son fils. Mais je l'ai aussitôt regretté, et je le regrette encore.

Après avoir démissionné de mon poste, j'aurais pu oser parler, me sentir plus libre ; là encore, je ne l'ai pas fait. J'avais simplement besoin de mettre ma vie en suspens jusqu'à ce que l'enquête soit achevée en France, et de prendre de la distance par rapport à cette affaire. Mon but était de retrouver ma forme et de retrouver ma vie d'avant — un travail, mes copains, le rugby.

Mais c'est irréaliste, n'est-ce pas ? J'ai commencé à comprendre que mon existence ne pourrait jamais redevenir ce qu'elle était. Je n'étais plus la même personne. Comment pourrait-on être impliqué dans une telle tragédie, ayant entraîné la mort des trois autres passagers — l'un étant la Princesse de Galles — et ne pas être transformé ?

Ce n'était pas de la culpabilité que je ressentais. Ils étaient morts alors que j'étais en service, il me fallait vivre avec cela le restant de ma vie. Chaque jour, je me regarde dans la glace et je sais que j'ai fait de mon mieux. Je ne me rappelle pas l'accident lui-même, ni les trois minutes qui l'ont précédé. Je n'ai aucun souvenir de ce qui est arrivé après que la voiture fut partie du Ritz jusqu'à ce que je me réveille à l'hôpital dix jours plus tard. Aucun être vivant ne sait exactement ce qui s'est passé durant les dernières secondes, dans cette voiture dont le chauffeur se révéla être ivre. Mais je sais que personne n'aurait pu faire mieux pour éviter cette tragédie et protéger mes principaux[1].

Les attaques sur mon professionnalisme, qui ont suivi, m'ont toujours irrité — de prétendus experts anticipant ce que j'aurais dû faire, alors qu'ils n'étaient pas là.

D'abord, ce furent d'anciens agents de sécurité de Fayed qui tentèrent de prendre le train en marche. Mais, l'été suivant, c'est Fayed lui-même qui se mit à m'attaquer, m'accusant de l'avoir trahi en démissionnant et, pis, d'avoir, par mes actions ou mon manque d'action, causé l'accident. Je fus en colère et blessé : j'avais jusque-là ignoré tous les avertissements de mes proches. J'avais essayé de rester loyal. J'avais adoré ce travail, et je ressentais encore de la sympathie pour l'homme.

Mais lorsqu'il m'attaqua — ainsi que Kez, mon copain garde du corps — dans *Time Magazine*, sur *CNN* et dans les journaux, j'ai su que je devais lui répondre, non seule-

1. Terme désignant la personne à protéger dans le milieu des gardes du corps.

ment par amour-propre mais aussi pour faire éclater la vérité. Il y avait tellement de choses que les médias ignoraient. J'ai compris que, si on laissait le silence s'installer, d'autres s'empresseraient de le combler, que la presse ne s'arrêterait jamais. Je ne pouvais pas laisser les gens croire aux mensonges, ni aux fausses informations. Surtout, il m'était impossible de perdre le respect que je pense inspirer ici, à Oswestry. Car si je n'avais pas clarifié les choses, je crois que je l'aurais certainement perdu.

Il me fallait répondre à Fayed.

Les médecins sont incapables de prévoir comment mon état de santé évoluera au fil des ans, et si je pourrai continuer à travailler et mener ma carrière jusqu'au bout. Je n'ai reçu aucune compensation, mes avocats et ma famille m'ont vivement conseillé de tenter d'obtenir des dommages et intérêts, afin de mettre un peu d'argent de côté, au cas où les choses tourneraient mal. Même après les attaques de M. Fayed, je n'ai jamais demandé à être rétribué pour lui répondre dans les tabloïds, à la télévision ou dans les magazines. On m'a offert davantage pour une demi-journée d'interview que je n'en gagnerais jamais après tous ces mois passés à travailler sur le livre. Mais j'ai compris qu'un livre était un moyen honorable pour régler mes importants frais de justice — chaque penny dû à mes hommes de loi étant bien mérité à mes yeux — et en mettre un peu de côté.

La seule autre manière d'obtenir une compensation était d'aller devant les tribunaux. J'aime bien la bagarre mais, pour être sincère, je n'ai jamais apprécié d'être impliqué dans cette enquête. Je ne veux plus, comme à mon avis toutes les autres personnes concernées — sauf peut-être M. Fayed —, être mêlé à ces batailles juridiques et ces gros titres à sensation. Plus que tout, je souhaite laisser cela derrière moi.

C'est ce qui m'a finalement convaincu que j'avais envie d'écrire ce livre. Lorsqu'il sera achevé et publié et que je l'aurai défendu, je n'aurai plus à m'occuper de toute cette affaire. Toute personne désirant savoir ce qui s'est réellement passé, ou ce que je pense, le trouvera dans ce livre. Terminé ! Ma vie peut continuer.

Après avoir rassemblé les éléments, j'ai décidé d'aller de l'avant et d'écrire ce livre aussi vite que possible. En septembre, M. Fayed a fait appel de la décision du juge en France, mais je n'ai pas voulu l'imiter. La procédure judiciaire pouvait s'éterniser, moi je n'y tenais pas.

Cependant j'étais encore réticent. Il nous faudrait, mes parents et moi-même, revivre les deux dernières années, avec toute leur souffrance et leurs émotions. Je tâche de ne pas montrer mes sentiments mais je savais que ma maman révélerait des choses personnelles. Je sais qu'elle m'aime parce que j'ai toujours défendu les plus faibles, même si toute ma vie, cela a fait de moi le fils à problèmes. J'avais peur de me sentir mis à nu.

Cependant, je l'ai fait. Ce livre est la vérité telle que je la connais, il relate l'histoire de ce qui est arrivé avant l'accident et ce que nous avons vécu, moi et ma famille, durant les mois qui ont suivi.

Au départ, le problème était de trouver la façon de raconter l'histoire puisque j'étais inconscient pendant une période cruciale, et que ma mémoire est encore défaillante pour le reste. Les médecins me disent que cela est normal, ce qui ne m'est d'aucun secours. De même, certains pans de l'histoire m'étaient inconnus — comment ma famille s'est débrouillée, ce que les avocats ont appris —, cela est important si mon objectif est de dire toute la vérité telle que je la vois. Alors mon coauteur, Moira Johnston, et moi-même avons décidé d'écrire le livre à la troisième personne. J'ai demandé à ma mère et à mon beau-père, Ernie, à mes trois avocats, et à mon copain Kez — qui était encore avec moi trois minutes avant l'accident —, d'ajouter leurs souvenirs.

Tout ce qui se trouve dans ces pages est ce que nous croyons être la vérité. En apprenant ce que ces personnes m'ont raconté, j'ai souvent été bouleversé ; j'ai sans cesse été surpris par des choses que j'ignorais. Sans le soutien de ma mère et de Ernie, je n'aurais jamais pu tenter cette expérience. Il m'a fallu tout leur courage. Depuis le début, ils n'ont jamais cessé de m'aider. Leur histoire est centrale.

C'est après avoir commencé à travailler que j'ai compris l'ampleur de cette histoire.

Avoir survécu à tout cela — l'accident, Fayed, les médias, l'enquête, les changements dans nos vies — a été, avec le recul, une étonnante période à traverser. Aujourd'hui, je suis satisfait de ce qui a été écrit. Mais la vérité ne se révèle pas tendre pour quelques personnes dont les rôles dans l'accident ne sont pas pleinement compris et pour d'autres qui ont, par la suite, fait naître des mythes — bêtises à propos de la bague de fiançailles, complots d'assassinat, etc. Ils n'aimeront pas cette histoire. Mais je l'ai racontée de la façon la plus honnête et la plus exhaustive.

J'éprouve le besoin et l'envie de remercier ceux qui m'ont aidé à écrire ce livre. Jusque-là, je ne savais pas comment naissait un livre mais, quand j'en ai vu la complexité, j'ai acquis un grand respect pour mon agent Michael Carlisle et pour mon éditeur, Philippa Harrison, dont la passion jamais démentie pour ce récit nous a tous encouragés. J'ai appris comment un bon écrivain peut écouter toutes les voix, avant de les tisser pour en faire une histoire, et de les laisser chacune s'exprimer, de façon complètement crédible. Pour cela, je remercie Moira Johnston. Ma mère et mon beau-père, Jill et Ernie Rees-Jones, qui tiennent par-dessus tout à préserver leur intimité, ont raconté leur histoire parce qu'ils estimaient qu'il était important que les choses soient claires pour moi. C'était aussi le moyen de laisser enfin cet accident derrière nous. Je ne les remercierais jamais assez.

Mes avocats, Ian Lucas et David Crawford à Oswestry, et Christian Curtil à Paris, ont énormément travaillé et se sont beaucoup impliqués dans ce livre, en racontant des moments clés de l'histoire qu'eux seuls pouvaient connaître. Sans leur ténacité et leur courage, beaucoup de faits cachés seraient restés dans l'ombre et j'aurais eu à affronter des pressions de toutes sortes, étant mal équipé pour me protéger moi-même. Enfin, Kez s'est révélé être un véritable ami, partageant les souvenirs de ces événements et m'aidant à rester le plus près de la vérité.

Bien que je ne sois pas du genre à montrer mes sentiments, il y a d'autres personnes que je souhaite également remercier : mes trois frères, Gareth, John et Chris qui, tout le long, m'ont soutenu à Paris et depuis mon retour à la maison. Le docteur Luc Chikhani, mon remarquable chirurgien et le personnel de La Pitié-Salpêtrière, pour leur travail intense et les miracles qu'ils ont accomplis sur moi — j'espère n'avoir pas été un trop mauvais patient.

La famille de Sue, les Jones, pour leur soutien solide. Lara, qui m'a remonté le moral à Paris et continue d'être une véritable amie. Le Rugby Club de Oswestry, qui s'est gentiment moqué de moi afin que je ne me donne pas des airs. Et, enfin, les habitants de Oswestry, pour avoir serré les rangs et veillé sur l'un des leurs. Je ne l'oublierai jamais.

Je m'en tiens à ce que j'ai fait et à ce que j'ai dit dans ce livre. Je veux que les gens sachent ce qui s'est passé. Et puisque je suis le dernier à parler, j'espère que ce livre sera la dernière fois où l'on parlera de cet accident. Il est temps de vivre en paix.

Introduction

Lorsque Trevor était dans l'armée, en Irlande du Nord, Jill Rees-Jones avait toujours été effrayée lorsque le téléphone sonnait au milieu de la nuit. Elle croyait qu'on allait lui annoncer que son fils avait été touché par la balle d'un sniper. Le dimanche 31 août 1997, alors qu'elle se trouvait au lit avec son mari Ernie, le téléphone sonna à 2 h 45 du matin. Jill se réveilla en sursaut, terrifiée. C'était sa belle-fille, Sue, qui l'appelait d'un taxi sur son portable.

— Je viens juste de l'entendre à la radio. Dodi et Diana viennent d'avoir un accident. Je suis sûre que tout va bien mais j'ai pensé qu'il fallait que vous le sachiez.

Jill et Ernie attrapèrent leurs robes de chambre et coururent allumer la télévision. On y annonçait que Dodi et le chauffeur étaient morts. Diana et le garde du corps étaient gravement blessés. Aucun nom ! Aucun détail ! Personne à Oswestry, à part eux trois, ne savait que le robuste fils de Jill, âgé de vingt-neuf ans, était le garde du corps de Dodi Fayed. Pas même les frères de Trevor, ni ses meilleurs amis du Rugby Club. Puisque l'histoire d'amour entre Dodi et Diana était devenue l'événement de l'été et que la princesse était traquée par les paparazzi, Trevor l'avait accompagnée. Il devait se trouver dans la voiture.

Malgré cette nuit estivale, Jill tremblait de froid. Ernie alluma un feu tandis qu'ils zappaient de Sky News à la

BBC, en passant par ITV, essayant de ne rien rater. Quand ils découvrirent les premières images de la voiture mutilée, leurs espoirs s'effondrèrent — personne n'avait pu survivre à cela.

Cependant, malgré la confusion des premiers témoignages, il semblait qu'il y avait au moins un survivant. « ... *Le quatrième passager gravement blessé... La moitié de son visage arrachée...* » C'est alors que Ernie entendit la nouvelle que Jill redoutait tant. Il se rendit dans la chambre où elle tentait distraitement de réfléchir à ce qu'elle devait emmener pour rejoindre son fils à Paris.

« Ils disent que Trevor est mort. »

Désespérant d'obtenir une quelconque confirmation, Ernie composa le numéro des quartiers généraux de Fayed à Londres, leur seul contact.

« Non, non, ne le croyez pas, il est toujours en vie », lui répondit-on au bureau des Opérations à Park Lane.

Mais comment pouvaient-ils le savoir ? Ernie revêtit le costume qu'il ne portait que pour les enterrements. Il pensait qu'ils lui ramèneraient Trevor dans un cercueil.

Dix jours allaient s'écouler avant que Trevor Rees-Jones, hospitalisé à La Pitié-Salpêtrière, aux portes de la mort, n'apprenne l'accident ou le décès des autres passagers. Inconscient, le visage si atrocement écrasé que sa mère le reconnut à peine, lorsqu'elle le revit la première fois, il allait être l'un des derniers, dans le monde occidental, à apprendre qu'il était l'unique survivant du plus célèbre accident de voiture de l'histoire.

Jusqu'à aujourd'hui, Trevor n'a jamais dit ce que lui seul est en mesure de relater — la dernière odyssée d'une princesse très humaine, la reconstruction quasi miraculeuse de son visage, son retour sur les terrains de rugby et son point de vue privilégié dans l'enquête criminelle sur les causes de l'accident.

Trevor raconte la simple vérité. Pour la première fois, il parle. Il raconte la bataille d'un homme ordinaire pour résister à l'un des hommes les plus riches d'Europe,

Mohammed Al Fayed. Il répond, enfin, aux accusations de Fayed qui, dans la presse, a mis en cause sa responsabilité dans l'accident qui a tué Diana. À travers ce livre, Trevor tâche de défendre ses actes et son intégrité, et de dire la vérité. Il décrit une famille ordinaire qui, face à une catastrophe inattendue et à des pressions inimaginables, a trouvé la force de survivre et de vaincre, en gardant sa vie et son âme intactes.

La tragédie qui a emporté l'une des figures les plus marquantes du siècle dernier peut être consignée dans les livres d'histoire comme un mystère supplémentaire, à demi expliqué. Dans ce cas, l'histoire de Trevor devient alors la conscience de l'Histoire, son témoignage définitif.

La vie de cet homme ne sera jamais plus ce qu'elle a été, elle a changé pour toujours. Il s'est montré farouchement réticent à l'idée de rouvrir les blessures des enfants de Diana. Mais puisque Fayed poursuit la procédure judiciaire, que les théories de complot sévissent toujours, qu'on s'attaque même au prince Philip — le grand-père des princes —, Trevor veut espérer que son récit puisse apporter un sentiment d'achèvement à William et Harry, aux millions de gens toujours endeuillés, ainsi qu'à lui-même.

I

Prélude à une tragédie

1

L'homme de Dodi

La présence de la princesse sur le yacht de Fayed, le *Jonikal*, modifia le travail de Trevor. Trevor était l'homme de Dodi, le garde du corps exclusif du fils de Mohammed Al Fayed, le magnat égyptien, dont la récente acquisition de Harrods n'avait fait que renforcer son obsession de se voir offrir un passeport britannique et de gagner le respect de la famille royale et de l'Establishment.

« Le Patron » était un personnage à la fois très en vue et controversé — il avait joué un rôle dans l'effondrement du gouvernement de John Major, pensait Trevor, et s'il voulait se pavaner dans Harrods avec un groupe de huit hommes plus un agent de sécurité en uniforme et sortir avec un convoi de deux Mercedes blindées, c'était parfait. Selon Trevor, cela faisait un peu penser à l'entourage d'une rock star. Si cela rendait le patron heureux...

Fayed avait peut-être des ennemis mais les risques qui pesaient sur Dodi étaient jugés si faibles que Trevor le conduisait seul dans les rues de Londres. Au pis, on pouvait tenter de l'enlever, bien qu'un accident de voiture fût un risque bien trop grand dans une ville.

« Dodi était anonyme — qui l'aurait reconnu dans la rue ? Beaucoup de gens riches ne sont jamais reconnus. Si le Sultan de Brunei descendait la rue d'Oswestry, personne ne l'identifierait », pensait Trevor. Cependant, tout cela était sur le point de changer.

Assis dans le bureau des Opérations de Fayed à Park Lane, le matin du 14 juillet 1997, Trevor anticipait deux semaines incroyablement ennuyeuses : les Fayed étaient partis dans le sud de la France avec Diana et les princes, et Dodi se trouvait à Paris.

Lorsqu'il vérifia la nouvelle mise à jour du programme, il découvrit en fait que Dodi était en route pour Londres. Son retour était prévu dans quelques heures et il allait se dépêcher de descendre dans le sud de la France rejoindre ses invités de marque. Trevor devait repartir avec lui dès que l'hélicoptère de Harrods le ramènerait de Paris. Ce qui le réjouit.

« Quelques jours auparavant, en vérifiant la liste des mises à jour au bureau des Opérations, j'avais remarqué le nom de la princesse. Le groupe royal était parti avec la famille trois jours plus tôt. Pour être franc, j'étais un peu étonné. Je ne m'étais pas rendu compte qu'il existait une relation aussi proche entre la famille et la princesse.

« Je pensais que ce serait drôlement intéressant d'être de ce séjour. Certains des gars n'aiment pas les voyages très longs parce que la pression s'accumule — le stress est toujours plus grand parce que la famille s'attend à ce que ses vacances se déroulent à la perfection. »

Trevor avait remarqué qu'en réalité personne n'était vraiment viré.

« On leur demande juste de démissionner, puis on les paie après leur avoir fait signer un nouvel accord de confidentialité. Avec la princesse à bord, la famille allait être tellement nerveuse que tout devrait être au point. »

Cela n'était pas pour gêner Trevor. Cela avait, en revanche, inquiété les gars basés dans la propriété de Saint-Tropez.

« Depuis qu'ils avaient entendu dire que le Patron avait

acheté un yacht énorme, les gars se disaient : “Super ! On va aller un peu en mer cet été” », raconte le copain de Trevor, Alexander Wingfield, connu sous le nom de Kez, qui était en poste à la villa, en France. « Mais quand un mémo a révélé que son Altesse Royale et ses fils allaient faire partie du voyage, ils ont tous pensé : “Merde, ça va finir dans les larmes...” Avec une personne aussi en vue, la famille allait être tout excitée, les caractères allaient s'échauffer. À coup sûr, des gars allaient être virés. »

Après avoir beaucoup anticipé, « les équipes sur le terrain n'attendaient plus du tout ce voyage estival ».

Mais les gars avaient un dicton qui leur permettait de supporter les risques inhérents au fait de travailler pour Fayed : « Cela paie le crédit. »

Trevor, lui aussi, avait un crédit sur une charmante maison en colombage située sur la place de Whittington, à quelques kilomètres de Oswestry, dans le Shropshire.

Cependant, c'était Sue qui y habitait, alors que lui louait un pied-à-terre à un ami à Oswestry. Sue l'avait quitté en mai, moins de deux mois auparavant, après seulement deux années de mariage. Trevor espérait encore une réconciliation. C'était une fille géniale, diplômée de l'université de Leeds, très indépendante. Trevor l'avait aidée à installer sa propre boutique d'ustensiles de maison et de cadeaux à Oswestry.

« Pour un type comme moi, il fallait être drôlement entiché pour aller jusqu'à vendre des tasses à thé et des verres en cristal, et modifier mon nom de Rees en Rees-Jones, juste pour lui faire plaisir. »

Quand ils s'étaient mariés, Sue Jones avait voulu garder son nom de jeune fille. Trevor « était prêt à faire n'importe quoi ».

Par coïncidence, sa mère Jill avait réuni les deux mêmes noms de famille quand elle avait épousé Ernie Jones sept ans auparavant.

Pendant ses semaines de congé, Trevor retournait à Oswestry, heureux de revoir sa mère et son beau-père. Le club de rugby aussi le poussait à y revenir. Il faisait aussi des visites à « Nain », sa grand-mère qui résidait dans le village gallois où son père avait grandi et était enterré, et d'où il tenait ses fortes racines galloises.

Comme retrouver Sue n'était plus de mise, les voyages à l'étranger comme celui-ci étaient encore plus séduisants qu'auparavant.

« Franchement, j'étais un peu jaloux des gars à Saint-Tropez. C'était là qu'il y avait de quoi se divertir et où allait se passer l'action. »

Travailler à la salle des Opérations à Londres était davantage une routine. Il y aurait des appels de partout — yacht ou avion où pourrait se trouver un membre de la famille. Il fallait rester en alerte, coordonner, suivre à la trace tous leurs mouvements.

Mais Trevor allait bientôt être impliqué dans l'action.

Il avait regroupé rapidement le matériel nécessaire et les provisions provenant de chez Harrods que désirait la famille, il avait également pris ses appareils de radio et ses téléphones mobiles. Il avait attaché sur lui son harnais, ses écouteurs et sa matraque. Il n'avait pas de revolver, ce qui n'était pas surprenant. Le port en était interdit en Angleterre, une décision que Trevor approuvait : il n'y avait rien de plus dangereux qu'un agent de sécurité, mal entraîné, brandissant un revolver. Aussi, pendant les cours d'entraînement, apprenaient-ils à se battre sans arme.

« Une fois encore, cela n'est efficace que si vous gardez la forme. La plupart des gars aiment garder la forme. Le bureau de Park Lane possédait un gymnase au sous-sol. Poids, punching-ball, j'aimais vraiment ça. Mais le but est d'éviter tout. »

Trevor s'habilla pour passer inaperçu. Il portait des chinos et une chemise ample qui cachait l'attirail qu'il devait porter. Pas question que l'on découvre sa fonction.

« À Londres, quand je le retrouvais, dans la matinée, j'appelais Dodi "Monsieur", mais si nous nous trouvions en public, dans un club, je portais un costume comme lui et l'appelais par son prénom. »

Trevor et Dodi s'étaient donné rendez-vous à l'héliport

de Battersea pour s'envoler avec l'hélicoptère de Harrods jusqu'à l'aéroport de Stansted, au nord-est de Londres. Ce matin-là, Dodi avait regardé la parade du 14 juillet depuis le balcon de son appartement des Champs-Élysées avec sa petite amie, Kelly Fisher, le mannequin américain que Trevor avait souvent accompagné dans Londres.

« Je ne sais pas s'ils étaient fiancés ou non. Pour être honnête, cela ne m'intéressait pas le moins du monde », dirait plus tard Trevor.

Il appela le bureau des Opérations de Park Lane pour signaler leur arrivée et décollèrent à bord du jet Gulfstream de Fayed.

M. Fayed, qui se préparait à monter à bord du yacht pour se rendre de Saint-Tropez à Cannes, connaîtrait les mouvements de son fils avant même qu'ils ne soient en vol et serait averti de son arrivée dès l'instant où il atterrirait.

« Il a un contrôle absolu sur tout. Il sait tout ce qui se passe », reconnaissait Trevor. Cette obsession de tout contrôler lui paraissait excessive, même pour cet homme riche et célèbre.

« Soyez loyal envers le patron et il veillera sur vous » était la première leçon que l'on apprenait. La seconde était qu'il ne fallait jamais contester la volonté de cet homme. Même si l'on avait raison. Apparemment Dodi n'essayait même pas.

À Nice, Trevor fit transférer les bagages et les provisions dans une camionnette qui les attendait, roula jusqu'au port voisin de Saint-Laurent-du-Var. Là, ils embarquèrent sur le *Cujo*, la vieille vedette de Dodi joliment transformée.

« Nous partons pour Cannes », déclara Trevor, avertissant à la fois la base de Saint-Tropez et le pont du *Jonikal*, tandis qu'ils entamaient les quarante minutes de trajet le long de la côte.

Les Fayed et la princesse étaient en route pour aller à leur rencontre. Le *Cujo* arriva en premier, s'amarra et attendit pendant que Trevor se mettait en contact radio avec le capitaine du *Jonikal*.

Soudain, ils aperçurent un yacht fantastique qui s'approchait. D'après Trevor, celui-ci faisait au moins quarante-cinq mètres de long — la moitié d'un terrain de rugby. Avec sa ligne aérodynamique et sa couleur immaculée, le *Jonikal* étincelait et faisait sensation, même au milieu de cette marée de yachts gigantesques.

« J'avais déjà entrevu la princesse chez Harrods, quand elle était venue rendre visite au patron, M. Fayed. Le truc, c'était de ne pas rester là planté à la regarder, mais on est quand même des êtres humains, et c'était une femme superbe ! »

La princesse ne faisant pas partie du cercle d'amis de Dodi, Trevor ne l'avait jamais rencontrée. Alors qu'il conduisait l'annexe vers l'immense nouveau yacht de Fayed, Trevor l'aperçut sur le pont arrière. Il était près de 6 heures du soir, presque l'heure du feu d'artifice du 14 juillet. Même de loin, il remarqua les cheveux blonds de la princesse.

« J'étais vraiment curieux de la voir, elle et ses enfants. Et quand je les aperçus, je ne pus m'empêcher de penser que j'avais beaucoup de chance cet été.

« On savait tous que la princesse s'était passée de gardes du corps, elle ne se déplaçait en voiture dans Londres qu'avec seulement un chauffeur. Elle était l'invitée de "notre famille", les Fayed, elle était donc sous notre protection. »

Pendant ces dix jours de vacances, tout le monde résiderait dans la propriété familiale, sur la falaise — un paradis composé de piscines, terrasses et jardins où Fayed disposait d'une bonne douzaine d'agents de sécurité et de plusieurs chiens de garde menaçants. Les princes, William et Harry, seraient accompagnés par leurs deux policiers de la Division spéciale. Comme Fayed ne sortait jamais dîner dehors pendant ses vacances, et qu'il était probable que Dodi allait s'octroyer la tâche d'escorter Diana, il paraissait vraisemblable que Trevor aurait aussi en charge de protéger la princesse de Galles.

Trevor avait déjà remarqué plusieurs bateaux pleins de paparazzi, traquant le *Jonikal* dans la lumière du soir — ce fut son premier aperçu de la presse tabloïd. La menace n'était pas celle des fusils de snipers — la peur constante de sa mère quand il se trouvait à Belfast — mais bien celle des énormes téléobjectifs de photographes qui pouvaient gagner une fortune avec un seul cliché intime. Trevor pensait que le gouvernement gardait toujours un œil discret sur la sécurité de la mère du futur roi d'Angleterre.

« En cas de danger de mort ce n'aurait pas été quelqu'un de mon niveau qui aurait accompli le travail. On aurait confié cette mission à un homme issu des Forces spéciales ou à la police. Seule sa vie privée était menacée. À cause des photographes. Or un photographe n'a jamais tué personne. »

Alors que Trevor se dirigeait vers la passerelle pour contacter le bureau des Opérations à Londres afin de signaler leur arrivée, Dodi se rendit sur le pont arrière où la famille et ses prestigieux invités dînaient devant le feu d'artifice. La saga avait commencé.

Personne parmi ses proches, pas même sa mère, n'était au courant que Trevor se trouvait sur le *Jonikal* avec la princesse, dans le sud de la France. Évidemment, si elle lisait les journaux, elle devinerait vite. Sa mère et sa femme, Sue, étaient les seules à connaître le numéro pour le contacter via le bureau des Opérations.

« Maman l'avait peut-être donné à Ernie mais ils étaient les seuls à savoir pour qui je travaillais. Certains de mes copains de rugby se doutaient peut-être que je faisais de la protection rapprochée, mais rien de plus. »

Son emploi du temps, une semaine de service, une semaine de congé, donnait le temps à Trevor de mener une vie complètement normale à Oswestry. Entraînement de rugby le jeudi soir, match le samedi et quelques bières après les deux. À l'armée, dans la protection rapprochée ou au rugby, les sujets de conversation étaient les mêmes : le sport, les femmes, la boisson et l'entraînement. L'armée lui avait appris à dissocier travail et vie de famille.

Sincèrement, pour la plupart, cela ne méritait pas qu'on en parle. Le risque dans ce travail, la sécurité civile, n'était pas les balles mais l'ennui. Trevor avait adoré son boulot dans le 1er bataillon de parachutistes, dans un régiment en Irlande du Nord : la surveillance clandestine avec une équipe de quatre hommes, qui consistait à se glisser dans un poste de surveillance dans les collines la nuit. Il était devenu expert dans le silence et l'indépendance et dans la rapidité de réflexe face au danger.

« Nous étions un peloton d'observation rapprochée, les “premiers yeux” de notre bataillon. Nous avions une très bonne section là-bas. S'ils avaient formé l'unité à laquelle ils songeaient, pour exécuter ces missions de façon permanente, cela aurait été fantastique — je serais encore là-bas. Mais nous étions supposés retourner à Aldershot après mon service et je ne pouvais pas continuer à supporter ces conneries. »

Après six ans dans l'armée, Trevor avait continué sa route. Comme il avait son bac, il essaya au Collège d'apprendre la kinésithérapie sportive — une façon pour ce cadet rebelle de suivre la carrière médicale de ses parents, chirurgien et infirmière-chef — mais les cours ne furent pas à la hauteur de ses espérances.

Un jour, il entendit parler du travail de protection rapprochée par d'anciens militaires. « C'est pratique. On réfléchit et, en même temps, on est actif. Cela me plaît bien », songea-t-il. Tout comme les vingt-cinq mille livres l'année. Il suivit deux cours de protection civile rapprochée et en apprit les bases. L'*en-bus* et le *de-bus*[1]. Des exercices de conduite et de marche à pied. Fuites sans anicroches. Combat sans arme.

En 1995, après avoir remarqué une annonce dans un journal d'emploi pour militaires, Trevor passa un entretien pour un job chez Fayed. Paul Handley-Greaves, un type impressionnant à peine plus âgé que lui et qui était déjà

1. Terme militaire employé par les gardes du corps britanniques qui désigne l'action de faire monter ou descendre un principal d'un véhicule, en toute sécurité.

chef du personnel de sécurité au 60 Park Lane, l'avait embauché sur-le-champ.

C'était comme être revenu dans l'armée. Un tas de gars en pleine forme, âgés d'environ quarante ans, et tous anciens militaires. Trevor était toujours resté proche de cet environnement puisqu'il avait rejoint les Paras dès l'âge de dix-huit ans — il s'entendit tout de suite à merveille avec ses collègues.

« On fait le même boulot, on vit ensemble, on joue ensemble — en fait, on est tous dans le même bateau. Il y avait le même esprit particulier et blagueur qui ne vous laisse jamais rien passer. »

« Un humour qui vous défie de vous prendre au sérieux et vous empêche de devenir trop tendre. La différence, c'était qu'on ne discutait pas les ordres du patron, même si l'on pensait que les procédures professionnelles étaient compromises. En revanche, contrairement à l'armée, on devait être sacrément diplomates.

« Il n'y avait pas de méthode idéale. Bien sûr, il nous fallait assurer la sécurité de la famille. Alors, on apprenait toutes sortes de façons subtiles pour désamorcer une situation potentiellement dangereuse, au volant, par exemple, afin de ne pas irriter votre principal ou de l'embarrasser devant un ami. »

Si les balles ou les poings volaient, alors c'est que les choses avaient mal tourné. Trevor et les autres gars riaient toujours de la façon dont Hollywood montrait les gardes du corps.

« On n'est pas en costume et lunettes noires, à regarder devant et derrière à la recherche d'assassins qui bondiraient de l'encadrement d'une porte. Cela me filerait le vertige. Sauter devant votre principal pour prendre une balle... ce sont des conneries ! C'est un fantasme hollywoodien. L'organisation et le bon sens sont nos meilleures armes. En cas de gros pépin, je serais content d'avoir un type comme moi dans les parages, parce que je sais qu'il pourra faire quelque chose. »

Le stéréotype du garde du corps, genre Kevin Costner

faisait tout autant rire Kez Wingfield. Kez — le garde du corps, copain de Trevor, qui a travaillé avec lui sur ce voyage et participé à la croisière fatidique qui s'est achevée à Paris — était aussi différent de Trevor que le jour avec la nuit. Commando de la Marine royale, ayant suivi la formation des RMP d'élite de protection rapprochée à Longmoor, Kez était petit, bavard, et grand amateur de chevaux. Trevor, lui, était grand, calme, costaud et féru de rugby. Tous deux avaient été formés à l'armée, mais tandis que Trevor était le fils d'un chirurgien, Kez était issu d'un milieu haut en couleur composé de chiffonniers, de nomades et de dockers venant de Hessle Road à Hull.

« Cherchez “sinistre” dans le dictionnaire et voilà Hull », précise Kez, toujours prêt au mot d'esprit. En revanche, Kez était d'accord avec son copain sur le rôle du garde du corps. « Il nous faut être d'une très grande discrétion. On ne sauve pas la vie des gens comme à la télé, on essaie juste qu'elle se déroule en douceur. On obéit toujours au patron. On continue encore et encore à faire son boulot même lorsqu'on est déçu d'avoir raté le mariage d'un copain ou contrarié de devoir faire des heures supplémentaires. Si ce n'est pas le cas, alors tu n'es pas un professionnel et tu fais du tort à tes collègues. »

« Même travailler pour Dodi comportait son lot d'allées et venues, de paquets à porter, de tâches subalternes, et autres frustrations. » Kez confirme que « personne n'était jaloux de grand Johno, un autre garde du corps, ou de Trevor, les types attachés à Dodi ».

« Nous étions ceux qui travaillaient le plus dur, à cause du nombre d'heures qu'on faisait, dit Trevor. Tu es sur pied dès le matin et puis presque chaque soir de la semaine, tu dois aller, soit au restaurant, soit à une projection de film ou encore dans un night-club. Et il n'y a que toi. C'était le pire. Si encore on avait été deux, on aurait pu rigoler ensemble. »

Kelly Fisher arrivait souvent en avion pour une semaine ; les secrétaires appelaient pour qu'on aille la chercher à l'aéroport et Trevor la conduisait à droite et à gauche avec Dodi.

« Elle était très séduisante. Dodi voyait toujours des femmes séduisantes. Mais je n'ai jamais pu vérifier la rumeur selon laquelle Dodi était à proprement parler un play-boy. Quelle que soit la personne qu'il rencontrait dans un night-club, on y déposait généralement Dodi et puis on les ramenait à la maison. “Amies ou petites amies”, toutes celles que j'ai vues à la télé disaient qu'il savait sacrément écouter. C'était probablement vrai, je pense qu'il savait écouter parce qu'il ne semblait pas avoir grand-chose à dire. »

La vie nocturne de Dodi pouvait être fastidieuse pour Trevor mais c'était surtout son côté imprévisible qui était frustrant. Il y avait la méthode idéale, grâce à un entraînement de base — équipes de quatre hommes, emplois du temps, bonne reconnaissance des routes et véhicules de rechange —, mais avec Dodi, l'idéal n'arrivait jamais.

« On pouvait sortir jusqu'à 3 heures du matin, ensuite on recevait un message disant qu'il se rendrait quelque part à 10 heures. Et puis vous poireautiez bien au-delà de midi. »

Avec Dodi, le pire arrivait quand ils se trouvaient en voiture — à l'époque, ce n'était qu'une frustration pour Trevor, mais après coup, ce type de comportement devient lourd de sens.

« En pleine heure de pointe, à Londres, alors que nous étions bloqués dans les embouteillages, il me disait des phrases du genre : “Pourquoi avez-vous pris cette route ?”

« Il détestait rester assis dans la voiture, coincé dans la circulation, il voulait toujours se frayer un chemin, changer de file, essayer d'arriver plus rapidement. Il m'ordonnait d'accélérer à un endroit où je savais qu'il y avait un radar, je pouvais perdre mon permis, mon boulot. Je ne le faisais pas. »

« Dodi se plaint que tu ne vas pas assez vite, l'avait mis en garde Handley-Greaves après une de leurs empoignades en voiture.

— D'accord, alors, j'irais plus vite », répondit alors Trevor.

Quatre semaines plus tard, Trevor fut de nouveau mis sur la sellette :

« Dodi se plaint que ta conduite est mal assurée... Tu vas, soit trop lentement soit trop vite. »

Plus tard, Kelly Fisher allait déclarer sous serment au juge français : « Trevor était un employé parfait, très strict dans son travail, mais... Dodi était un véritable dictateur à son égard. Il ne lui disait pas "emmenez-moi à cet endroit" mais "emmenez-moi à cet endroit sinon vous êtes viré". La situation était toujours très tendue et fébrile. »

Trevor acquiesce à cette déclaration mais ajoute : « Il manquait d'égards envers ses employés mais il n'était pas vindicatif. Il en avait peut-être l'air mais ce n'était pas dans sa nature. Cependant, Dodi était compulsif. Il fallait que tout soit à sa place dans les véhicules, ses lingettes parfumées dans un compartiment, les bonbons dans un autre. On devait s'assurer qu'il y en avait en réserve. »

Au mieux, la conversation entre eux était limitée.

« Ce n'était pas un type avec lequel on pouvait bavarder. Mon Dieu, je ne désirais pas être son copain, il passait beaucoup de temps sur son portable. Il était toujours en train d'appeler des gens. J'étais ravi de me concentrer sur ce que j'avais à faire. Si vous me demandiez "Est-ce que vous vous entendiez bien avec Dodi ?", je répondrais qu'il s'entendait beaucoup mieux avec son autre garde, John. Pourtant, on lui a retiré le job une semaine ou deux plus tard, et moi, je l'ai gardé. Je ne sais pas pourquoi, et pour être honnête, lui non plus. De toute évidence, sa durée de vie sur ce travail avait expiré. »

Dodi ne se tracassait pas pour les ceintures de sécurité. Personne ne les portait réellement en ville. « Mais si l'on prenait la M4 pour aller à Heathrow, la deux voies où la vitesse est plus élevée, on les mettait. Généralement, Dodi était avec moi, à l'avant, dans la Range Rover. »

Il ne disait rien. Il suivait l'exemple de Trevor.

Dodi adorait vraiment les voitures. Il y en avait plusieurs que l'on considérait comme les siennes — une Range Rover, deux Aston Martin et une Ferrari. Il aimait les gadgets, les jouets, ce genre de choses. Il était également fasciné par l'armée. Il avait une immense collection de casquettes de base-ball provenant de navires de guerre américains et du matériel pouvant détecter un contrôle radar, ainsi que des gadgets high-tech.

Trevor avait peu à peu appris à gérer Dodi.

« Vous conduisiez, il regardait dans une boutique et disait "Renseigne-toi là-dessus", sachant pertinemment qu'il n'était pas vraiment intéressé. Tant que vous répondiez "D'accord, je vais le faire", la plupart du temps, il n'y pensait plus. Il me demandait de m'arrêter afin de jeter un œil sur de nouvelles roues, disons, pour l'une des voitures. Ou alors, parfois, si l'on passait devant les vitrines d'expositions Lamborghini ou Porsche, tout près des quartiers généraux de Fayed à Park Lane, il y entrait pour aller chercher des renseignements. Quatre-vingt-dix-neuf fois sur cent, il ne se passait rien. »

Mais s'il décidait d'aller plus loin et s'apprêtait à acheter une nouvelle voiture, Trevor était contraint de prendre part à un processus humiliant.

« Les cordons de la bourse de Dodi étaient toujours tenus par son père. S'il enfreignait ses volontés, je devais le signaler. Je travaillais pour son père, pas pour lui.

« J'informais alors le chef d'équipe qui en référait à Fayed. Je m'adressais rarement directement à lui parce que, comme à l'armée, on suivait la voie hiérarchique.

« Alors, si son père refusait, je devais le répéter à Dodi : "Votre père dit que vous ne pouvez pas."

« Dodi faisait beaucoup d'histoires pendant un moment, tandis que moi, je restais impassible en répétant : "Parlez à votre père." »

Trevor trouvait la relation entre le père et le fils vraiment désolante. Lui n'avait pas eu le choix, il avait dû se passer du sien. À dix-sept ans, Trevor l'avait trouvé mort d'une attaque cardiaque, affaissé sur le volant de sa voiture, le klaxon hurlant une complainte mortelle. C'est un souvenir si cruel qu'il a toujours préféré le cacher.

« Quand le patron est apparu à la télévision après l'accident, j'ai été étonné de l'entendre dire que Dodi était un fils merveilleux. Je dois reconnaître que je n'avais jamais pensé qu'ils étaient aussi proches que cela. J'avais le sentiment que le patron aurait aimé que Dodi lui ressemble davantage, qu'il soit un peu plus ambitieux. Il semblait toujours laisser Dodi en réserve. Je l'emmenais chez Harrods ; son père ne le voyait seulement que quelques minutes. Un jour, juste avant que je prenne mon service, Dodi se présenta pour un rendez-vous mais son père ne voulut pas le recevoir, et ferma les portes. On dut l'éloigner. »

Cependant, le père invitait souvent le fils à dîner dans son appartement de standing de Park Lane, et il l'avait gâté depuis sa plus tendre enfance. À l'âge de quinze ans, il lui avait offert une Rolls-Royce avec chauffeur et un appartement à Mayfair. Pourtant, à quarante-deux ans, il pouvait encore lui refuser l'achat de deux roues. Trevor ne comprenait pas cela.

« J'ai le sentiment, aujourd'hui, qu'ils étaient certainement proches à leur façon. Un fils aîné, cela doit être unique. »

Trevor était heureux de travailler pour Fayed.

« Fayed exigeait de la loyauté et du respect et payait un salaire raisonnable en retour. »

Trevor ne savait pas combien de temps il travaillerait pour l'organisation, mais il sentait qu'il avait gagné l'estime de ses supérieurs pour s'être bien occupé de Dodi. De plus, le boulot pouvait être génial — il pouvait même être formidable. On peut supporter bien des choses pour avoir droit à sept jours de congé tous les quinze jours. Et passer une partie de son été à Saint-Tropez.

Alors qu'il se dirigeait vers la passerelle pour appeler Londres et bavarder avec les gars, Trevor rencontra les hommes de la Section spéciale qui surveillait les princes.

« Comment dois-je m'adresser à la princesse ? leur demanda-t-il.

— Nous l'appelons "Madame", répliqua l'un d'eux.

— Comment appelez-vous les princes ?

— Appelez-les par leurs prénoms. William et Harry. »

Le chef d'équipage lui fit visiter le yacht et lui montra tout ce qu'il avait besoin de connaître — l'endroit où se trouvait le matériel de lutte contre les incendies, les gilets de sauvetage, le matériel de premier secours, les toilettes, le réfectoire, la cuisine.

« C'était un yacht génial, extravagant sur tous les plans. Bien rodé par de nombreux voyages autour du monde, le *Jonikal* avait été fébrilement remis à neuf pour satisfaire aux goûts de Fayed qui avait dépensé vingt millions de dollars pour l'acquérir. Il avait gardé le capitaine italien, Luigi Del Tevere, qui commandait le *Jonikal* depuis des années, mais l'ancien équipage britannique n'était plus là.

« Je fus tout d'abord émerveillé par la splendeur du bateau puis bientôt inquiet de ne pas retrouver mon chemin. Je ne voulais pas tomber par hasard dans une zone réservée à la famille où je n'avais pas le droit de me trouver. Comme lorsqu'on visite quelque chose de nouveau, le navire me parut beaucoup plus grand qu'il ne l'était en réalité », se rappelle Trevor.

Avec son radar, ses rondes de surveillance vingt-quatre heures sur vingt-quatre et son accès limité, le *Jonikal* était un endroit sûr. Les photographes pouvaient les harceler, mais ils ne pouvaient pas monter à bord. Avec sa vitesse de quinze nœuds, il n'avait qu'à faire demi-tour et foncer vers la pleine mer pour distancer les petites embarcations et les dinghys des paparazzi.

En revanche, à terre, où Trevor allait travailler... Là, le caractère imprévisible de Dodi ajouté à la célébrité de la princesse pourrait faire des questions de sécurité un véritable cauchemar. Trevor se trouvait sur un nouveau territoire, face à des défis auxquels il n'avait jamais été confronté auparavant. Il devait admettre que cette perspective l'excitait plutôt.

Trevor s'installa sur la passerelle avec une boisson non alcoolisée tandis que débutait le feu d'artifice. Le long de la côte, des explosions multicolores déchiraient le ciel nocturne. Il n'était pas un spécialiste de ce genre de manifestations mais il dut reconnaître qu'il n'en avait jamais vu de semblable. Il se demanda ce qui allait encore changer. Quelques semaines plus tôt, Trevor n'aurait jamais imaginé que lui, un type ordinaire du Shropshire, se trouverait dans le sud de la France, pour protéger la princesse de Galles.

2

Tous en mer

« Avec lequel a-t-elle la cote ? » plaisantaient les douze agents de sécurité de la villa, tandis que les vacances se poursuivaient et que les coupures de presse s'amoncelaient quotidiennement en provenance de Londres pour que les Fayed et les invités royaux les dévorent. Parmi les photos des princes et de leur maman plongeant et faisant du jet-ski, il y avait des clichés de Lady Di renversant avec espièglerie de la glace sur la tête de Dodi, de Fayed un bras passé autour de la princesse et des deux, père et fils, regardant du pont supérieur une Diana, pensive en contrebas.

Trevor ne rencontra vraiment Diana que le lendemain matin. La veille au soir, après leur retour en une heure à Saint-Tropez, à la fin du feu d'artifice, ils avaient ramené les annexes à terre à la villa. Tout le monde était trop fatigué pour parler.

« Bonjour, Trevor, comment allez-vous ? » lança-t-elle alors qu'un chef d'équipage faisait les présentations sur la plage. En costume de bain et en tongs, elle était aussi naturelle qu'une personne rencontrée par hasard dans la rue d'Oswestry. « Très bien, Madame, merci », répondit le garde du corps.

Les princes, eux, l'appelèrent Trevor dès le début. « Ils se rappelaient les noms de tout le monde et restaient toujours disponibles pour chacun. Ils avaient été très bien élevés — c'étaient des gosses super. » Pendant toutes les vacances, ils allaient gentiment se moquer de Trevor à cause de ses grandes chemises aux couleurs vives.

Trevor eut l'impression que le voyage serait très agréable. Le Patron, qui normalement devait repartir en avion pour Londres au bout de trois ou quatre jours, rayonnait et respirait la bonhomie, clairement satisfait d'avoir pour hôte le meilleur parti de la saison sur la Côte. De plus, contrairement aux attentes des gars, les enfants Fayed semblaient se conduire correctement.

Kez avait passé cinq ans à Oxted, la propriété familiale dans le Surrey. Son travail avait consisté principalement à s'occuper des plus jeunes enfants, deux garçons et deux filles, qu'il avait vus grandir. Kez adorait les fantastiques étalons noir de jais qui tiraient les équipages de Harrods, harnachés de plumes, tout comme les montures dociles utilisées pour les chevauchées. Il y avait même un instructeur d'équitation, mais les enfants ne montaient jamais.

« En cinq ans, j'ai vu trois fois, peut-être, un enfant monter à cheval. Il était accompagné du moniteur, avec une fille d'écurie de chaque côté de l'animal. M. Fayed est très pointilleux en ce qui concerne la sécurité de ses enfants. »

D'accord. Kez était certain qu'il les aimait. Mais, cela les empêchait de prendre quelques claques. Le résultat était visible. C'étaient les gardes du corps qui prenaient les coups.

Un jour, Fayed lui avait tendu un billet de deux cents livres — un « pourboire » après un gros remue-ménage familial. « Du coup, je me suis senti beaucoup mieux. C'était la plus grosse somme que j'avais jamais reçue », raconte Kez.

Les pourboires étaient des « enveloppes » données aux maîtres d'hôtel, aux valets, aux chauffeurs... et aux gardes du corps. C'étaient des récompenses pour un travail bien fait, pas des pots-de-vin. Pendant un voyage à l'étranger, tout le monde recevait cinquante livres si les choses se passaient normalement ; c'étaient ces billets qui huilaient la machine. Cela marchait ainsi. On touchait également des avances pour couvrir toutes ses dépenses. À Londres, les secrétaires les attribuaient à chacun, là, Fayed les distribuait lui-même, en liquide.

« Sur un voyage comme celui-là, on pouvait partir, disons, avec quatre cents livres. Cela fondait en un rien de temps et vous vous retrouviez en train de vous fouiller les poches », précisa Kez.

Grâce aux agents présents à la villa et à la sécurité qu'offrait le *Jonikal*, Trevor avait du temps libre dans la journée pour se livrer à des manœuvres de reconnaissance adéquates, chose qu'il pouvait rarement faire avec Dodi à Londres. On l'avait informé que les médias, bien qu'en nombre important, ne posaient pas encore de problème.

Au cours de sa première matinée, Trevor se rendit à pied de la propriété à la plage. Ce chemin lui était familier. Il était venu là à deux reprises au cours de précédentes vacances des Fayed. Il connaissait la procédure : descendre sur la plage pour aider les gars à installer le matériel nécessaire à la famille en empruntant la piste caillouteuse, en terre battue, ce qui donnait un bon aperçu de l'agencement des lieux.

Le garde fut surpris par le nombre de bateaux de presse ancrés au large.

Comme l'ensemble des plages françaises, celle-là était publique. Et elle était minuscule. C'était le boulot des gars de la réquisitionner.

« Nous sortions tout, les jet-skis, les jouets gonflables, les chaises de plage, les parasols afin de ressembler à une famille installée pour la journée. »

Les Fayed et ses invités royaux arrivaient vers 10 ou 11 heures.

Au milieu de la matinée, lorsque les photographes disposèrent leurs trépieds en équilibre sur les rochers, Trevor connut sa première véritable expérience de la traque des paparazzi. Outre la presse, il y avait les touristes. La plage était un endroit pierreux et dur mais les gens s'asseyaient à l'extrémité et lorgnaient le campement des Fayed, espérant apercevoir la princesse.

Fayed était furieux de la proximité de ces touristes et agacé par un hélicoptère qui bourdonnait au-dessus de leurs têtes. Mais on ne pouvait arrêter des familles françaises car elles se trouvaient sur une plage publique.

Tout d'abord, Diana parut inquiète de cette intrusion — elle qui avait tellement souhaité passer ces vacances avec ses fils à l'abri des regards. Elle se dirigea vers le bateau d'un paparazzi — geste qui a fait beaucoup parler — pour leur demander de la laisser tranquille. Les gardes du corps eurent l'impression qu'ils avaient conclu un pacte tacite. Elle et les garçons s'accommodèrent des appareils photo durant la journée en échange de nuits paisibles.

« Ils ne se cachaient pas du tout. Il y avait un petit débarcadère sur la plage et nos annexes faisaient en permanence la navette avec le *Jonikal.* Les opportunités étaient donc nombreuses de prendre des photos », dit Kez.

Debbie Gribble, l'hôtesse en chef du *Jonikal*, a été largement médiatisée, pour avoir perçu, dès le premier soir, quand Dodi était arrivé, la naissance de l'idylle. Aussi grande et mince que la princesse, cette jeune femme originaire de Nouvelle-Zélande, vivante et athlétique, avait, grâce à des années de travail dans des hôtels internationaux et sur des yachts, appris avec talent à rester proche tout en restant invisible et à deviner les moindres aspirations secrètes des invités.

C'était elle qui, discrètement, vérifiait que le dom pérignon coulait dans des verres de cristal impeccables, que les lits étaient parfaits et que le déjeuner quotidien *al fresco* servi dans le salon du pont était irréprochable. Le premier soir, elle orchestra l'organisation d'un festin préparé par quatre chefs, chacun ayant concocté sa spécialité. Selon le *News of the World*, dans une interview donnée après l'accident, ce fut lors de ce repas qu'elle vit Dodi et Diana se lancer de la nourriture et qu'elle comprit que « quelque chose se passait entre eux ».

« Je n'ai jamais dit cela, déclare Debbie. Dans mon esprit, les deux familles s'amusaient pleinement, mangeaient, buvaient en regardant le feu d'artifice. Peut-être y avait-il un bateau de photographes dans les parages. Dodi, je crois, a commencé à leur lancer les fruits des somptueux plateaux placés sur la table. Cela a déclenché une pagaille à laquelle se sont joints tous les enfants, Diana et Dodi. Je n'ai *jamais* vu aucun mamour cette nuit-là. »

Parfois, il arrivait à Trevor de s'occuper des enfants pendant la journée.

« Je m'entends bien avec les enfants. Ils étaient contents parce que j'étais un nouveau visage, un nouveau jouet à découvrir. »

Mais les enfants restaient surtout le travail de Kez. Celui de Trevor était d'organiser les soirées. « En général, il y avait les trois invités royaux, Dodi, la femme de Fayed, Madame Heini, et les deux filles aînées de Fayed, Camilla et Jasmine, plus trois ou quatre des gars de la sécurité et les policiers des princes. La plupart du temps, on prenait la voiture, puis on traversait Saint-Tropez à pied, prenant toute la place sur la chaussée. On était vêtu de façon ordinaire, jeans, pantalons et shorts mais c'est difficile de passer inaperçu quand on se promène à une douzaine, surtout quand il y a beaucoup d'hommes très grands. »

Quand Trevor rencontra « Madame Heini » — c'est ainsi que les gars appelaient la femme de Fayed — avec ses pantalons de lin, ses chemises flottantes et son visage peu maquillée —, il la qualifia de « belle femme blonde nordique ».

C'est Dodi qui avait présenté cette ancienne reine de beauté et mannequin finlandais à son père. Elle s'était installée à Oxted et avait donné naissance à deux de leurs quatre enfants avant qu'il ne l'épouse, en 1985. Jasmine, une petite brune au physique typé, âgée de dix-sept ans, et Camilla, douze ans, tenaient compagnie aux princes au cours de ces soirées à terre. Ces sorties en ville revêtaient un calme étrange. Saint-Tropez, l'un des lieux les plus branchés de la Côte-d'Azur, aurait dû être le dernier endroit où la femme la plus célèbre du monde pouvait espérer passer des vacances tranquilles : les rues grouillaient de gens, mais seules quelques personnes tournaient la tête pour les regarder passer. La plupart du temps, il n'y avait pas de journaliste.

« Je venais au préalable en voiture avec l'un des policiers pour tenter d'organiser la soirée au mieux, se souvient Trevor. Nous opérions une reconnaissance des routes, des chemins, des hôpitaux, des coins possibles pour partir un peu à l'aventure, des promenades, des rues pour faire du lèche-vitrines. Il y avait une route qui entrait et une autre qui sortait de Saint-Tropez. Le premier restaurant que nous vérifiâmes se trouvait à environ une demi-heure de voiture à la sortie de la ville. Il nous a bien plu et nous l'avons entièrement réservé. »

Trevor donna un billet au maître d'hôtel — cent livres pour qu'il veille sur tout.

Sur le chemin du retour, Trevor remarqua la présence d'une fête foraine sur le bord de la route. Peut-être auraient-ils envie de s'y arrêter après le dîner. Ils vérifièrent les entrées, les prix d'admission et la sécurité du parking.

« Nous avions quatre ou cinq agents de sécurité, ce soir-là, au restaurant. Nous nous sommes assis avec les deux policiers chargés de la surveillance des princes sur la terrasse à l'extérieur, tout en gardant un œil sur la famille. Il n'y avait pas cet entourage important que l'on pourrait attendre auprès des héritiers du trône.

« Ce qui me surprenait, c'était de voir à quel point ces deux hommes étaient détendus avec les princes et la princesse. À un moment, William et Harry sont sortis du restaurant et j'ai bavardé avec eux. Les policiers ne se sont pas imposés. Ils gardaient leurs distances et les laissaient s'amuser. Nous avons fait un saut à la fête foraine après le dîner. L'atmosphère était très calme ce soir-là. »

Trevor nota que la présence de Diana et de ses fils apportait une toute nouvelle ambiance.

« J'ai toujours pensé qu'ils mettaient en valeur les qualités de la famille pour laquelle nous travaillions. Il ne semblait y avoir aucune médisance. Notre famille est très exigeante, vous savez. Si vous n'êtes pas là, à leur disposition, en permanence, ils ont tendance à faire une crise. La princesse et ses deux garçons créaient un climat beaucoup plus léger. Et quand Fayed n'était pas présent — il ne l'était jamais pendant les soirées —, les choses étaient beaucoup plus faciles. Alors qu'on marchait sur des œufs quand il se trouvait dans les parages. »

La soirée de la fête foraine fut la meilleure de toutes. Cette nuit-là, Trevor fit des autotamponneuses et du looping avec William et Harry.

« Les enfants voulaient que quelqu'un les accompagne sur les attractions. "Allez !" me disaient-ils. Madame Heini et la princesse me poussèrent à accepter, car je restais très réticent. Je ne voulais pas faire obstacle à la joie des enfants, mais j'estimais que ce n'était pas ma place, tout simplement.

« C'est alors qu'un des policiers y est allé. J'ai pensé que s'ils n'y voyaient pas de mal, il n'y avait pas de problème. Alors, j'ai sauté le pas. En y repensant aujourd'hui, je suis sûr que c'était une bonne idée : on préfère que les enfants dont on a la charge ne s'assoient pas à côté de n'importe qui. » Comme ces enfants sont spontanés et naturels, pensa Trevor.

Certaines personnes remarquèrent la princesse mais personne ne l'importuna. Il n'y avait aucun paparazzi. Tout le monde avait envie de revenir à la fête le lendemain soir. Ce fut au cours de ces sorties en ville que Trevor apprit à connaître la princesse et ses fils et commença à comprendre l'impact qu'avait la célébrité sur leur vie quotidienne.

Ce fut un soir, lors d'un incident, qu'il réalisa à quel point leur intimité était fragile.

Tout le groupe se trouvait à bord du *Sakara*, la vieille goélette confortable de Fayed qu'on avait reculée jusqu'au dock devant l'un des endroits les plus populaires de Saint-Tropez, le Café de Paris. Lorsque la famille débarqua pour faire une promenade, une immense foule de touristes et de paparazzi se forma autour de la passerelle.

« Il ne pouvait y avoir de pire endroit pour protéger des gens. Tous les cafés se trouvaient là, il y avait des milliers de personnes. Une marée humaine s'approcha pour nous engloutir. Les touristes se bousculaient pour passer devant — il en arrivait de partout —, essayant de braquer leurs appareils photo sous le nez de la princesse pour prendre un cliché. »

Cette nuit-là, les agents de sécurité de Fayed reçurent une précieuse leçon. Ils se tenaient dans le sillage des policiers des princes, quand ceux-ci, d'ordinaire si réservés, se mirent au travail.

« C'était fait avec une décontraction totale. Ils auraient pu être juste les oncles de quelqu'un. » Mais lorsque la pression se fit sentir, ils se montrèrent brillants. « Si polis mais tellement fermes, expliquant aux gens, leur demandant de reculer... Et ils reculèrent ! Ce qui aurait pu se transformer en mêlée ne fut jamais effrayant. Cependant, on savait qu'on travaillait pour gagner notre vie », conclut Trevor après réflexion.

L'événement donnait à réfléchir. « Quand on assiste à ce genre de scène, on se rend compte que cette femme n'a aucune vie privée. » La balade de la soirée fut annulée. « On comprit que cela lui avait fait quelque chose. »

Trevor et Kez furent impressionnés quand ils apprirent que les policiers n'étaient même pas armés. Ce n'était pas pour des questions héroïques ou de principes. « Il y avait eu trop de paperasserie à établir pour faire passer leurs armes en France. Même le groupe de protection royale était prisonnier de la bureaucratie ! »

Les policiers étaient peut-être détendus mais l'équipe de sécurité, elle, retenait sa respiration. Il n'y avait eu aucune des démissions forcées auxquelles ils s'attendaient. Les gardes du corps ne pouvaient à peine croire à ce nouvel état d'esprit qui soufflait sur ces vacances. D'après certains gars, la princesse n'était pas toujours dotée de cet agréable caractère — à certains moments, elle pouvait être à cran.

Trevor apprit par certains de ses chauffeurs qu'elle

pouvait être très vive et qu'elle avait déjà licencié des gens qui n'avaient pas fait ce qu'elle leur avait demandé.

Cependant, il était impossible qu'elle simule cette « humeur joyeuse, pétillante, cette personnalité facile à vivre ». Pendant dix jours consécutifs, elle apparut devant les gardes du corps qu'elle n'avait pourtant pas besoin d'impressionner, sans maquillage, débarrassée de son côté glamour ou formel.

Elle était bavarde et Trevor n'allait pas se contenter de rester planté là, sans rien dire...

Il entrevit l'une des facettes plus sérieuses de Diana lorsqu'elle apprit le meurtre de son ami, le créateur de mode Gianni Versace, le 15 juillet.

« Je ne me souviens pas qui a commencé à en parler. Je remontais de la Hutte du pêcheur en direction des voitures pour me préparer à partir quand j'ai rencontré Diana et Harry. Elle était en train de dire qu'elle devait prendre un avion pour assister à l'enterrement et qu'elle était triste. Elle était très abattue. J'ai évidemment sympathisé, mais je ne savais pas vraiment quoi dire. Pour changer de sujet, je crois que j'ai lancé "espérons que nous allons passer encore une bonne soirée", en pensant à la fête foraine. »

Mais dans l'ensemble, Trevor et Kez se souviennent surtout d'une jeune femme pétillante.

« Elle avait coutume de se moquer de mes vêtements, dit Kez en riant. Je portais vraiment des shorts immenses. Elle me lançait : "Et si vous essayiez une grande taille ?" Alors je répliquais sur le même ton : "J'aime bien quand ils sont comme ça, près du corps." » Un matin, alors que Kez se trouvait près des annexes sur la plage, « elle se moqua de mes talents sommaires de navigation. "Alors c'est cela votre bateau", fit-elle comme si elle baratinait le propriétaire d'un super yacht, espérant aller faire un tour.

« "Et bien, oui, c'est le mien, répondis-je en montrant pompeusement le petit canot instable. Ça vous amuserait de faire un tour ?" Elle attacha en un rien de temps un gilet de sauvetage sur son maillot de bain et nous partîmes, moi à la barre et l'un des gars à l'avant. Ce dernier se mit à se moquer de mon ancien passé de Marine, en me traitant de tête de morue.

“Tête de morue ?

— Oh, c’est juste un surnom affectueux.”

Cela déclencha son hilarité. Tête de morue. Elle adora, le répéta sans arrêt. »

L’aventure se termina avec un bruit retentissant lorsque Kez arrêta l’annexe un peu trop brutalement le long du débarcadère.

Il est facile de tomber dans la vision très « *Hello* » des familles célèbres — les vacances apparemment sans fin, les dîners, les fonctions et engagements sociaux, les immenses photos de famille et les maisons et jardins magnifiquement conservés. Fayed lui-même a peint depuis l’accident une image de félicité familiale, affirmant que Diana avait goûté un réel bonheur pendant ses vacances en se retrouvant dans une famille normale.

Certes, par instants, les garçons se comportaient comme tous les jeunes de leur âge. Un jour, le prince Harry donna une leçon à Omar, le plus jeune fils de Fayed, une leçon de fair-play. Tout le monde en parla dans l’Organisation.

« Omar voulait faire les choses à sa manière et le prince Harry répliqua. Omar l’attaqua et Harry répliqua en lui décochant un bon coup. »

« Il faut être juste », pensèrent les gars a posteriori.

Dans la pièce voisine, Kez entendit la dispute. Mais, tout comme les policiers personnels de Harry, il n’arrêta pas les deux gamins. Il fallait laisser les garçons se comporter en garçons, même si c’étaient des princes.

« La nouvelle de cette bagarre s’est répandue comme la poudre. Tous les gardes du corps disaient : “Oui ! Le prince Harry lui a botté le cul !” Cela m’a réjoui le cœur », précisa en riant Kez.

Mais ce n’est peut-être pas cela ressembler « à une famille normale ». D’après Kez, tous les enfants Fayed étaient quelque peu fantasques, y compris les aînés.

« Prenez Dodi, il a un côté bon à rien. On peut dire ce que l’on veut sur M. Fayed, mais c’est un homme très motivé, alors que Dodi traversait la vie sans le moindre souci, en flânant en quelque sorte. C'est ainsi que je vois les choses. »

Dodi jouait un jeu rusé et secret avec sa petite amie Kelly Fisher, qu'il avait abandonnée le jour du 14 juillet à Paris. Comme elle le dira plus tard au juge français, Dodi l'avait fait venir en avion à Saint-Tropez, le 16 juillet. Il l'avait cachée sur les bateaux de la famille pendant qu'il passait ses journées avec les invités royaux.

« Il y avait une rumeur parmi les gars, une sorte de blague qui disait que la petite amie de Dodi était à bord du *Cujo* », confirme Trevor.

« Un soir ou deux, Dodi, la princesse et Madame Heini ont terminé la soirée en buvant un verre sur le *Sakara*, puis ils ont décidé qu'il était temps de partir. Les deux femmes sont alors montées dans la voiture et nous sommes rentrés à la villa. J'ai accompagné Diana et Madame Heini parce que le danger concernait surtout la princesse. Comme il n'y avait aucune menace spécifique contre Dodi, et que le yacht était sûr, je dormais à la villa. À cette époque, Dodi était toujours un "anonyme", et je ne lui assurais donc pas une protection de vingt-quatre heures. D'après ce que je savais, Dodi prenait l'annexe pour rentrer au *Cujo*. Ce dernier était ancré à proximité et c'était son bateau. Mais je n'ai jamais vu Kelly Fisher. »

En revanche, Debbie Gribble l'a vue : « J'ai rencontré Kelly Fisher un après-midi. Elle est arrivée avec Dodi et un autre type. Ils sont montés à bord du *Jonikal*, pour un déjeuner très tardif. Ils avaient prévenu peu de temps avant. »

Alors que Debbie se dépêchait de tout organiser, « ils grimpèrent soudain à l'échelle ; j'ai pensé qu'ils venaient du *Cujo*, ancré tout près. Je n'avais aucune idée à l'époque de qui elle était, mais j'ai eu le sentiment qu'elle se comportait en enfant gâtée. Je me rappelle nettement qu'elle a déclaré sèchement : "Je veux manger tout de suite ! Je ne veux pas boire un verre, je veux juste manger maintenant !" Il était évident qu'elle était bouleversée, en colère ou ennuyée à propos de quelque chose. »

Debbie confirme que Dodi se rendait bien de temps en temps sur le *Cujo*, mais qu'il dormait sur le *Jonikal.* « C'était notre seul invité à y résider. »

Peut-être Kelly Fisher était-elle agacée par les excuses de Dodi qui la tenait à l'écart de la princesse et de sa famille. En tout cas, elle a déclaré n'avoir appris l'amitié grandissante de Dodi pour Diana qu'en voyant leurs photos étalées à la une des journaux à Los Angeles quelques semaines plus tard. Elle fut l'une des premières victimes de la manipulation médiatique qui, en quelques mois, allait promouvoir de façon obsessionnelle le mythe du mariage entre Diana et Dodi. Manipulation qui allait s'abattre aussi sur Trevor et Kez.

Lorsque Fayed saisit l'éventualité d'une véritable histoire d'amour entre son fils et la princesse, Michael Cole, son porte-parole, prit contact avec le publicitaire Max Clifford pour gérer l'affaire Kelly Fisher — qui était de nature explosive. Clifford avoua au journaliste Martyn Gregory qu'il avait renseigné certains photographes et des gens de la presse sur les endroits où se trouvaient le *Jonikal* et le couple alors que la romance suivait son cours. Il avait parlé, dit-il, « à différentes personnes, particulièrement à des amis... Je suis connu dans les médias depuis longtemps et quand on vérifiait : sont-ils là, vont-ils à... ? je répondais : “Oui, ils y sont” ». Quand on lui demanda s'il avait donné des conseils amicaux, tels que : « Je pense qu'ils vont descendre à Saint-Tropez », Clifford reconnaît : « Et bien, oui je l'ai fait. À certains moments. »

Kelly Fisher devait disparaître de la scène Fayed — même si, selon ses déclarations quelques semaines plus tard, son mariage avec Dodi était prévu pour le 9 août. Ce qui arriva à Kelly fut un coup dur et n'était pas dans les habitudes de Dodi. Mais Kelly Fisher n'était plus à l'ordre du jour.

Selon Trevor, les efforts de Dodi pour amorcer une romance avec Diana connurent des débuts balbutiants. Un soir, après dîner, Dodi décida de conduire le groupe dans un night-club. Trevor n'avait pas eu le temps de reconnaître les lieux et la presse apparut pratiquement dès qu'ils furent entrés à l'intérieur. C'était une sorte de petite cave située dans une petite allée proche du bord de mer.

« C'était miteux. Il n'y avait personne. Dodi de toute évidence avait rencontré le propriétaire pendant les années où il avait beaucoup fréquenté Saint-Tropez. Celui-ci était transporté de joie. »

Mais Trevor eut envie de rentrer sous terre. Dodi avait réservé toute la salle pour protéger leur intimité, aussi le petit groupe s'installa-t-il, seul sur la minuscule piste de danse, en sirotant un verre. Ils dansèrent un peu dans « cette petite salle vide et minable. Le lieu était tellement ingrat que c'en était embarrassant. Quelle façon d'impressionner une princesse ».

Le lendemain, tout le monde plaisanta sur le fait que Dodi « dansait comme un pied ». La princesse se joignit aux autres. Dodi persista et emmena à nouveau tout le monde là-bas. Cette fois, ce fut un petit peu plus vivant. Il y avait d'autres personnes. Lorsqu'on raccompagna les enfants à la maison, Trevor resta, avec un chauffeur, en compagnie de Dodi, Diana et Madame Heini.

« Parlons de sécurité déficiente ! J'étais là, maintenant, tout seul, avec trois personnes. Si quelqu'un m'avait dit que c'était un désastre total, j'aurais été complètement d'accord avec lui. »

Dodi paraissait plus que désireux de passer du temps avec la princesse et « de toute évidence, ils aimaient parler ensemble. J'en fus surpris — côté personnalité, j'aurais plutôt pensé qu'ils étaient aux antipodes l'un de l'autre. Cependant, elle semblait absorbée par Dodi ».

Alors qu'ils se trouvaient tous les quatre dans le club, Madame Heini s'approcha soudain de Trevor, assis à une table à quelques mètres de là. Elle s'installa et se mit à parler avec lui : « C'était très inhabituel. »

En fait, c'était quasiment un choc. C'était elle qui avait commencé à faire du bruit quand la famille et la princesse étaient arrivées au début des vacances.

Les gars suaient à grosses gouttes en déchargeant les bagages. En montant dans le véhicule la princesse lança : « J'aimerais remercier ceux qui transportent tout ce matériel par une journée aussi chaude. » Madame Heini avait rétorqué : « Ne vous inquiétez pas, ce n'est pas utile. » L'expression de la princesse à ce moment-là !

Un autre soir, alors qu'elle buvait un dernier verre à bord du *Sakara*, en compagnie de Dodi et Diana, Heini vint de nouveau rejoindre Trevor. Ce dernier était en train de garder la passerelle, le seul accès au bateau.

Madame Heini sortit donc pour bavarder avec le garde du corps, laissant les deux autres seuls à l'intérieur. Il serait facile de spéculer.

« Peut-être voulait-elle simplement se dégourdir les jambes ? Peut-être l'excluaient-ils de leur conversation et commençait-elle à s'ennuyer ? »

La princesse et ses fils repartirent chez eux, en avion, le dimanche 20 juillet. Ils étaient censés s'en aller le vendredi mais avaient prolongé de deux jours leur séjour. Ils avaient dû se séparer dès leur retour à Londres — les princes partant à Balmoral pour passer le mois d'août avec leur père. Les Fayed, eux, s'envolèrent pour la Finlande, chez Heini, tandis que Dodi restait à Saint-Tropez avec Kelly Fisher.

Pendant que Diana assistait aux funérailles de Gianni Versace à Milan, le 22 juillet, Dodi et Kelly se promenèrent en Méditerranée. Ils s'envolèrent pour Paris, le 23 juillet avant que Kelly ne rentre à Los Angeles — elle s'attendait toujours à épouser Dodi en août.

Fayed avait informé ses hommes qu'ils pouvaient rester quelques jours avant de revenir en Angleterre. Il leur restait un peu d'argent provenant des « pourboires ». En compagnie de quelques copains, Trevor retourna au night-club. L'endroit était aussi miteux que dans son souvenir et Trevor s'amusa à la pensée que ce lieu symbolisait les efforts que Dodi avait fournis pendant le voyage. « Dodi faisait de son mieux mais c'était une source d'embarras. »

Kez, toujours prêt à riposter, déclare : « Je ne pense pas que Dodi faisait beaucoup d'efforts. Je pense que son père le poussait... Et je pense que la princesse a laissé faire. »

Cependant, quelque chose avait dû faire tilt. Pendant les quelques derniers jours, le bruit se répandit parmi le personnel que Dodi et la princesse commençaient à sortir un peu ensemble. Sur le *Jonikal*, Debbie était persuadée qu'une relation amoureuse estivale était en cours. « Dès que notre équipe a appris à mieux les connaître, elle et les princes, toutes les spéculations sur une éventuelle histoire d'amour ne rencontraient que la dérision. Je ne me cache pas d'être républicain. Mais elle était canon — vraiment ravissante — et ses enfants étaient fantastiques », estime Kez. L'équipe à terre pensait la même chose. « Ils se disaient : “C'est une fille bien et ce sont de super gamins. Elle ne fait pas juste semblant devant les appareils photo. Elle pourrait trouver cent fois mieux que ce type, bon sang.” »

Préoccupée par les millions qu'elle pouvait gagner en vendant des photos de Diana et par le débat qui faisait rage : Diana devait-elle, ou pas, être l'hôte de Fayed ? la presse ne remarqua pas l'histoire d'amour naissante. Les journalistes n'avaient même pas commenté l'arrivée de Dodi au début des vacances. Ils commençaient à mordre légèrement à l'hameçon mais n'avaient pas encore mis l'histoire au jour. Trevor, lui, n'arrivait pas à croire qu'il pût y avoir réellement une histoire d'amour.

Ces dix jours avaient surtout clairement montré les différences entre les deux familles. Quand il entendit plus tard à la télévision les déclarations de Fayed disant à quel point, pendant ce voyage à Saint-Tropez, Diana avait trouvé chez eux « une famille normale avec laquelle elle pouvait communiquer et se sentir à l'aise, la famille normale qu'elle n'avait jamais eue », Trevor lança : « Foutaises ! Les familles normales que je connais ne passent pas de vacances avec la royauté, elles ne possèdent pas leurs propres villas à Saint-Tropez et des yachts longs de quarante-cinq mètres. Les familles normales de ma connaissance partent en vacances à Majorque avec des matelas pneumatiques gonflables. »

Les souvenirs que Trevor conserva de ce voyage furent les soirées à la fête foraine, celles qui avaient échappé aux médias : la princesse, un temps oubliée par les photographes, se promenant, blaguant, explorant les lieux avec ses fils. Les princes, riant aux éclats sur les attractions, et se moquant de la chemise de Trevor. Il était tout simplement extraordinaire pour elle de profiter du plus ordinaire des bons moments, probablement les dernières heures heureuses et détendues qu'elle ait partagées avec William et Harry.

Une fois partis pour Balmoral, elle ne devait jamais plus les revoir.

3

L'escalade de la pression

Trevor reprit son travail le 6 août, après les dix jours de congé qui suivirent le séjour à Saint-Tropez. Sa mission « d'homme de Dodi » s'était modifiée. L'homme « anonyme » qu'il avait conduit seul à travers les rues de Londres avait été propulsé sous le feu des projecteurs. Désormais, avec la princesse de Galles, Trevor allait soutenir le feu roulant des paparazzi.

Alors qu'il s'inscrivait sur le registre pour prendre son poste, Dodi et la princesse rentraient de Sardaigne, c'était leur deuxième petit voyage depuis le retour de Saint-Tropez. « Je fus absolument estomaqué quand j'ai appris qu'ils étaient partis en vacances ensemble. »

De retour à Londres, après avoir expédié Kelly Fisher à Los Angeles, Dodi avait multiplié les avances auprès de la princesse de Galles. Le vendredi 25 juillet, il l'avait emmenée à Paris, dans l'hélicoptère d'Harrods, pour leur premier rendez-vous : dîner au restaurant trois étoiles Lucas Carton et séjour d'une nuit au Ritz. Six jours plus tard, ils s'étaient envolés de nouveau vers la Méditerranée pour une croisière d'une semaine, seuls, à bord du *Jonikal.*

La première mission de Trevor fut de se rendre à l'héliport de Battersea pour réceptionner le couple. Trevor était impatient de voir la princesse pour la remercier du petit mot qu'elle lui avait écrit à propos de son travail à Saint-Tropez. « Il se trouvait dans mon casier au bureau des Opérations. Tous les agents de sécurité qui avaient participé à ce séjour en avaient reçu un. Une lettre standard de toute évidence. »

Mais le geste était si gracieux. En bas, les princes avaient écrit quelques mots à la main. Le sceau en relief or et noir de Kensington Palace apparaissait en haut de la lettre. Elle était datée du 23 juillet 1997, trois jours après son retour du Midi. Adressée à Trevor Rees-Jones Esq., la lettre était tapée à la machine, mais signée de la propre écriture franche et ronde de la princesse. Elle y remerciait Trevor pour avoir pris soin d'elle et de ses fils durant le voyage, et le priait de l'excuser pour avoir compliqué son travail par sa présence. William avait griffonné une allusion, de sa part et de celle de Harry, à ses chemises voyantes.

Une fois que la princesse l'eut salué de son sourire éblouissant et de son habituel « Salut Trevor, comment allez-vous ? », Trevor lui répondit : « Je veux vous remercier pour la lettre, Madame, de ma part et de celle de tous les gars. Nous avons beaucoup apprécié. » En réalité, ce n'était pas grand-chose, mais dans les mois à venir, ce billet allait devenir un véritable trésor.

C'est le lendemain que « La merde nous est tombée dessus », se souvient Trevor. En milieu de soirée, le 7 août, une grosse BMW gris foncé s'arrêta devant l'un des accès des appartements de Dodi, au 60 Park Lane. Grâce aux caméras de sécurité surveillant les entrées, les Opérations avaient signalé la présence de photographes aux portes de devant et latérales, prêts à l'action. Trevor et deux autres gars allaient et venaient à l'intérieur, près des issues, ne voulant pas être repérés par les reporters qui se trouvaient dans la rue. Quand les portes furent assez dégagées, il avertit le chauffeur de la princesse par téléphone et Trevor la vit arriver, seule, sans aucun agent de sécurité. « Les photographes connaissaient sa voiture et sa plaque d'immatriculation. » Les flashes se mirent à crépiter.

Trevor se précipita sur la portière arrière droite et la bloqua alors que la princesse, belle à couper le souffle, toujours bronzée par son séjour sur la Côte d'Azur, émergeait de la banquette, tout en jambes et hauts talons dans une courte robe de cocktail bleue moulante et très glamour. Trevor ne put remarquer sa tenue car il l'entraîna à toute vitesse vers les ascenseurs. Mais une photo de la princesse vêtue de cette robe bleue, un sourire timide d'anticipation aux lèvres, allaient paraître dans tous les journaux du lendemain. Il reste l'un des clichés les plus marquants des quelques semaines de romance avec Dodi.

Les deux bâtiments — les numéros 55 et 60 de Park Lane — occupaient tout le coin de Park Lane et de South Street. Leurs façades grises et discrètes suggéraient à peine le voisinage huppé : l'hôtel Dorchester à la porte voisine et l'ambassade de la République arabe d'Égypte — pays natal de Fayed — au coin de South Street. Le pouvoir qui se cachait en ces lieux était à peine visible.

Fayed possédait des appartements et des bureaux au 60 Park Lane, bien dissimulés au-dessus d'un concessionnaire de voitures Lexus. Le complexe abritait aussi la salle des Opérations de Fayed et ses installations de sécurité. Quand ils se trouvaient en ville, ses cousins et ses oncles habitaient sur place, dans des appartements. Les résidences de Fayed, de sa famille et de Dodi étaient regroupées sous le même toit. Ils avaient une cuisine en commun et le même personnel. « C'était comme une cuisine d'hôtel », dira le valet de Dodi. Les deux immeubles, reliés par un accès direct, possédaient un garage en commun. Diana allait d'abord être emmenée au 55, puis au 60 avant de prendre l'ascenseur pour rejoindre l'appartement de Dodi. Une fois qu'on était à l'intérieur, on était en sécurité.

« Le bâtiment est considéré comme sûr parce que, à la porte d'entrée, il y a la résidence des agents de sécurité, que des patrouilles de nuit circulent dans l'immeuble, et que des caméras enregistrent toutes les approches. Entrées extérieures, points d'accès, tout est surveillé. »

Les écrans de contrôle des caméras, installés dans la salle des Opérations, étaient sous surveillance permanente. « Aussi longtemps que les types qui regardent les caméras et font les patrouilles ne s'endorment pas sur leur travail, on est en sécurité. »

Pour de bonnes raisons, Dodi décida de se faire servir à dîner dans l'appartement. Le lendemain, les tabloïds racontèrent que les maîtres d'hôtel du Dorchester avaient livré en grande pompe des mets sur des plateaux d'argent étincelants. Ils publiaient des photos d'hommes transportant des plats à l'intérieur du 60 Park Lane. Les gros titres disaient : « Les maîtres d'hôtel livrent un repas tout fait aux tourtereaux. »

Les tabloïds ne furent pas les seuls. Des livres écrits ultérieurement allaient reprendre en chœur : « Dodi avait commandé à dîner aux cuisines voisines du Dorchester et s'était fait livrer sur des assiettes d'argent. »

« Cela venait du Harry's bar, pas du Dorchester, glousse Trevor. Et c'était moi ! Moi et un autre gars qui avions été chercher les plats au Harry's Bar. Nous avions fait arrêter le chauffeur devant l'entrée des fournisseurs, au 60 Park Lane, au coin de la rue. Nous avons pris les plateaux sur le siège arrière et nous sommes entrés. » Il rit tout seul : « En fin de compte, je n'étais pas beaucoup plus qu'un maître d'hôtel. »

Il était maintenant minuit passé et, tandis que le couple dînait, Trevor était assis et parlait avec le gars qui était de permanence au bureau. Il attendait que Dodi téléphone et le prévienne : « Nous descendons maintenant. » Signe qu'il fallait raccompagner la princesse chez elle.

Soudain, quelqu'un l'appela : « C'est Sue, ton ex-femme au téléphone. » Mon dieu, que se passe-t-il donc ? songea-t-il. Jamais elle ne l'appellerait la nuit, en plein travail, à moins qu'il n'y ait une urgence. Il prit le combiné.

— Ouais, c'est Trevor.

Sue semblait étrange, un peu paniquée.

— Je t'appelle pour te dire que je suis avec quelqu'un. Avec quelqu'un !

— Qui est-ce ?

— Je pense que tu le sais.

Depuis longtemps, Trevor suspectait la présence de cet homme dans les parages. Il avait même pris contact avec un cabinet juridique, Crawford et Lucas, pour entamer une demande de divorce, puisque c'était la volonté de Sue.

« Mais j'espérais toujours que nous pourrions recoller les morceaux. Même si nous étions séparés à cette époque, elle avait fait croire qu'elle n'était avec personne et qu'elle me le dirait si... En fait, on était tombé d'accord, si l'un de nous était engagé avec quelqu'un, il le ferait savoir à l'autre. Mais quand elle me l'annonça, en plein boulot, je piquai une crise. »

Tous les gars furent sur le qui-vive lorsque Trevor commença à hurler dans le téléphone : « Putain de bon sang, qu'est-ce que tu fais ? Je ne peux pas croire que tu aies fait une chose pareille ! »

Dodi n'allait pas tarder à appeler et Trevor était en pleine ébullition. Choqué, blessé. En réalité, il n'y avait pas que ça. « C'était le fait que Sue puisse être à ce point insensible, qu'elle puisse me téléphoner juste maintenant — pour me brouiller l'esprit alors que je devais m'occuper de la princesse dans moins d'une demi-heure. »

Un peu plus tard, il perçut toute l'ironie de la situation : reconduire dans son palais une princesse vivant le début d'une histoire d'amour alors que, lui, avait vu s'effondrer tous ses espoirs.

Trevor raccrocha brutalement le téléphone et ouvrit d'un coup de poing la porte qui menait au salon, ce qui affola les deux gars qui regardaient la télé. « Ils avaient entendu les cris et savaient ce qui se passait. Nous étions tous assez proches. »

« Si tu veux que je choisisse quelqu'un d'autre pour faire la couverture à ta place, je le ferais », a proposé Andy, l'un des patrons, et chauffeur assigné pour la nuit. Mais Trevor, reprenant le contrôle, se remit vite au boulot. « Je restais échauffé pendant une à deux minutes. Il me fallut un peu de temps pour rassembler mes esprits. Mais dès que l'action a repris, j'ai enfoui Sue dans un coin de mon cerveau. »

Pour Trevor, ce fut sa première traversée de Londres en voiture avec la princesse. Le bureau des Opérations signalait qu'un groupe de photographes attendait devant les portes d'entrée et le garage. Dodi la raccompagna jusqu'à la voiture et Trevor la fit entrer dans le discret van Toyota. Les portes du garage s'ouvrirent sur une véritable cohue. Des photographes partout. Des flashes aveuglants, des appareils photo cognant contre les vitres. Bien que Trevor n'ait rien remarqué ni rien entendu, les reporters déclarèrent qu'une voiture avait roulé sur le pied d'un photographe. « Ils nous sautaient dessus. Si c'est arrivé, j'en suis désolé. »

Andy, le chauffeur, avait demandé à Trevor de lui laisser prendre le volant, car il n'avait jamais vu la princesse. Ce n'est qu'à cet instant que Trevor comprit à quel point, depuis Saint-Tropez, la présence de Diana lui était devenue familière.

« C'est drôle avec quelle rapidité on s'habitue à s'occuper de quelqu'un comme elle... À cette époque, j'étais complètement accoutumé. Il ne faut pas se laisser impressionner par une situation, sinon elle vous dépasse, non ? »

Trevor guida le chauffeur au sud de Park Lane et dans Knightsbridge, puis, après Hyde Park, ils prirent la direction de Kensington High Street. À la hauteur de Kensington Gardens, ils devaient tourner à droite pour emprunter la longue allée qui menait à Kensington Palace et à l'entrée située sur Palace Avenue. Alors qu'ils arrivaient à une centaine de mètres de l'allée, Trevor entendit la voix de Diana surgir du fond de la banquette arrière :

« Je vais passer devant maintenant.

— D'accord, Madame », répondit Trevor qui tâcha de garder son calme quand il aperçut, en jetant un coup d'œil en arrière, les longues jambes princières s'agiter au-dessus du siège. Embarrassé, il détourna rapidement la tête et regarda droit devant lui. Mon Dieu ! Elle s'élançait sur la banquette juste derrière la leur, pour s'approcher de la portière. La princesse de Galles !

Ils remontèrent l'allée comme une flèche. Des photographes attendaient près des grilles. La voiture stoppa enfin près des pancartes qui annonçaient « Entrée interdite, route privée, parking interdit », et avança jusqu'à la barrière de sécurité. Lorsque le garde, qui n'avait jamais vu Trevor, lança un très formel « Bonsoir, Monsieur », la princesse « baissa la vitre, passa sa tête par la fenêtre et dit : “Ce n'est que moi.” » La barrière se souleva, le garde leur fit signe de passer.

« Bonne nuit, Trevor. À demain », lâcha la princesse exubérante tout en grimpant quatre à quatre les marches du portique blanc à colonnes, avant de disparaître par la porte du palais.

« Je connais un petit pub tout près dans Mayfair. J'ai l'impression que tu as besoin d'une bière », proposa Andy. Ils en avaient besoin tous les deux. Andy était sidéré de voir à quel point elle était humaine et réelle — il n'arrivait pas à le croire.

« Non, merci, mon vieux », lui répondit Trevor. Cela aurait été une excellente idée s'il n'avait pas été en service.

De retour à Park Lane, dans les quartiers des gardes du corps, Trevor examina la situation. À son retour, il avait découvert que l'histoire d'amour entre Dodi et Diana faisait la une des journaux. Quel choc après Saint-Tropez. Là-bas, au moins, les promenades nocturnes étaient calmes. Quel changement aussi, après dix jours passés à Oswestry, où la seule chose qui le préoccupait était de gagner le prochain match de rugby.

« Ce type de difficulté était nouveau pour la plupart d'entre nous. Je ne pense pas que l'organisation ait jamais vécu une telle intensité. Diana fréquentait soudain une nouvelle personne et le monde entier s'y intéressait. »

De ce jour-là, le bâtiment — ou quel que soit l'endroit

où se rendaient Dodi et Diana — fut assiégé. La menace pesant sur Dodi s'était décuplée. Il fallait que les choses changent. Ils devaient monter la sécurité d'un cran, établir de nouveaux protocoles. Mettre sur pied des convois de deux voitures. « Mais j'aimais cela. »

Avec cet autre challenge, le boulot était devenu formidable. C'était mieux que de s'ennuyer. Les gars allaient tous donner un coup de main, pour conduire ou rendre d'autres services. « Mais j'étais le seul agent de sécurité qui s'adresserait directement à Dodi. J'étais toujours l'homme de Dodi ».

Au moment où les paparazzi flairaient une piste fraîche, Diana partit le jour suivant, le 8 août, pour quelques jours en Bosnie afin de protester à nouveau contre l'utilisation des mines anti-personnel. Ce n'était pas le genre de Trevor de commenter, ni même de se soucier de la vie personnelle de Dodi. Mais il était évident que ce dernier était sous le charme. Il était si impatient de rester en contact avec Diana que, bien qu'elle ne partît que deux jours en Bosnie, « il voulut qu'elle emporte un téléphone afin qu'ils puissent se parler pendant son absence. Au dernier moment, nous lui trouvâmes un téléphone satellite par l'intermédiaire de l'organisation. Je dus courir à Heathrow, alors qu'elle décollait, pour le lui donner. J'ai cru que je n'y arriverais pas. Elle ne partait pas sur un vol royal mais à bord d'un petit jet privé ».

Trevor annonça son arrivée et courut jusqu'à la porte, serrant le téléphone contre lui. Au moment où l'avion s'apprêtait à rouler sur la piste, il eut juste le temps de le donner à un officiel. On déverrouilla les portes et l'on monta précipitamment l'appareil à bord. « En fait, elle n'eut pas besoin d'un téléphone satellite. Les mobiles normaux marchaient très bien. »

Jusqu'ici, l'excitation des médias n'était rien à côté de ce qui allait se passer au retour de Bosnie de Diana. Au cours du dernier voyage du couple sur le *Jonikal*, un photographe avait été choisi parmi la horde hurlante et avait reçu l'information de sa vie.

Mario Brenna, le photographe personnel de Gianni Versace, l'ami de Diana qui avait été assassiné, avait repéré le *Jonikal* dans une baie éloignée de Sardaigne et braqué ses téléobjectifs sur deux corps en maillots de bain qui partageaient un moment intime sur le pont. À l'heure actuelle, un désaccord subsiste sur l'identité de la personne qui a lancé Brenna sur la piste : accusations et contre-accusations. Est-ce Diana, est-ce Fayed ? Comme le cliché de Brenna était flou, il était difficile d'affirmer s'il s'agissait d'une étreinte ou d'un baiser. Mais Brenna estimait ce cliché à près d'un million de dollars. Le dimanche matin, le 10 août, la photo, exclusive dans le *Sunday Mirror*, parut avec fracas avec ce titre de presque cinq centimètres de haut : « LE BAISER ». Le sous-titre annonçait : « Enlacée dans les bras de son amant, la princesse trouve enfin le bonheur. » Dodi commença à comprendre que sa vie, restée privée jusque-là, allait changer. René Delorm, son fidèle maître d'hôtel, fut appelé de Paris et arriva le jour même à Londres. De toute évidence, le couple allait, de plus en plus, devoir prendre ses repas à l'intérieur. Pendant les sept années où il avait dirigé les maisons de Dodi à Beverley Hills et Paris, René avait appris à créer avec perfection l'ambiance romantique que Dodi aimait. René était l'imprésario sentimental, celui qui veillait sur l'argenterie, le linge de maison, le caviar, la musique de fond, les vins favoris et les cigares — décor dans lequel Dodi avait reçu une quantité de stars d'Hollywood telles que Brooke Shields ou Julia Roberts.

La nature imprévisible de Dodi posait toujours des problèmes à Trevor. À l'insu de son garde du corps, Dodi avait imaginé un plan pour emmener la princesse dès son retour de Bosnie, dans la propriété des Fayed, à Oxted dans le Surrey. En fin d'après-midi, le 10 août, le couple, Trevor et René empruntaient la M25 jusqu'aux grilles de la propriété. Trevor s'aperçut qu'en l'absence de M. Fayed Oxted offrait à Dodi une parfaite retraite privée. C'était tentant. Rien de mal à cela — une liaison amoureuse a besoin de spontanéité et de solitude.

Une petite troupe de photographes attendait à l'entrée de la propriété mais, une fois à l'intérieur, c'était un splendide havre de sécurité. À Barrow Green Court, le nom du domaine, Fayed avait créé un rêve campagnard anglais. Bien que Trevor soit souvent venu avec Dodi pour des dîners dominicaux en famille, la demeure restait impressionnante. L'immense manoir élisabéthain était entouré de paysages superbes, de verts pâturages, où paissaient des chevaux, et de jardins en fleurs. Fayed avait dépensé des millions de livres pour restaurer ses pièces lambrissées de chêne, bâtir une gigantesque piscine, installer des écuries et cultiver des hectares de jardins somptueux. Il avait offert à ses quatre jeunes enfants ce que l'on a décrit comme « un univers féerique pour les tout-petits », avec des jouets puisés chez Harrods. Fayed dirigeait son empire, sauf par le froid le plus glacial, d'une tente en plastique blanc placée sur la pelouse et recouverte de moquette verte, genre herbe artificielle. On aurait dit une version britannique de la tente du Cheikh du désert, mais son but était moins romantique — son isolement empêchait l'espionnage. « Ses autres propriétés étaient des variations d'Oxted — y compris la tente », précise Kez Wingfield, qui y fut basé pendant cinq ans.

Le garde du corps nous offre une vision différente du domaine : des gardes patrouillaient sur ce complexe de deux cents hectares. Grâce à son matériel de surveillance et de sécurité, la propriété était inviolable, impénétrable. « Si vous vous y trouviez la nuit sans y avoir été invité, vous étiez considéré comme hostile », poursuit Kez.

Pour ce court séjour d'une nuit, René joua comme d'habitude le magicien et fit servir du vin et du caviar sous une marquise dans un petit jardin secret, un peu à l'écart de la maison. Le dîner aux chandelles fut prévu à l'extrémité d'une magnifique étendue de verdure. Toutefois, bien que séduit par les fronces Renaissance du chemisier en satin blanc de la princesse, René restait préoccupé par l'indécision de Dodi — celle-là même qui causait tant de problèmes à Trevor. René détestait devoir déplacer les cocktails et les hors-d'œuvre d'un endroit à un autre, à la dernière minute.

Sortir avec la princesse n'améliora pas la perception du temps de Dodi. Trevor ne pouvait pas lui dire ouvertement qu'il devait peut-être commencer à surveiller sa montre et se conformer enfin à un horaire planifié. Il s'aperçut que « de toute évidence, les choses ne pouvaient plus se passer de la même façon. L'avantage fut que je pus soudain faire davantage preuve de fermeté et dire “*voilà* comment ça va s'organiser”. Tout était monté d'un cran. Je pense que Dodi le comprit aussi. Tout avait changé ».

Les procédures de sécurité à Park Lane avaient été renforcées. « Les paparazzi mitraillaient toutes les voitures dans lesquelles ils pensaient trouver Dodi et Diana. Nous tentions de préserver autant que possible leur intimité. Comme nous ne voulions pas être suivis en permanence par des photographes, nous établîmes une ou deux mesures de diversion — mais sans être excessif et en veillant, bien évidemment, à ce que la sécurité soit maximum. » Espérant brouiller les pistes, ils quittaient Park Lane dans un convoi de deux voitures, « deux véhicules aux vitres teintées. Nous espérions qu'ils ne sauraient pas dans laquelle se trouvait le couple. Nous vérifions que les portes du garage s'ouvraient à la dernière minute afin de pouvoir sortir à toute vitesse. Nos caméras surveillaient South Street et toutes les intersections. Quand la salle des Opérations, avec laquelle vous êtes en contact radio vous signale que la voie est dégagée, vous pouvez alors foncer vers la sortie, directement, sans avoir à vous arrêter et à attendre. »

Mais accompagner la princesse de Kensington Palace à Park Lane sans être pourchassé par une horde tonitruante de voitures de presse requérait plus d'ingéniosité. Ils mirent au point une méthode pour se débarrasser des médias en chemin.

« Lorsqu'on m'informait que la princesse venait le soir, j'appelais son chauffeur sur son pager et l'interrogeais : “Venez-vous ce soir ?” Ce qui signifiait : est-ce que vous l'amenez ? “Ouais”, répondait-il. Nous arrangions un rendez-vous dans une rue tranquille. Nous convenions d'une heure. Je m'installais avec le chauffeur dans un monospace Toyota. En chemin, nous faisions un petit tour de reconnaissance, pour nous assurer qu'aucun paparazzi ne nous suivait. Une fois arrivés sur place, nous nous garions et je le guettais. Il nous appelait au moment où il arrivait : "OK, on vous voit." Il s'arrêtait, elle sortait alors de sa voiture, courait dans la nôtre et nous repartions. »

Un jour, le chauffeur de la princesse dut changer de lieu de rendez-vous parce qu'il était suivi. Ce chauffeur, ancien de la Force de Protection de Scotland Yard, était passé maître dans l'art de semer les paparazzi et Trevor adorait l'entendre raconter ses tours et détours pour se débarrasser d'eux.

« Je ne me rappelle pas si c'était mon idée ou la sienne, de baisser la tête. » Mais cela devint une habitude.

Quand Trevor approchait du garage de Park Lane, il établissait une liaison radio avec les gars. Deux minutes plus loin, il leur donnait le nom de code « lune ». En arrivant à proximité de l'entrée, le nom de code était « faisceau ». Le type au bureau appelait alors la voiture : « La route est dégagée maintenant, toujours dégagée », afin que « nous puissions traverser directement et entrer dans le garage ». À notre approche de South Street, je lançais : « Baissez la tête maintenant, Madame, nous y sommes presque. » Elle se laissait alors glisser sur le sol, riant de la supercherie, au moment où les gars appuyaient sur le bouton pour ouvrir la porte du garage. Le timing était critique. Quand les photographes voyaient la grille se lever, ils se préparaient tous à bondir et à prévenir leurs collègues par radio. Le chauffeur descendait à toute vitesse la rampe en passant devant les photographes, sans que la princesse soit visible. Les portes se refermaient comme une herse. « Ils n'ont jamais couru après nous dans le parking », précise Trevor.

« Elle voyait ça un peu comme une plaisanterie. Elle en riait. Je pense qu'elle s'amusait. Puis je traversais le 55 Park Lane avec elle et l'accompagnais jusqu'au 60 dans l'appartement de Dodi. » En chemin, ils bavardaient. « Nous ne sommes jamais entrés dans des conversations importantes, mais je lui parlais comme à une personne ordinaire. De n'importe quel sujet. Un jour, nous avons discuté du film

Men in Black qu'elle avait vu avec les garçons. Elle n'avait pas aimé alors que j'avais trouvé ça très drôle. Quelque temps auparavant, elle avait emmené Harry voir un film sur le terrorisme de l'IRA alors qu'il n'avait pas l'âge autorisé — cela avait provoqué une sorte de panique. Elle m'a dit : "Si j'avais su, je ne l'aurais jamais fait." Elle n'était pas stupide. Elle n'avait peut-être pas fait Polytechnique, mais moi non plus. C'étaient de chouettes discussions. »

L'intimité que leur offrait Oxted était si attrayante que Dodi et la princesse y retournèrent bientôt. Ce fut le début d'une folle aventure, organisée par Dodi avec un tel mépris pour la sécurité que le garde du corps en fut horrifié.

Alors que Trevor arrivait à l'héliport de Battersea avec Dodi qui devait y retrouver la princesse pour s'envoler pour Oxted, il apprit que les plans avaient changé. Le couple avait prévu une première destination et il était exclu du voyage. Bon sang, où allaient-ils ? À part ce séjour à Oxted, le planning de la salle des Opérations ne signalait rien d'autre...

« Je pense que je devrais venir avec vous, fit remarquer Trevor alors que Dodi et la princesse grimpaient à bord, tout heureux.

— Nous n'avons pas besoin de vous. Nous vous retrouverons à Oxted », répliqua Dodi.

Sur un coup de tête, Dodi s'envolait tout seul sans protection ou renfort. Consterné mais impuissant, Trevor téléphona au bureau des Opérations pour les avertir que Dodi était parti en hélicoptère avec son invitée pour une destination inconnue.

Le pilote n'eut connaissance de l'endroit où se rendait le couple qu'une fois qu'ils furent en vol. « Il devait refaire son plan de vol — c'était un désastre. Il décolla seul avec Dodi et la princesse à son bord. Aucune sécurité », nota Trevor, contrarié, en fonçant de Battersea à Oxted pour préparer l'arrivée de l'hélicoptère venant de Dieu sait où.

En fait, Diana emmenait Dodi rendre visite à sa

voyante, Rita Rogers, dans le Derbyshire, à une heure d'avion de Londres. Elle voulait partager avec lui son goût pour les voyants, astrologues et psychothérapeutes. Un intérêt qui faisait partie de sa personnalité.

Si Dodi souhaitait que cette escapade restât secrète, ce fut un fiasco. La méfiance grandissante qu'il entretenait envers tout le monde, même ses proches, était sur le point de se retourner contre lui.

Le pilote ne savait ni où atterrir ni où il allait exactement et Diana avait des difficultés pour reconnaître la maison de Rogers. L'hélicoptère vert et beige de Harrods, rapidement identifiable par tous ceux qui avaient lu un journal au cours des deux dernières semaines, s'immobilisa au-dessus d'un lotissement pendant que tous trois réglaient les derniers détails. Lorsqu'il atterrit dans un champ voisin, une foule d'enfants et de ménagères excitées accoururent pour prendre des photos et les filmer. Ces images apparurent aux informations du soir.

Un peu plus tard, leur arrivée à Oxted fut également repérée, même si Trevor, délaissant l'héliport habituel, avait rapidement mis en service une ancienne zone d'atterrissage moins en vue, située près de la maison. Les paparazzi avaient installé leurs téléobjectifs sur le terrain surélevé derrière la propriété.

« Dodi était très en rogne quand il arriva à Oxted. Même Michael Cole, le porte-parole de Fayed, a déclaré dans un reportage : "Vous devriez savoir, Dodi, que vous êtes l'attraction du moment et qu'ils vont vous suivre" », raconte Trevor. « Il ne fallait pas être un génie pour découvrir qu'ils iraient soit à Oxted, à Park Lane, Kensington Palace ou Harrods. C'étaient les quatre seuls endroits probables. »

Trevor grinça des dents quand il apprit où ils étaient allés. Mais il dut admettre que, si son travail consistait à rendre la vie facile à ses principaux, il le faisait très bien. Ils descendirent en trombe de l'hélicoptère et se précipitèrent dans la maison, avec un sentiment d'urgence. « À cette époque-là, on avait l'impression qu'ils jouaient à un jeu. » Ils s'amusaient.

Grâce à la magie de René, le couple s'installa de nouveau sous la marquise, au clair de lune, pour prendre un verre avant de dîner. Cette fois-ci, sur une véranda surplombant les jardins. « À mon avis, René vivait cela en réalité comme un truc très excitant, raconte Trevor. Vous savez, il est très excessif avec ses "magnifique, superbe !" Ce n'était pas le genre de personne que j'appréciais. »

Cependant, tous deux repartirent le lendemain d'Oxted, partageant une agréable escapade. Ils installèrent le couple dans le van Toyota et prirent l'Aston Martin — seuls Trevor et Johno avaient la permission de Dodi pour la conduire. En sortant du domaine, ils parvinrent momentanément à déjouer la presse. Au bon moment, le gros camion d'un agriculteur se glissa entre le convoi des deux voitures et les paparazzi. Ils purent regagner Londres sans journalistes à leurs trousses. « Nous n'avons pas "klaxonné d'allégresse" comme l'a raconté René mais nous étions soulagés. »

Ce soir-là, le couple se rendit à une projection du film d'Harrison Ford, *Air Force One*. Le chef des Fayed leur concocta un petit dîner avant la projection. Trevor avait été averti à temps par les secrétaires et il eut le temps de préparer l'organisation de la soirée.

Il l'avait fait de nombreuses fois auparavant. Comme c'était une projection en avant-première, il alla chercher en voiture l'après-midi la copie du film dans les bureaux de Columbia Pictures. « Il y avait huit à neuf bobines de *Air Force One*, cela pesait très lourd. Je les ai déposées de bonne heure dans la salle de projection. En général, Dodi n'appréciait pas que je fasse cela parce que vous voyez le film avant sa sortie. En plus, si vous perdez les bobines de vue et qu'on vous les vole, c'est une question de milliers de livres sterling. Mais avec la présence de la princesse, je ne voulais pas les trimbaler tout en l'escortant. »

Pendant que le couple et René parlaient cinéma, Trevor se concentra sur la façon d'éviter les médias. Quand ils remarquèrent la voiture d'un paparazzi, le véhicule de renfort, avec lequel il était en contact radio permanent, l'isola et la fit ralentir pendant que Trevor filait à toute allure et tournait dans les rues du West End.

Lorsqu'ils s'arrêtèrent aux abords d'un petit théâtre, dans une rue pas plus large que le trottoir, il n'y avait aucun photographe en vue. « On s'était débarrassé de tous les paparazzi et pouvions pénétrer dans le théâtre sans nous faire remarquer. Je me garai, ouvris la portière, vérifiai rapidement autour de moi et nous fîmes entrer le couple. »

Quand Trevor revint après avoir garé la voiture, il utilisa sa méthode habituelle.

« Comme je passais de la lumière à l'obscurité, je ne voyais pas grand-chose. Alors, je me faufilai dans la salle en longeant le mur et me laissai tomber dans le fauteuil le plus près de la porte. » Cette fois-ci, il faillit s'asseoir sur les genoux de la princesse.

« Oh, excusez-moi, Madame », murmura Trevor, gêné, en cherchant à tâtons une place libre. Dodi l'avait installée dans le fauteuil habituel de Trevor, à l'avant de la petite salle. Ce fut le seul faux pas de la soirée. Elle s'était déroulée de façon parfaite et excitante.

C'était le premier soir depuis ces deux semaines d'aventure londonienne que le couple sortait. Trevor avait l'impression que, après huit jours, la sécurité fonctionnait bien. Plus tard, Trevor déposa Diana au Palais. Alors que les gardes scrutaient l'intérieur de la voiture, elle gazouilla comme à l'accoutumée : « Ce n'est que moi. » On leur fit signe d'entrer. Indépendamment de tous les défis que la présence de la princesse occasionnait, l'avantage de l'avoir dans la voiture, c'était que Dodi évitait de casser les pieds à Trevor avec des phrases du genre : « Allez plus vite, ralentissez, faites ceci, faites cela ! » Le couple s'entendait très bien. Ils parlaient beaucoup, même s'ils étaient tous deux accro à leurs téléphones portables. En public, ils ne se laissaient aller à aucune démonstration d'affection. C'est quelque chose qu'ils n'auraient jamais fait.

« Cependant, ils semblaient très proches et paraissaient vraiment apprécier la compagnie l'un de l'autre. Le bruit commençait à se répandre que, si cette histoire d'amour durait, on mettrait en place une équipe d'au moins quatre hommes. » Trevor pourrait bien en être le responsable. Ce qui serait formidable.

Mais soudain, l'action s'arrêta. Le 15 août, la princesse s'envola vers la Grèce pour faire une croisière avec sa grande amie Rosa Monckton. Ce voyage était planifié de longue date et elle n'emmenait aucun agent de sécurité avec elle. Diana paraissait avoir accepté que Fayed joue les agents de voyages car elle échangea volontiers son billet sur un vol commercial contre une place dans le Gulfstream IV pour rejoindre la mer Égée. Grâce à cette générosité, Fayed pouvait mieux protéger les mouvements de Diana.

Dodi, lui, s'envola pour Los Angeles, en partie sans doute pour tenter de calmer Kelly Fisher après sa conférence de presse de la veille. Plusieurs jours auparavant, à la parution des premières photos et des articles dans les tabloïds, Fisher avait découvert la relation de Dodi avec Diana. Elle allait déclarer plus tard, sous serment, au juge français : « Notre relation a duré jusqu'au 7 août. » Jusque-là, précisait-elle, elle avait continué à préparer le mariage. Celui-ci « était prévu pour le 9 août. Tout allait bien. J'avais Dodi tous les jours au téléphone jusqu'à ce que les photographies de Dodi et Diana soient publiées dans la presse ».

Debbie Gribble, l'hôtesse en chef du *Jonikal*, était consciente que tout n'allait pas aussi bien que ça. Pendant la dernière croisière du *Jonikal*, croisière durant laquelle avait été prise la photo du « Baiser », Debbie avait été témoin d'une conversation. Elle avait aperçu René « murmurant au téléphone, la sueur perlant à ses sourcils ». Il confia à Debbie que l'appel venait de Kelly Fisher. « Elle avait retrouvé la trace de René et lui ordonnait de se renseigner pour savoir si Dodi se trouvait sur le *Jonikal* avec Diana. C'était vraiment une période stressante. »

Quand l'affaire du « Baiser » éclata dans le monde entier, les soupçons de Fisher se transformèrent en indignation. Repoussée, elle organisa une conférence de presse le 14 août à Los Angeles, au cours de laquelle son avocate, la célèbre féministe Gloria Allred, déclara que « Kelly avait découvert la trahison de M. Fayed... grâce à la photo du Baiser ». Elle menaçait de porter plainte pour rupture de contrat.

Alors que la princesse se trouvait en Grèce, Trevor fut averti que le couple s'envolerait le 21 août pour une autre croisière à bord du *Jonikal*. Ils seraient seuls, tous les deux. Pendant dix jours. « J'étais censé être en congé et quelqu'un d'autre devait descendre couvrir ce voyage. Mais le type n'avait pas réellement envie de le faire. Il n'était pas ravi de devoir partir pendant deux semaines. »

Après cette folie londonienne, le *Jonikal* offrirait un certain calme et une certaine sécurité.

« Le coup de téléphone de Sue m'avait clairement démontré que rien ne m'attendait à la maison, et, à l'époque, mon travail me plaisait. Alors j'ai annoncé : "Parfait, je vais couvrir cette mission. En heures supplémentaires." Je me suis porté volontaire. »

« Est-ce que quelqu'un d'autre vient avec moi ? » demanda ensuite Trevor. Il était inquiet de devoir partir tout seul. Il avait entendu raconter comment le couple avait filé, sans être accompagné, au cours de son dernier séjour sur le *Jonikal* où il n'y avait qu'un homme à bord, John Johnson. John était quelqu'un de plutôt décontracté, il ne s'est jamais plaint, mais il a malgré tout vraiment stressé.

« Pour l'amour de Dieu, s'il vous plaît, ne me dites pas que je vais partir seul. Une personne, ce n'est pas suffisant pour en surveiller deux, surtout avec cette histoire d'amour étalée dans tous les journaux. »

On annonça à Trevor que Kez allait se joindre à lui. « C'est tout ? demanda-t-il, abasourdi. J'ai besoin de plus de monde...

— C'est tout », confirma le chef d'équipe.

Mais la situation avait son attrait. « À Londres, je ne suis qu'un rouage de la grosse machine de sécurité, pensait-il. Finalement, là-bas, sur le *Jonikal*, je serais le responsable. Car, pour le meilleur et pour le pire, Kez et moi serions les deux seuls sur place. »

Trevor eut trois jours « pour rentrer à la maison et souffler avant de repartir. Maman était mon point de contact. Elle avait le numéro de téléphone. Je lui annonçai que je partais pour deux semaines ». Elle allait savoir bien assez tôt que Trevor se trouvait sur le *Jonikal* avec Dodi et Diana.

Dodi regagna Londres le 21 août. Diana devait revenir le même jour. Elle rentra de Grèce de la même façon qu'elle y était partie — à bord du jet Gulfstream de Fayed —, et prit l'hélicoptère d'Harrods jusqu'à Battersea. Elle fit un saut chez elle au palais pour refaire ses bagages, puis reprit l'hélicoptère avec Dodi, de Battersea à Stansted. Nous étions en fin d'après-midi.

Trevor retrouva Dodi à Stansted. Il y était arrivé en voiture avec les bagages qu'il chargea à bord du Gulfstream. Il vérifia que « tout était bien répertorié. On ne voulait rien égarer ». Ils s'envolèrent pour Nice. René était aussi du voyage.

Kez se trouvait déjà à Saint-Tropez avec la famille Fayed, rentrée de Finlande. Il descendit à pied jusqu'à la plage pour y retrouver Fayed et prendre les centaines de livres donnés en guise de « pourboires » et de frais pour le voyage —, qui, d'après ses informations, devait durer trois jours. On ne lui avait pas demandé son avis, on ne lui avait pas dit qu'il partait et il était un peu mécontent. Cela faisait longtemps qu'il aurait dû être en congé et il allait manquer un spectacle du club d'équitation. On l'avait également averti que lui et Trevor seraient les seuls agents de sécurité à bord du *Jonikal*. « Nous aurions besoin de quelques gars en plus, Monsieur, fit respectueusement remarquer Kez à son patron.

— Non, non, on va faire ça de façon très discrète, insista Fayed. Je veux juste être sûr qu'ils s'amusent bien et qu'ils sont en sécurité. »

Comment un homme aussi obsédé par la sécurité pouvait-il la réduire autant pour son fils et la princesse de Galles ? Cela dépassait Kez. Cependant ce n'était que pour trois jours.

4

La dernière odyssée

Leur arrivée se passa à merveille. Kez fit sortir le couple de la voiture et les fit monter à bord de l'annexe. Le *Jonikal* les attendait en mer. Alors que Trevor s'occupait des bagages à l'aéroport, Kez accueillit la princesse de son habituel : « Bonsoir, Madame. C'est agréable de vous revoir. » Sa réponse : « Bonjour, Kez ! Comment allez-vous ? » fut aussi amicale que jamais. Un instant plus tard, Dodi, qui venait de remarquer un photographe sur le port de Saint-Laurent-du-Var, se tourna vers Kez et lui ordonna : « Tuez-moi ce fumier. » Kez et l'homme d'équipage furent choqués ; il venait de lancer cette grossièreté juste devant la princesse et le voyage n'avait même pas commencé. Pourvu que la colère de Dodi ne gâche pas la bonne ambiance, pria Kez en cet instant électrique. Se levant à ce moment-là, la princesse, impassible, ignora les insultes de Dodi et monta à bord du petit bateau aidée par Kez. Après l'avoir installée aussi rapidement que possible, il se dirigea droit vers le photographe et lui murmura sèchement, à voix basse : « Fous le camp ! » Le photographe s'éloigna. L'annexe quitta rapidement le port. Kez appela la passerelle du *Jonikal* par radio pour avertir Luigi, le capitaine. « Nous sommes en route. »

À l'aéroport, Trevor avait été obligé d'installer rapidement le couple dans une Mercedes blindée, conduite par l'un des meilleurs chauffeurs de l'organisation chargé de les emmener à Saint-Laurent-du-Var. Il avait appelé Kez pour lui annoncer : « On a atterri. Ils se dirigent vers toi maintenant. Je m'occupe des bagages. » Il les avait perdus de vue avec une certaine inquiétude.

Ils n'étaient pas assez nombreux. « Il y avait moi, eux deux, et tous les bagages. En théorie, certes, quelqu'un d'autre aurait pu s'en occuper. Mais ils ne faisaient confiance à personne pour leurs affaires. Si j'étais parti avec eux et que la valise de Diana soit restée dans l'avion, j'aurais été viré sans l'ombre d'un doute », affirme Trevor. On ne m'avait cependant pas parlé de menaces physiques pesant sur le couple. Le voyage devait être discret et les photographes représentaient le principal problème. Effectivement, quand Dodi et Diana arrivèrent au débarcadère, six paparazzi les y attendaient. Quelques heures plus tôt, Kez avait noté que plusieurs d'entre eux avaient installé leurs trépieds sur la jetée et qu'il y avait deux petits bateaux dans le port.

« Quelqu'un les avait renseignés. Je ne sais pas exactement qui, dit Kez. J'ai quand même ma petite idée. »

L'annexe démarra à toute allure en direction du *Jonikal.* Aucun bateau de la presse n'avait assez de puissance pour les intercepter. Ils seraient à bord dans dix minutes. Trevor les suivrait de peu lors du prochain voyage de l'annexe. Les vacances pouvaient commencer. Trevor décida de les réussir et qu'elles restent « discrètes », selon l'ordre du patron.

Le capitaine Luigi Del Tevere fit démarrer les moteurs et le yacht s'éloigna en direction du sud pour jeter finalement l'ancre à 2 heures du matin près de Saint-Tropez. Le lendemain, à 9 h 20, ils mirent le cap sur la baie de Pampelonne. À cet endroit, proche de la villa familiale, une annexe pouvait s'approcher sans utiliser la minuscule plage privée, bien trop exposée. Ce petit club de plaisance, le yacht club de la baie de Pampelonne, offrait davantage d'intimité.

Luigi avait contacté la sécurité de Fayed sur terre et annoncé à Trevor que le couple se rendait à la villa. Probablement pour un déjeuner tardif en famille, pensa Trevor. Il se dépêcha de les rejoindre mais Dodi l'informa qu'il n'avait pas besoin de lui. « Dodi ne voulait pas de ma présence. Quand on passe des vacances à deux, on n'a pas envie d'avoir des gorilles à côté toute la journée, n'est-ce pas ? » Il le comprenait très bien mais n'aimait pas cela.

À 16 heures, Trevor regarda l'un des gars les emmener à terre dans l'annexe. Le trajet était très court, mais deux bateaux de paparazzi les suivaient. Les gars de Saint-Tropez les attendaient au yacht club avec des véhicules qui devaient les conduire en cinq minutes à la propriété familiale. Trevor reçut un appel de la côte, annonçant qu'ils étaient bien arrivés à la villa.

Le maître d'hôtel et l'hôtesse en chef, René et Debbie, s'assurèrent que tout était prêt et impeccable pour le retour du couple sur le yacht. Il faudrait prévoir les apéritifs, la musique, allumer les bougies.

René resterait dans les parages, près d'eux... trop près d'eux, selon l'avis de Trevor ; d'après lui, il ne leur laissait pas assez d'espace.

Le couple revint à bord au bout de trois heures. Ils avaient été suivis par sept bateaux de paparazzi. Ils s'éloignèrent de la baie de Pampelonne quelques heures plus tard : le *Jonikal* quitta la zone protégée par la sécurité de Fayed.

Trevor et Kez se retrouvaient livrés à eux-mêmes, assurant seuls la sécurité d'une femme dont le moindre geste représentait une fortune pour les photographes qui parvenaient à vendre en premier leurs clichés. Cependant, une fois à bord, Trevor considéra le *Jonikal* comme un « environnement sûr. C'était parfait s'ils ne quittaient pas le bateau. Mais ils allaient descendre. Et quand ils posaient un pied sur la terre ferme, on avait besoin de gars ».

En tant « qu'homme de Dodi », Trevor était le responsable. Il n'avait aucune idée de l'endroit où ils allaient. « Pour un tel déplacement, on s'attendrait à connaître la durée du voyage, la destination, l'itinéraire, les dates, les lieux et tout le reste. On ne nous donnait aucune information. »

Le secret était un comportement typique des Fayed, confirme Debbie : « Dans cet univers de super yachts, les propriétaires donnent en général au capitaine et à l'équipage un emploi du temps approximatif, des dates et un itinéraire. Mais pour les Fayed, personne ne devait savoir quoi que ce soit sur les plans, la croisière, les invités ou les dîners à bord. »

Le *Jonikal* naviguait toujours très entouré. Une flotte de petits bateaux à moteur, louée par la presse, le suivait comme une ombre.

Trevor était cependant optimiste ; il envisageait avec confiance ce voyage. Son expérience à Londres, lui avait appris à gérer les paparazzi. On ne pouvait jamais se débarrasser d'eux. Ils avaient leur travail à faire. Ils faisaient déjà partie du voyage en quelque sorte. La meilleure façon de faire était de parler avec eux, d'essayer d'obtenir un peu de coopération. Il ne fallait pas se les mettre à dos. « On n'a pas le droit de paniquer, n'est-ce pas. Personnellement, je pensais que la situation était contrôlable », acquiesça Kez.

Au cours de la deuxième nuit en mer, lui et Trevor se portèrent volontaires pour un travail supplémentaire : la surveillance de nuit. Cela signifiait vérifier l'ancre, surveiller la position du bateau sur le radar, assurer la surveillance incendie et les patrouilles sur les ponts. « L'équipage était peu nombreux et nous avons eu le sentiment qu'il nous fallait donner un coup de main. Notre travail était de veiller aux besoins du couple et théoriquement nos journées s'arrêtaient quand ils allaient se coucher. » Ils prenaient leur poste de nuit, de minuit à 4 heures du matin : l'un dormait deux heures dans le fauteuil du capitaine sur la passerelle pendant que l'autre patrouillait. Il n'y avait pas de présence de sécurité toute une partie de la nuit. Nous n'étions que deux et nous avions besoin d'être en forme dans la journée. On travaillait dix-huit heures par jour la plupart du temps ; un jour entier de boulot puis la garde de nuit, quelques heures de sommeil et c'était reparti. J'aurais aimé que nous soyons plus nombreux », avoue Trevor. Quelques heures avant l'aube, alors qu'ils dormaient, un homme d'équipage montait la garde. À la connaissance du garde du corps, il n'y avait cependant aucun professionnel entraîné pour protéger le couple le plus en vue de l'été.

Épuisant, certes. Mais comme Kez se le disait, ce n'était qu'un voyage de trois jours. À son arrivée sur le port, Trevor l'avait prévenu que « cela risquait d'être plus long ». Kez préférait pourtant croire à la première version. Trois jours, c'était supportable. Et, peu importe son manque de sommeil, il devenait soudain très alerte quand la princesse apparaissait.

Elle arrivait sur le pont chaque matin vers 8 heures, avant Dodi. Le plus souvent, elle trouvait Kez en train d'observer les paparazzi avec ses jumelles et demandait : « Combien aujourd'hui, Kez ? » « On lui passait les jumelles, elle y jetait un coup d'œil. On riait et plaisantait là-dessus. À certains moments, elle gloussait et leur faisait signe. Un matin, elle arriva sur le pont, en maillot de bain, éblouissante, elle vit le nombre de photographes et redescendit. Elle revint vêtue d'un autre maillot, toujours éblouissante. »

Elle coopérait, ne faisait aucun effort pour se cacher. Kez remarque que « sur toutes les photographies, on la voyait très rarement avec un air renfrogné ».

Dodi n'était pas aussi détendu. Lorsque le *Jonikal* quitta Saint-Tropez, le 23 août en fin de matinée, leur deuxième jour, trois yachts les suivirent tandis qu'un hélicoptère tournait par intermittence au-dessus de leur tête. Dodi s'inquiéta. Il était monté sur la passerelle comme il le faisait généralement chaque matin pour parler de la journée à venir avec Luigi. « Qu'est-ce qu'on peut faire ? » demanda-t-il. Luigi nota leurs numéros en haussant les épaules. Ils ne s'aventuraient pas trop près, ce n'était pas dangereux. Le capitaine mit le cap vers la haute mer. L'hélicoptère ne les poursuivit pas, contrairement aux bateaux. Ils « traînaient derrière nous comme des requins », note Kez. Dodi voulait les semer. Trevor passa beaucoup de temps sur la passerelle ce jour-là. Il voyait mieux les bateaux s'approcher et pouvait ainsi essayer d'obtenir des informations grâce à Luigi sur les intentions de Dodi. Les projets étaient généralement décidés chaque matin, mais ils changeaient si fréquemment au cours de la journée que Trevor n'appelait jamais Londres pour donner leur position avant qu'ils aient enfin jeté l'ancre. À 14 h 55, il téléphona à Londres, le *Jonikal* venait d'amarrer à Saint-Jean-Cap-Ferrat, juste à l'ouest de Monte-Carlo.

Deux bateaux de paparazzi étaient ancrés tout près. Trevor estima cependant que le *Jonikal* était suffisament sûr et décida d'aller avec Kez à terre en reconnaissance. « On est mieux à deux pour faire ce genre de choses. » Debbie, en quête de fleurs fraîches, les rejoignit.

« Dodi m'avait demandé de mettre des fleurs partout sur le yacht, ce qui n'est pas toujours très pratique car on a besoin de tout fixer dans des endroits sûrs et les vases ne sont jamais l'idéal. J'avais acheté des masses de fleurs à San Remo avant la croisière — principalement des Stargazer et des lis blanc et rose qui semblent toujours éblouissants et sentent merveilleusement bon — et les avais disposés dans tout le bateau. »

Debbie ne trouva aucune fleur fraîche à Monte-Carlo ; elle en trouverait encore moins ultérieurement dans les petits ports italiens. Elle acheta alors quelques provisions pour le chef, Christiano, pour le plat de résistance du dîner.

Tard ce soir-là, Dodi nous fit une nouvelle surprise. Trevor et Kez étaient installés pour ce qui se promettait d'être une soirée tranquille à bord, quand ils entendirent parler d'une balade impromptue à pied dans Monte-Carlo. Dans cinq minutes, le couple allait monter à bord de la petite annexe pour gagner la terre. La nuit était splendide. Ils avaient dîné sur le pont, regardant l'obscurité tomber sur les collines sur lesquelles s'adossaient des villas magnifiques. On comprenait pourquoi l'envie d'aller à terre était irrésistible. Mais Trevor savait, grâce à sa reconnaissance des lieux, que les rues grouillaient de monde. Il n'était jamais venu ici auparavant et sa courte prospection ne lui avait pas laissé le temps de planifier une promenade — trouver des hôpitaux, établir un contact direct avec la police, prévoir un itinéraire. Sur le plan de la sécurité, même pour une opération civile, c'était une vraie pagaille. Enfin, c'étaient leurs vacances et il voulait qu'elles se poursuivent. Trevor et Kez enfilèrent rapidement leurs chemises et un pantalon, attrapèrent leurs téléphones, passèrent un message radio et coururent vers l'annexe.

Tandis que Luigi manœuvrait le bateau vers un coin discret du port plongé dans la pénombre, tous les cinq — Dodi, Diana, les deux gardes du corps et René — ne pouvaient croire à leur chance. Apparemment, personne ne les voyait. « Nous vous préviendrons par radio quand il faudra venir nous rechercher », précisa Trevor à Luigi alors qu'ils débarquaient et se mettaient en route pour gagner la ville. Soudain Diana eut le souffle coupé : « Oh mon dieu ! On s'est tous planté », dit-elle en apercevant droit devant un paparazzi, appareil photo en position. « Elle connaissait son nom. Il avait apparemment commis bon nombre de malveillances dans les journaux. Nous fîmes alors demi-tour, en courant, et sautâmes dans l'annexe. »

Luigi fila de l'autre côté du port et, comme aucun paparazzi n'était en vue, ils s'engouffrèrent d'un pas rapide dans l'anonymat des rues. Ils s'étaient échappés. Enthousiasmée par un sentiment de liberté, la princesse accéléra l'allure. Elle grimpa d'un trait les rues escarpées de Monte-Carlo, parfaitement à l'aise, tandis que Dodi avançait péniblement à son côté. Ils portaient tous deux des casquettes de base-ball, mais là s'arrêtait toute comparaison.

« Ils discutaient, note Trevor amusé, mais Dodi s'essoufflait un peu parce qu'il n'avait pas une forme terrible. » Dodi n'était peut-être pas le genre de type qu'affectionnait Trevor mais René l'était encore moins. Il bombait le torse et lançait des coups d'œil à droite et à gauche comme un mec du FBI dans un film hollywoodien. « Un casse-pieds intégral qui se prenait pour un garde du corps, avec son short plus serré que serré et son petit tee-shirt par-dessus. » « Ses shorts étaient si près du corps qu'on ne pouvait dire quelle était sa religion », ajoute Kez en riant.

En ce mois d'août, les touristes envahissaient la ville. Ils essayèrent d'éviter que Dodi, qui à chaque coin de rue ordonnait, « à droite, à gauche », emprunte les rues les plus passantes. Ils longèrent les boutiques, les places, Kez devant, Trevor à l'arrière — René essayant d'un air suffisant de prendre le train en marche —, surveillant furtivement l'intérieur des cafés et des bars, reculant quand la princesse était reconnue. Trevor se répétait : « Il va s'y attarder, boire un verre ou acheter quelque chose à manger, faire du lèche-vitrines. » « Pour être franc, j'avais besoin de boire de l'eau. Mais Dodi ne voulait s'arrêter nulle part. Il paraissait si inquiet qu'on les reconnaisse, si effrayé à l'idée d'être harcelé. » Il ne semblait pas avoir la moindre idée de l'endroit où il allait. Cette promenade était, en fait, une réplique de la balade que Dodi, la princesse et René avaient tentée au petit bonheur la chance dans les rues de Monte-Carlo quelques semaines plus tôt. Promenade que John Johnson, seul garde du corps chargé de les protéger tous les deux, avait décrite à Trevor comme une véritable pagaille.

Trevor et Kez gardaient le port et le *Jonikal* en ligne de mire, au-dessus de leurs épaules droites, comme points de repère au cas où une fuite rapide s'imposerait. Ils avaient abandonné leurs tentatives décousues de lèche-vitrines, « la princesse avançait à grandes enjambées et ils continuèrent à marcher, marcher, marcher ». Elle semblait se délecter de cette rare impression de liberté. Bien sûr, elle courtisait la presse. Pourtant d'après ce qu'elle avait dit à Trevor, au retour de son dernier voyage en Grèce où elle était partie sans aucun agent de sécurité, elle n'en pouvait plus de cette faune. Il la regardait passer devant des petits restaurants et des bars attirants, la tête baissée, pour ne pas se faire remarquer. « Honnêtement, je me sentais un peu désolé pour elle. »

La promenade tournait à la marche forcée. Ce qui, vu de la mer, semblait si splendide était, à pied, sacrément escarpé. Transpirant, Trevor pensait ironiquement : « C'est une charmante petite balade à faire pendant ses vacances. » Quand ils arrivèrent sur la route principale qui menait hors de la ville, ils aperçurent une pancarte indiquant le nombre de kilomètres qui les séparait de la France. Ils marchaient en direction de la France ! Ils avaient perdu le port des yeux. « Où sommes-nous ? » demanda Dodi alors qu'ils tombaient par hasard sur un arrêt de bus. Ils étaient là, eux, la cible de tous les photographes de tabloïd du monde, complètement perdus, blottis à un arrêt de bus, essayant de déchiffrer la carte sous la lumière faiblarde des lampadaires. En vrai professionnel, Trevor était consterné. Mais soudain la princesse commença à glousser. « Imaginez un peu le tableau. On ne peut qu'en rire, non ? » rapporte Trevor.

« Vous avez Kez et moi, les deux gars de la sécurité, un maître d'hôtel et la femme la plus célèbre du monde qui essaie de découvrir où elle se trouve à Monte-Carlo sur un putain de plan d'arrêt de bus ! Je veux dire, c'est une blague, non ! » Elle riait à la fois de Dodi qui les avait égarés et de cette aventure.

Dodi conduisit la procession en bas de la colline, vers un hôtel de bord de mer dont il semblait se souvenir. D'après Kez, on aurait dit une sorte de retraite désordonnée de Russie. Le couple devint silencieux ; « Dodi était crevé ». Bien que assoiffé et transpirant, Trevor eut envie de lui dire : « Écoute, détends-toi et apprécie tes vacances. On va s'occuper de vous. On va faire de notre mieux pour ça. »

« Nous allâmes à l'hôtel, mourant d'envie de boire un verre d'eau. Nous n'étions pas vraiment habillés pour entrer à l'intérieur mais je pensais qu'ils iraient quand même se reposer à la réception et qu'on appellerait quelqu'un pour qu'on vienne nous chercher. » Au lieu de cela, Dodi s'assit dehors sur le mur — « absolument ridicule », selon Trevor — et ordonna aux gardes du corps d'aller demander une bouteille d'Évian auprès du directeur de l'hôtel. Pendant que d'autres dînaient et faisaient la fête, la princesse attendait à l'extérieur, montrant à Trevor, une nouvelle fois, à quel point sa vie était en réalité limitée.

Trevor téléphona à Luigi ; heureusement il savait où se

trouvait l'hôtel et viendrait les chercher, s'ils pouvaient obtenir que l'on ouvre la porte donnant sur la plage — elle était fermée à clé pour la nuit. Trevor et Kez s'appuyèrent contre le mur pour partager une bouteille d'eau, en attendant que le directeur de l'établissement trouve le veilleur de nuit pour lui faire ouvrir l'accès menant à la plage et au débarcadère. Kez fit remarquer que, s'il avait essayé de faire passer à sa petite amie une soirée comme celle-ci, il aurait été largué sur-le-champ.

Depuis l'accident, cette promenade à Monte-Carlo a pris une autre signification. Elle allait transformer l'une des « preuves » très médiatisées du sérieux de cette histoire d'amour en une fiction de série B. Les vidéos que Trevor a visionnées après l'accident, deux livres au moins sur Diana et bon nombre d'articles de journaux déclarent, de diverses manières, que le 22 ou 23 août, le deuxième ou troisième soir de ce voyage — dans certaines versions, une semaine ou dix jours avant l'accident —, le couple s'est rendu à la bijouterie Repossi, à Monte-Carlo, où ils étaient déjà venus une première fois le 5 août pour commander une bague en diamant et émeraude de deux cent mille dollars. Ils se seraient arrangés pour que Alfred Repossi l'apporte lui-même à Paris à la fin de leur séjour, le 30 août. C'était la fameuse bague de « fiançailles » que Dodi aurait, soi-disant, prévu d'offrir à Diana le soir de leur mort. Cette bague a peut-être existé, mais les circonstances et les raisons de son achat, ses « allées et venues » pendant et immédiatement après la nuit tragique, se sont noyées dans le mythe. Trevor affirme catégoriquement qu'il n'y a eu aucune visite chez Repossi au cours de ce voyage. Kez le confirme. Le couple ne s'est rendu à Monte-Carlo qu'une seule fois, le 23, la troisième nuit de la croisière, et n'est jamais entré dans une bijouterie. L'autre opportunité que Dodi et Diana auraient pu avoir fut au cours de la nuit précédente quand ils se rendirent à Saint-Tropez. Mais ils se sont absentés à peine trois heures du yacht, ce qui rend presque impossible un aller et retour en voiture par la route, encombrée et sinueuse, qui longe la côte, sans compter la visite dans la boutique.

En outre, « j'étais responsable de leur sécurité, insiste Trevor, les agents à terre devaient nous signaler tous les mouvements de nos principaux en dehors de l'enceinte familiale. C'était plus que de la courtoisie, un protocole strictement exigé. Ne pas le respecter aurait été une violation totale des ordres, une infraction condamnant au licenciement. Nous n'en avons jamais été informés. C'est virtuellement impossible que cela ait eu lieu ».

De plus, pourquoi le couple avait-il abandonné Fayed et sa famille à la villa pour faire en voiture le chemin tortueux qui mène à Monte-Carlo alors qu'ils y seraient confortablement ancrés le lendemain.

Repossi aurait, paraît-il, confirmé la visite du couple dans son magasin « environ dix jours avant l'accident » ; personne ne le vit ; il était absent ce jour-là.

Quoi qu'il ait pu se passer un autre jour, Trevor soupçonne qu'on a répandu cette fable pour promouvoir l'histoire d'amour, puis elle a été reprise par des journalistes qui n'avaient peut-être pas vérifié les faits. Cela devint explosif lorsqu'on fit de cette visite dans la bijouterie à Monte-Carlo, non seulement la preuve que Diana projetait d'épouser Dodi, mais aussi la pièce maîtresse de la théorie de l'assassinat. Cette théorie allait fleurir de façon extravagante sur Internet, puis dans des déclarations qui trouvèrent leur écho dans l'enquête menée en France après l'accident, et qui désignèrent par la suite le gouvernement britannique, le prince Philip, Camilla Parker-Bowles — et Trevor — comme les auteurs du crime.

Bien que Dodi et Diana se soient apparemment rendus au magasin Repossi à Monte-Carlo lors d'une croisière antérieure sur le *Jonikal*, cette visite ne servait pas la thèse criminelle. Le 5 août, leur liaison était encore trop récente pour qu'il soit crédible qu'à cette date-là ils aient pu commander une bague de fiançailles.

Les informations sur la « bague » ont été révélées dans

les jours qui ont suivi l'accident, mais ce n'est qu'en février 1998, que Fayed exposa le scénario complet dans une interview exclusive donnée au *Mirror*. D'après lui, ce soir-là, Diana avait accepté la proposition de Dodi, et « Dodi avait prévu d'offrir la bague à Diana quand ils seraient de retour dans son appartement ».

Fayed déclare qu'il a payé pour « cette éblouissante bague de fiançailles... choisie une semaine avant l'accident dans la bijouterie huppée de Repossi à Monte-Carlo ».

Au printemps 1999, Fayed allait faire de la bague l'élément clé de la théorie de l'assassinat, révélant le complot au *Star* : Diana et Dodi étaient prêts à annoncer leurs fiançailles le lundi 1er septembre, dès qu'elle aurait averti les princes. La CIA avait découvert cette annonce imminente, par l'écoute d'un appel de Diana à son amie Lucia Flecha de Lima, femme de l'ambassadeur du Brésil à Washington, l'après-midi de sa mort. La CIA avait immédiatement informé le MI6 Britannique qui avait, alors, dépêché ses agents secrets place de l'Alma.

« Le complot pour tuer Diana passa à la vitesse supérieure quand les autorités britanniques apprirent par la CIA que Dodi avait acheté... une bague pour sa future femme, rapporte le *Star* — bague qu'il avait choisie dix jours auparavant. »

« Mon fils et Diana étaient à Paris cette nuit-là uniquement pour que Dodi puisse personnellement aller chercher la bague et faire sa demande en mariage, a précisé Fayed au *Star*. Ils méritaient bien de passer une vie entière d'amour et cette magnifique bague devait sceller leur union. »

Cette bague, maintenant exposée dans le mémorial dédié à Dodi et Diana chez Harrods, fut l'étincelle incendiaire qui propagea dans le monde entier les théories du complot, alimenta les passions politiques et racistes, brouilla l'enquête et salit les innocents.

Mais tout cela était encore à venir. À bord du *Jonikal*, la croisière se poursuivait. Le lendemain, alors qu'ils quittaient Monte-Carlo et jetaient l'ancre à Portofino, Dodi dit à Kez : « Nous allons dîner dehors ce soir. »

Peut-être s'était-il fait la même réflexion que Kez, après le fiasco de la soirée de la veille à Monte-Carlo. C'était un véritable challenge. Portofino était un endroit minuscule, très populaire et pittoresque — la princesse pouvait s'accouder au bastingage et regarder les enfants sauter du haut des falaises. Évidemment, plus l'endroit était en vue, plus il y avait de paparazzi. Il y en avait ici une nuée. Mais si le couple ne voulait pas rester prisonnier à bord du bateau, Kez et Trevor devaient se débrouiller pour que cette soirée soit réussie. Ils glanèrent quelques informations sur les restaurants et les promenades auprès de Luigi.

En fin de matinée, dès que le couple eut fini de se baigner, Trevor et Kez se rendirent à terre. « Le couple nous assura qu'ils demeuraient sur le bateau. Les seules catastrophes qui auraient pu subvenir étaient les suivantes : soit le bateau aurait pu couler, soit ils auraient pu partir en mer sans nous », indique Kez. Ils aperçurent un petit château. La route était escarpée mais praticable. Ils retournèrent à toute vitesse sur le yacht pour surveiller à nouveau la baignade, placèrent une annexe entre la princesse et les bateaux de la presse, puis repartirent à terre faire une nouvelle reconnaissance, pendant que le couple s'installait pour un déjeuner tardif sur le pont.

À une demi-heure, de l'autre côté de Portofino, ils trouvèrent enfin un restaurant charmant. Il y avait un patio avec une vue majestueuse, de séduisantes plantes tropicales, une marquise blanche et verte. « C'était un bon endroit pour emmener nos patrons. Ça allait coûter quelques livres », dit Kez, donnant son approbation. Ils vérifièrent que leur tenue vestimentaire ne poserait pas de problème : « Est-ce que les chinos sont OK ? Tout ce que nous avons, ce sont des pantalons et des chemises. » Ils organisèrent le stationnement, donnèrent un pourboire au maître d'hôtel et lui dirent : « Nous vous appellerons quand nous serons en route. » Il n'y avait pas de Mercedes disponible, les limousines étaient trop voyantes, alors ils préparèrent les deux meilleures voitures qu'ils purent trouver. Ils vérifièrent les emplacements des hôpitaux et des commissariats de police et rentrèrent, ravis, au bateau. Les gens ignorent le temps qu'il faut pour faire une bonne reconnaissance — une journée entière pour une simple soirée au théâtre. Ce fut la plus consciencieuse qu'ils eurent l'occasion de faire pendant ce voyage.

« Nous sommes retournés à bord et puis... rien », dit Kez en riant. Dodi et la princesse avaient décidé de dîner à bord. La raison en était visible à l'œil nu. Pas besoin de jumelles. Devant eux, sur terre et sur mer, grouillait une marée de photographes ; sur le promontoire et sur les plages, des foules de paparazzi. Un énorme bateau de croisière bleu et blanc, pavillon US, était ancré dans le port et ses annexes avaient véhiculé des passagers tout près du *Jonikal*, les touristes se penchant par-dessus bord pour essayer de prendre le couple en photo. Leurs agences de voyages ne leur avaient sûrement pas promis cela ! Trevor annula l'organisation de la soirée à terre — perdant ainsi un pourboire de cent livres. Finalement, le couple ne prit aucun repas à l'extérieur durant tout le voyage.

« Dodi devient nerveux, pensait Trevor. Il veut absolument que les choses s'organisent à la perfection pour impressionner la princesse. » C'est impossible d'être en alerte en permanence. Quand on est garde du corps, on se vide et on devient inutile. Mais Dodi ne faisait pas confiance à l'équipage. Il les suspectait de renseigner la presse. Le manager du yacht, Mario, avait été viré pour avoir prétendument laissé filtrer l'information de la croisière top-secrète de Dodi et Diana en Sardaigne, début août ; Luigi avait cependant confié à Debbie qu'il était certain qu'il ne l'avait pas fait. Dodi demanda à Trevor : « Pourquoi ces paparazzi sont là ? Pensez-vous que Luigi leur téléphone ? » Il suspectait tout le monde. « Il voyait des fantômes sous son lit. »

Franchement, Trevor et Kez trouvaient l'équipage « remarquable, parfaitement professionnel » mais ils ne lui avaient jamais fait totalement confiance. Après le départ de l'équipage anglais, il avait été hâtivement composé d'un groupe multinational de Philippins, de Français, de Portugais, d'Italiens et de Néo-Zélandais.

Comme la méfiance grandissante de Dodi le poussait à informer de moins en moins ses gardes du corps, ces derniers recrutèrent deux des membres féminins du personnel. Ils les chargèrent de leur donner toutes les informations concernant les projets de Dodi. Ce n'était pas de l'espionnage, mais le meilleur moyen pour pouvoir se tenir prêt. Debbie et la Révérende Myriah Daniels, la masseuse personnelle de Dodi, étaient les seules à avoir un contact privilégié avec le couple. Myriah, jeune Américaine ardente qui se décrivait comme une « missionnaire de spiritualité naturelle », pratiquait selon Trevor du massage holistique sensible, délicat et curatif. « Elles parlaient anglais et on discutait bien ensemble. J'utilisais un peu Myriah parce qu'elle était une amie de Dodi. J'obtins qu'elle le questionne gentiment pour avoir des informations, et elle le fit. Elle accepta également de le pousser là on voulait l'amener. Elle était très serviable. »

« L'équipage travaillait énormément, affirme Kez. Le capitaine se plaignait d'être trop fatigué pour piloter le bateau — même le skipper faisait des quarts ! »

« Luigi se plaignait constamment auprès de moi de ne pas avoir assez de personnel qualifié à bord. Il essaya d'expliquer ça par téléphone mais ne parvint jamais à rien », ajoute Debbie. On lui avait dit de se faire aider par le personnel du *Sakara*, mais cela en resta là, Trevor et Kez avaient pensé que, puisqu'il n'y avait pas assez de place sur le *Jonikal*, on pouvait utiliser le *Cujo* comme quartier flottant pour y loger d'autres membres de l'équipage et deux ou trois gardes du corps supplémentaires. Dans le passé, on avait déjà utilisé le *Cujo* pour pallier les besoins du *Sakara*. Manque de chance, on leur annonça que le *Cujo* partait pour une remise en état.

Trois jours après le début du voyage, une annexe accosta le *Jonikal*, avec à son bord Stefano, le skipper du

Cujo. Alors que Trevor et Kez l'accueillaient sur la passerelle, ce dernier leur signala : « Je rejoins l'équipage car la croisière va durer une semaine. » Kez, déjà frustré, explosa en une colère noire. « On est deux et on bosse comme trois ou quatre. S'ils envoient d'autres membres d'équipage, putain, ils peuvent aussi fournir des gardes du corps supplémentaires ! » cria-t-il. Debout à tribord sur la passerelle, il attrapa brutalement son téléphone et lança à Trevor : « On appelle Londres immédiatement... ! S'ils sont capables de livrer cinq sacs de sable en Finlande pour la plage des mômes, ils doivent bien pouvoir nous envoyer un gars ou deux. » Mais son téléphone ne marchait plus.

D'après les souvenirs de Kez, Trevor parvint à joindre le chef d'équipe au bureau des Opérations et lui dit : « Nous avons besoin de davantage de gars. Nous sommes déjà crevés et on a appris que le voyage allait durer plus longtemps que prévu. » Kez devina, à l'expression de Trevor, ce qu'on lui répondait à l'autre bout de la ligne. Ce fut le premier des deux appels des gardes du corps demandant du renfort, appels que l'équipe de Fayed allait déclarer n'avoir jamais reçus.

Un autre soir, ils redemandèrent de l'aide. Pendant que le couple terminait de dîner sur le pont arrière, Trevor et Kez s'étaient rendus à l'avant pour les laisser seuls. Ils discutaient en attendant le quart de nuit. Trevor téléphona à la salle des Opérations à Londres, comme il le faisait fréquemment. Kez affirme l'avoir entendu formuler une nouvelle requête : « Pouvez-vous nous envoyer d'autres gars ici ? Les paparazzi sont de pire en pire. » Grâce au très important personnel de sécurité de Fayed basé à Saint-Tropez et à la zone d'atterrissage pour hélicoptère du bateau, les renforts auraient pu être là en une heure. La réponse fut négative. Ce serait leur dernier appel à l'aide.

Même la princesse, exubérante, commençait à montrer des signes de nervosité sous la pression de la presse. Le lendemain, le couple partit faire une promenade sur la plage, dans un endroit nettement moins populaire, Porto Venere. Pendant qu'ils flânaient sur le sable, Trevor et Kez, demeurés près des dunes côté terre, repérèrent un photographe seul. C'était apparemment un gars du cru qui avait caché son objectif derrière sa main. Quand il demanda « laissez-moi faire une photo », Trevor et Kez tentèrent de le décourager. « Je la prendrais de toute façon ou je vais vraiment vous harceler », cria-t-il pour réponse. La diplomatie était inutile. Dodi et Diana retournèrent vers l'annexe. « On lisait sur son visage qu'elle se plaignait auprès de Dodi. On ne peut même pas marcher sur la plage. » Plus tard, à bord, Diana semblait « à cran » et on la vit pleurer dans le salon. Le bruit courut sur le bateau qu'elle était en larmes.

Le *Jonikal* était le seul havre vraiment sûr. Mais cette « sécurité » fut un jour compromise par Dodi lui-même. « Vous seriez peut-être contents de savoir que Dodi vient de partir nager à l'arrière », annonça Debbie aux gardes du corps, les précipitant dans une activité forcenée.

Bon dieu ! pensa Kez. « Pourquoi ne nous l'avez-vous pas dit, espèce d'idiote ! » Ce n'était pas avec de tels propos que Kez espérait séduire Debbie. Pourtant ils devinrent amis quelques mois plus tard. Trevor en avait ras le bol. Il savait que l'équipage n'avait jamais eu de telles célébrités à bord auparavant. « Mais je leur avais demandé de nous dire les choses. Si vous les voyez aller nager, venez nous prévenir moi ou Kez. »

Il sauta dans l'annexe et se plaça entre Dodi et les bateaux des photographes. « Il ne s'agissait pas d'arrêter une balle. Mais il pouvait se noyer. Ou être frappé par une personne qui passait à côté sur un jet-ski — ou que sais-je encore. » Évidemment, Dodi voulait pouvoir glisser pardessus bord pour aller se baigner. Il avait cependant choisi d'être là avec la princesse de Galles. Il ne semblait pas mesurer qu'il n'avait plus d'intimité.

Pour Trevor, cet incident ajouté au fait que Dodi ne l'informait jamais complètement de ses projets fut la goutte d'eau qui le poussa à agir. Il décrocha son téléphone et, pour la première et dernière fois au cours du voyage, appela le chef de la sécurité personnelle de Fayed, Paul Handley-

Greaves, directement à Londres pour se plaindre de l'attitude de Dodi. Il espérait que cela reviendrait aux oreilles du patron — auquel cas il était sûr que Dodi en entendrait alors parler. Debbie avait bien remarqué certains traits de caractère de Dodi, ceux-là mêmes qui causaient tant de tracas aux gardes du corps. « Il adorait avoir le contrôle et aimait réellement donner des ordres aux gens, à gauche, à droite, au centre. » Tel un écho de son père. Dodi semblait être quelqu'un qui appréciait avoir des gens autour de lui en permanence, constata Debbie, confirmant l'idée de Myriah selon laquelle Dodi souffrait d'insécurité. Cette dernière avait raconté à Debbie que par le passé, il l'avait invitée à des soirées juste pour avoir de la compagnie. « Je pense qu'il avait besoin de l'attention constante de son personnel et qu'il était très dépensier. » Un jour, selon Debbie, Dodi revint d'un shopping à terre avec cinq pulls en cachemire — des pulls que l'on retrouva enveloppés dans leurs sacs plastiques à sa mort — trois paires de chaussures et deux sacs de cuir. Par deux fois, elle l'avait vu perdre son sang-froid avec René, « mais il n'était jamais ainsi avec moi. Dodi était quelqu'un d'assez sympa, il appréciait beaucoup tout ce que nous faisions. Il était poli et gentil avec l'équipage, détendu quand il était à bord ».

Debbie faisait maintenant ce travail depuis si longtemps qu'elle ne se rendait plus compte à quel point il s'agissait d'un mode de vie à part. La princesse défaisait son propre sac. Mais le boulot de Debbie et de René consistait à éviter à Dodi et Diana de lever le petit doigt, le bras ou le pied pour obtenir ce qu'ils voulaient — une serviette, une boisson, un journal. Ainsi toute leur énergie pouvait être dépensée en plaisir, en bavardage, en bain de soleil, sur leurs ordinateurs ou leurs téléphones portables, à lire les coupures de presse concernant leur voyage, qui leur étaient faxées quotidiennement. Si l'un ou l'autre fronçait les sourcils devant quelque imperfection, c'est que Debbie avait manqué à son devoir.

Dodi avait suggéré qu'elle se joindrait peut-être à son staff personnel, au même titre que René et Myriah. En attendant, jusqu'à l'expiration de son contrat en octobre, elle se concentrerait sur l'intérieur du *Jonikal*, contemplant de façon privilégiée cette histoire d'amour. Une histoire d'amour rythmée, à la demande de Diana, par le thème musical du *Patient anglais*.

« Ils n'étaient pas ouvertement affectueux. Mais un jour alors que je me déplaçais sur le bateau, j'entrais pour allumer les lumières du salon, je les vis en train de s'embrasser. Ils éclatèrent de rire et, après cet incident, ils ne semblèrent pas s'en préoccuper et, pour être franche, j'eus tendance à l'ignorer aussi. Deux personnes ne discutent pas affaires sur une croisière de ce genre, hein. Clair de lune, champagne et caviar ? Allez, il ne faut pas me la faire ! »

Agacée par des rumeurs ultérieures disant qu'elle avait parlé de la façon dont ils organisaient leurs nuits, Debbie se contente de déclarer : « Ils dormaient dans le grand appartement de maître avec marbre, composé de deux cabines jumelles, un dressing-room, des garde-robes et la cabine principale qui occupait toute la largeur du yacht — toutes fermées par un corridor et deux portes. Ils utilisaient trois cabines pour les bagages, se doucher, dormir et s'habiller. » Fin de l'histoire.

L'équipage, surtout les membres du personnel privé, ne semblait pas avoir conscience des frustrations des gardes du corps. Kez se rendait compte qu'ils « appréciaient le couple ». Ils entrevoyaient l'histoire d'amour qui se déroulait près d'eux dans les profondeurs du bateau, protégés du monde extérieur avec lequel se débattaient Trevor et Kez. Ils ne ressentaient donc que des frustrations mineures — un changement dans le choix des vins, une fleur impossible à trouver. Pour René, les journées étaient « un festival d'heures ensoleillées, d'eau de mer, de bougies allumées, d'étoiles brillantes, indiscernables l'une de l'autre ».

Pour Trevor et Kez, s'intéresser à ces choses-là, ce n'était que des bavardages. « Nous étions beaucoup trop occupés pour remarquer ce genre de bêtises, même si on l'avait souhaité », précise Kez. « L'équipage nous a dépeints comme deux types vraiment tendus », Trevor en est conscient. « Ils ne pouvaient pas comprendre la façon dont on travaillait, par tour de garde, ajoute Kez. Quand c'était l'heure de déjeuner, Trevor se trouvait sur la passerelle avec ses jumelles tandis que je me précipitais en bas dans la cuisine. J'empilais le plus de nourriture possible sur mon assiette, je mangeais à toute allure et remontais les escaliers en courant. Trevor se ruait alors en bas pour répéter la même performance. » À midi, le couple pouvait encore décider de plonger pour aller nager ou se rendre à terre.

Par contre, pour l'équipage, le repas de midi était un événement important de la journée et ils regardaient les gardes du corps britanniques, horrifiés. « Ils nous critiquaient parce qu'on mettait les pâtes, la viande et tout sur la même assiette. Ils disaient "ces Anglais, ce sont des barbares". Quand tout était calme et serein, Dodi pensait qu'on ne faisait rien », apprit Kez plus tard, grâce à Myriah.

Lorsqu'ils voyaient l'équipage boire du vin en déjeunant, tous deux auraient volontiers craqué pour une bière, « mais bon sang, nous ne l'aurions jamais fait. Vous vous rendez compte : parler à votre principal en sentant l'alcool ? Imaginez qu'il le sente ? Vous seriez viré ». Ils devaient rester vigilants mais ils n'étaient pas aussi mornes que l'équipage le pensait. « On ne se disait pas qu'on était en vacances. Bien sûr notre travail nous plaisait. Il le faut », souligne Trevor.

Le soir, les différences entre les priorités de l'équipage et des gardes du corps s'estompaient. Kez, passionné de livres sur l'occulte, se relaxait dans la cuisine et se lançait dans de folles discussions avec Myriah sur des sujets spirituels et psychiques. Pour Trevor c'était du charabia.

« Ma mère est compatissante et généreuse. Mais relier cela à quelque esprit resplendissant et invisible ! Moi, je suis du genre pie et pinte de bière », disait-il, quand Myriah essayait de l'embrigader. Même Kez était perdu quand elle répondait à une question ordinaire du style : « Le dîner te plaît-il ? » par « Mais est-ce que je plais au dîner ? »

Quand ils quittèrent Porto Venere en ce début d'après-midi du 25 août, direction Elbe, trois bateaux les suivirent. Deux d'entre eux les avaient pris en filature depuis quelques jours, avec chacun à leur bord, cinq ou six photographes — des Allemands et des Italiens, pensaient-ils. Ils l'avaient signalé aux autorités du port mais les bateaux ignoraient les avertissements. « Faites donc quelque chose », ordonna Dodi. Luigi et Trevor se dirigèrent vers l'un des bateaux, à bord de l'annexe, pour avoir une explication. Luigi leur passa un savon en italien. Ils hurlèrent en retour, « nous ne faisons rien de mal mais on peut faire pire — on peut téléphoner à la presse anglaise si vous voulez ! » Quand ils rentrèrent, Dodi vint aux nouvelles : « Qu'est-ce qui s'est dit ? »

« Aucun résultat, déclara Trevor. Nous leur avons demandé de garder leur distance. Ils ont affirmé qu'ils n'empiétaient pas sur notre espace personnel. Qu'ils faisaient juste leur travail. On ne peut pas empêcher les gens de prendre la même route de navigation que nous. »

Kez avait envisagé avec excitation leur visite à Elbe, l'île où Napoléon avait été exilé, mais quand ils jetèrent l'ancre en début de soirée, il fut déçu. L'endroit semblait sinistre. Un vent violent soufflait. Dodi et Diana, également, y étaient allés contre leur volonté.

Sous la force du vent qui malmenait le *Jonikal*, le salon extérieur fut vidé de ses coussins. Ce soir-là, ils demeurèrent tous à bord.

Cependant, le lendemain, les choses s'améliorèrent — après tout l'idylle pourrait peut-être se concrétiser. Le mardi 26 août, près de la minuscule île de Molara au large de la Sardaigne, Dodi eut, selon Trevor, sa première idée brillante du voyage. En fin de soirée, alors que tout était prêt et que les tables étaient dressées pour dîner, il annonça à René : « La princesse et moi avons décidé de faire un barbecue ce soir sur la plage. » René et Christiano eurent un vertige. Le chef sortit du poulet, des petites côtelettes et des saucisses fumées du congélateur. Debbie et René se hâtèrent de regrouper l'argenterie, les verres de cristal, les seaux à glace et une demi-douzaine de petites tables pliantes récupérées sur le pont. Ce pique-nique n'allait pas être de ceux où l'on mange son sandwich au jambon avec du sable dans la figure.

Kez était parti en reconnaissance sur le site l'après-midi et avait prévenu Trevor qui l'avait répété à Dodi. « Ce n'est pas recommandé pour faire une promenade à pied la nuit. » C'était l'endroit le plus désolé qu'il avait découvert jusque-là. Quelques cabanes désertes et des sentiers de chèvres. Mais c'était un lieu isolé et intime, l'obscurité en masquerait le côté lugubre.

Luigi s'y rendit en premier pour dénicher un bon emplacement et allumer un feu sur la plage. La première annexe partit à terre vers 21 h 30 ou 22 heures, René dans sa tenue complète de maître d'hôtel avec son nœud papillon noir et Christiano avec sa grande toque de chef — « On aurait dit un sketch des Monty Python ! » pensa Kez. Lorsque le personnel prépara le barbecue, cela ressembla davantage à du Fellini. René était dans son élément, se livrant à des tours de passe-passe pour rendre habitable cet endroit, que même les bergers avaient abandonné à leurs chèvres. Il étala des couvertures partout, ôta chaque caillou et chaque brindille et recouvrit trois petites tables d'un tissu damassé pour en créer une de grande taille, illuminée par des bougies. Il déboucha un vin blanc de Loire, le préféré de Dodi, qui refroidissait dans un seau et servit le caviar favori de la princesse pendant que Christiano allumait les charbons de bois sur la grande grille de métal. Trevor vérifiait les alentours. Le terrain était accidenté et il faisait noir comme dans un four. Il était impossible de s'y promener. Personne ne pouvait s'approcher furtivement. La retraite était sûre.

Quand le couple eut dîné, Luigi ramena le personnel et le matériel au *Jonikal*. Dodi et Diana restèrent pour finir leur vin. Seul Trevor demeura sur place, assis discrètement dans l'ombre sur une saillie rocheuse, à seulement six mètres de ces deux personnages qu'un millier de paparazzi rêvait de retrouver, même s'il leur fallait tuer pour cela.

« Tout ce qui restait, c'était le feu, une bouteille de vin, des verres et Dodi et Diana », songe Trevor, avec dans la voix une note sentimentale inhabituelle.

Assis là, avec en main une radio Motorola émetteur-récepteur et un Europager, « la princesse de Galles et un yacht au loin, il y avait pire comme travail. Tu pourrais être en train de creuser des fossés quelque part », pensait-il. Il était peut-être « saigné à mort par les moustiques » mais Trevor devait l'admettre, par moments, le boulot pouvait être super. Ils avaient survécu à l'attitude de Dodi sans connaître d'incident sérieux depuis six jours et ce dernier avait enfin fait ce que Trevor appelait, « donner du bon temps à une fille ».

« Je ne saurais pas dire s'ils étaient heureux ou pas. Je comprenais bien sûr l'intérêt d'un barbecue sympa sur la plage. » En la regardant, Trevor s'émerveillait toujours, « bon sang comment a-t-il pu gagner l'affection de cette femme » — cette belle femme, vivante qu'il s'était mis à apprécier pour son contact humain. Il vivait près d'eux depuis six semaines maintenant et jamais il ne les aurait imaginés ensemble, même pendant un million d'années.

Cette nuit-là, alors qu'ils commençaient leur tour de garde, Trevor et Kez aperçurent les dernières lueurs du feu qui mourait sur la plage. Ils étaient de bonne humeur. Le couple ne serait pas sur le pont avant au moins 10 heures, estimaient-ils, ce qui signifiait une heure ou deux de sommeil en plus. C'étaient les moments les plus paisibles du voyage. On faisait le tour du bateau à pas feutrés, pieds nus, sans le moindre bruit. Même les paparazzi étaient endormis. Ils pêchaient un peu pour parvenir à rester éveillés — prenaient deux ou trois petites choses — et vérifiaient le radar toutes les quinze minutes. L'échelle était remontée. On aurait dit une maison fermée pour la nuit.

La paix ne dura pas longtemps. À trois reprises, le lendemain, le 27 août, des hélicoptères survolèrent le yacht à basse altitude, chassant la princesse du pont. Dodi avait exigé précédemment : « Notez leurs numéros. Appelez la police. » Ils l'avaient fait. Soudain, furieux, il ordonna : « Descendez-les. » Dodi avait voulu camoufler le nom du *Jonikal*, le recouvrir, comme si cela faisait une différence. Le bateau ne pouvait pas passer inaperçu. Maintenant, il voulait faire la guerre ! Il demanda à Trevor de « téléphoner à Londres pour savoir si l'on était en mesure de se procurer une sorte d'appareil laser à infrarouges qui détruiraient l'optique des appareils, s'ils les pointaient sur nous ». « Il avait peut-être lu quelque chose sur les télémètres laser de l'armée — si vous tiriez dans l'œil de quelqu'un, cela lui abîmait la rétine, devina Kez. En gros, il avait lu trop de bandes dessinées. » Mais tous deux calmèrent Dodi avec la formule habituelle : « Très bien, on va joindre Londres pour voir s'ils peuvent faire quelque chose. » Tout ce qu'il voulait c'était une réponse — et il ne reposa jamais la question.

Le lendemain, à terre, Dodi fut reconnu pour la première fois. Oh, mon dieu, pensa Trevor. Il était inconnu auparavant mais « aujourd'hui, Dodi était célèbre à cause d'elle ». Pendant que Trevor essayait de bloquer le photographe, Dodi disparut, s'évanouit et Trevor dut parcourir les rues pour le retrouver. En observant Trevor, Kez réalisa qu'un changement s'opérait entre eux. « Au début, j'étais le plus irrité alors que Trevor était l'élément pacifique. » Au fur et à mesure, Kez se résignait, la frustration de Trevor se renforçait. « Dans quelques jours, j'allais être libéré de ce travail et je partirais en congé. Trevor, je m'en apercevais, considérait l'avenir en ces termes : “Eh bien, merde, j'ai encore X années à travailler avec ce gars.” » Il pouvait partir, bien sûr, mais Kez avait remarqué que quand on le faisait, on était hanté. « Au fur et à mesure que la fin du voyage approchait, les règles avaient en quelque sorte changé. C'était moi, le petit nain amer, qui calmais le gentil géant. »

Trevor et Kez étaient du même avis : si Dodi et la princesse restaient ensemble, « et si Dodi persistait à ne pas nous faire confiance et à nous laisser sans informations, ce serait un désastre question sécurité ». Des rumeurs avaient couru avant leur départ de Londres que si leur histoire continuait, Trevor serait nommé chef d'équipe. « Dans le civil, au niveau sécurité, on ne peut pas trouver de principal plus prestigieux qu'elle, n'est-ce pas ? » Mais Dodi devait grandir. « Je dois régler ça avec Dodi », se dit Trevor. Mais pas devant la princesse. Il saisirait le moment. Peut-être de retour à Londres.

Trevor ne pouvait prévoir l'issue de cette idylle. La princesse fit un jour une réflexion à Debbie qui indique qu'elle n'était pas certaine de bien connaître Dodi, « Dodi avait fait toute une histoire à propos d'une chose aussi débile que des moustiques, elle m'a dit après : "Debbie, à quoi ressemblent ces hommes arabes ?" » Debbie n'en avait pas la moindre idée. « Je ne sais vraiment pas, Madame », répondit-elle, pensant que Diana, de toute évidence, ne connaissait pas Dodi aussi bien que cela et qu'elle était un peu naïve.

Quand ils jetèrent l'ancre à Cala di Volpe, une station balnéaire élégante et intime de Sardaigne, on sentait le terme du voyage approcher. L'humeur avait changé. Le couple semblait un peu nerveux. La durée de la croisière n'avait pas réellement été fixée, mais les gardes du corps sentirent que les vacances parvenaient à leur conclusion naturelle. « Ils s'étaient beaucoup amusés », d'après Kez. « On est obligé de bien s'amuser quand on navigue en Méditerranée, non ? » ajoute Trevor. Mais les gardes du corps les avaient vus de près, ainsi que ce voyage légendaire, « avec tous leurs défauts. Peu de gens se réveillent avec une mine superbe. C'est la vie ! Les gens ont beau être riches et célèbres, ce sont toujours des êtres humains ». Plus que quiconque, les gardes du corps avaient vu croître la tension.

L'avant-dernier jour du voyage, ils s'arrêtèrent dans plusieurs petits ports de Sardaigne, comme pour tenter désespérément et de façon peu convaincante de recouvrer la liberté qui les avait fuis. Mais les paparazzi ne les laissèrent jamais tranquilles. Ils retournèrent à Cala di Volpe et jetèrent l'ancre pour la dernière fois.

Le vendredi 29 août, un bruit lancé par l'équipage se propagea : ils partaient le lendemain. Ils rentraient à la maison. « Maison voulait dire le Royaume-Uni. Nous étions ravis », dit Kez. Après le dîner, le couple, les gardes du corps et René partirent se balader à terre. Comme ils étaient trop nombreux, et trop voyants pour entrer dans les boutiques ou les cafés, les hommes restèrent en arrière tandis que le couple trouvait un peu de répit, loin des regards insistants, dans un charmant petit jardin de la station balnéaire.

Tard cette nuit-là, il y eut une autre rumeur. On partait à Paris le lendemain. Dodi n'avait rien dit. Aucune chance d'organiser les choses avec la salle des Opérations ou de les coordonner avec le Ritz, à Paris, le fleuron de Fayed, qui planifierait l'organisation pour eux sur le terrain. Trevor était exaspéré de voir Dodi faire de la rétention d'informations. Kez et Trevor rangèrent leurs affaires, prêts pour la suite des événements.

Ils avaient informé Londres du possible déplacement à Paris. Ainsi un plan d'urgence avait été organisé. « Nous découvrîmes le matin (ou peut-être très tard la nuit d'avant, pense Trevor, sa mémoire étant imparfaite) que Paris était la prochaine escale. Londres et le G4 (le jet Gulfstream) en furent informés, et on nous transmit l'heure de décollage. Londres s'occuperait d'organiser les transports à notre arrivée et de prévenir le Ritz. » Un voyage à Paris, c'était une façon sympa de conclure, pensèrent en chœur les deux copains.

5

Prélude à la tragédie

Dans une chaleur étouffante, Trevor guida la princesse en bas des marches du jet. La brise rafraîchissante de la Côte d'Azur et le *Jonikal* semblaient être un rêve lointain. Les Parisiens abandonnent leur ville aux touristes en août. C'est toujours un mois creux.

Le Gulfstream s'était posé sans fanfare. L'aéroport n'avait pas reçu de signal Sigma, qui avertit de l'arrivée d'un avion de VIP ou d'un État étranger ; aucune instruction spéciale n'avait été donnée. La princesse n'avait pas prévenu l'ambassade de Grande-Bretagne de sa présence en France et n'avait pas demandé de protection particulière aux autorités françaises. C'est ce que signalerait plus tard l'enquête menée en France.

Cependant, les paparazzi les attendaient. Renseignés une fois de plus — par leurs collègues en Sardaigne ou par les gens de Fayed —, ils s'étaient rassemblés dans le terminal privé, enregistrant, grâce à leurs puissants objectifs, le moindre mouvement du groupe. Trevor conduisit les personnes dont il avait la charge en bas des escaliers. Il était confiant : pour ce dernier séjour d'une nuit, ils y arriveraient. Il apercevait tout à côté plusieurs gendarmes et des motards de la police — la police de l'aéroport, pensa-t-il. Il y avait aussi le renfort de la sécurité du Ritz.

Il eut l'impression que « la princesse et Dodi étaient heureux d'être à Paris et qu'ils n'étaient pas du tout anxieux ». Mais là, ils furent confrontés à une chasse d'une dimension nouvelle et effrayante. À Londres, les paparazzi se déplaçaient en voiture, mais à Paris ils utilisaient aussi bien des motos que des scooters. Un bataillon étincelant de Honda et de Mitsubishi étaient garés près des Peugeot, prêt pour la traque. Quand Diana apparut, les moteurs démarrèrent. La tension qui s'était accrue tout l'été, entre la princesse et ses poursuivants, était, telle la chaleur, prête à exploser de nouveau.

Deux véhicules commandés par le Ritz, une Mercedes et une Range Rover, les attendaient au bout de la rampe avec leurs chauffeurs. L'un était Philippe Dourneau, le conducteur habituel de Dodi à Paris et chauffeur licencié de Étoile Limousine ; l'autre, Henri Paul, un homme d'une quarantaine d'années, avec un début de calvitie et portant des lunettes, était le chef adjoint de la sécurité du Ritz. Dodi s'avança directement vers lui. Ils se serrèrent la main et se mirent à parler. Trevor l'avait déjà rencontré.

« Humainement, ça n'avait pas fait tilt. Il était peut-être un peu trop bavard... Mais il était évident que Dodi avait une grande confiance en cet homme, vu la façon dont il s'était dirigé immédiatement vers lui. »

Trevor s'aperçut que le couple était impatient de partir. Ils chargèrent les deux véhicules : Trevor, le chauffeur Philippe, Dodi et la princesse s'installèrent en tête, dans la Mercedes, tandis que Henri Paul conduisait la Range Rover, la voiture de rechange, avec à son bord Kez, Debbie, Myriah, René et les bagages.

Ils démarrèrent dans une ambiance telle qu'à côté les poursuites londoniennes paraissaient très banales. Ils étaient cernés de véhicules hurlants, zigzaguant comme des flèches autour de leurs véhicules. Parfois ils étaient deux sur les motos afin que le photographe à l'arrière puisse faire un gros plan avec son téléobjectif superpuissant. De la Mercedes, Trevor vit l'escorte des motards de la police se replier à la limite de l'aéroport. Ils étaient livrés à eux-mêmes. Il entendit la princesse exprimer son inquiétude, non pas sur le harcèlement dont elle était victime, mais sur le risque qu'un des paparazzi puisse tomber sous les roues et se tuer. Le garde du corps sentit la bonne humeur s'envoler. Dodi ordonna à Philippe de mettre le pied au plancher et de les semer. Philippe y parvint, dépassa les motos et les sema avec adresse.

Ayant brièvement égaré leurs poursuivants, ils foncèrent vers la Villa Windsor, l'ancienne résidence du duc et de la duchesse de Windsor, louée maintenant par Mohammed Al Fayed. Les gardes du corps y passaient la nuit quand ils étaient à Paris — dans les quartiers réservés à la sécurité. Dodi demanda à Trevor de téléphoner à Kez et de lui dire de les rejoindre à la villa après avoir déposé les autres et les bagages dans son appartement.

Kez et Henri Paul furent accueillis par Ben Murrell, l'un des agents de sécurité britanniques de Fayed en poste à la villa. En bavardant avec Henri Paul, Murrell nota : « Il avait l'haleine de quelqu'un qui avait fait un très bon repas. » S'il sentait réellement le vin et l'ail, Kez qui était non-fumeur ne le remarqua pas, à cause de l'odeur repoussante des cigares de Henri Paul. Ils ne demeurèrent à la Villa Windsor que trente à quarante minutes, pas plus, se souvient Trevor. Les propres caméras vidéo de surveillance de Fayed enregistrèrent vingt-huit minutes. Sûrement pas de quoi faire tranquillement le tour complet de leur future maison comme l'a dit plus tard le porte-parole de Fayed.

Avant qu'ils ne repartent, Trevor s'arrangea pour demander à la princesse : « Quel est le programme pour ce soir, Madame ?

— Eh bien, en fin de compte, nous allons aller au restaurant », répondit-elle.

Impossible de faire une bonne reconnaissance avec si peu. Pendant les quelques heures qui suivirent, la nervosité, née au cours des derniers jours sur le *Jonikal* dégénéra sérieusement. De la Villa Windsor, le couple se rendit au

Ritz. Une fois que les gardes du corps eurent fait un *de-bus* jusqu'à la Suite impériale, Diana — qui se trouvait en lieu sûr à l'intérieur du Ritz, le personnel de sécurité de l'hôtel remplaçant les gardes du corps — se fit coiffer au salon de beauté.

Pendant ce temps, Dodi parcourut en Mercedes, avec Trevor, les centaines de mètres qui le séparaient de la bijouterie Repossi, l'un des nombreux et célèbres bijoutiers qui, tel un collier, entourent la place Vendôme. Que Dodi ait décidé de faire en voiture cette courte distance donne la mesure de la menace qu'il ressentait. Kez et le directeur intérimaire de l'hôtel, Claude Roulet, suivirent à pied et ils attendirent dehors avec Trevor, cinq à dix minutes pas plus, pendant que Dodi était à l'intérieur du magasin. Il ne raconta pas à Trevor ce qu'il faisait, mais apparemment il mettait au point les derniers préparatifs pour que la « bague » soit livrée au Ritz — la bague que Dodi et Diana, d'après des déclarations inexactes, auraient choisie et commandée à Monte-Carlo pendant le dernier voyage sur le *Jonikal*. Bien que Trevor eût un vague souvenir de Dodi quittant la boutique avec l'un de ces élégants petits sacs à cordons, on a déclaré à maintes reprises que la bague avait été récupérée et rapportée au Ritz par Roulet avant d'être donnée plus tard à Dodi.

En repartant, Kez, faisant mine d'examiner la colonne faite par Napoléon avec le bronze fondu de mille deux cents canons pris à la bataille d'Austerlitz, étudiait les paparazzi. Il y avait plusieurs scooters. Plusieurs motos. Un attroupement de touristes.

Trevor reçut un appel l'informant que le couple retournerait à l'appartement dans l'étroite rue Arsène-Houssaye, près des Champs-Élysées, pour s'habiller pour le dîner. Afin de neutraliser la tension croissante, Trevor décida, pour lui donner un peu d'intimité, d'installer le couple dans la Mercedes conduite par Philippe pendant qu'il suivait avec Kez dans la Range Rover. « On voyait bien que la situation les énervait et nous avons pensé les laisser un peu tranquilles, mais dans les limites de notre mission. Nous devions non seulement les laisser s'amuser mais aussi les protéger », précise Trevor. Ils étaient suivis par des paparazzi. Trevor s'aperçut cependant que sa technique pour leur faire entendre raison marchait parfaitement. « Nous leur avons demandé de ne prendre aucune photo durant le trajet, surtout aux croisements et aux feux. Ils firent ce qu'on leur demandait. »

Le calme fut rompu à leur arrivée rue Arsène-Houssaye. Les paparazzi qui attendaient devant l'appartement de Dodi s'attroupèrent autour la porte d'entrée quand la Mercedes avança prudemment dans la rue. Ils étaient devenus agressifs et un incident eut lieu, lorsque Gérard, un agent de sécurité de l'appartement, affronta un photographe et le poussa. La trêve entre les paparazzi et les gardes du corps menaçait de se désintégrer. La princesse était bouleversée, et Dodi en colère. Dès qu'ils eurent accompagné le couple en haut dans l'appartement, Trevor et Kez redescendirent pour tenter de calmer les photographes — en fait, au départ, la raison pour laquelle Kez faisait partie du voyage, la seule qu'on lui avait donnée, était qu'il parlait un peu français. « Nous savons que vous devez faire votre travail, leur dirent-ils. Écoutez, prenez vos photos quand ils arrivent et quand ils partent sans les harceler et cessez de les photographier pendant les trajets. » Trevor serra la main de plusieurs d'entre eux, espérant avoir ainsi désamorcé la situation et avoir acheté un peu d'intimité au couple qui allait se mettre en route pour dîner — quel que fût l'endroit où ce dîner aurait lieu.

René avait sorti les vêtements de Dodi, une veste de daim marron clair décontracté, un blue-jean, une chemise grise à petits carreaux et des bottes de cow-boy. Il prétend que c'est à ce moment que Dodi lui a confié son projet de demander, ce soir-là, la princesse en mariage. Le maître d'hôtel affirme que Dodi lui a montré alors — ce qui l'a laissé sans voix — « la bague, une bague spectaculaire incrustée de diamants — une émeraude massive entourée de triangles de diamants, sertie sur un anneau en or jaune et blanc, couchée dans une petite boite en velours gris clair venant de... chez Repossi ».

« “Mettez le champagne au frais”, dit Dodi — toujours selon les déclarations de René — en refermant soigneusement l’écrin et en le remettant dans sa poche. »

Étant donné la dette et la dévotion que René éprouve à l’égard de Fayed et à la mémoire de Dodi, il est possible que ces souvenirs soient enjolivés par une imagination vive et l’envie de prendre ses désirs pour des réalités. Pendant que René sortait le vin frais et le caviar avant qu’ils ne partent dîner, Diana se changea et s’habilla dans le style décontracté qui était permis à la fin août à Paris — un jean blanc moulant, des escarpins Versace noirs à hauts talons ouverts et un haut sans manches sous une veste noire merveilleusement coupée. Elle mit les boucles d’oreilles en or qu’elle adorait porter et un bracelet en perle que Dodi lui avait offert.

« Où vont-ils ? » questionna encore et encore Trevor, tandis que le couple s’habillait. Il essayait désespérément de découvrir auprès de René quels étaient les projets du couple pour la soirée. « J’avais ma dose ! Zéro, aucune information ne me parvenait de Dodi. Je ne pouvais pas aller frapper à la porte de leur appartement en demandant : “Hé, où allez-vous ce soir ?” On ne peut rien faire de plus. On ne peut pas aller attraper le maître d’hôtel par la peau du cou et lui dire : “Putain, j’ai besoin de savoir !” C’était tellement frustrant. »

René allait et venait dans l’appartement. S’il avait une information, il ne la partagea jamais avec les gardes du corps. C’était Claude Roulet du Ritz qui avait fait une réservation pour 9 h 45 au restaurant branché Chez Benoît près du Centre Pompidou. Roulet attendait le couple là-bas.

Ils descendirent avec quarante minutes de retard et s’énervèrent quand ils aperçurent le nombre de paparazzi. Mais Trevor, confiant dans l’accord qu’il avait passé avec eux, installa de nouveau le couple dans la voiture de tête avec Philippe, et suivit avec Kez dans la Range Rover. Lorsque les deux véhicules se mirent en route, Kez appela Londres sur le téléphone de voiture : « Nous sommes en chemin.

— Vers où ?

— Nous n'en avons aucune idée ! »

Les photographes les escortaient à vive allure, mais honoraient l'accord, laissant au couple encore quelques minutes d'intimité. Pourvu que cela continue, espérait Trevor.

Dans la Mercedes, on venait de prendre la décision d'annuler la réservation Chez Benoît — l'endroit serait trop public — et Trevor reçut un appel lui disant qu'ils se dirigeaient vers le Ritz. Seigneur ! Sans préparation. À leur départ de l'hôtel tout à l'heure, l'ambiance ressemblait à une fête populaire, avec la présence des touristes et des paparazzi. Il y avait des appareils photo partout. Plusieurs centaines de personnes se bousculaient à l'entrée, comme si elles attendaient la parade. L'excitation était à son comble. Où le couple allait-il passer la nuit ? L'atmosphère allait s'intensifier encore.

Il était 21 h 50 quand le convoi des deux voitures s'arrêta devant l'entrée du Ritz. La foule attendait. Trevor courut vers la portière arrière du véhicule et l'ouvrit, prêt à intercepter quiconque gênerait le couple quand il emprunterait la porte à tambour de l'hôtel. Une fois à l'intérieur, le lieu était considéré comme sûr.

Dodi s'arrêta. Le couple ne bougea pas. Dans la voiture, ce fut comme un arrêt sur image dans un film. Aucune action. Pour Trevor « c'était le comble ! » Putain, que faisait Dodi ?

Trevor referma aussitôt la portière de la voiture alors que les paparazzi zoomaient sur le véhicule. Cela ne dura que quelques secondes, mais cela suffisait pour qu'un *debus* réussi tourne au désastre. Le temps que Dodi bouge (et que l'action redémarre), tous les appareils photo étaient braqués sur la voiture. Le couple fut comme englouti. Dodi leva la main pour se protéger le visage et la princesse, au supplice, courut à grandes enjambées vers la porte. En repoussant les photographes, Trevor comprit combien l'hésitation de Dodi avait énormément gêné le couple.

Dans la confusion, un paparazzi se glissa dans la porte à tambour. Trevor s'en débarrassa immédiatement, mais Dodi invectiva Kez et « lui passa un sacré savon ».

« Comment, bordel, est-ce que ce fiasco est arrivé ? Pourquoi n'avez-vous pas organisé notre arrivée ?

— Vous ne nous avez jamais dit où nous allions. Si vous l'aviez fait, on aurait pu téléphoner à l'avance et tout préparer », répliqua sèchement Kez, sur le point de perdre son sang-froid. Dodi se calma sur-le-champ. Kez essaya de laisser Trevor en dehors de ça. Ils installèrent le couple au restaurant au bout du long couloir. « Je vais régler ça avec Dodi ce soir », murmura Trevor à Kez alors qu'ils retournaient devant l'hôtel. Il fit reculer les journalistes de l'autre côté de la contre-allée face au Ritz et chargea la police de mettre un cordon de sécurité suffisamment éloigné pour éviter une agression physique. Enfin une chance d'avaler un sandwich au bar. Ils n'avaient pas mangé depuis le petit déjeuner pris sur le *Jonikal*, cela paraissait à des années lumière.

À peine avaient-ils commandé leur eau pétillante qu'ils virent Dodi et Diana traverser le hall. Pour une raison quelconque ils avaient quitté le restaurant. La princesse pleurait, nota Kez. L'accumulation de tout, pensa-t-il — elle a été pourchassée par les photographes toute la journée, et ensuite dévisagée dans le restaurant. À 22 h 01, Trevor et Kez conduisirent rapidement le couple en haut du grand escalier jusqu'à la porte de la Suite impériale. « Nous dînerons ici, allez vous chercher quelque chose à manger », leur demanda Dodi en fermant la porte.

De retour au bar, ils s'installèrent à une table, près de l'entrée, d'où ils pouvaient surveiller l'escalier. Enfin, un club sandwich. « La nourriture est super ici », pensa Trevor.

Le prochain boulot sera de ramener le couple à l'appartement après le dîner — si tel était le projet de Dodi. Ils mangeraient et puis les attendraient dehors devant les portes de la suite.

Henri Paul passa la porte à tambour du Ritz juste quelques secondes avant 22 h 08, en costume cravate, un sourire jovial sur le visage et son cigare omniprésent à la main gauche. Bien qu'il ne fût pas en service, il avait appelé fréquemment pour être tenu au courant des mouvements du couple et avait reçu, juste avant 22 heures, un appel de l'officier de sécurité de nuit du Ritz, François Tendil, lui annonçant que le couple allait dîner dans la suite. De sa propre initiative, Paul était revenu à l'hôtel.

Il pénétra dans le bar et rejoignit Trevor et Kez qui, persuadés qu'il était de service, le mirent au courant de la situation.

Kez bavarda un peu avec lui tandis que Trevor mangeait son sandwich en silence, en pensant : « Il s'étale un peu, non ? »

Kez eut « la nette impression que Trevor n'aimait pas Henri Paul. Je venais juste de le rencontrer ce jour-là, je ne savais même pas qu'il était chef en second de la sécurité du Ritz. Je pensais que c'était juste un chauffeur ».

Une fois de plus, Kez fut dégoûté par l'odeur de ses cigares. Quand Paul commanda une boisson jaune — du jus de fruits, supposa Kez —, Paul plaisanta sur le fait que c'était de « l'ananas » et les deux eurent un petit rire grossier sur la syllabe « *ass* » (qui veut dire « cul » en anglais). « C'était une blague de bidasse. Je sais que c'est pathétique. Mais nous gloussions », précise Kez.

Cela tournait au rire nerveux. « L'ambiance devenait un peu tendue parce que Trevor ne lui répondait pas et qu'Henri Paul nous disait que nous ne devrions pas manger là parce que M. Klein, le patron de l'hôtel, n'apprécierait pas. » Le culot ! Il n'y avait pas de café ; ils ne pouvaient pas quitter l'hôtel.

« Eh bien, je n'en ai rien à foutre parce qu'on travaille pour M. Fayed. Personne d'autre », répliqua sèchement Kez. Trevor était assis là, regardant fixement sa nourriture ou dehors. « Je dois reconnaître que je me suis très vite désintéressé », raconte-t-il. Mais quand il entendit Henri Paul « ne pas démordre » que M. Klein était son patron,

Trevor dissipa le problème fermement : « Klein travaille pour le patron et *vous* aussi ! »

« Nous engloutîmes nos sandwiches et partîmes », dit Kez. Le temps passé avec Henri Paul au bar avait été très court — « seulement cinq minutes », se souvient Kez. Il « allait et venait, tournait en rond tandis que nous mangions. Je ne savais pas ce qu'il fabriquait. Ce n'était pas mon problème », se rappelle Trevor. Cependant, il ne semblait pas nerveux. « J'ai pensé qu'il essayait d'organiser les choses à faire avec l'hôtel. » Ni Trevor ni Kez ne le connaissaient bien, mais il n'y avait rien dans son attitude qui demandait à lever le drapeau rouge.

Avant que Henri Paul quitte le bar, le barman avait servi au chef adjoint de la sécurité son second pastis. On allait bientôt découvrir que, avant ces deux verres, il en avait bu d'autres — depuis le moment où il était rentré chez lui après avoir été les chercher l'après-midi à l'aéroport jusqu'à son retour à l'hôtel. Lorsqu'il eut terminé son pastis, il avait dans le sang, ainsi que le révélerait l'autopsie, une concentration d'alcool pur « supérieure de loin au taux autorisé », combinée à un cocktail de deux médicaments prescrits uniquement sur ordonnance — un antidépresseur et un médicament visant au maintien de l'abstinence chez un patient dépendant à l'alcool — et des taux suffisamment bas de transferrine pour indiquer « un éthylisme chronique depuis au minimum une semaine ».

Plus tard, quand Trevor fouilla sa mémoire, cherchant des détails de cette courte scène dans le bar, il sut que jamais il n'avait pensé que la boisson pût être alcoolisée. Paul parlait anglais et articulait correctement. S'il n'était pas en service, il avait parfaitement le droit de boire un verre bien que les employés du Ritz n'eussent pas l'autorisation de boire dans les bars de l'hôtel.

« Pour moi, il était clair que Henri Paul avait le sentiment d'être de service », se souvient Trevor. La princesse et le fils du patron étant dans l'hôtel, pour quelle autre raison aurait-il été là ? Pour Trevor, l'idée de boire pendant le service était un tabou tellement bien ancré que jamais l'idée qu'on puisse l'enfreindre ne lui aurait traversé l'esprit, surtout venant d'un responsable à qui l'on faisait confiance. « Je ne dis pas qu'on ne doit pas apprécier de boire un verre. Moi-même, j'aime bien sortir et passer une bonne soirée. Mais jamais je ne boirais la veille du jour où je suis censé revenir travailler. Quand on reprend le boulot un mardi, on ne boit pas le lundi. »

À 23 h 07, les deux gardes du corps arrivèrent à l'étage et s'assirent devant la Suite impériale, dans l'attente de nouvelles informations. Les deux voitures étaient dehors, à l'entrée, avec Jean-François Musa, un directeur de Etoile Limousine, et Philippe Dourneau. Tous deux attendaient des ordres. Trevor et Kez ne connaissaient pas le programme. Ils ignoraient également que, pendant qu'ils mangeaient, Dodi avait passé un appel qui allait changer leurs vies. Il avait téléphoné au directeur de nuit de l'hôtel, Thierry Rocher, pour lui signaler la pagaille provoquée par les paparazzi à l'entrée et, apprenant que Henri Paul était revenu, Dodi avait demandé à Rocher d'avertir Paul qu'ils allaient avoir besoin d'une troisième voiture pour lui et la princesse, à l'arrière de l'hôtel. Les deux véhicules qu'ils avaient utilisés pendant la journée resteraient devant, place Vendôme, pour faire diversion.

Pendant que Trevor et Kez patientaient devant la suite, Henri Paul passa plusieurs fois, montant et descendant l'escalier, paraissant très occupé à bavarder avec le personnel de l'hôtel. Les photographes déclarent, qu'alors qu'il passait près de l'entrée, il semblait agité et sociable d'une façon inhabituelle. Plutôt du genre à faire son numéro, avait estimé Trevor, les quelques fois où il l'avait rencontré. Rien de très nouveau.

Vingt minutes avant minuit, Henri Paul se présenta à la porte de la suite, puant toujours le cigare, nota Kez. « Le plan a changé. Nous allons partir par l'arrière de l'hôtel, avec juste une voiture. Il veut que je conduise. Les deux autres véhicules partiront de l'entrée principale pour détourner l'attention des paparazzi. Dodi ne veut pas de garde du corps », lui annonça Paul. Ils partaient dans une demi-heure.

C'était un plan épouvantable. Henri Paul était agent de sécurité, pas chauffeur. Ils avaient besoin d'un convoi de deux voitures. Et d'un garde du corps !

Du tac au tac, Trevor répondit à Henri Paul : « Il n'y a aucune putain de chance qu'il parte sans un garde du corps — jamais, en aucune façon, ce sera sans moi... Si on fait ça, je viens avec vous. »

Les gardes du corps déclarèrent alors qu'ils allaient devoir signaler la chose, à Londres. Ce n'était que la seconde fois, au cours du voyage, qu'ils avaient eu le sentiment que les Opérations devraient être informées d'un mauvais plan de Dodi. Mais Henri Paul confirma : « Cela a été approuvé par M. Mohammed. »

Kez est bien certain d'avoir entendu « M. Mohammed » plutôt que l'habituel « Patron » utilisé par les gars. Il avait entendu le second de la sécurité du Ritz dire que le plan avait été approuvé par Fayed. Mais il savait que les employés évoquaient trop souvent le nom de Fayed, pour qu'il y ait un moyen de vérifier sans gaffer — voire pire. Ce plan n'avait néanmoins aucune chance de réussir. « Ce n'était pas que Henri Paul soit au volant qui m'inquiétait, dit Trevor. Il avait déjà conduit pendant la journée — cela aurait été comme contester que Paul Handley-Greaves pilote le patron. » C'était le plan lui-même qui dérangeait.

Quelques minutes plus tard, Dodi passa la tête par la porte de la suite et confirma ces informations. Une troisième voiture les attendrait derrière l'hôtel ; les deux véhicules serviraient de leurre pendant que le couple s'échapperait par l'arrière. Paul allait conduire, leur précisa-t-il. Trevor se montra inflexible : « Vous ne partez pas sans sécurité — je viens avec vous. »

On avait fait reculer les photographes et la foule de l'autre côté de la rue. Ils se trouvaient à une petite distance.

Trevor tenta de convaincre Dodi qu'il n'y aurait aucun danger à partir par-devant. Mais Dodi insista, le groupe devait partir par l'arrière, avec seulement une voiture. À voix basse mais avec fermeté, Trevor poursuivit : « Il n'est pas question que ça se passe ainsi. Quoi qu'il arrive vous ne partirez pas sans sécurité. » C'était sans appel.

Dodi se laissa convaincre : « D'accord, l'un d'entre vous peut venir dans la voiture, à l'avant. » « On a aussi besoin d'une voiture de renfort. Je vais prendre l'un des véhicules devant et l'amener à l'arrière », insista Kez, de son côté. Mais Dodi était résolu : « Non, non, sinon les gens vont s'en apercevoir. Faites signe aux voitures d'avancer pour que tout le monde pense qu'on va sortir par-devant, pendant qu'on partira par-derrière », dit-il. Et il disparut de nouveau dans la Suite impériale.

Trevor eut envie d'empoigner définitivement Dodi et de lui répondre : « Écoutez, ça ne peut plus durer. » Il était sur le point de lui dire : « On ne peut pas faire ce travail si l'on n'a pas plus d'information de votre part. » Mais Kez mit en garde son copain : « C'est le dernier jour aujourd'hui, parle-lui quand nous serons rentrés. »

Trevor s'était opposé à cette décision mais maintenant, il devait la mettre en action. Vite. Le couple désirait partir dans quelques minutes. Il descendit chercher Henri Paul. Le Ritz devait commander la voiture supplémentaire, pendant que Trevor s'occupait des chauffeurs. Il appela Philippe et Musa, qui se tenaient prêts à Étoile juste en face de la place Vendôme et leur demanda de venir jusqu'à l'hôtel. Il leur transmit les dernières consignes et leur demanda de l'aider à trouver Henri Paul. Vite.

Il était minuit passé de six minutes. Seul avec Dodi et Diana, Kez essaya une dernière tentative : « Deux voitures, c'est mieux. »

Alors Dodi invoqua les mots magiques : « Mon père a donné son feu vert. » Disait-il la vérité ou non ? Kez n'avait aucun moyen de le savoir.

Fayed admettra avoir parlé à Dodi quinze minutes avant qu'il ne parte du Ritz mais déclara qu'il ne savait absolument rien en ce qui concernait la décision de demander à Henri Paul de conduire. Au lieu de cela, dit-il, il avait conseillé à Dodi d'être prudent et de passer la nuit à l'hôtel si nécessaire.

Kez comprit qu'il ne pouvait pas avoir le dessus. Appeler Fayed à minuit, mettre en doute les paroles de son fils, c'était la meilleure façon de se faire virer. « On peut suggérer avec respect qu'un plan est merdique, mais, lorsqu'on ne vous écoute pas, on a les mains liées. » Après tout, il n'était question que de photos de la princesse, personne ne la menaçait.

Les deux chauffeurs, renseignés par Trevor, n'avaient aucune idée des raisons pour lesquelles on avait fait appel à Henri Paul pour conduire la voiture. De toute évidence, Trevor exécutait les ordres venant du Ritz.

Presque aussitôt, après que Trevor eut donné ces instructions aux chauffeurs, Roulet, le directeur intérimaire du Ritz en l'absence de Franck Klein, apparut et demanda à Musa de mettre un autre véhicule à la disposition de Dodi. Selon Philippe, il réaffirma qu'il devait être conduit par Henri Paul et que le couple sortirait par la rue Cambon, la sortie arrière.

Trevor ignorait que Henri Paul n'avait pas le permis requis pour conduire la limousine que Musa avait commandée. Musa déclare qu'il a proposé de prendre le volant mais qu'ils se trouvaient dans une situation d'urgence. Personne n'avait le temps de réfléchir. Entre le moment où Trevor demanda aux chauffeurs de venir et où la voiture démarra, il s'écoula moins de dix minutes. Le Ritz étant virtuellement le seul client d'Étoile, comment Musa pouvait-il refuser un ordre venant de Roulet ?

La voiture serait une Mercedes S280, achetée d'occasion, en 1994, par Étoile, pour la somme de 114 666 francs. Elle portait le numéro d'immatriculation 688 LTV 75. Voiture standard, elle n'avait ni vitres fumées ni blindage à l'épreuve des balles.

Etoile possédait également une Mercedes blindée dont se servait toujours Fayed, mais on ne leur avait pas demandé de l'envoyer à l'aéroport ou de l'utiliser pour transporter l'invitée royale de Dodi. « Dodi n'avait jamais utilisé “la lourde” depuis que j'étais avec lui », précise Trevor.

Pourquoi Dodi avait-il insisté pour que Henri Paul prenne le volant ? Ce mystère ne sera peut-être jamais résolu mais Trevor pense que Dodi a fait ce choix parce qu'il avait confiance en Paul, comme il avait confiance en Philippe qui allait conduire la voiture-leurre stationnée devant l'hôtel. Après la tension nerveuse du voyage, Dodi faisait confiance à de moins en moins de gens.

Peu après minuit, un voiturier, Frédéric Lucard, reçut l'ordre de sortir la voiture du garage souterrain, de faire le tour de la place Vendôme jusqu'à l'entrée arrière discrète du Ritz, située dans l'étroite rue Cambon.

Quand Dodi et Diana quittèrent la Suite impériale, Kez remarqua que la princesse semblait heureuse, loin de sa précédente crise de larmes. Ils l'étaient tous deux. Il était évident qu'ils avaient bu un ou deux verres de vin.

« Mais quand on boit un verre de vin, cela peut provoquer deux sortes de réaction, n'est-ce pas ? Soit on est le gars le plus heureux du monde, soit ça vous rend désagréable, ou un peu hargneux. »

En parlant avec le couple, Kez leur indiqua : « Il n'y en a que pour dix minutes en voiture. Je vous reverrais à l'appartement. » Puis il insinua doucement : « Alors vous rentrez directement ? Vous n'allez pas dans un night-club ?

— Non, on rentre directement », répondit Diana en riant.

Quand ils s'éloignèrent, Kez attrapa le bras de Trevor. « Écoute mon vieux, je vais monter dans la voiture, parce qu'il ne m'engueulera pas si ça tourne mal. Et s'il le fait, je m'en fiche de toute façon parce que demain, je rentre chez moi. » Mais Trevor insista : « Je suis le mec de Dodi, alors je vais avec lui. Je te revois dans dix minutes.

— J'arriverai avant toi », plaisanta Kez quand ils se séparèrent devant la porte de la Suite impériale.

Le plan de Dodi avait échoué avant même qu'ils n'atteignent la porte arrière donnant sur la rue Cambon. Alors que le couple et les deux hommes quittaient la suite, tournaient à droite et descendaient la volée de marches menant à la porte arrière, une poignée de paparazzi avait deviné la ruse et se tenait en embuscade. À 0 h 19, ils se trouvaient tous les quatre, debout dans l'étroit couloir de service. Henri Paul, souriant, parlait avec animation et force gestes à Dodi et à la princesse qui faisaient face au tableau d'affichage du personnel. Trevor, à la droite du couple, vérifiait les extérieurs. Où était la Mercedes ? Le jeune chauffeur du Ritz, qui avait été chargé quelques minutes auparavant de l'amener rue Cambon, était encore en chemin, roulant le plus vite possible. De son bras gauche, Dodi enlaçait la princesse, blottie contre lui tandis que Paul continuait de parler. Trevor se souvient qu'ils avaient l'air très détendus.

Quand Trevor regarda à l'extérieur, par la porte de derrière, « il y avait, juste en bas de la rue, une petite voiture blanche à hayon — une voiture à trois portes, de couleur blanche ou claire, avec un coffre s'ouvrant à l'arrière —, et peut-être un scooter, ou une moto, je crois... avec deux ou trois journalistes ». Un instant soulagé de voir qu'ils n'étaient pas plus nombreux, il savait toutefois que cela ne durerait pas. Ils allaient bientôt téléphoner à leurs collègues qui attendaient devant l'hôtel. La meute serait sur eux dans quelques secondes.

Quand la Mercedes arriva, Henri Paul ouvrit la grille de fer et s'avança vers la voiture pour prendre la place du chauffeur.

Les *experts* et les bandes vidéo ne révèlent aucune hésitation de sa part. Il avait une confiance dans ses capacités bien supérieure à ce que l'autorisait son état. Alors qu'il avait dans le sang plus de deux fois le taux d'alcoolémie autorisé par la loi, ainsi que des traces de médicaments, Henri Paul se glissa à la place du chauffeur.

Si Trevor avait perçu le moindre problème dans son comportement, il sait qu'il l'aurait arrêté. Il pouvait suivre les ordres jusqu'à un certain point, mais la sécurité restait sacrée. Il y avait des façons discrètes de se débarrasser d'un chauffeur sans créer d'embarras ou faire de scène.

« J'aurais pu trouver n'importe quelle excuse toute simple comme : "J'ai peur qu'il ne soit malade." » Trevor aurait pu appeler François ou Philippe, postés juste au coin de la rue devant l'hôtel, et reprendre le convoi des deux voitures, ou bien encore appeler Lucard, le voiturier. Peut-être cela aurait-il retardé le départ de Dodi et permis aux paparazzi de s'en donner à cœur joie, mais Trevor n'aurait jamais, en toute connaissance de cause, laissé, un homme ivre prendre le volant. Comme il n'aurait jamais laissé conduire, s'il l'avait su, un homme ne possédant pas le permis requis.

Pourquoi Paul ne s'est-il pas désisté de lui-même, sachant combien il avait bu ? Trevor estime que « son erreur a été de ne pas dire : "Je ne peux pas conduire. J'ai trop bu." »

L'instant passa. L'Histoire s'avançait. Trevor précéda la princesse à l'extérieur, Dodi les suivit environ trois mètres derrière. Tandis qu'ils contournaient la voiture pour atteindre la portière arrière droite, la princesse avança à grandes enjambées sur ses hauts talons et les flashes crépitèrent. Trevor la fit asseoir rapidement sur la banquette arrière.

Kez prit l'appel de Trevor sur le téléphone interne de l'hôtel juste dans l'entrée du Ritz. « Nous sommes sur le point de partir. » Kez sortit devant et fit signe aux deux chauffeurs afin d'être vu par les paparazzi et les touristes. Cinq minutes. Cela voulait dire, avancer les voitures pour attirer l'attention. Pendant que les deux véhicules faisaient mine d'attendre la sortie du couple, Dodi et Diana se glisseraient par-derrière. Trevor était tout seul avec la Mercedes, avec un chauffeur que Kez connaissait à peine — mais, qui avait plutôt bien conduit, dans la journée, en revenant de l'aéroport du Bourget. Les deux seules choses auxquelles on ne peut pas se préparer sont un dingue et un accident.

Le plan prévoyait que Kez attende cinq minutes avant de partir. Mais il vit les paparazzi démarrer — le plan avait échoué et il réduisit le délai à une minute et demie. Quand il fut dans la Mercedes de tête, il appela Londres sur le téléphone de voiture — son portable était toujours en panne. Il avertit Martin Quaife, un bon gars qui se trouvait de permanence, ce soir-là, au bureau des Opérations : « Ils sont en route. » OK. Immédiatement, il téléphona à l'appartement des Champs-Élysées. « Ils sont partis il y a deux minutes, en direction de chez vous. Ils seront là dans environ six minutes. »

Rue Cambon, alors que Paul enclenchait la première et que les portières de la Mercedes se refermaient, les paparazzi mitraillaient le véhicule.

La plus célèbre photo du couple, parmi les dernières de cette soirée, est sans doute celle qui fut prise à ce moment-là de l'arrière droit de la voiture : on aperçoit la princesse de dos, ses cheveux blonds vers l'objectif, le regard tourné vers l'avant, et Dodi penché au-dessus de son dos, regardant avec anxiété par la vitre.

La dernière photo prise avant l'accident est un portrait de Trevor, fait par le photographe de Sygma, Jacques Langevin. Le garde du corps abaisse son pare-soleil, en regardant intensément par la vitre tandis qu'un éclair blanc et rond illumine l'obscurité derrière lui. On aperçoit nettement les contours de la tête de la princesse, visage tourné vers l'arrière.

Grâce à son zoom, Langevin s'est placé directement devant la voiture, à environ trois mètres de distance. « J'essaie de les protéger, de me placer entre eux et les photographes, de faire obstruction pour qu'ils ne parviennent pas à les photographier », pense Trevor. Quelques secondes avant 0 h 20, la Mercedes démarra en trombe de l'arrière de l'hôtel.

Les derniers souvenirs les plus clairs de Trevor, concernant cette nuit-là, sont ceux d'une Mercedes démarrant. Il aperçut de nouveau la voiture blanche — ou de couleur claire —, qui « traversa la rue et nous suivit... Je ne me souviens pas si les motos nous ont emboîté le pas mais je sais que les journalistes nous suivaient ».

Il se rappelle l'avoir mentionné à Dodi et Diana : « Il y a quelques photographes derrière mais ils ne sont pas nombreux. »

Sa mémoire restera toujours faillible. Mais il place sa confiance dans les tout premiers souvenirs qui lui sont revenus à l'hôpital, des souvenirs qu'il a partagés avec le juge et qui ont subsisté. Ils ont refait surface sans être troublés par les torrents de témoignages qui auraient pu perturber et compromettre n'importe quelle mémoire, même la plus intacte. En résumé, ils racontent de façon cohérente une suite d'événements qui se sont produits immédiatement avant le départ du Ritz : Henri Paul semblait normal. C'était Dodi qui avait modifié le plan. Les souvenirs de Trevor s'arrêtent au départ de la voiture du Ritz.

« Mon dernier souvenir est d'avoir démarré... Je ne me souviens plus de rien d'autre. »

II

Dans l'œil du cyclone

6

L'accident

Afin de regagner l'appartement, Paul emprunta l'itinéraire le plus rapide pour un samedi soir, en plein mois d'août. Prudemment, il évita la foule qui sortait tardivement des cinémas sur les Champs-Élysées, en prenant les quais à gauche. Il ne lui resterait qu'à bifurquer ensuite à droite, avenue George-V, et à débarquer ses très spéciaux passagers directement au domicile situé près de l'Arc de Triomphe. Par une nuit normale, il fallait six à sept minutes. Seuls les feux rouges pourraient les retarder. À peine arrivèrent-ils au premier feu qu'ils furent rejoints par une escorte envahissante de motos. D'autres approchaient.

Ils coupèrent la rue du Mont-Thabor, où il n'y avait pas de feu, ils s'arrêtèrent à l'angle de la rue de Rivoli, tournèrent à droite en direction de la place de la Concorde, et s'intégrèrent dans la circulation dense autour de l'obélisque. Puis, Henri Paul se prépara à quitter la place de la Concorde. La Mercedes fut alors stoppée au premier des nombreux feux, donnant une chance inquiétante aux paparazzi de les rattraper.

Un des témoins, M. Bonin, arrêté au feu suivant, en bas des Champs-Élysées, aperçut la Mercedes. Il rentrait chez lui en voiture, vitres fermées, par cette nuit estivale, après un dîner au restaurant, et avait aperçu la foule devant le Ritz. Il avait pensé : « Il doit y avoir une star. » Suivant le même trajet que la Mercedes autour de la place de la Concorde, il s'apprêtait également à tourner à droite sur les quais. Il se retrouva près « d'une très puissante Mercedes noire à sa gauche », et remarqua « une grosse moto noire, immatriculée 75, Paris, avec deux passagers. La personne à l'arrière... portait un appareil photo et mitraillait avec son flash la voiture dont les vitres n'étaient pas fumées ». Des paparazzi, songea-t-il. Aucune de ces photos, cependant, ne fut trouvée parmi les films confisqués aux photographes.

« Puis je reconnus Dodi Fayed. » Il avait vu sa photo dans les journaux. Sa main gauche tenait la poignée au-dessus de sa vitre et, bien qu'il ait la main droite devant son visage, on pouvait encore l'identifier. « À sa droite était assise la princesse Diana qui tentait de se cacher. Derrière le volant se trouvait un homme de quarante-cinq ans. Il portait des lunettes... J'ai supposé que le jeune homme blond à côté de lui était le garde du corps. Il semblait irrité, il tournait la tête fréquemment », désireux que la voiture s'éloigne, supposa Bonin.

Le témoin repéra aussi que Dodi et la princesse n'avaient pas attaché leur ceinture de sécurité. Il ne put rien affirmer en ce qui concernait les deux autres assis à l'avant. Alors que le feu passait au vert, Bonin démarra et nota qu'une voiture noire, immobilisée devant la Mercedes, semblait bloquer le véhicule de la princesse. « Puis je vis dans mon rétroviseur que la Mercedes... avait fait un écart à droite et le moteur faisait beaucoup de bruit. » Après quelques mètres, alors que Bonin approchait de l'endroit où il devait tourner à droite sur les quais, il vit « passer la Mercedes à vive allure sur le côté droit ».

Il perdit la Mercedes de vue alors qu'elle fonçait sur la voie express dégagée le long de la Seine. C'est là où Henri Paul pouvait, et il le fit effectivement, prendre de la vitesse pour essayer de semer les motos. C'est là, où étant donné la nervosité que Dodi ressentait habituellement par rapport aux paparazzi, il aurait pu pousser Paul à accélérer pour gagner du terrain. La Mercedes pénétra dans un long souterrain qui passe sous les deux ponts, le pont Alexandre-III et le pont des Invalides, et émergea sur la route bordée d'arbres, surplombant les quais de chaque côté. Ils étaient à moins de dix secondes de l'accident. C'est là, à l'issue de ce premier souterrain et juste avant de prendre la courbe descendante sur la gauche qui mène dans le tunnel de l'Alma que Henri Paul avait certainement prévu de quitter la voie express par la dernière sortie, ce qui lui offrait un accès direct de l'avenue George-V à l'appartement de Dodi près des Champs-Élysées. C'était juste à trois minutes.

Cet instant-là restera toujours sujet à controverse. Le meilleur substitut à la mémoire de Trevor doit être les conclusions de l'examen technique et de la reconstitution des témoignages qui furent menées avec rigueur au cours de l'enquête de la police française pendant quatorze mois. Une de ces conclusions — que Henri Paul a peut-être été forcé d'entrer dans le tunnel de l'Alma parce que des motos bloquaient la sortie droite qu'il avait l'intention de prendre — est encore une pure hypothèse qui n'est étayée par aucune preuve solide. Mais c'est la plus probable, au vu de la reconstitution des événements.

Alors qu'elle approchait du tunnel, la Mercedes roulait à une vitesse comprise entre 118 et 155 kilomètres/heure dans une zone où la vitesse est limitée à 50 kilomètres/heure. Elle était poursuivie par cinq motos de paparazzi, une Honda, une Yamaha et trois BMW. Les témoignages varient sur leur proximité et leur situation précise par rapport au véhicule. Cependant la Honda, avec une vitesse maximale de 155 kilomètres/heure et la BMW avec une vitesse de 196, auraient pu toutes deux foncer à la même allure, voire dépasser la Mercedes, au cours du dernier kilomètre d'accélération.

Que faisait le garde du corps pendant que Henri Paul appuyait sur l'accélérateur ? Tout ce qu'il sait, c'est qu'il a dû ressentir la frustration habituelle, celle d'être privé du contrôle dont il avait besoin pour remplir correctement sa mission. « Mais si Henri Paul conduisait trop vite, d'une façon extravagante susceptible de causer un accident, je pense que j'aurais dit quelque chose. » Il n'aurait pas attrapé le volant, ni mis son pied sur le frein — cela aurait aggravé le danger. « Discrètement, j'aurais déclaré : enlevez votre pied de la pédale ou ralentissez, nous allons trop vite. » Dodi n'aurait peut-être pas été d'accord. Si Paul avait entendu deux ordres différents, à qui aurait-il obéi ?

Quiconque a pris en voiture ce tunnel parisien ou n'importe quel autre sait que les excès de vitesse y sont systématiques. Mais des circonstances particulières entrèrent en jeu. Au moment même où Henri Paul devait simultanément négocier le virage à gauche et la pente importante menant au tunnel, il fut confronté à une petite Fiat Uno blanche qui bloquait la file de droite. La Fiat Uno se trouvait probablement juste à l'entrée du tunnel, sur le point d'y pénétrer quand Paul la vit pour la première fois. Malgré des recherches effrénées dans tout le pays et l'interrogatoire de trois mille propriétaires de Fiat Uno, ce véhicule n'a jamais été retrouvé. Mais les fragments de peinture, les bosses, les débris de verre et les marques découverts sur la Mercedes, et son rétroviseur endommagé, prouvent sans conteste que Henri Paul a eu une collision mineure avec une Fiat Uno alors qu'il roulait à toute vitesse.

C'est peut-être à cet instant-là que Trevor a eu un réflexe — c'est là qu'il aurait pu attraper sa ceinture de sécurité et la tirer à moitié sur sa poitrine. Mais en admettant qu'il l'ait fait, les événements se déroulèrent trop vite et trop violemment pour qu'il ait pu finir de l'attacher complètement.

Avec cet accrochage, l'épisode de l'accident avait commencé.

L'état de la voiture ne joua aucun rôle. Des tests complets réalisés pendant deux ans prouvèrent que la Mercedes qui transportait le couple était, en fait, en parfait état de marche. Mais il y eut un enchaînement de facteurs concomitants et aggravants. D'abord, il est possible que Henri Paul ait été forcé de prendre le tunnel, gêné par une ou deux motos qui le poursuivaient ainsi que l'affirme le rapport de police. Ensuite, avec une vitesse trop élevée pour négocier la courbe, la voiture devint difficile à contrôler. Troisièmement, il y eut cette collision avec la Fiat Uno. Trois événements dangereux simultanés qui demandaient à être interprétés et gérés en quelques fractions de secondes.

Henri Paul était peut-être fatigué. Il était tard, il n'était pas de service, la pression de la responsabilité était énorme. Il était ivre. Le dernier élément déterminant fut l'alcool, un cerveau soudain confronté à plus de signes de dangers qu'il ne pouvait en analyser.

Les lois immuables de la physique dès lors, prennent le relais.

Au moment où la Mercedes atteint le virage sur la gauche, elle est attirée irrésistiblement sur la droite par la force centrifuge — Paul a peut-être aussi le projet de prendre la sortie de droite à ce moment-là —, et trouve la Fiat Uno sur sa route. Alors que Paul braque sur la gauche pour essayer de l'éviter, il en frôle l'arrière gauche, une collision mineure mais assez forte pour propulser l'avant de la petite voiture sur la gauche, réduisant l'espace disponible pour la Mercedes.

Paul file maintenant dans un étroit défilé. Sur sa gauche, une rangée de piliers en béton ; sur sa droite, la Fiat Uno. Cette dernière est si proche de lui que, pendant quelques secondes, les deux véhicules roulent côte à côte, le rétroviseur droit de la Mercedes s'arrachant contre le flanc de la Fiat. Alors qu'il tente de faire un écart pour s'éloigner de la voiture, il dérape sur la gauche, sur dix-neuf mètres, une roue n'étant plus en contact avec le sol. Il la dépasse et tente de se rabattre sur sa droite, mais doit affronter un nouvel obstacle, une Citroën BX placée juste devant la Fiat.

Il tourne le volant à gauche, trop fort et dérape inexorablement vers les piliers du terre-plein central. Grands, carrés, blancs et implacables, ces piliers ont été, pendant trente ans, une invitation à la tragédie. Huit personnes ont déjà laissé la vie dans ce tunnel, huit autres ont été gravement blessées au cours de trente-quatre accidents. Luttant pour reprendre le contrôle durant cette seconde finale, Henri Paul, instinctivement, cherche son levier de vitesse pour rétrograder de la quatrième à la troisième. Mais les erreurs de jugement s'accumulent. Il tente de ralentir avec son frein moteur. Mais il a oublié, peut-être, qu'il conduit une voiture automatique, pense qu'il passe les vitesses de sa mini-Austin et, au lieu de ralentir, met sa voiture au point mort — en roue libre. Il est trop tard maintenant pour essayer de contre-braquer. Il écrase finalement la pédale de freins, soixante mètres avant l'impact. Trop tard. La Mercedes s'est transformée en un bolide mortel lancé à une vitesse que l'on estime entre 100 et 110 kilomètres/heure. À minuit vingt-trois, soit trois minutes après avoir quitté le Ritz, la Mercedes heurte de plein fouet le treizième pilier, dont l'angle droit creuse un V profond de près de trente et un centimètres dans la calandre, écrasant la tôle d'acier brillante comme une poignée de Cellophane dans la main d'un géant.

Sous l'impact, les deux airbags avant se déploient en moins de vingt millisecondes. Fonctionnant parfaitement, ils explosent en deux ballons blancs remplis de dioxyde de carbone, protégeant Trevor et Henri dont les corps sont projetés en avant tandis que le moteur recule. Paul, retenu un instant en arrière, est tué sur le coup, le corps enfoncé par le volant, le moteur et le radiateur. Lorsque l'airbag éclate, le dioxyde de carbone s'en échappe violemment, imprégnant ses poumons. On relèvera dans son sang un taux de 20,7 pour cent — l'équivalent d'un fort tabagisme, deux paquets par jour.

Grâce à son airbag, Trevor a la vie sauve. Bien que sous le choc, l'avant de la voiture, enchevêtrement chaotique de métal tordu et déchiré, se plie en accordéon, l'impact l'a laissé presque intact. Mais alors que la Mercedes rebondit sous l'impact, elle tourne sur elle-même dans le sens des aiguilles d'une montre à une vitesse effrénée. Elle s'écrase contre le mur droit du tunnel. Au premier choc Dodi et la princesse ont été projetés violemment vers l'avant dans la même trajectoire et avec la même vitesse qu'avant l'impact, s'écrasant dans les sièges avant. Mais la rotation du véhicule, pivotant autour d'eux, aggrave l'élan de leurs corps, les précipitant à vitesse élevée contre les parois de la voiture.

L'impact et le fort ralentissement ont déplacé le cœur de Diana, vers la droite. Ses blessures sont si sérieuses — la veine pulmonaire sectionnée et la déchirure du péricarde, l'enveloppe de protection du cœur — « qu'il n'y a pas d'exemple dans l'histoire internationale de la médecine d'une personne atteinte d'une telle blessure ayant pu survivre », concluraient les experts médicaux.

Et ils s'immobilisent.

La Mercedes faisait maintenant face à l'entrée du tunnel. La tête de Henri Paul reposait contre le siège, son éternel sourire aux lèvres. Plusieurs traînées de sang sillonnaient son front et ses joues. On ne pouvait entendre ni respiration, ni bruit, ni mouvement.

Les côtes écrasées de Dodi, tels des poignards dans sa poitrine, avaient perforé le poumon causant une hémorragie interne qui, avec la rupture de l'aorte et la fracture des vertèbres cervicales, serait présentée comme la cause de la mort. Sa chemise à petits carreaux était déchirée à la gorge. Son visage, aussi, était paisible, et affichait un doux sourire. Seuls de longs lacets de sang en travers de son front témoignaient de la violence du choc.

La princesse était affaissée sur le plancher, appuyée contre le dos du siège de Trevor, dans la même direction que celle initiale de la voiture. Ses jambes étaient tordues, l'une sous elle, l'autre sur le siège. Des filets de sang coulaient d'une coupure sur son front, d'autres de son nez et de sa bouche. Mais son visage était presque intact. Avec son menton affaissé sur sa poitrine et ses yeux fermés, elle était belle, sereine, comme endormie. Le traumatisme interne n'était pas apparent. Des exemplaires de *Newsweek* et du *Time* étaient encore visibles dans les poches des sièges derrière elle. Ironie, même là les médias étaient présents.

Le klaxon hurlait sous le corps de Henri Paul, c'était le même gémissement sinistre que Trevor avait entendu quand son père s'était effondré, mort, sur son volant, dix ans auparavant. De la fumée montait du capot de la voiture. Il y eut quelques mots marmonnés, un mouvement d'un bras de la part de la princesse. Quelques sons et gestes émanant du passager avant droit. Mais il régnait un calme inquiétant et paisible, quand le premier témoin arriva sur les lieux.

Trevor avait survécu au premier choc avec peu de dommages corporels. Mais il avait perdu la protection de l'airbag très rapidement, et lorsque la voiture avait pivoté sur elle-même, tournoyant sur la droite avant de heurter le mur, son corps avait continué de voler vers l'avant. Son visage et sa poitrine s'étaient écrasés contre le tableau de bord et le pare-brise. Le côté gauche de son visage portait les traces de l'impact. La vue des entailles sanglantes et des lambeaux de chair horrifia les premiers témoins. Trevor gisait à demi inconscient, son visage écrasé contre le tableau de bord.

« Le bas de son visage était arraché et pendait » : cette description crue résumait en une image l'état de Trevor. On dit aussi que « sa bouche et sa langue avaient été arrachées », ce qui lança la rumeur que sa langue avait été sectionnée ! Cela n'était pas le cas.

Les paparazzi arrêtèrent leurs engins dans un dérapage et coururent vers la scène avec leurs appareils. Un photographe nommé Romuald Rat fut le premier. Sautant d'une moto pilotée par Stéphane Darmon, il se rua vers la Mercedes et prit trois photos immédiatement. Ayant reçu une formation de premier secours, Rat déclare qu'il ouvrit la portière arrière droite pour essayer d'aider la princesse et qu'il lui dit, en anglais, de rester calme, d'attendre, que l'aide allait arriver. Il déclare avoir entendu quelqu'un crier : « J'ai appelé les services d'urgence. » Puis lui et les autres se mirent au travail énergiquement, prenant un total de cent dix-huit photos. Certains clichés furent pris, au plus près à un mètre de la tête de Diana et au plus loin à dix mètres. Le photographe Serge Arnal appela effectivement le numéro des urgences, le 112, avant de contacter son rédacteur en chef et de se précipiter dans le tunnel pour prendre seize photos. Son appel — la première alerte enregistrée — eut lieu à minuit vingt-trois, quelques secondes après l'accident.

Un dentiste, James Hutte, ayant entendu, de son balcon voisin, « un très grand coup de freins et trois impacts de grande intensité », courut dans le tunnel. Là, il entendit le « son continu d'un klaxon », vit « un peu de fumée » et des flashes de photographes alors que des gens convergeaient vers la scène. Repartant en courant vers les voitures arrêtées à l'entrée du tunnel, il attrapa le portable d'un homme dans une Jaguar, et faisant appel à sa mémoire de professionnel, composa le numéro du SAMU, 01 45 67 50 50, et informa le service des urgences de l'accident. Il appela ensuite le 18, les pompiers, qui venaient juste de recevoir le premier appel d'un témoin, Paul Carril.

Frédéric Maillez, un médecin qui n'était pas de service et qui rentrait d'une soirée privée, à bord de son véhicule professionnel, fut le premier à établir un rapport compétent sur l'état de Trevor. Allumant le gyrophare de sa voiture, il examina rapidement les quatre passagers de la voiture. Le conducteur était si incarcéré qu'il le voyait à peine. « Mais je n'avais pas d'illusion... Je savais qu'il était mort. Le passager à l'arrière à gauche était mort. Celui à l'avant semblait avoir un sérieux traumatisme facial. » Même ce médecin urgentiste fut impressionné par cette « terrible » vision — « le côté gauche de son visage pendait — c'était horrible ».

Il reporta alors son attention sur la femme. « C'était elle qui paraissait en meilleur état. » Il courut jusqu'à sa voiture, traversant la foule de paparazzi et de témoins « paniqués » pour passer quelques appels de son téléphone cellulaire, appeler le 18 pour commander des ambulances et un camion de désincarcération, car il était évident que Trevor ne pourrait pas être soigné tant qu'on n'aurait pas ouvert le toit de la voiture.

Attrapant le rare matériel médical qu'il avait en sa possession, il repartit et, s'apercevant que les premiers pompiers étaient arrivés et se consacraient au passager avant, il s'occupa de la femme. Il donna les premiers soins d'urgence à la princesse. Sans même un tensiomètre, il pouvait faire peu de chose. Mais pouvant l'atteindre facilement par la portière ouverte, il souleva prudemment son menton, libéra les voies aériennes supérieures en plaçant sa tête en légère extension et posa un masque à oxygène sur son visage. Elle était inconsciente mais parlait, bien qu'il ne comprît pas ce qu'elle disait et sembla devenir plus réactive et plus agitée, quand sa respiration se fit plus facile. Il n'avait aucune idée de son identité. Lorsque d'autres équipes de secours vinrent prendre les choses en main, ce bon Samaritain s'en alla.

Les premiers policiers qui arrivèrent sur les lieux constatèrent immédiatement que la princesse était en meilleur état que le garde du corps et que les deux autres passagers de gauche étaient morts. Ayant reçu un appel radio à minuit et demi, et s'étant précipités sur place avant l'arrivée des équipes de secours, les policiers Linot Gagliardone et Sebastien Dorzée durent se bagarrer pour se frayer un passage parmi les photographes qui mitraillaient la scène sous tous les angles. Même s'ils déclarèrent que « la princesse saignait du nez et de la bouche et portait une blessure profonde sur le front », elle paraissait à l'évidence vivante, « et murmurait quelque chose en anglais, peut-être *My God* » tandis que Dorzée lui parlait et compressait la blessure, essayant de l'empêcher de glisser dans l'inconscience.

Pendant que Gagliardone tentait de contenir les photographes qui se servaient de leurs appareils « comme d'une mitraillette », il priait pour que les équipes de secours arrivent. Un photographe lui lança « d'un ton arrogant, que s'[il avait] été en Bosnie, [il ne prendrait] pas ça aussi au tragique... L'un d'entre eux dit avec beaucoup de vulgarité : "Laissez-moi tranquille. Laissez-moi faire mon travail. À Sarajevo, les policiers habituellement nous laissent travailler. Vous n'avez qu'à vous faire tirer dessus et vous verrez" ». Enfin, avec l'arrivée des équipes de secours, la police put contrôler les paparazzi, installer des cordons et étendre le périmètre de sécurité sur le site de l'accident.

Les soins donnés à Trevor avaient commencé avec l'arrivée des deux premières équipes de pompiers à bord des véhicules n°s 94 et 100. Ils furent sur les lieux à minuit trente-deux, deux minutes après avoir reçu l'appel. Les dix pompiers, vêtus de leur tenue habituelle, pantalon bleu et tee-shirt, s'imposèrent et se mirent au travail. Le sergent Xavier Gourmelon, responsable du groupe, évalua rapidement l'état des passagers et s'aperçut que Trevor était « vivant, incarcéré et conscient, victime d'un traumatisme facial ». Alors qu'il distribuait ses ordres, Gourmelon, debout près de la femme, entendit ces mots, en anglais : « Mon dieu, que s'est-il passé ? » et la vit bouger son bras gauche et ses jambes.

Kez venait de raccrocher après avoir appelé la salle des Opérations à Londres quand il vit, à sa gauche, des gyrophares et entendit des sirènes. « Il y a eu un accident, annonça-t-il à Philippe Dourneau. — Est-ce qu'on peut le contourner ? — Non, c'est trop tard. Nous sommes engagés maintenant. » Il y avait déjà un énorme ralentissement. Kez appela de nouveau le service de sécurité à l'appartement. « Sont-ils arrivés ? — Non. — Eh bien, ils auront peut-être du retard parce qu'il y a eu un accident. Restez près de la porte, ils vont entrer très vite. Mais à cause de cet accident, vous allez devoir attendre une ou deux minutes. »

Kez téléphona alors à Trevor pour localiser sa position. Aucune réponse. Il pensa : « Merde, ils l'ont fait ! Ils ont fait un saut dans un club et il n'entend pas le téléphone. » Sa pire angoisse était que Dodi ait eu soudain l'idée d'aller dans une boîte de nuit, Trevor serait alors le seul garde du corps — sans voiture de renfort ou agent de sécurité supplémentaire.

Il appela Trevor sur son *pager*... Rien. Cela faisait maintenant six à huit minutes qu'ils avaient quitté le Ritz. « Sont-ils enfin arrivés ? » demanda-t-il de nouveau à l'appartement. Non, répondit Gérard, le gars de la sécurité qui s'était énervé contre le photographe plus tôt dans la soirée.

Alors qu'ils avançaient lentement dans les rues encombrées, les sirènes et les ambulances se faisaient plus nombreuses. Maintenant Kez était ennuyé. « Je ne parviens pas à le croire. Nous sommes arrivés avant eux. Ils ont changé de route. Ils ont filé dans une boîte de nuit », pensa-t-il alors qu'ils contournaient partiellement l'Arc de Triomphe et se garaient dans une rue voisine de la rue Arsène-Houssaye. Kez repartit à pied avec Philippe et François Musa, entra d'un pas lourd et demanda à Gérard de rester dans le bureau près de la porte pour intercepter les appels provenant de la voiture. Il se dépêcha d'aller préparer leur réception. « François, avance la voiture pour garder une place à la Mercedes. Appelle-moi dès que tu la verras. »

Du bureau, il appela la salle des Opérations à Londres. « Nous sommes arrivés avant eux. Il est possible qu'ils aient changé de route. Mais il y a eu un accident, quelques rues sont bloquées, alors ils essaient probablement de les contourner. »

Pendant que Kez se précipitait sur l'appareil radio de l'accueil, Philippe était revenu à pied vers l'immeuble avec Musa. Il remarqua une dizaine de journalistes qui attendaient. À l'intérieur, il y avait deux des agents de sécurité du Ritz. Ces derniers voulurent savoir si la Mercedes de Dodi était arrivée. « J'étais surpris qu'ils ne soient pas encore là parce qu'ils étaient partis avant nous et, pour ma part, j'avais conduit lentement. » Ils attendaient tous en se demandant avec inquiétude ce qui avait pu se produire lorsque le portable d'un des reporters sonna. « Lorsque ce journaliste répondit, je vis son visage devenir blanc et soudain s'animer. » Cela attira l'attention de Philippe. « Il continua de parler tout en se dirigeant vers sa voiture. Musa et moi le suivîmes. On suspectait que quelque chose venait d'arriver. »

« Dites-nous — que s'est-il passé ? » s'enquirent les chauffeurs. Il ne répliqua pas, mais semblait tendu et nerveux. Ils le virent attraper sa veste. Il ne disait toujours rien. Philippe devint extrêmement inquiet.

« Il y a eu un accident.

— Où ça ? Où ? questionnèrent-ils avec insistance.

— Sous le tunnel de l'Alma. »

Il n'eut pas besoin de leur dire qu'il s'agissait de Dodi. Ils s'élancèrent vers la Range Rover et filèrent à toute vitesse vers le tunnel tandis que le journaliste démarrait aussi.

Du bureau de sécurité, Kez avait remarqué l'agitation au-dehors, le départ de Philippe sur les chapeaux de roue. Il pensa : « Bien, il rentre chez lui avant d'être pris dans les bouchons de l'accident. » Mais il était préoccupé, s'efforçait encore de joindre Trevor. Il recomposa son numéro, laissa sonner et sonner. De plus en plus ennuyé, il songeait : « Je me fiche de l'endroit où il est. Il va répondre. » Soudain — il n'avait pas pu s'écouler plus de trois minutes depuis son départ en trombe —, Philippe l'appela, sur son portable. Où bon sang... ? « Il y a eu un accident. C'est Dodi.

— Merde ! C'est grave ? Essaie d'en savoir le plus possible et rappelle-moi. »

Philippe et Musa s'approchèrent en voiture le plus possible du tunnel et coururent vers les gyrophares des véhicules de secours. À toute vitesse, Kez envisagea toutes les solutions... Vont-ils avoir besoin d'une autre voiture pour les sortir de là ? Ils vont se retrouver bloqués mais Philippe va les ramener dans sa voiture. Trevor et lui avaient eu raison — s'ils avaient eu un renfort, il les sortirait de là. Merde, c'est à ça que ça sert...

Kez rappela Londres. « Il y a eu un accident de circulation ici impliquant la voiture des principaux. J'connais pas encore les détails. Je te rappelle dès que je peux.

— D'accord, répondit Martin. Je vais secouer Dave. »

Dave Moody, le chef d'équipe en service, était l'un des meilleurs amis de Kez.

Trevor allait se trouver au cœur de l'action. Il fera ce qu'il peut, pensa Kez, soulagé.

Gourmelon assigna deux pompiers auprès de Trevor et leur ordonna de tenir sa tête relevée, pour libérer sa respiration, de lui mettre une minerve pour le cas où il y aurait des lésions vertébrales et de lui poser un masque à oxygène. Plusieurs personnes sur les lieux rapportent avoir vu un pompier tenant la tête ensanglantée de Trevor dans ses bras, soulevant son visage écrasé du tableau de bord. Il fut le dernier passager à recevoir méthodiquement des soins. Ce ne fut pas tant parce qu'il était un personnage secondaire comparé à la princesse Diana, une fois que l'identité de cette dernière fut connue. Mais il était « incarcéré » — prisonnier de la cage enchevêtrée de métal — et on ne pouvait pas lui donner de premiers soins intensifs tant que Diana n'avait pas été dégagée de l'épave. Et pour le « désincarcérer », on devait enlever le toit de la voiture. Le camion de désincarcération avait quitté le garage à minuit trente-deux et était en route.

Gourmelon donna pour mission à Philippe Boyer, un autre pompier de l'équipe 94, de s'occuper de la princesse. Il attacha doucement une minerve autour de son cou tout en effectuant l'examen des fonctions vitales et des traumatismes spécifiques et la confia à un médecin du SAMU dès l'arrivée de celui-ci. Elle était toujours dans la voiture. Plusieurs hommes de l'équipe 100 dégagèrent le corps de Henri Paul de son dérisoire linceul de métal, le couchèrent sur la chaussée. Après avoir constaté effectivement le décès, ils le recouvrirent d'une couverture de plastique bleue. Deux hommes de l'équipe 94 sortirent Dodi de la voiture et l'allongèrent sur le ciment. Pendant trente minutes, saisissant la moindre chance qu'il puisse être réanimé, ils pratiquèrent sur lui un vigoureux massage cardiaque externe. Puis, ils le drapèrent aussi d'une couverture de plastique.

Le camion de désincarcération, véhicule « ouvre-boîtes » et rampe de lumières, arriva sous le commandement de Arnaud Forge à minuit quarante-quatre. Sous les ordres de Gourmelon, Forge alluma les projecteurs, cala la voiture et commença à dégager le toit, coupant d'abord l'arrière en travers, puis le siège de Trevor et la porte. Une fois la princesse dans les mains du SAMU, Boyer commença à extraire Trevor de la voiture. Il le trouva assis correctement dans son siège, légèrement surélevé, la poitrine appuyée contre le tableau de bord. Sa ceinture était tirée, coincée, et il dut la découper avant de pouvoir enlever doucement son corps affaissé et l'attacher sur une planche afin qu'il reste immobile pendant qu'on le transportait dans l'ambulance. Sur une photo de Trevor, une vue de profil, prise par la police, alors qu'on vient de relever sa tête et sa poitrine du tableau de bord, on remarque un fait choquant : son visage a été aplati, son nez et ses cavités oculaires sont tellement enfoncés que le nez ne s'avance pratiquement plus au-dessus des lèvres.

Bien que les premiers soins aux victimes aient été donnés par les pompiers, toute l'action médicale fut supervisée par le docteur Arnaud Derossi, un médecin du SAMU à qui l'on avait seulement indiqué que l'une des victimes était une « personnalité importante ». Il examina rapidement les lieux, demanda des renforts. Bientôt, il fut à la tête de trois brigades de pompiers et de trois équipes d'ambulance du SAMU. Alors qu'il s'occupait des victimes, il demanda à son collègue, le docteur Marc Lejay, de prendre en charge les communications radio et téléphone. Ce fut Lejay qui apprit des services d'urgence que Diana et Trevor devaient être transférés à l'hôpital de La Pitié-Salpêtrière. Ce n'était pas l'hôpital le plus proche — il était à six kilomètres de là — mais le mieux équipé pour ce genre de traumatisme.

Derossi, après un examen rapide des quatre passagers, nota, comme les autres, que l'état de Diana était « grave mais pas critique ». Les mots qu'il l'entendit prononcer étaient confus mais elle parlait. Derossi surveilla les pompiers tandis qu'ils procédaient à sa désincarcération. Elle fut enfin extraite de l'épave à 1 heure du matin. Mais alors qu'on la mettait sur un brancard, elle fit un arrêt cardiaque. La fragilité extrême de son état devenait évidente. « Je dus l'intuber, la ventiler et la masser pour la réanimer », raconta-t-il, avant qu'on puisse l'installer dans l'ambulance pour y recevoir des soins plus intensifs et de pouvoir partir pour l'hôpital.

Dès lors que l'on avait pu procéder à l'examen approfondi de son état, le rapport de police allait la décrire comme « tombant dans le coma, atteinte de multiples fractures du bras droit, blessure sanglante sur la tête, d'un traumatisme thoracique — état très grave ».

Les véhicules de secours français sont équipés comme de mini-services d'urgence et font bien plus que donner les premiers soins — dits de stabilisation, simples procédures d'urgence —, alors que leurs homologues américains pratiquent le système du « ramassons-les et précipitons-nous ». On pourra débattre à l'infini pour savoir si Diana aurait pu survivre si elle avait été emmenée immédiatement à l'hôpital. Mais étant restée prisonnière de l'épave pendant près de quarante minutes, son sang s'échappant de sa veine déchirée, de nombreux médecins affirment en accord avec le rapport français que « aucune autre stratégie chirurgicale anesthésique ou de réanimation n'aurait pu empêcher la détérioration de l'état du patient ».

Quand Trevor, le garde du corps non identifié, fut enfin extrait de la voiture, le rapport de police établirait qu'il souffrait « d'un traumatisme facial, de fractures du crâne et du bras gauche et d'une forte commotion ». Il était dans un état « très grave ».

De minuit quarante-cinq à presque 4 heures du matin, Kez ne lâcha pas le téléphone. Il en utilisait trois en même temps, deux portables et le poste du gardien, ligne reliant le lieu de l'accident à la salle des Opérations à Londres.

« Allô, allô. » C'était Philippe. Kez entendit du vacarme

dans le fond. Des sirènes. Des voix hurlant en français. Philippe essayant de se faire entendre par-dessus.

« C'est Dodi. C'est Dodi.

— Comment va-t-il ? Que se passe-t-il ?

— Il est mort. »

« J'eus l'impression de tomber en chute libre, comme quand on fait du parachute. » Pendant un millième de seconde, Kez resta abasourdi, vide. Un jour, lors de son anniversaire, on lui avait dit : « Ta mère est morte. » Ce n'était pas vrai — c'était une erreur. Mais il avait ressenti la même incrédulité. Il n'y a pas de mots appropriés pour décrire des moments aussi affreux. Il aurait aimé avoir laisssé la responsabilité à un supérieur. Puis sa formation reprit le dessus.

« Bien. Calme-toi. Essaie d'avoir une confirmation. »

Kez put entendre Philippe hurler, « attendez, attendez » aux ambulanciers et policiers de l'autre côté du cordon de sécurité. En français. Trop vite pour que Kez comprenne. Il revint en ligne.

« Dodi est mort.

— Comment va la princesse ?

— Elle est consciente. Elle est blessée aux jambes. Elle va bien. »

Merci mon dieu, pensa Kez.

« Et les autres ? Informe-toi. Rappelle-moi tout de suite. »

Mais Philippe ne raccrocha pas, abandonnant son téléphone branché pendant ce qui parut être des minutes. Kez entendait les bruits, visualisant Philippe luttant pour parvenir à s'approcher de la voiture, apercevant Dodi couché sur le sol, puis que l'on repoussait derrière le cordon de police.

C'était le moment de laisser tomber tous ces noms de code. « Martin, je vais te dire ça clairement parce que cette fois, c'est la merde, on y est. Dodi est mort dans un accident de circulation. La princesse a les jambes blessées mais elle est OK. Pour les autres, je ne sais pas. »

Alors Dave Moody, le chef d'équipe, prit la communication, c'était probablement le meilleur professionnel que

Kez avait jamais rencontré de sa vie. Réveillé en sursaut par la situation, assis en slip au bureau de la salle des Opérations, Dave lui dit : « C'est bien, tu agis pour le mieux. Continue de m'informer de ce qui se passe. »

Muni des informations qu'il put récolter grâce à Philippe, sur les lieux de l'accident, informations qui lui étaient transmises de l'autre côté de la Manche par Kez, et s'accrochant aux déclarations sommaires selon lesquelles Trevor était en vie, Dave appela les Rees-Jones à Oswestry puis le chef de la sécurité personnelle de Fayed, Paul Handley-Greaves, pour lui annoncer la mort de Dodi.

À Paris, Kez recevait un autre appel de Philippe lui disant : « Les deux passagers avant sont morts. »

Trevor, humblement conscient que, pour le monde entier, cet accident concernait Diana, dirait plus tard : « Médiatiquement parlant, bien sûr, la personne la plus importante était la princesse. Le chauffeur et le type de la sécurité étaient secondaires. Cela ferait juste une phrase aux infos, un chauffeur et un garde du corps sont blessés. » Mais à ce moment précis, pour les gars, Trevor était le centre de leur univers.

Quand Paul appela Kez pour se faire confirmer la mort de Dodi avant de l'annoncer à Fayed, son père, Kez lui dit : « Henri Paul et Trevor sont morts également. »

Avec l'arrivée des gens aptes à superviser les secours, tels que Derossi et les forces de police, l'accident se transforma en un événement officiel. Dès que quelqu'un décède de mort violente en France, que ce soit un meurtre ou un accident de voiture, le bureau du procureur doit en être informé. À la minute où le drame fut signalé au ministère public au Palais de Justice, le cœur du système judiciaire français, Mme Maud Coujard fut nommée procureur sur l'affaire. Elle entra en action immédiatement, venant sur les lieux vêtue d'une veste de cuir sur une moto BMW conduite par son mari. Aussitôt, elle étendit l'affaire à tous les services concernés, le chef de la Brigade criminelle, l'adjoint au directeur de la Sécurité publique, le directeur de la Police judiciaire. Tous arrivèrent sur place. Dans la chaos de la nuit et du jour qui suivit, Coujard dut signer les douzaines de documents officiels qui allaient ouvrir l'enquête, déclarer les décès afin que les corps puissent être rendus à leurs familles.

Quand les premiers fragments d'informations parvinrent aux agences de presse et aux chaînes de télévision, l'affaire se développa aussi sur le plan médiatique. Mais elle eut également des répercussions personnelles et diplomatiques. Peu après 1 heure du matin, le père de Dodi, Mohammed Al Fayed, apprenait l'accident et la mort de son fils. À 1 h 45, alors que l'ambulance de Diana était toujours en route pour l'hôpital, l'ambassadeur britannique, Sir Michael Jay, était informé. Il appellerait la famille royale, le prince Charles étant le premier à être averti que la princesse avait été gravement blessée.

Tandis que cet accident se transformait en l'un des événements majeurs de la fin du siècle, un garde du corps britannique non identifié luttait toujours contre la mort, entre les mains d'un petit groupe de pompiers français.

Quand à 1 heure et demie du matin l'ambulance transportant la princesse s'éloigna lentement du tunnel de l'Alma pour rejoindre l'hôpital de La Pitié-Salpêtrière de l'autre côté de la Seine, Trevor resta sous la garde des mêmes pompiers. Afin de ne pas alerter les médias ou le public sur l'itinéraire suivi, le départ du véhicule ne fut pas annoncé par radio.

Le cœur de Diana était maintenant si peu résistant que par deux fois le médecin ordonna à l'ambulance de s'arrêter afin que l'on puisse la stabiliser. Juste après le zoo, ils stoppèrent cinq minutes pour lui donner une immobilité totale. Sur le pont d'Austerlitz, à quelques mètres de La Pitié, ils durent stopper de nouveau puis remontèrent le boulevard de l'Hôpital et tournèrent à gauche pendant qu'une barrière rouge et blanche se levait pour les laisser pénétrer sur le vaste complexe de bâtiments en briques rouges et jaunes. Gyrophares allumés, ils passèrent devant le bâtiment moderne des urgences, construction de huit étages aux panneaux vert gris et acier et prirent à droite, à l'entrée du service.

Dans l'ambulance, les médecins glissèrent une sonde trachéale dans la gorge de Trevor pour lui permettre de respirer, surveillèrent son état cardio-respiratoire, posèrent une perfusion afin que ses organes vitaux et son cerveau ne soient pas privés d'alimentation en oxygène, et enrayèrent l'hémorragie faciale du mieux possible. Mais sans scanner ni radios, ils n'avaient aucune idée des lésions internes, ni de celles occasionnées à sa tête écrasée, sanglante et tuméfiée.

Les corps de Dodi et de Henri Paul furent transportés à la morgue, à côté de l'hôpital. Paul subit une autopsie, mais pas Dodi puisque son corps serait rapatrié le jour même en Angleterre pour y être enterré immédiatement comme le veut la tradition musulmane. Paul et Dodi étaient tous deux morts dans l'accident à minuit vingt-trois. Mais leurs décès ne furent pas déclarés avant 2 heures du matin.

Quelques minutes après, l'ambulance de Diana s'arrêta sous le porche d'entrée. Celle de Trevor arriva vingt minutes plus tard. Ils furent conduits sur leurs brancards, par les portes automatiques, traversèrent un pavillon de trente mètres de long, aux murs de verre, jusqu'à un ascenseur qui les emmena un étage au-dessus dans l'unité de réanimation — une unité dotée d'un matériel sophistiqué et des meilleurs médecins comme on en trouve dans un hôpital parisien de première importance. Physiquement parlant, Trevor s'était trouvé très proche de la princesse quand la Mercedes funeste s'était arrêtée — il n'y avait eu entre eux que les quelques centimètres du siège du passager. Désormais, à quelques chambres de distance, ils allaient tous deux se battre contre la mort. Cette âpre bataille, celle de deux jeunes gens vivants et forts — une princesse et un garde du corps —, était entrée dans sa phase décisive.

Dès que la princesse arriva à l'entrée des urgences à 2 h 06 et fut transportée rapidement en réanimation, un infirmier, Dominique Hagnere, fut le premier à lui donner des soins intensifs. On la mit sous respiration artificielle pour aider son oxygénation. « Je suis affirmatif : la princesse était totalement inconsciente quand elle est arrivée et, en ma présence — et je ne l'ai jamais quittée —, elle n'a jamais repris connaissance. » Comme elle n'avait aucune blessure externe et qu'on suspectait des lésions pulmonaires, on demanda des radios. En réanimation, on contrôla en permanence son rythme cardiaque, son pouls et son taux d'oxygène. Par chance, deux grands spécialistes étaient de garde. Prévenus lorsque la première ambulance avait quitté le tunnel, les docteurs Alain Pavie, chirurgien cardiovasculaire, et Bruno Riou, anesthésiste, se lavaient les mains pour l'intervention quand on leur annonça l'identité de leur patiente.

« Dès que nous eûmes les radios, nous comprîmes qu'elle souffrait d'une importante hémorragie interne, devait raconter Hagnere. Le chirurgien ouvrit le thorax pour atteindre les poumons et découvrir l'origine de l'hémorragie. » La cavité thoracique était inondée de sang. Il s'agissait de la veine pulmonaire, le vaisseau majeur reliant les poumons au cœur. Cette découverte fut dévastatrice. Une telle hémorragie pendant plus d'une heure et demie impliquait que les organes avaient subi des dommages irréversibles et qu'elle avait presque certainement causé des lésions au cerveau.

« Nous avons essayé immédiatement d'évacuer le sang avec un drain pulmonaire afin que les poumons ne soient pas trop compressés, dit Hagnere. Nous l'avons transfusée massivement — avec son propre sang mais aussi du sang de donateurs mais ce ne fut pas assez. » Le cœur de Diana ne cessait de s'arrêter de battre. Pour la maintenir en vie, les infirmières lui injectèrent d'énormes quantités d'adrénaline — cent cinquante injections de 5 milligrammes chacune — directement dans le cœur. Dans un ultime effort désespéré pour la sauver, les médecins effectuèrent un massage cardiaque manuel pendant de nombreuses minutes. Malgré leur talent, ils ne parvinrent pas sauver la princesse. À 4 heures du matin, ils acceptèrent leur défaite et déclarèrent officiellement son décès. L'annonce n'allait en être faite qu'à 4 heures et demie.

Pendant qu'on tentait d'arracher la princesse à la mort, Hagnere qui surveillait d'autres arrivées observa les pompiers qui s'occupaient de Trevor. Son identité était toujours inconnue des secours et du personnel de l'hôpital.

Le docteur Luc Chikhani était de garde, au lit, chez lui, quand il reçut l'appel du jeune docteur des soins intensifs de La Pitié-Salpêtrière. Il apprit ce que la plupart des gens ne savaient pas encore : Diana avait été victime d'un accident et il y avait un autre blessé, son garde du corps. Il venait d'arriver et nécessitait des soins extrêmes. C'était la pire des journées dans la vie de Trevor Rees-Jones, mais lorsque l'un des meilleurs chirurgiens maxillo-facial de Paris enfila ses vêtements et se précipita en voiture jusqu'à l'hôpital, ce fut aussi, pour lui, la grande chance de son existence. Bel homme, enthousiaste, âgé de trente-cinq ans, maîtrisant honorablement l'anglais grâce à ses études dans le New Hampshire, Chikhani appartenait à l'élite des médecins parisiens. C'était un ancien interne des Hôpitaux de Paris.

Mais il ne put pénétrer dans l'hôpital. Une dizaine au moins de grandes Mercedes portant des plaques diplomatiques en bloquaient l'entrée. Une porte de l'établissement avait été complètement fermée. Les photographes, les caméras, la presse, la police, les officiels étaient partout. Il fit le tour du bâtiment en voiture, son caducée sur le pare-brise, mais comme il avait oublié sa carte d'identité, il fut repoussé par la police. Il savait qu'il avait une trachéotomie urgente à faire. Il parcourut à toute vitesse les quelques centaines de mètres jusqu'à son bureau, situé dans une salle éloignée, attrapa sa blouse blanche qui arborait son nom et son titre, abandonna sa voiture « au milieu de nulle part » et courut de nouveau vers l'entrée. Les gardes étaient sur le point de lui confisquer son biper, croyant qu'il s'agissait d'un appareil photo, quand le chef du service des soins intensifs l'aperçut. « Bande de salauds », vociféra-t-il en entraînant son confrère au deuxième étage.

Chikhani se fraya un chemin vers la salle d'opération des urgences, au travers d'une foule d'hommes en armes, considérant comme anormal qu'on lui fasse signe d'avancer dans le couloir avec des pistolets dégainés. On lui expliqua qu'il y avait là les services secrets anglais, français et égyptien.

En entrant dans le bloc opératoire, il ferma la porte sur cet univers agité. Le patient — le garde du corps dont il ne connaissait pas le nom, et dont il n'avait jamais vu le visage — était inconscient. Endormi artificiellement, sous sédatif. Mais leur relation venait de commencer.

Ce qu'il vit alors, ce fut un « fracas facial » — un visage écrasé. Le nez n'était pas un nez. Il y avait d'importantes lésions à l'œil gauche, en travers de la lèvre gauche et de la joue. Ce n'était pas la face que les médias allaient bientôt décrire comme « pendante ». Mais c'était l'un des visages les plus écrasés et les plus brisés qu'il avait jamais vus. Même les spécialistes des soins intensifs, pourtant aguerris au cours de leur carrière, se déplacèrent pour voir ce cas extraordinaire. Étrangement, la peau, sauf au niveau des deux grosses coupures, était dans l'ensemble en bon état. Mais c'était comme... Quoi ? Un sac plein de noisettes. Si vous l'écrasez, vous voyez les bosses et les protubérances émerger contre la paroi du sac. Quand Chikhani toucha la peau, tout se mit à bouger et il y eut une sorte de grincement, un *grrrrrrkkkkk*. Sous la peau, il le savait, c'était de la bouillie. Il ordonna des radios. Un scanner. Ce dernier révéla une hémorragie intracrânienne massive — un œdème mais sans fracture du crâne ou lésion grave du cerveau. Cela prouvait, pour la première fois, que Trevor allait vivre. Mais le scan indiqua un poignet gauche brisé, des blessures internes au thorax et tant d'os fracturés et déplacés qu'il faudrait une lourde opération chirurgicale pour tenter de reconstruire ce visage.

Les fractures, cependant, étaient secondaires. La priorité était de permettre à Trevor de respirer, de le maintenir en vie. Chikhani devait en premier lieu faire la trachéotomie. Puis se pencher sur les hémorragies internes et les lésions — vessie, foie, rein, cœur. Aucune reconstruction ne pourrait être faite tant que l'œdème et les saignements ne seraient pas contrôlés... si le patient passait la journée. Chikhani appela un neurochirurgien, un ophtalmologiste et un chirurgien orthopédique pour qu'ils fassent une évaluation, tandis qu'un anesthésiste préparait le patient pour une intervention d'urgence.

Avant que l'aube ne se lève sur ce dimanche 31 août, deux chirurgiens se penchèrent sur le corps brisé. En urgence, Chikhani pratiqua la trachéotomie pendant que l'équipe mettait le patient sous respirateur afin d'aider la cicatrisation de son poumon droit perforé, et plaçait un drain dans sa cavité thoracique. L'orthopédiste, le docteur Ramare, fixa le poignet gauche fracturé, pendant que Chikhani se concentrait sur le visage, le canevas de ses talents d'artiste reconstructeur.

Il ferma les plaies, sutura la lèvre supérieure gauche complètement déchiquetée, la joue gauche, la plaie importante sur la paupière gauche, et nettoya le tout soigneusement : l'infection étant un risque constant. Il bloqua provisoirement la mâchoire avec des fils d'acier pour réduire les fractures — « la réduisit » et, sur-le-champ, prit un moulage des dents. C'était tout ce qui pouvait être fait pour l'instant.

Mais en travaillant sur ce visage, il se sentait exalté. Chikhani avait rarement vu, ou eu l'opportunité de reconstruire un visage aussi abîmé. Il avait déjà vu des cas extrêmes comme celui-là — des visages ravagés par le cancer et fracassés par de violents traumatismes — mais les patients étaient morts. Si cet homme survivait, Chikhani en ferait un cas d'école grâce auquel de jeunes docteurs apprendraient. Il planifia l'intervention chirurgicale à venir. Établissant sa stratégie pas à pas. Il devait avoir des photographies et des données anatomiques fiables — il devait immédiatement se procurer des photos de famille et le dossier dentaire. Chikhani savait que, techniquement, il en était capable.

Mais, pour ce jeune chirurgien, le plus important était de rendre une vie réelle à ce patient, s'il survivait. « Mon but est de vous redonner les capacités de respirer, regarder, manger, mâcher, ouvrir votre bouche, parler et retrouver une place sociale — pour avoir une vie normale, sortir avec une fille et vous marier », disait-il mentalement à ce jeune homme anonyme.

« Aujourd'hui, vous êtes le seul témoin en vie — une personnalité internationale. Mais les journalistes ne se soucient pas de vous en tant que personne », craignait Chikhani. L'argent, l'information ! Combien étaient-ils, prêts à faire n'importe quoi pour prendre une photo ? Dans les jours qui suivirent, on en chasserait plusieurs des salles de l'hôpital. Certains de ses confrères se verraient offrir jusqu'à trois cent mille francs ! Chikhani savait qu'il était vital de créer une relation avec Trevor pour qu'il survive. Il était peut-être inconscient mais pas absent. L'homme lui-même était essentiel à son propre rétablissement. Chikhani amorça la relation physique. Il tendit le bras et le toucha, en lui disant : « Vous n'allez pas mourir. Vous n'allez pas mourir. » Si ce patient devait survivre et redevenir lui-même, il devait avoir de la volonté, une volonté extraordinaire. Il devait lui-même accomplir sa propre guérison.

Kez, toujours au téléphone dans l'appartement, continuait d'agir, alors même qu'il venait d'apprendre la mort de son camarade, quand il reçut un appel de Paul Handley-Greaves de Londres vers 2 heures et demie. « Prenez quelques voitures du Ritz, lui dit Handley-Greaves. Fayed arrive au Bourget à 5 heures. » Kez et deux véhicules, seraient là, sur place à 4 h 20 du matin.

Dave connaissait deux familles qui, si elles tombaient par hasard sur un bulletin d'informations, attendraient désespérément des nouvelles. Celle de Trevor et les parents de Kez. La mère de Kez, à Hull, avait regardé les résultats du loto. « Et ma mère avait joué comme la plupart des gens. Elle n'avait pas trouvé un seul bon numéro et elle s'en plaignait à mon père. Ils reçurent l'appel téléphonique alors qu'ils étaient prêts à aller se coucher. Ma mère contemplait la télé, pensant qu'il y avait un problème avec le loto. Mon père alla décrocher et Dave lui donna les informations : "Il y a eu un accident, on va en parler aux infos mais ce n'est pas Kez. Il va bien." Mon père demanda à Dave : "Comment va l'autre type ?" »

« Mon père est un peu pisse-froid, devait commenter Kez. Il montre peu d'affection ou de fierté pour son fils. Mais il alla trouver ma mère et lui dit : "Nous venons de gagner quelque chose qui, je crois, vaut largement n'importe quel gain au lot." »

Lorsque Kez quitta son poste et partit en voiture pour l'aéroport du Bourget, Claude Roulet, le directeur intérimaire de l'hôtel, l'accompagna. Ils s'arrêtèrent près de la zone d'atterrissage des hélicoptères. Il était 4 h 55. L'appareil était en vol, sur le point de se poser quand Roulet prit un appel et le passa à Kez.

« C'est le consulat britannique, pour toi.

— La princesse est morte. » C'était fait, alors.

« D'accord, merci. » Ce fut tout ce que Kez put dire. Alors qu'il abaissait l'antenne de son téléphone, levant la tête, il aperçut M. Fayed et deux gardes du corps descendre de l'hélicoptère.

Il n'avait jamais touché le Patron auparavant. Mais à cet instant-là, il posa son bras sur son épaule et lui dit : « Écoutez, Monsieur, je suis désolé pour la perte de votre fils. » Fayed murmura quelque chose, inconsolable.

« Je suis désolé, Monsieur, j'ai encore de mauvaises nouvelles pour vous.

— La princesse ?

— J'ai bien peur qu'ils ne soient tous morts. »

Tous les cinq repartirent à Paris récupérer le corps de Dodi, Kez à l'avant, Fayed à l'arrière.

« J'espère que le gouvernement britannique est satisfait maintenant, lâcha soudain Fayed, dans une brusque manifestation d'émotion.

— Personne n'aurait pu souhaiter cela, Monsieur », dit Kez, choqué, attendant impatiemment une réponse. Mais le Patron s'affaissa à nouveau contre son siège.

Lorsque Fayed et Kez arrivèrent sur les marches, à l'entrée de l'hôpital, on venait juste d'annoncer la terrible nouvelle concernant les décès dans un autre pavillon. Cette entrée banale, toute simple, avec ses deux marches de granit et ses portes de verre automatiques ordinaires, s'ouvrant sur un hall décoré de quelques plantes et de canapés était devenue le centre du monde. Un officiel de l'hôpital alla à la rencontre de Fayed sur les marches. Bien que Fayed déclarerait bientôt qu'une infirmière, à l'intérieur, lui avait confié les dernières paroles de Diana : « Je voudrais que tous mes biens qui sont dans l'appartement de Dodi soient donnés à ma sœur, Sarah, y compris mes bijoux et mes vêtements. Dites-lui, s'il vous plaît, de prendre soin de mes garçons » — une déclaration catégoriquement démentie par l'hôpital —, Kez sut toujours qu'une telle chose n'était pas arrivée. Fayed n'était jamais entré dans l'hôpital, même pas dans le hall. Ils ne demeurèrent sur place que dix minutes. Et Kez resta tout le temps avec Fayed, sur les marches.

L'officiel de l'hôpital — il portait une blouse blanche, Kez supposa qu'il s'agissait d'un docteur — semblait chercher quelqu'un. Puis il s'adressa à Kez dans un mauvais anglais :

« Êtes-vous l'un des gardes du corps ?

— Oui, que voulez-vous ? répondit Kez sèchement, le cœur lourd de chagrin. « Je sais que j'ai un peu l'air d'un animal sans cœur pensa Kez mais s'il m'avait dit, trois d'entre eux doivent mourir. Qui doit survivre ? J'aurais dit Trevor. Parce que c'est un ami. »

L'homme annonça : « Votre ami est en vie. » Kez l'empoigna, le secoua. Que voulait-il dire ? Que voulait-il dire ? Peut-être voulait-il parler de Henri Paul ?

« Le garde du corps est en vie. » Soudain Kez fut terrifié à l'idée qu'ils aient dû l'amputer, le laisser mutiler.

« Il va bien ?

— Il est blessé à la tête.

— Oh, c'est bon alors. Il peut affronter ça », dit Kez, saisissant son téléphone radio. Il annonça la nouvelle en clair pour que tous les gars l'entendent. « Trevor est vivant. Trevor est vivant. Appelez Londres. » Il en avertit Fayed, qui s'en montra heureux mais le patron venait juste de perdre son fils. Alors, Kez jeta un coup d'œil aux deux gardes de sécurité en face de lui et « vit la joie apparaître sur leurs visages » telle une vague.

Ils allèrent à la morgue réclamer le corps de Dodi. Kez ressentit de la compassion pour le patron, qui dut attendre debout pendant qu'on cherchait les clefs pour le laisser entrer. Il était là, en état de choc, regardant les portes. Ils prirent les bagages à l'appartement, où Debbie avait emballé les vêtements de la princesse. Quand ils repartirent en voiture pour l'aéroport, Fayed commandait de nouveau, ordonnant à ses gens de faire ceci, cela. Cherchant des gens à blâmer. Tout ce que voyait Kez, c'étaient les gars, souriant, levant le pouce et souriant. Trevor avait survécu.

7

La reconstruction d'un visage

Londres réagit à son incrédulité et son chagrin devant la mort tragique de la princesse Diana par des fleurs — des kilomètres et des tonnes de fleurs. Les premiers bouquets enveloppés de Cellophane, déposés avant l'aube devant les grilles ornées de Kensington, devinrent bientôt un déluge, avec des petits mots, des photos et des souvenirs, qui allait grossir, jour et nuit jusqu'à s'étaler sur la pelouse en un océan de pétales parfumés. Partout dans le monde, les églises et les ambassades se transformèrent spontanément en sanctuaires, des matches de foot furent annulés, tandis que les trains, les bus et les métros se remplissaient de gens ordinaires se rendant à Kensington Palace.

Comment tout cela pouvait-il s'achever par un accident de voiture ? Le Destin ne pouvait pas avoir choisi une mort si ordinaire et si grossière pour Diana. Qui était à blâmer ? Au lever du soleil, la chasse au coupable avait trouvé sa proie. Des millions de gens avaient vu à la télévision un groupe de photographes tristes traînés en prison du lieu de l'accident, sept hommes échevelés, exposés sans pitié à la lueur des gyrophares des camions de police, sous le regard méprisant du monde entier. Les témoins visuels décrivaient leur comportement sans cœur — ils n'avaient offert aucune aide, fonçant sur l'accident comme des vautours, leurs flashes crépitant comme des mitraillettes, gênant même les premiers secours. « Des salopards répugnants », accusa Michael Cole, le porte-parole de Fayed, au cours d'une conférence de presse donnée ce jour-là, alors que les paparazzi devenaient l'ennemi public numéro un. En deux jours, neuf d'entre eux seraient considérés comme des suspects dans l'enquête criminelle française.

Durant les quelques minutes qui suivirent l'accident, une autre explication émergea, à l'abri des regards des tabloïds et des chaînes de télévision : l'assassinat. Un complot. À 6 h 40 et 59 secondes du matin, deux heures et demie après la mort officielle de Diana, on vit apparaître le premier site Internet consacré à la princesse de Galles. Treize minutes plus tard, naquit le premier site sur le complot. Trente-six mille sites dans le monde entier allaient tel un raz de marée reprendre ces théories, accusant tour à tour le MI6, la CIA, et d'autres, agents de mort pour le compte du gouvernement britannique, de la famille royale et même des vendeurs d'armes redoutant la campagne de Diana contre les mines anti-personnel.

La presse égyptienne, dont la romance estivale de Dodi avait exacerbé la fierté nationale, s'empara immédiatement de cette théorie, recrutant même ses écrivains les plus distingués qui affirmèrent qu'il s'agissait d'une stratégie britannique pour empêcher un mariage royal entre le fils islamique d'un Égyptien célèbre et la mère des futurs rois. Le chef libyen, Khadafi, se joignit à ce chœur. Le racisme, une grossesse de Diana, une vengeance pour le rôle que Fayed avait tenu dans la chute d'un gouvernement — tout cela alimentait la théorie du complot au sein du monde arabo-musulman.

Bien que de façon modérée au début, Fayed avait commencé à évoquer la possibilité d'une conspiration en apprenant l'accident. À 1 heure du matin, on lui avait appris la tragique nouvelle. À 5 heures, il explosait devant Kez dans la voiture : « J'espère que le gouvernement britannique est satisfait maintenant. » Des rumeurs indiquant que Henri Paul avait bu circulaient déjà parmi les chauffeurs de Fayed et les agents de sécurité à Paris. La théorie du complot pouvait-elle être une réponse ? À 16 h 30, Frank Klein, le patron du Ritz, se rendit à la police judiciaire à Paris pour faire état de « circonstances suspectes » entourant l'accident, et on chargea John Macnamara, le responsable de la sécurité de Fayed, d'une enquête à plein temps à l'échelon international. Le lendemain, le 1er septembre, une autre pierre essentielle fut ajoutée à l'édifice de cette théorie — les fiançailles et le mariage imminent de Dodi et Diana — lorsque Michael Cole livra aux journalistes ce gros titre à couper le souffle : « DODI AVAIT POUR BUT DE PASSER LE RESTE DE SA VIE AVEC DI ».

Tout cela menait à la porte de Trevor.

« Oh, Trevor, pourquoi est-ce toujours toi ? » murmura Jill alors qu'elle entrait dans la chambre 107 de La Pitié-Salpêtrière et s'approchait d'un ballon gonflé méconnaissable, couvert de bandages et de bosses, rattaché à la vie par un enchevêtrement de tubes et de câbles.

C'étaient d'étranges mots de la part d'une mère dont le fils se battait contre la mort. Mais ils exprimaient l'amour que Jill Rees-Jones ressentait pour son fils cadet, celui qui, toute sa vie, avait, contrairement à ses frères, traversé toutes sortes de problèmes — essayant toujours de faire au mieux, défendant les plus faibles. Trevor lui avait toujours causé beaucoup d'inquiétude mais manifesté peu de tendresse — un trait de famille. Jill avait vu Colin, le père de Trevor, se contenter de montrer son affection à sa propre mère, avec une poignée de main. Mais l'amour existait entre deux.

Depuis l'appel de Sue au milieu de la nuit, elle et Ernie étaient restés abasourdis, en état de choc. Depuis qu'ils avaient pris connaissance des premières informations télévisées, à 3 heures du matin, disant que « Diana était sérieusement blessée, que le chauffeur et Dodi étaient morts et que le garde du corps était dans un état grave », ils avaient vécu comme sur des montagnes russes. Passant de l'espoir au désespoir selon les renseignements contradictoires qui leur parvenaient — Trevor était gravement blessé, mort, en vie. Quand on avait annoncé le décès de la princesse, le monde entier s'était focalisé sur cette nouvelle et ils n'avaient pu glaner que quelques fragments d'informations sur le garde du corps. Vers 7 heures et demie du matin, les gens de Fayed à Londres les avaient exhortés : « Ne croyez pas les reportages qui annoncent sa mort. Nous savons qu'il est toujours en vie. » Ils devaient partir à Paris, d'une façon ou d'une autre. « Lorsque nous avons contacté Park Lane de nouveau, ils nous ont proposé de nous réserver un vol. À cet instant, nous n'avons pas réalisé que ce serait entièrement payé et, franchement, nous n'y avons même pas pensé — nous avions juste besoin de prendre un avion. »

Sue les appela, voulant se joindre à eux et ils lui répondirent : « Parfait » bien que Jill fût anxieuse de l'effet que cela pourrait avoir sur Trevor. Mais elle était toujours sa femme. Elle y avait droit. Une fois leurs places réservées sur un avion décollant de Manchester en milieu d'après-midi, ils firent tant bien que mal leurs bagages pour une nuit. Pendant que Jill, distraite, « debout dans la chambre », mettait deux culottes dans le sac, puis les ressortait — « Je ne savais pas ce que je faisais », Ernie revêtit un costume noir. « Je n'ai jamais pensé une minute qu'il allait mourir », dit Jill.

Tremblant de froid devant une bonne flambée, malgré la chaleur de cette nuit d'août, Jill dut contacter les garçons. « Ce fut dur de ne pas craquer au téléphone. Je joignis mon fils aîné, Gareth, à Birmingham — il n'avait pas la moindre idée du travail de son frère. » Elle ressentit une grande admiration pour Trevor ; il avait tout gardé pour lui. Ils appelèrent le fils de Ernie, Chris, à Oswestry. Les garçons furent « choqués, profondément, profondément choqués » quand ils allumèrent leurs télévisions, découvrant ce qui était arrivé à Trevor. Jill essaya de joindre son plus jeune fils, John. « Je n'arrivai pas à le contacter. Il était absent pour le week-end. Je ne pus me contenter de laisser un message sur le répondeur. » Jill fut prise de panique. Et s'il apprenait cela aux informations ? John, comme on l'apprit plus tard, allait suivre pratiquement toute la journée les nouvelles de l'accident sans savoir que le garde du corps était son propre frère.

Ernie prépara la chienne Sooty, son panier et sa nourriture, laissa le tout sur le perron d'un voisin en lui disant : « Je suis vraiment désolé mais pouvons-nous la laisser chez vous ? » et ils démarrèrent.

L'information selon laquelle Trevor Rees-Jones était le garde du corps blessé se propagea dans Oswestry avant même que la plupart des présentateurs du journal télévisé ne sachent son nom. Oswestry fut ainsi confronté à deux terribles nouvelles : la mort de la princesse et l'état gravissime dans lequel se trouvait ce jeune homme qui, on le découvrait soudain, faisait de la protection rapprochée pour Mohammed Al Fayed. « Il ne parlait jamais de son travail », dirait aux médias Mike Owen, le vice-président du club de rugby. Alors que les fleurs commençaient à s'entasser devant les portes du mémorial à Cae Glas Park en hommage à une princesse qui n'avait jamais visité cette ville frontalière du Shropshire, on priait et pleurait aussi pour Trevor.

À l'aéroport, ils reçurent un traitement de VIP. Hormis l'incident du passeport de Sue qu'elle n'arrivait pas à retrouver, tout se déroula sans retard. British Airways les fit monter à bord tous les trois rapidement — pas de procédure d'embarquement ou de queues, places en première classe. « Ils nous ont pris sous leurs ailes et nous ont guidés », dit une Jill reconnaissante. Le divorce imminent de Sue avec Trevor se dressa comme un mur entre eux pendant le vol, alors qu'ils restaient assis en silence. « Nous étions tellement atteints dans nos sentiments, nos émotions, stressés par la situation, nous demandant ce qui se passait à Paris. » À l'aéroport Charles-de-Gaulle, les hôtesses de l'air nous embrassèrent en nous disant : « J'espère que tout ira bien. » Ils prirent place dans une voiture du Ritz, « une longue et imposante voiture noire avec des fenêtres fumées

— incroyable », remarqua Jill. Ce qu'ils virent à l'hôpital méritait aussi cet adjectif. « Quand nous arrivâmes en voiture à l'entrée, il y avait un nombre incroyable d'équipes de télévision et de journalistes, le principal accès était noyé littéralement sous les antennes satellites et les camions de télévision, tous “coude à coude”, tandis que les flashes et les appareils photo se déclenchaient. Il y avait aussi une foule immense, absolument immense, de gens, qui voulaient juste être là. »

Telles des célébrités, ils furent entraînés au-delà de cette marée médiatique vociférante jusqu'aux marches d'entrée, où dix heures plus tôt s'étaient tenus Fayed et Kez et où, maintenant, étaient réunis les responsables français pour une cérémonie d'adieu à la princesse britannique, morte sur leur sol. Le président Chirac et sa femme attendaient la Jaguar gris argenté portant l'étendard royal qui transportait, en un convoi de dix véhicules escorté par des motards de la police, le prince Charles, l'ambassadeur britannique en France, Sir Michael Jay, et les deux sœurs de Diana, Jane et Sarah.

« Restez là, dit-on à Jill, Ernie et Sue, le prince Charles veut vous rencontrer. » « À cet instant, un cercueil arriva, drapé d'une sorte de drapeau héraldique pourpre, et fut placé dans le corbillard », remarqua Ernie, bouleversé. Il ramènerait Diana, chez elle, en Angleterre. Tous, ils étaient, comme le prince, projetés dans le même cauchemar.

Les médecins les emmenèrent par l'ascenseur jusqu'à l'unité de soins intensifs, au premier étage. Ils se frayèrent un chemin dans les couloirs stériles de la Réanimation, à travers l'important dispositif des policiers français qui gardaient Trevor. Jill fut ému par le mot. « Réanimation... Quel mot merveilleux, pensa-t-elle. Ils vont réanimer Trevor. » Là, à la porte de la salle, « nous avons été accueillis par une journaliste de notre journal local ». Ils furent consternés. Comment était-elle entrée ? Comment pouvait-elle les déranger en cet instant ? « Je travaille pour le *Shropshire Star*, je parle français et je suis ici pour vous aider au long de cette terrible épreuve », dit-elle, alors que le couple savait instinctivement que la dernière chose dont il avait besoin était de parler aux médias. Ils lui répliquèrent sèchement : « Partez. Nous ne voulons pas vous parler. » « Mais je parle français », insista-t-elle alors que la police l'escortait hors des locaux.

Jill savait qu'elle devait envisager la situation de son point de vue d'infirmière, et oublier son regard de mère. Sinon, elle ne serait pas capable d'assumer ce qui l'attendait. Elle devait découvrir, avant de voir Trevor, ce que les reportages télé fragmentés ne pouvaient leur dire. « Je devais savoir ce qui allait se passer, quel était le diagnostic. » Quelle était la probabilité qu'il souffre de lésions cérébrales ou de paralysie ? Pouvait-il, allait-il survivre ? En infirmière chevronnée, elle posa toute une série de questions au docteur Puybussent, le médecin des urgences, qui s'était occupé de Trevor depuis que le docteur Chikhani avait achevé sa première intervention à l'aube. « Les gens qui me voyaient devaient se dire "quelle mère sans cœur" mais c'était ma seule façon de gérer cela. » Ernie, aujourd'hui à la retraite, avait travaillé trop d'années dans les hôpitaux, connaissait trop ce type de traumatismes pour avoir une quelconque illusion. En leur montrant les radios, le docteur Puybussent leur fit un résumé rapide des fractures, contusions, hémorragie intracrânienne. C'était consternant.

« Tous les os de son visage étaient cassés », s'aperçut Jill. Mais il n'y avait aucune fracture du crâne, merci mon Dieu. « La plaie perforante du poumon » risquait d'entraîner l'affaissement de ce dernier sur lui-même et l'infection de la cavité pleurale ; elle devait constamment être drainée. Le risque mortel venait de l'œdème cérébral. Ils avaient fait une ponction lombaire et trouvé du sang dans le liquide céphalo-rachidien. Cela signifiait que la violente secousse du cerveau sous l'impact avait déchiré les méninges, ces solides membranes contenant le liquide céphalo-rachidien qui entourent et protègent le cerveau, comme un coussin. La méningite n'était qu'une des menaces.

Enfermé dans le crâne, l'œdème cérébral comme l'appelaient les docteurs pouvait faire pression sur le cerveau, causant ainsi l'arrêt des fonctions vitales et de certains organes. C'était la mort assurée. « Il pouvait y avoir arrêt cardiaque ou respiratoire. Le foie ou les reins pouvaient cesser de fonctionner. » C'est ce que craignait Jill. Une agitation pouvait provoquer un cataclysme cérébral — une agitation physique et mentale provoquée par cette pression grandissante sur le cerveau. On devait maintenir Trevor sous de puissants sédatifs. S'il se réveillait, il risquait d'être un danger pour lui-même. Les médecins n'étaient pas encore capables de dire si en soi l'accident avait provoqué des lésions au cerveau.

Son état demandait des soins urgents. Il fallait réduire l'œdème et stabiliser ses fonctions vitales dans un certain délai. La chirurgie reconstructrice de son visage « devait être entreprise », Jill le savait, « avant que les os ne se ressoudent ». On devait opérer rapidement — dans les cinq ou six jours après l'accident — ou attendre trois à quatre semaines la consolidation osseuse pour pouvoir recasser les os à l'endroit souhaité et de façon précise. Quand on les emmena à la chambre 107, ils s'étaient préparés, selon les mots de Ernie, à l'un de ces trois scénarios : « S'il ne mourait pas, il aurait des séquelles au cerveau ou resterait paralysé. »

« Peut-être, n'allez-vous pas reconnaître votre fils », les avertit le docteur. Le poignet gauche de Trevor portait un plâtre. C'était une vision familière pour une infirmière qui avait passé beaucoup d'années au bloc opératoire de l'hôpital orthopédique de Oswestry. Mais rien n'aurait pu préparer Jill, en ce qui concernait la tête. « Une balle ronde dont sortaient des tubes — un visage comme un ballon de foot, presque sphérique. » À travers le sang et les bandages, elle aperçut un visage « qui semblait avoir été frappé avec une poêle, comme dans un dessin animé de Tom et Jerry. Elle avait été écrasée, aplatie et s'était élargie. Tous les contours du visage étaient démolis ». Les yeux étaient masqués par la tuméfaction des paupières, la partie externe de l'orbite était entaillée et affaissée. Des points de suture grossiers retenaient des lambeaux de peau. Il était méconnaissable.

Le matériel d'assistance cardio-respiratoire qui le maintenait en vie était impressionnant — des tuyaux dans le nez, le cordon du tensiomètre, une perfusion dans le bras droit, un drain pulmonaire émergeant entre ses côtes. Un ECG (électrocardiogramme) sur sa poitrine nue donnait son tracé cardiaque tandis qu'un respirateur relié à une sonde trachéale l'assistait. Un saturomètre sur le doigt, une minerve pour immobiliser les vertèbres cassées. Trevor avait été transformé en graphiques, en tracés, en oscillations et bips cardiaques électroniques. Jill en bonne infirmière considéra, vigilante, chacune des irrégularités ou des accélérations des bips. Tout semblait normal.

Elle le reconnut à ses jambes. Et à ses oreilles cabossées au rugby. « Oh, ses oreilles, elles étaient si particulières ! » Les souvenirs les plus heureux étaient aujourd'hui insupportablement doux-amers — ces samedis après-midi quand elle et Ernie l'encourageaient, lui toujours au cœur de l'action, « toujours dans la mêlée ». Il était sous sédatifs et en grande partie inconscient, mais le docteur se mit à crier, tentant d'obtenir une réponse : « Trevor ! Ouvrez les yeux ! Trevor ! » Seuls un frémissement de l'œil droit et des légers mouvements des bras et des jambes lui répondirent. Il n'était pas paralysé — il semblait même vouloir sortir de son lit ! C'était encourageant mais l'agitation était dangereuse. Sa mère lui toucha le bras, souhaitant ardemment qu'il vive.

Ils étaient avec Trevor depuis moins de dix minutes quand un officiel apparut et leur dit : « Le prince Charles arrive. Voudriez-vous venir avec moi, s'il vous plaît ? » Comment pouvaient-ils s'arracher de là ? Avec réticence, tous trois descendirent par l'ascenseur jusqu'au hall.

Un drame surréaliste tourbillonnait autour d'eux. Partout, des hommes de sécurité, la police, le personnel de l'hôpital. On les conduisit vers la porte d'entrée qu'encadrait une haie d'honneur de douze gardes républicains. Alors qu'on allait les présenter au Prince de Galles — cet homme effondré néanmoins capable de s'inquiéter d'eux, faisant son devoir —, une infirmière arriva en courant, excitée. « Votre fils, il s'est réveillé. » « Nous quittâmes le groupe officiel — posâmes un lapin à son Altesse Royale — et nous ruâmes au chevet de Trevor », raconte Ernie, leurs paroles de regrets et de remerciements au prince Charles résonnant dans l'entrée. Trevor avait ouvert un œil. Ils lui prirent la main et, en chœur, se joignirent aux autres, « Trevor ! Ouvre les yeux ! » et il répondit.

« Nous ne sommes pas sûrs qu'il pouvait concentrer son attention sur nous mais, sans l'ombre d'un doute, il savait que nous étions là », dit Jill. On leur permit de rester encore cinq minutes avec lui. Quand ils redescendirent, le prince Charles était parti avec le cercueil de Diana.

Sur les marches de l'hôpital, le consul britannique, le général Keith Moss, embrassa Jill et Sue, les larmes aux yeux. Puis on les fit monter rapidement dans une limousine qui les attendait pour les emmener Dieu sait où. « Nous n'en avions pas la moindre idée. » Le chauffeur avait pour mission de les conduire à « l'appartement » et ne put rien leur dire de plus. À l'Arc de Triomphe, la voiture s'arrêta devant la porte menant chez Dodi, rue Arsène-Houssaye, là où Trevor s'était trouvé juste vingt-quatre heures auparavant. Dans le hall, un « personnage d'un physique imposant » vint à leur rencontre — c'était Gérard, le garde de sécurité qui s'était empoigné avec les paparazzi. C'était étrange. Il n'y avait personne représentant Fayed, seulement le gardien de l'immeuble, pour les accueillir.

Il les emmena au quatrième étage dans un magnifique vieil ascenseur aux murs de marbre et aux grilles de fer ornementées. Les portes s'ouvrirent sur « un décor luxueux tel que nous n'en avions vu que dans les châteaux — c'était de cet ordre-là », s'émerveilla Ernie. Tous trois en firent le tour, retenant leur souffle devant la somptuosité des lieux — « un salon splendide à l'étage, assez spacieux pour y accueillir un bal, décoré d'immenses vases rouge et or, une salle à manger avec une immense cheminée en marbre, des antiquités françaises partout, de merveilleux tapis, des tentures en soie sur les murs ». Jill découvrit « trois chambres doubles dont deux avec des salles de bains, abritant d'immenses baignoires rondes et du marbre ici, du marbre là... » C'était comme de vivre dans un musée.

Ils avancèrent sur le balcon dont la balustrade en fer noir filigrané surplombait l'Arc de Triomphe et les Champs-Élysées. « Nous pensions que nous aurions de la chance si l'on pouvait s'installer dans un petit appartement », dit Ernie. « Mais un appartement d'une telle opulence », ajouta Jill, en achevant la phrase de son mari comme à son habitude, « je ne pouvais pas en croire mes yeux. Je ne me suis jamais trouvée dans un lieu d'une telle démesure ».

« Et la nourriture, Madame », expliqua le gardien à Jill en français — on pouvait commander tout ce qu'ils voulaient au Ritz. Ils n'avaient rien mangé depuis la veille. « Eh bien, peut-être bien, on pourrait manger quelque chose... *avoir un peu à manger* », répondit Jill dans un français boiteux. Peu de temps après, on leur livra de quoi déjeuner dans de jolies boîtes or et crème — assez pour huit à neuf personnes. Du saumon fumé, du mouton froid, du bœuf, du pâté, de la salade, des petits pains et une merveilleuse vinaigrette. On avait aussi envoyé du vin et un plateau de fruits, ressemblant à une nature morte du XVIIe siècle.

Ils ne purent rien avaler. L'appartement possédait l'air conditionné mais ils suffoquaient, avaient le souffle court. Jill était hantée par l'idée de devoir annoncer à Trevor qu'il était le seul survivant. Serait-il capable de l'entendre ? Comment, quand allait-elle lui dire ? Il fallait qu'ils sortent. Ils décidèrent d'aller se promener à pied, laissant Sue dans l'appartement. Ils auraient pu être de simples touristes, tous deux âgés d'une petite cinquantaine d'années, vêtus de façon décontractée. Sur les quelques photos qu'ils rapportèrent en souvenir, on voit Jill, une femme mince, aux joues roses, avec des cheveux blond-roux, naturellement ondulés, portant le même chemisier ample et le pantalon marron clair qu'elle porterait à l'ambassade ou dans le luxueux appartement. À cet instant, les vêtements n'avaient pas la moindre importance.

Vers minuit, ils déambulèrent sur les Champs-Élysées.

Alors qu'ils faisaient le tour de l'Arc de Triomphe, une voiture dérapa vers eux dans un crissement de freins. Ernie n'eut que le temps de pousser Jill pour la mettre à l'abri. Furieux, il hurla et donna un coup de pied dans le véhicule tandis que ce dernier repartait en trombe. Il avait envie de frapper quelqu'un. Jill éclata de rire. Elle s'imagina soudain couchée dans un lit d'hôpital près de Trevor, Ernie prisonnier à la Bastille. Même l'humour noir était d'un grand secours. À la terrasse d'un café, ils commandèrent une bière, découvrant, abasourdis, que cela leur avait coûté huit livres ! À ce prix, ils n'allaient pas tenir plus de deux jours. Mais ils se sentaient mieux. Une seule chose comptait. Ils portèrent un toast, instituant un rituel. « Au rétablissement complet et total de Trevor ! »

La chaleur était toujours oppressante, étouffante. Ils étaient épuisés. Ils appelèrent l'hôpital pour avoir des nouvelles de Trevor et allèrent se coucher au milieu de la magnificence mais furent incapables de fermer l'œil. Incrédules. Profondément reconnaissants à Mohammed Al Fayed pour ses attentions. Il leur fournit même un chauffeur, Philippe Dourneau, qui le conduisait régulièrement ainsi que Dodi. Quelques jours plus tard, « en nous conduisant à l'hôpital, Philippe se pencha vers nous et nous tendit une enveloppe marron, disant qu'elle venait de M. Frank Klein. À l'intérieur, nous trouvâmes deux mille cinq cents francs. Quand plus tard, nous rencontrâmes ce dernier, nous lui dîmes, merci beaucoup mais pourquoi ? Klein nous répondit : "M. Fayed veut que vous preniez cela pour vos frais." »

Ce soir-là, Kez était à Park Lane, faisant son rapport à Paul Handley-Greaves. Après avoir accompagné M. Fayed et le cercueil de Dodi jusqu'à l'hélicoptère qui devait rejoindre Battersea où les attendait leur famille, il était reparti en avion pour Londres à bord du jet Gulfstream.

Les Fayed étaient accaparés par l'enterrement qui devait avoir lieu ce même jour et les cérémonies à la mosquée de Regent's Park. On avait éteint les lumières de Harrods scintillant comme un bateau de croisière, installé un sanctuaire en hommage aux amoureux dans la vitrine. Les gars avaient accueilli Kez, à son retour à Park Lane, comme quelqu'un revenant de la mort.

« Ça va, mon pote ?

— Ouais, ouais, ça va.

— Comment va Trevor ?

— Il est en de bonnes mains. »

Kez acheva son rapport à Handley-Greaves, lui racontant tout — le harcèlement de la presse, l'idée de Dodi de prendre Paul comme chauffeur et de sortir par-derrière — mais il était trop hébété et fatigué pour ressentir beaucoup d'émotion ou évaluer l'importance de ce qui s'était passé. « Ce serait mieux si tu partais en congé, si tu rentrais chez toi », lui dit ce dernier. Ce qui était prévu de toute façon. Ce serait les « premières vacances comme je les aimais depuis mes cinq années passées dans l'organisation... Je pensais que c'était prudent de m'éloigner un temps ». Il resterait dans les parages de Park Lane une journée, puis irait en Irlande quelques jours, avec deux amis. À Kilkenny, à la vente annuelle des chevaux de Goresbridge. Après tous ces événements, il n'avait qu'une envie, monter sur le ferry pour Rosslare, acheter un cheval et peut-être se soûler comme un Polonais. « Je voulais partir le plus loin possible des journaux et des télévisions, juste me retrouver parmi des gens normaux. »

Comme toute la ville de Oswestry, ce dimanche-là, l'homme de loi Ian Lucas regardait la télévision. Il lui semblait qu'il y avait une éternité que sa fille de six ans était entrée en hurlant dans leur chambre. « Maman, papa. On a appris une nouvelle terrible. La Princesse de Galles a été tuée. » À moitié endormi et pourtant pas un royaliste enragé, il était « assez sentimental » cependant. « J'ai facilement les larmes aux yeux dans des occasions comme celle-ci, j'ai pensé que c'était très triste, extrêmement triste. » Comme tout le monde, il éprouva le besoin d'allumer la télévision. En fin de matinée, il entendit qu'un garde du corps avait survécu — peut-être même avait-il entendu son nom. Mais il ne le retint pas.

Plus tard dans la journée, le téléphone sonna — c'était Tessa Lloyd, une secrétaire de son cabinet Crawford Lucas sur Upper Brook Street. « Je pense qu'il faut que tu saches que nous représentons le garde du corps. » Tout d'abord, Ian ne comprit pas. Elle précisa, « Trevor Rees-Jones » et il se souvint. Ian ne l'avait jamais rencontré mais il se rappela que Linda Hill, la jeune femme spécialisée dans les affaires matrimoniales au cabinet, s'occupait de son divorce et que l'amitié nouée entre Tessa et Trevor créait un lien puissant avec leur cabinet. « À cet instant, c'était difficile de savoir que faire. Je compris immédiatement qu'il allait déchaîner un intérêt monumental. Nous voulions faire quelque chose. Mais j'étais partagé entre le fait de vouloir être utile et celui de ne pas ressembler à un avocat qui encourage les accidentés à porter plainte. » Il n'entreprit rien ce dimanche-là.

David Crawford, l'ancien propriétaire du cabinet, n'apprit leur lien avec Trevor que le lundi matin, après avoir grimpé l'escalier vieux de deux cents ans menant au bureau du troisième étage qu'il occupait maintenant comme consultant. Son ancien bureau, à l'étage inférieur, était utilisé par Lucas à qui il avait vendu son étude quelques mois plus tôt. « Saviez-vous que nous avons représenté Trevor Rees-Jones, le garde du corps ? » demanda Linda en venant le rejoindre. Il semblait tout à fait inimaginable qu'il puisse être lié à cette tragédie mais, en fait, David Crawford avait connu le père de Trevor, Colin Rees. Il avait été l'un de ses amis. Ce chirurgien et médecin généraliste respecté et de grand talent l'avait même soigné. Lui-même fils d'un dentiste prospère et d'origine galloise, Crawford se sentait proche de cet homme. Il n'avait jamais rencontré le fils. Mais s'il ressemblait à son père, il en faudrait beaucoup pour l'abattre ! « Colin était un type super, une personnalité très forte — ce n'était pas quelqu'un qu'on avait envie de provoquer. Un ancien médecin de l'armée, vigoureux et énergique. Il avait plein d'amis », se dit Crawford. En évoquant le père, il décrivait le fils bien plus qu'il aurait pu l'imaginer. L'attaque cardiaque de Colin — dans la fleur de l'âge — avait été une perte tragique. Que devait maintenant endurer sa famille ?

Crawford connaissait bien le monde du rugby. Il avait souvent traité des affaires juridiques pour le club ainsi que pour ses membres. Eux aussi devaient offrir leur aide. Il en discuta immédiatement avec Ian. Ils tombèrent d'accord. Avec un événement de cette importance, les Rees-Jones allaient avoir besoin de quelqu'un pour les conseiller. Ils rédigèrent ensemble un courrier pour La Pitié-Salpêtrière, disant, en substance, qu'ils étaient « les hommes de loi de Trevor Rees-Jones, hospitalisé chez eux... [qu'ils étaient] disponibles si l'hôpital souhaitait, d'une façon ou d'une autre, entrer en contact [avec eux]... et pourrait-on, s'il vous plaît, communiquer cette lettre à lui ou à sa famille dès que possible... Merci, concluaient-ils pour tout ce que vous avez fait pour notre client ainsi que pour les autres victimes de ce terrible accident ». Ils la faxèrent au directeur de l'hôpital de La Pitié-Salpêtrière à 12 h 35 le lundi, 1er septembre. Étant donné l'atmosphère survoltée, entourant l'accident à Paris, ils ne savaient même pas si quelqu'un verrait ce courrier.

Avec ce fax, les deux hommes venaient de faire apparaître leurs noms dans une affaire d'envergure internationale. Hommes de loi dans une petite ville de province, ils avaient choisi de faire du droit civil — testaments, divorces, préjudices personnels, petites réclamations, conflits professionnels. Mais ils n'étaient aucunement intimidés devant cet événement d'importance. Ian Lucas était issu de la classe ouvrière du nord-est industriel mais, grâce à son intelligence, il était entré à l'université d'Oxford où il avait étudié le droit. Cela l'avait guéri des craintes qu'il aurait pu ressentir face à l'*Establishment*. Il venait d'avoir trente-sept ans et s'était présenté comme candidat du Parti travailliste du nord Shropshire aux dernières élections législatives, réussissant un meilleur score dans ce fief rural traditionnellement conservateur que n'importe quel autre précédent candidat. Grâce à sa campagne, il avait appris deux trois petites choses sur la façon de gérer les médias.

En raison de ses études et de ses voyages sur le continent, Crawford, lui, parlait, lisait et écrivait le français couramment. Il disposait également de temps et de ressources pour travailler gratuitement, si besoin était. Crawford appela ensuite les parents de Sue à Whittington. Il était un ami de son père, Ieuan Jones ; ils avaient fait ensemble un voyage en Espagne. « Si vous êtes en contact avec Jill et Ernie Rees-Jones, peut-être pourriez-vous leur mentionner que nous représentons Trevor et que nous serions heureux de les aider. Je parle français couramment et je suis disponible », dit-il aux Jones.

À Paris, ce matin-là, on frappa à la porte de l'appartement. Sur le seuil se tenait une jeune femme. « Je suis Myriah, j'étais sur le bateau avec Trevor. Puis-je être utile ? » C'était la masseuse de Dodi. Elle possédait une merveilleuse énergie, expliqua-t-elle, qui pourrait être bénéfique à ceux qui en avaient besoin. Elle avait un charisme énorme. Elle déclara avoir été une bonne amie, une confidente de Trevor. Jill devait remarquer : « À cette période, nous avions l'impression que n'importe quel soutien ne pouvait être que bénéfique. J'étais pour tout ce qui faisait du bien. »

Ils partirent en voiture pour l'hôpital, leur visite quotidienne de la mi-journée, et s'installèrent autour du lit de Trevor. Jill et Ernie lui prirent les mains tandis que Sue restait dans son coin affirmant qu'il n'y avait plus de place pour elle. Ernie eut le sentiment qu'elle se sentait de trop. Myriah posa ses mains sur la tête de Trevor et sembla prier pour lui. Aucune réponse.

Lorsque tous trois se retirèrent, Sue se pencha sur Trevor et lui parla. Il répondit immédiatement. « Il fut totalement réceptif. Il connaissait sa voix », s'aperçut Jill. C'était encourageant. Mais une inquiétude s'insinua en elle, un besoin de le protéger. « Je réalisai que, tant qu'on ne connaîtrait pas l'état de sa mémoire, la présence de Sue pourrait être préjudiciable. » Trevor se rappellerait-il, à son réveil, qu'ils étaient séparés ? Elle avait remarqué qu'il ne portait pas son alliance, mais, de toute évidence, il l'aimait toujours. Et s'il éprouvait l'envie et le besoin de l'avoir auprès de lui — et qu'elle ne fût pas là ? Sue n'avait absolument pas l'intention de reprendre la vie commune, Jill le savait — objectivement, elle s'était montrée parfaitement honnête à ce sujet.

À la demande de Jill, Sue retourna chez elle ce jour-là. Mais son angoisse persisterait : « Qui sait ? Peut-être aurait-il mieux valu pour Trevor qu'elle restât ? » Aucun sentiment personnel contre Sue n'entra jamais en ligne de compte. Jamais. Mais, à cette époque, Trevor, à demi conscient, était encore trop vulnérable.

« Le docteur Puybussent nous avait conseillés de le ramener dans le monde réel. » Jill commença à lui parler, essayant de l'atteindre, de provoquer l'éclair de conscience qu'il avait montré en répondant à Sue. Elle lui dit quatre phrases, phrases qu'elle allait répéter, tel un mantra, à chaque visite. « Il y a eu un accident. Tu es à Paris. Tu es à l'hôpital. Tu vas t'en sortir. »

À leur retour à l'appartement, ils rencontrèrent Ben Murrell, l'agent de sécurité basé à la Villa Windsor. Il se considérait comme un bon copain de Trevor et était chargé de procurer à Jill et Ernie tout ce dont ils pourraient avoir besoin. Tous les jours, il viendrait à bicyclette. Grâce à son aide et à celle du chauffeur, ils étaient libres de se consacrer exclusivement au rétablissement de Trevor.

La presse représentait une menace permanente. Du balcon, ils apercevaient « des équipes de tournage partout, filmant le bâtiment, Dieu savait pourquoi... Nous pensions qu'ils avaient eu vent de notre présence et qu'ils nous attendaient », nota Ernie, consterné. Ce couple anonyme d'Oswestry était devenu une proie de premier choix pour les paparazzi. Quand ils essayaient de quitter l'appartement,

« nous étions bousculés — on avait l'impression de ne plus pouvoir respirer. On se sentait assiégés ». Ernie bouillait de ressentiment devant « cette pression de la presse. Une pression peut-être déjà responsable de l'accident. Je pense qu'ils étaient à blâmer ».

Pratiquement depuis le début de l'affaire, neuf photographes et un motard étaient considérés comme suspects par les enquêteurs. En vertu de la loi qui oblige les gens à porter secours à autrui, à moins de risquer leur propre vie, ils risquaient d'être poursuivis pour homicide involontaire, non-assistance à personne en danger et blessure involontaire au survivant — Trevor. S'ils étaient reconnus coupables, ils risquaient jusqu'à cinq ans de prison et une énorme amende.

Bizarrement, Jill et Ernie avaient réussi jusqu'à présent à ne pas être photographiés. Cependant le monde entier voulait des informations sur le garde du corps. L'ambassade était inondée de demandes d'interviews avec les Rees-Jones et leur avait demandé d'assister à une réunion le mercredi suivant l'accident pour discuter du problème des médias. On voulait aussi les présenter à l'ambassadeur. Les choses se compliquaient. Les parents de Sue leur avaient parlé au téléphone de l'offre de David Crawford. Ce soir-là, le lundi, Jill l'appela à Oswestry.

« Comment va votre fils ? demanda-t-il.

— Ça pourrait être mieux mais ça pourrait être pire », répondit Jill, révélant ainsi à Crawford « l'attitude terre-à-terre et flegmatique qui serait la sienne, avec Ernest, tout au long de cette épreuve ».

Pour l'homme de loi, rien ne nécessitait une action immédiate. Trevor étant toujours inconscient, Crawford et Lucas ne pouvaient pas encore parler en son nom mais il insista pour que Jill l'appelle si des changements intervenaient à Paris.

« Nous sommes là si vous avez besoin de nous. »

Au cours de sa conversation avec Jill, Crawford fit allusion à l'incroyable information qu'il venait d'entendre à la radio britannique. Le chauffeur de la voiture avait dans le sang trois fois le taux d'alcoolémie autorisé par la loi. Il était ivre.

C'était inimaginable ! Le chauffeur avait bu ! Pour des millions de gens endeuillés, la bataille épique entre des chasseurs et leur proie se transformait en un banal et stupide accident provoqué par l'alcool. C'était impensable ! La culpabilité des paparazzi devenait soudain incertaine. La responsabilité retombait sur un employé du Ritz.

Jill n'avait pas entendu les informations. David fut stupéfait. « Est-ce que la famille Fayed veille sur vous ? » demanda-t-il. Oui, ils le faisaient. Elle ne pouvait pas divulguer l'adresse de l'appartement mais lui donna un numéro de téléphone. Les gens de Fayed prenaient soin d'eux avec sollicitude, David en était sûr. Néanmoins, il eut le sentiment que Jill l'avait peut-être appelé parce qu'elle ressentait le besoin grandissant de recevoir de l'aide venant d'ailleurs.

Ces dernières informations avaient éveillé la vigilance de l'homme de loi : de possibles conflits pourraient survenir entre Fayed et le Ritz et Trevor. Trevor avait été blessé en faisant son devoir, il était une victime innocente — il avait des intérêts et des droits à protéger. Crawford comprit aussi à quel point il était urgent et essentiel pour Fayed d'apprendre ce que Trevor avait à dire. Il était le seul en vie capable de savoir ce qui s'était passé pendant les trois minutes avant l'accident. Il ne fallait pas être trop soupçonneux pour s'apercevoir que Fayed pourrait avoir intérêt à accéder rapidement et en premier aux souvenirs de Trevor, étant donné le taux d'alcoolémie d'Henri Paul et les fonctions importantes que ce dernier occupait au Ritz.

Depuis le premier jour, les médias avaient pris conscience de la valeur que revêtaient les souvenirs de Trevor. Très vite, leur frustration devant son incapacité de s'exprimer étaient apparus. Les gros titres de la presse du lundi : « LA POLICE ATTEND D'ENTENDRE LE TÉMOIN CAPITAL » furent suivis trois jours plus tard dans le *Mirror* par « l'enquête criminelle est paralysée à cause de l'état de santé de Rees-Jones ».

Trevor devait être maintenu lourdement sous sédatifs

jusqu'à la fin de son importante opération du visage. Le 2 septembre, Jill et Ernie rencontrèrent le docteur Chikhani pour la première fois. Il vint vérifier l'œdème. Il espérait et avait besoin de réaliser l'intervention le plus tôt possible. Mais ce dernier était encore trop important. La fièvre de Trevor, provoquée par son infection à la poitrine, trop élevée. Mais Chikhani était débordant d'optimisme. La tête se *dégonflait* et il fit de nouveaux examens pour voir s'il était opérable. « Il est impatient de prendre Trevor en main, de le rafistoler comme un mécano. Il est persuadé que l'opération sera un succès », pensèrent Jill et Ernie. Ils furent séduits et impressionnés par cet « homme, passionné, exubérant et enthousiaste — un jeune homme âgé de trente-cinq ans, portant un nœud papillon... et parlant un anglais excellent ».

Dès le départ, Chikhani posa pour règle qu'il n'y aurait aucune communication à la presse. Il était médecin, pas vedette de *show-business*. Dès qu'il allumait sa télévision, il voyait apparaître le visage de Trevor. Les reportages étaient excessifs — et faux ! Le premier après-midi, il entendit dire que Trevor avait perdu sa langue. Cela venait sûrement du fait qu'il ne pouvait pas parler, à cause de la trachéotomie, pensa-t-il. Mais Trevor avait une langue !

Il était vital d'établir un lien avec le patient — c'était essentiel. Il devait lui transmettre de la confiance, de la volonté, de l'espoir. Cependant, Trevor n'était pas encore opérable. Jusqu'à ce qu'il le soit, Jill serait son seul moyen de l'atteindre. Il allait travailler grâce à son intermédiaire avec la même intensité et la même concentration qu'il avait mise à communiquer avec Trevor. Ernie, les autres, pourraient être présents mais ils étaient invisibles. Il ne parlait qu'à elle, lui expliquant les choses techniquement et humainement. Selon lui, Jill Rees-Jones serait absolument parfaite pour prendre soin de son fils.

Elle était infirmière, mais elle agissait en mère. Il s'émerveilla devant cette chance. On trouvait rarement une façon aussi parfaite de créer une relation avec un patient. Le contrat est entre vous et moi, dit-il silencieusement à

Trevor à quatre ans
avec son père.
A dix-sept ans, il devait
découvrir son père mort,
dans sa voiture. Un choc
qu'il n'a jamais oublié.
D.R.

Une photo du jeune
Trevor, joueur de rugby.
(AFP)

Trevor, à l'armée, en train d'installer une mitrailleuse en Oman.
D.R.

En plein entraînement de natation, dans l'équipe de l'armée.
D.R.

Un portrait de famille : de gauche à droite : Trevor, John, Jill, Ernie et Gareth.
(Midlands Media Pictures)

Trevor et Sue, le jour de leur mariage en 1995.
(Tegwyn Roberts)

Page précédente, en haut : le *Jonikal*, le luxueux yacht de Fayed.
Aussi grand que la moitié d'un terrain de rugby, pensait Trevor. *(Big Pictures).*
En bas : Diana et Harry sur un jet-ski à Saint-Tropez pendant leur premier séjour, le 17 juillet 1997. *(AP)*

Un petit salut entre Diana et Trevor, dans le Midi.
Trevor la trouvait charmante et appréciait beaucoup la décontraction que sa présence et celle de ses fils apportaient chez les Fayed. *(Michel de Four)*

L'ex-petite amie de Dodi, le mannequin américain Kelly Fischer, avec son avocat Gloria Allred. Fischer menaça de poursuivre Dodi pour « rupture de contrat » après la publication de la fameuse photo du « baiser » entre lui et Diana. *(AFP)*

Diana et Dodi pendant leur deuxième voyage dans le Midi. *(Big Pictures)*

Prise au téléobjectif, une photo de Diana à bord du *Jonikal*. *(Big Pictures)*

Mohamed Al Fayed, le patron de Trevor et le père de Dodi, profitant des joies des sports nautiques au large de Saint-Tropez. *(AFP)*

Trevor précédant Diana
à son arrivée au Bourget,
le 30 août 1997. *(Big Pictures)*

Toujours au Bourget, Trevor
et Kez (de dos) surveillent
le départ de Diana. *(Big Pictures)*

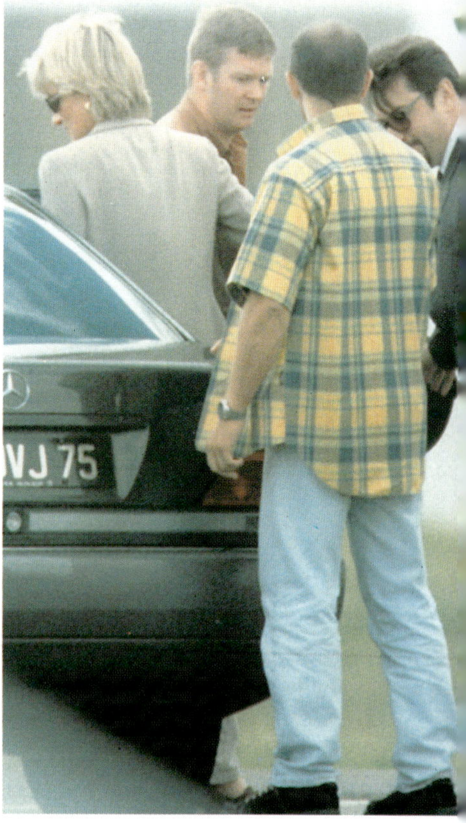

Trevor, Dodi et Diana, à Paris.
(Big Pictures)

Dodi et Henri Paul, le chauffeur qui avait sa confiance. Dans la fenêtre, on aperçoit le reflet de Trevor. *(Big Pictures)*

Prélude à la tragédie : Henri Paul, Diana et Dodi saisis par les caméras de surveillance du Ritz, quelques minutes avant l'accident.
(Popperfoto / Reuters)

Dodi quittant le Ritz. Trevor se tient de dos. *(Big Pictures)*

Diana s'apprête à monter dans la voiture,
sous la protection de Trevor (de dos) et de Kez. *(Big Pictures)*

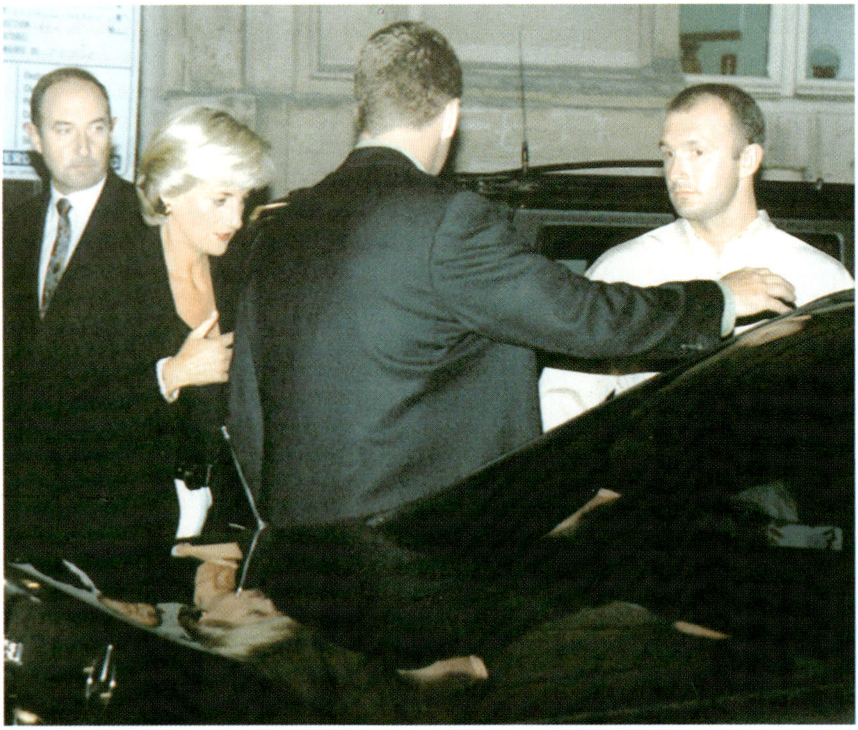

Une des dernières photos du couple avant l'accident. *(Rex Features)*

Enlèvement de la Mercedes accidentée. L'enquête prouvera qu'elle était en parfait état de marche. *(Popperfoto / Reuters)*

L'une des motos des paparazzi qui poursuivirent la voiture dans le tunnel. *(AP)*

Le cercueil de Diana arrivant à la base militaire de Northolt, le 1er septembre. Les funérailles de la princesse auront lieu cinq jours plus tard. *(Big Pictures)*

Jill, la mère de Trevor, et Ernie, son beau-père, à leur arrivée à La Pitié-Salpêtrière, le 3 septembre 1997. *(PA)*

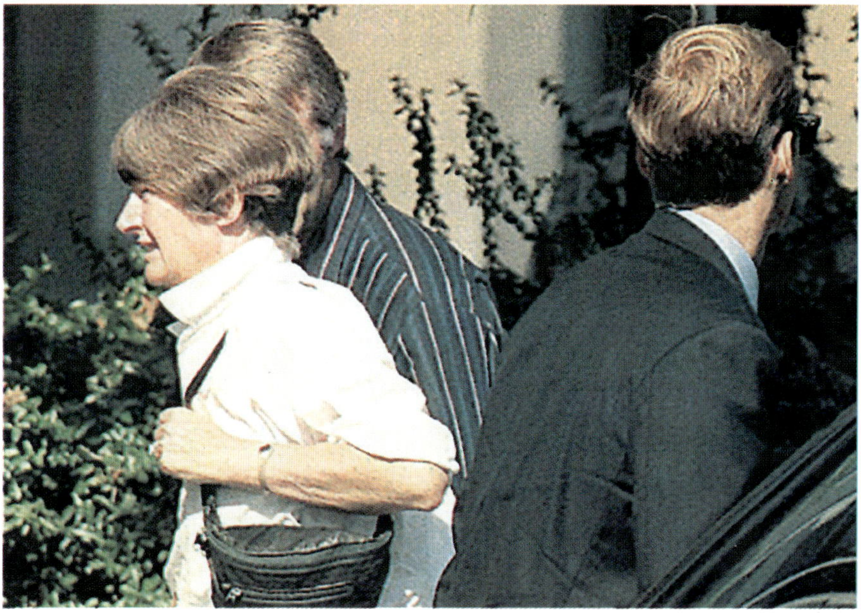

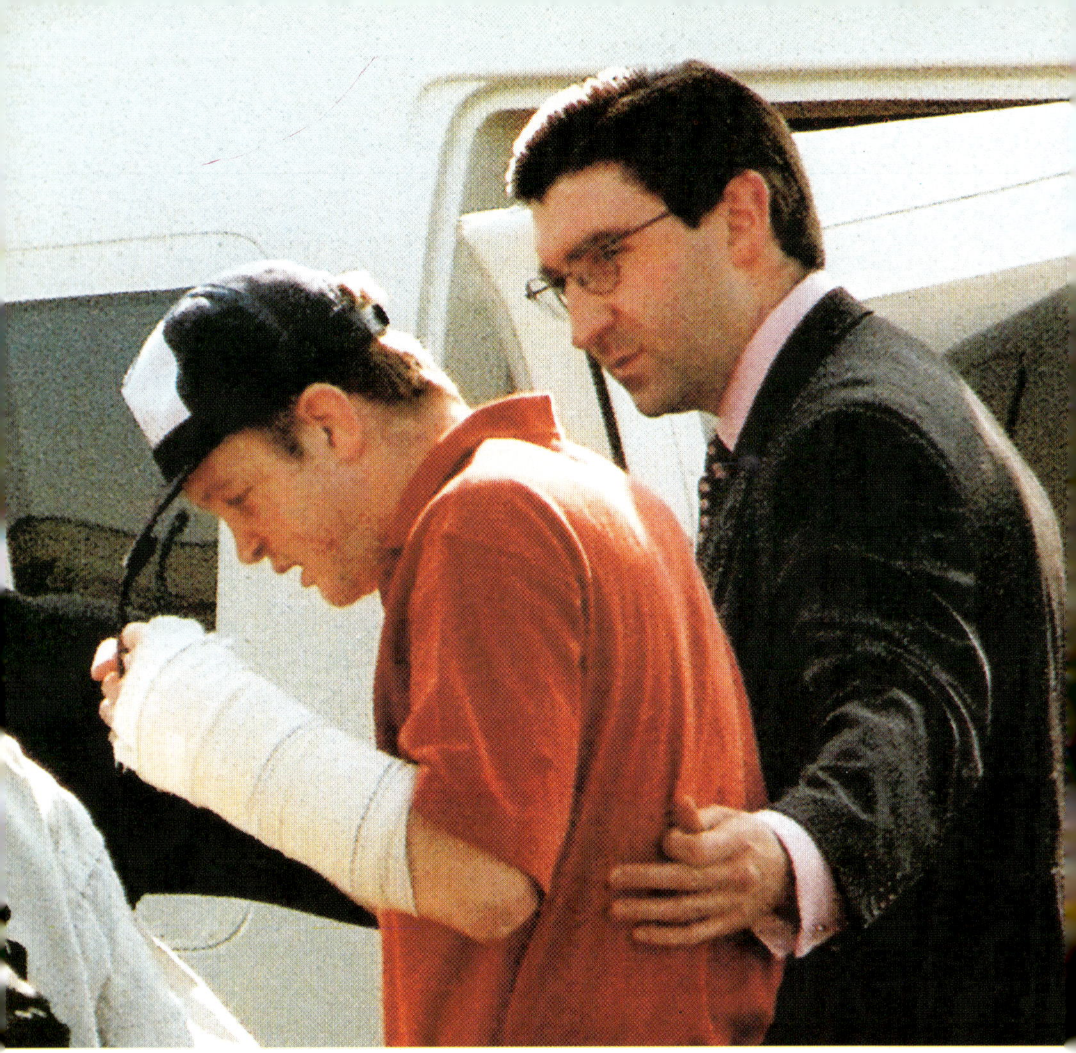

Le chef de la sécurité de Fayed, Paul Handley-Greaves, soutient un Trevor encore bien mal en point pour l'embarquer dans l'hélicoptère qui le ramène en Grande-Bretagne, le vendredi 3 octobre 1997. *(AP)*

L'église de Whittington, proche de la maison de Trevor à Oswestry, où il se rendit deux jours après son retour pour rendre grâce de son rétablissement et remercier la communauté de l'avoir soutenu. *D.R.*

Un mois après son retour, au mariage d'un ami, Trevor commence à reprendre goût à la vie. Son visage porte encore les stigmates de l'accident. Il n'a pas encore retrouvé toutes ses forces.
D.R.

La bataille juridique commence. Entouré de Kez et Ben Murell, Trevor arrive au Palais de justice pour la première audition avec le juge, le 19 décembre 1997. *(AP)*

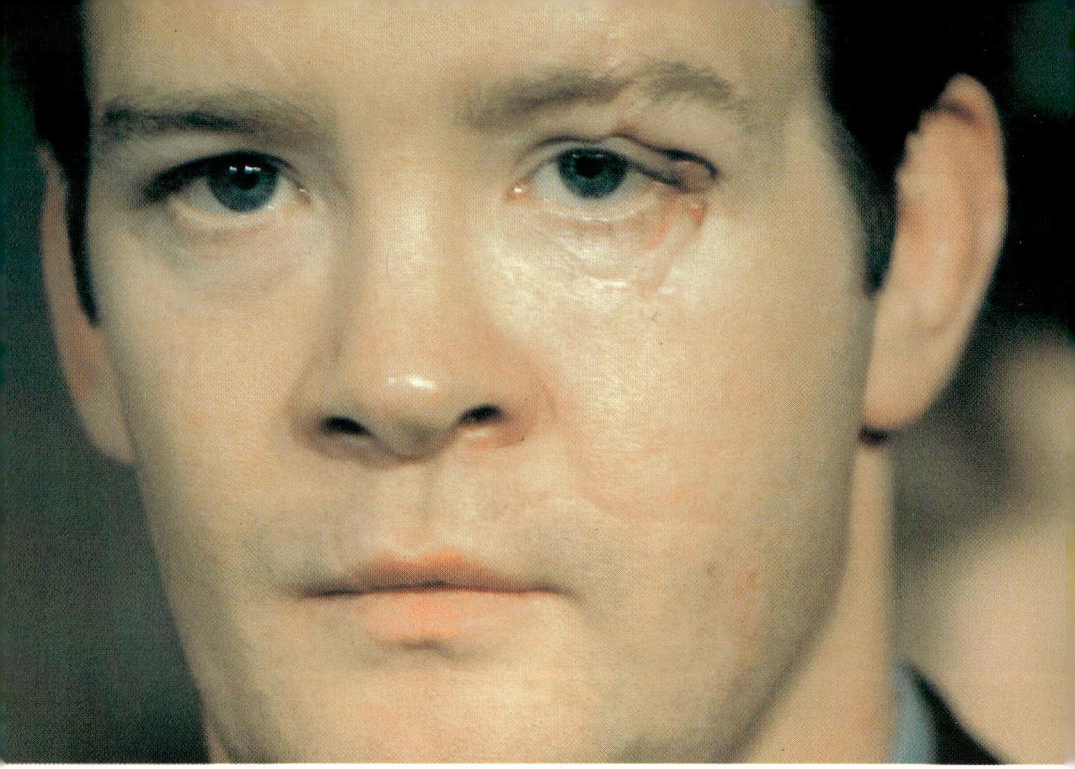

Un portrait de Trevor au Palais de justice, le 3 mars 1998. Six mois après, son visage et son œil gauche portent encore les traces de l'accident. *(Popperfoto)*

La vie continue. Trevor, Jill et Ernie à Oswestry, en février 2000. *D.R.*

Trevor. Vous ne pouvez pas parler mais votre mère a dit : « Je crois en vous. J'ai confiance en vous. Vous êtes capable de prendre soin de mon fils. » Elle était devenue cruciale pour le rétablissement de Trevor. À eux trois, lui, Trevor et elle, ils formaient une équipe soudée. Assez rapidement, l'organisation Fayed avait suggéré avec insistance que Trevor fût transféré à l'Hôpital américain. Jill et Ernie avaient remarqué, reconnaissants, que Fayed ne cessait de s'inquiéter du bien-être de leur fils — peut-être pensait-il que, là-bas, il serait plus en mesure de résister aux intrusions durant cette phase critique de son rétablissement. Mais s'estimant très satisfait de l'équipe de La Pitié-Salpêtrière, ils ne se laissèrent pas influencer. Ils avaient une confiance totale dans le personnel de l'hôpital. En outre, Trevor n'était pas en état d'être déplacé.

Chikhani perçut cette pression de très près. « Depuis que Trevor était devenu une célébrité, cet hôpital n'était plus assez bien pour M. Fayed, raconte avec humour Chikhani. Alors il a demandé à quelques docteurs de l'Hôpital américain, endroit très élitiste dès qu'il s'agit d'argent, de venir. Quand ils sont arrivés et ont constaté la situation — quand ils l'ont vu... (Chikhani glousse à ce souvenir), ils se sont dépêchés de dire, c'est très bien. Oui, oui. Il doit rester ici. » En tant que chirurgiens, ils savaient qu'il faut pratiquer de très nombreuses opérations de reconstruction de ce genre pour être réellement performants. Peut-être avaient-ils le sentiment qu'ils n'en avaient pas réalisé assez.

En revanche, Chikhani vivait pour ce genre d'intervention. Il adorait les cas traumatiques et aimait ses patients.

Puisque les contours du visage de Trevor étaient déformés, Chikhani avait besoin de photos. Jill et Ernie en avaient apporté quelques-unes, mais elles n'étaient pas d'assez bonne qualité. Ils téléphonèrent à Oswestry pour qu'on y déniche des clichés de Trevor. N'importe quel genre, pourvu qu'on y voie clairement son visage. Ses photos de mariage. Oui. L'amie de Trevor, Tessa, au cabinet de droit, réunit fébrilement les meilleures et les envoya à Paris.

Le jour s'acheva sur de bonnes nouvelles. Un nouveau

scanner avait révélé « une importante régression de l'œdème cérébral ». Le personnel de la Réanimation avait accepté l'idée de l'opération. Elle fut fixée deux jours plus tard, le jeudi 4 septembre. Chikhani était radieux.

Le mercredi, à midi, la veille de l'intervention, Jill et Ernie se rendirent seuls à leur rendez-vous avec l'ambassadeur. En rentrant de l'hôpital, Philippe les laissa à l'hôtel Crillon, place de la Concorde. De là, à bord d'une grande limousine, ils parcoururent les quelques centaines de mètres qui les séparaient de l'ambassade, rue Saint-Honoré. Pour de bons marcheurs comme Jill et Ernie, c'était une promenade de trois minutes. Une horde de journalistes grouillait devant l'entrée, on les amena alors dans le jardin par la porte de derrière. Ils prirent le thé avec sir Michael et lady Jay. Bien qu'ils fussent à l'ambassade britannique, Jill et Ernie décidèrent de porter leur toast habituel. Jill expliqua à leurs hôtes : « Chaque fois que nous buvons, où que nous soyons, nous portons toujours un toast au rétablissement de Trevor. » Les Jay trouvèrent cela délicieux. Dans le jardin, amollis par la chaleur, tous levèrent leurs tasses de thé « au rétablissement total et complet de Trevor ».

On leur donna ensuite une première pile de coupures de presse. Jill et Ernie furent abasourdis par la place accordée à l'accident et à Trevor. C'était trop bouleversant de lire cela mais ils acceptèrent de parcourir les articles sélectionnés par l'ambassade. Ils n'avaient pas dit un mot à la presse et Trevor ne pouvait pas parler. Malgré cela les journaux avaient transformé leur fils en héros militaire. Jill et Ernie savaient que cela l'embarrasserait — il n'avait jamais été envoyé dans le Golfe ou aux Falklands, jamais servi « dans l'équipe de protection rapprochée de la Police Militaire Royale » et « ne s'était jamais enfui du Koweït au moment de l'invasion irakienne ».

Jill et Ernie étaient tout à fait conscients que la vie de Trevor ne tenait encore qu'à un fil, pourtant un journal britannique déclarait que « l'ancien officier de la Police Militaire Royale guérirait complètement ». Et, le jour de son opération, le *Mirror* rapporterait, lui, qu'il « avait perdu sa langue et la moitié de son visage dans cet horrible accident ». Suite à cette rumeur, une firme américaine bien intentionnée enverrait même un ordinateur parlant à Trevor pour lui permettre de communiquer — depuis le début, c'était un fantasme. C'était n'importe quoi. Et irresponsable. Ils refusaient d'en lire davantage à moins d'y être obligés.

Jill et Ernie eurent un brutal sentiment d'impuissance. « L'ambassade souhaitait que nous nous exprimions, que nous fissions une apparition mais nous refusâmes », explique Ernie. Je pense que l'ambassade croyait... C'est ce qui leur parvenait de la lecture de la presse, que notre volonté de silence était due à M. Fayed, que nous agissions selon ses instructions. Ce n'était pas cela du tout. En fait, nous étions si émotifs à cette époque que n'importe quelle question aurait pu déclencher la réponse qu'ils attendaient, c'est-à-dire... » Jill achève la phrase... « on aurait craqué ». Ils se mirent d'accord avec l'ambassade : ils écriraient leurs propres communiqués de presse et eux les diffuserait. Mais pas d'interviews.

En quittant l'ambassade, on leur donna un téléphone portable. Le prince Charles devait les appeler entre 17 h 30 et 19 heures à ce numéro. Une fois encore, ils allaient manquer leur rendez-vous avec son Altesse Royale. Arrivés à l'hôpital, ils durent laisser l'appareil dans la voiture, les mobiles étant interdits dans les salles à cause des appareils électroniques. « Nous nous sentîmes très mal à l'aise. Par deux fois, nous lui avions posé un lapin. Nous nous sommes souvent demandé si notre chauffeur avait parlé au prince à notre place — et ce qu'il avait pu lui dire. »

Le lendemain matin, le docteur Luc Chikhani leva son bistouri. Suivant la trace d'une vieille cicatrice laissée par un match de rugby, il fit une incision en travers du visage de Trevor, à l'intérieur de la bouche, au-dessus des dents de la mâchoire supérieure, puis une autre d'un côté à l'autre de la mâchoire inférieure et il commença à dégager l'os de la moitié inférieure du visage.

À 7 h 30, il était entré dans le bloc opératoire pour le challenge le plus excitant de sa carrière : la reconstruction totale du visage de Trevor. Bien qu'il y ait quelques lésions qu'il n'avait jamais vues auparavant — certaines luxations de l'articulation de la mâchoire temporo-mandibulaire, il savait qu'il pouvait relever la plupart des défis techniques. Ce qui était étonnant et rare, c'était de les voir réunis chez un patient toujours en vie.

Chaque jour, Trevor était devenu plus résistant. Et l'anesthésiste l'avait jugé capable de supporter l'opération ce matin-là. Cependant, elle serait épuisante pour le chirurgien et le patient. Un marathon non stop d'au moins onze heures... voire douze ou treize. Si elle réussissait, Trevor récupérerait son visage, et dans le même temps la possibilité de mener de nouveau une vie normale. Il pourrait marcher dans la rue sans être humilié, retrouverait l'anonymat et l'intimité dont on ne mesure l'importance qu'une fois qu'on les a perdus.

Chikhani aimait opérer à la lumière naturelle. Mais avec la présence des journalistes à l'extérieur et des téléobjectifs, ils avaient dû prendre des précautions. Ils masquèrent le devant des fenêtres avec des paravents. Le médecin chef avertit le personnel : « Si vous dites un mot à quiconque, vous serez viré. »

On punaisa sur les murs les photos de mariage de Trevor, à deux mètres de son corps endormi. Celles d'un beau jeune homme, en queue-de-pie et haut-de-forme, souriant et heureux à côté d'une jolie jeune femme. Ce serait ces images, celles du plus beau jour de sa vie, qui serviraient de guide au chirurgien. Quelle ironie ! Chikhani constata qu'avant l'accident Trevor attirait les regards. Non parce qu'il était le garde du corps de Lady Diana mais parce qu'il avait un visage intéressant. C'était un garçon attirant. Pour le chirurgien, l'esthétique avait aussi son importance. Cependant, il ne fallait pas être arrogant ; il ne s'agissait pas de faire le visage de son choix mais de rendre ses traits à son patient.

Il avait deux objectifs. D'abord reconstruire le visage à cent pour cent et lui rendre ses fonctions. Trevor devait redevenir ce qu'il était auparavant. Et il fallait y parvenir en une seule intervention. Il serait beaucoup plus difficile d'en pratiquer une nouvelle ensuite. Les résultats risqueraient d'être moins bons.

L'atmosphère était très tendue. Mais lorsque Chikhani leva son bistouri, son stress s'évanouit. Il avait en tête les différentes, étapes de l'opération. Il s'y était préparé pendant trois jours. Il connaissait chacun des gestes à faire. C'était clair. Il n'avait qu'à s'en souvenir. Il expliqua d'abord à Trevor ce qui allait se passer. De nouveau, il lui dit : « Vous n'allez pas mourir. » Longue allait être la journée pour retrouver le visage de l'homme en habit de noces.

En voyant Trevor pour la première fois, Jill avait pensé à un dessin animé de Tom et Jerry. En fait, l'intervention chirurgicale s'apparentait plus à une œuvre de science-fiction. Une fois qu'il eut fait l'incision, Chikhani découpa soigneusement la peau et la ramena sur le menton — ce procédé extraordinaire mettrait à nu l'os, une moitié de visage après l'autre. Même si c'était moins sensationnel que la scène du film fantastique *Face / Off*, dans laquelle on voit une personne dont le visage, entièrement pelé, est attaché à un autre pour un échange d'identité, il s'agit à ce jour d'une des techniques chirurgicales les plus impressionnantes du répertoire médical. Ce n'était pas un « épluchage » comme on le fait avec une orange, mais « un décollement », selon les termes mêmes de Chikhani. Le but était de ne laisser aucune cicatrice. On ne coupait rien. Tout était fait avec légèreté. Les tissus étaient empilés sur de nombreux niveaux — l'épiderme, l'hypoderme, les muscles, mêlés aux vaisseaux sanguins — les veines, les capillaires — et les enchevêtrements de nerfs sensitifs. Avec une paire de ciseaux extrêmement pointus, on taillait à travers ces couches, disséquant, découvrant, libérant les nerfs et les tissus, mettant l'os à nu. Il fallait être précis, concis. Un nerf sectionné pouvait provoquer une paralysie de la face. On devait limiter l'hémorragie — douze heures de saignement ininterrompu. Puisque les tissus étaient toujours accrochés au visage, le sang continuait de battre au travers durant l'opération.

Il ne fallut qu'une demi heure — une heure tout au plus — pour « éplucher » le bas du visage de Trevor. Quand il mit à nu l'os — la bouche, le menton, la mâchoire inférieure —, Chikhani découvrit un véritable champs de ruines. Comme il s'y attendait, ce n'était qu'os cassés, multitude de débris, de dents brisées et déplacées. C'était de la purée. Il était vital que l'articulation de la mâchoire soit remise en place et que les dents, les mâchoires inférieures et supérieures s'adaptent ensemble correctement. « Nous allons faire une fixation intermaxillaire, maintenant, Trevor », expliqua-t-il. Chikhani attacha des fils d'acier à l'os des pommettes, puis les tendit de chaque côté de la mâchoire supérieure et inférieure, pour la suspendre. Il fixa ensuite des tiges d'acier autour de chaque dent et solidarisa ces deux tiges de façon à bloquer complètement la bouche. La peau fut remise à sa place puis agrafée, mais pas cousue.

Chikhani n'en était qu'à mi-parcours. Il était le chirurgien le plus qualifié dans la salle d'opération. Les jeunes médecins, ainsi que les infirmières, faisaient des rotations toutes les trois ou quatre heures, pour lui apporter de l'aide. Ils ne le secondèrent pas, comme c'était habituellement le cas. L'état de Trevor ne le permettait pas. Un chirurgien chevronné l'assista pendant une heure. Mais Chikhani ne pouvait pas s'arrêter. Une intervention ne peut pas se permettre de durer quarante heures — le patient n'y survivrait pas. Quand il eut achevé le bas du visage, il s'arrêta vingt minutes pour avaler quelque chose. Ce fut sa seule pause.

Puis il se concentra sur la partie supérieure. La partie la plus longue et la plus dramatique de l'intervention l'attendait. Les yeux. Le nez. Répétant la même opération que précédemment, il fit une incision dans le cuir chevelu de Trevor, d'une oreille à l'autre — attentif à ne pas sectionner les vaisseaux qui alimentent les cheveux pour que Trevor ne devienne pas chauve — et, très délicatement, décolla la chair jusque sous les yeux. Alors qu'il mettait à nu le front, Chikhani contempla pour la première fois l'état des fractures. Il les connaissait bien grâce aux examens méticuleux des radios et des scanners.

La moitié supérieure du visage avait été sérieusement enfoncée et déplacée. La distance entre les yeux s'était agrandie de trente-six à cinquante-six millimètres. Il ressemblait à un Asiatique. Et ses yeux partaient dans toutes les directions. Les cavités orbitaires avaient été abaissées de plus de deux centimètres ; de profil, les os propres du nez étaient déplacés en arrière de la bouche et des dents. Chikhani avait devant lui une pile de mini et micro-plaques en titane, avec des vis et des rondelles, ses outils de menuisier. Le titane était de poids léger, solide et adapté à la reconstruction des visages. Avec des pinces, des tenailles spéciales, Chikhani pouvait tordre et façonner chacune des plaques pour l'os auquel elle devait être attachée. Il allait repositionner les morceaux d'os ensemble, poser des plaques de chaque côté, puis les visser, reliant les morceaux. Ensuite, il réparerait l'articulation temporo-mandibulaire, reconstruisant comme un puzzle les os de la joue et du menton, et refaçonnerait la paroi inférieure et externe des deux orbites.

Les yeux paraissaient grotesques. Cependant quand il les examina il découvrit que, bien que repoussés de deux bons centimètres et éloignés de deux fois leur distance normale, ils étaient miraculeusement intacts. « Nous allons fixer vos yeux dans la bonne position, afin que vous n'ayez pas de diplopie, une vision double dit-il à son patient. Vos yeux seront parfaits. »

Pendant des heures, tel un mécanicien, il déplaça doucement des morceaux d'os brisés, et quand ils furent en position, perça des trous minuscules, attacha les plaques, et à l'aide du plus petit des tournevis, resserra les vis en titane, forçant doucement les morceaux d'os ensemble, là où ils allaient se souder. Si pour la moitié basse du visage il avait surtout utilisé du fil d'acier, la partie supérieure était un monument à la gloire des plaques en titane !

« Trevor, je vais maintenant reconstruire votre nez », dit-il à la forme inerte. Il allait prélever un morceau d'os sur la voûte crânienne et le grefferait aux pommettes pour les recréer. Puis, avec de la chair et des greffes de cartilage, il façonnerait un nouveau nez.

Au terme de cinq heures supplémentaires, il avait terminé la moitié supérieure du visage de Trevor — les yeux, le nez et les pommettes. La peau fut alors redéroulée sur les os et fixée avec des agrafes.

À 18 h 30, après plus de onze heures d'intervention, tout ce qui pouvait être fixé l'était. Il devait recoudre la bouche en dernier. Car cette dernière, pleine de bactéries, était la plus sujette aux infections. Chikhani et ses assistants suturèrent le haut et le bas du visage. C'était fini. S'il y avait des cicatrices, elles proviendraient de l'accident lui-même et du rugby. Chikhani en était sûr. Il espérait qu'elles ne seraient pas dues à son bistouri.

Il lui faudrait attendre une semaine pour savoir si cette intervention avait été suffisante — ou s'il devait réopérer. Pour lui, ce serait un échec. Mais tandis qu'on enveloppait la tête enflée de Trevor dans des bandages et qu'il ôtait sa tenue de chirurgien pour revêtir ses vêtements de ville, comme un employé de bureau qui a fini sa journée, il se sentait satisfait. Il avait fait de son mieux. Désormais, c'était à Trevor de trouver le courage pour amorcer son rétablissement. Chikhani, lui, devait appeler les parents.

Le monde s'était rétréci aux murs de l'appartement. Jill et Ernie ne pouvaient penser qu'à Trevor. Pendant onze heures, ils restèrent enfermés. Pour la première fois, après quatre jours surréalistes, Jill trouva enfin le temps de réfléchir. Ernie commença à mettre par écrit les événements quotidiens, une thérapie qu'il allait poursuivre chaque soir tout au long de cette épreuve. Jill libéra son angoisse en écrivant une lettre à son amie Helen, qui travaillait avec elle au cabinet de consultation.

Ma chère Helen,

C'est le jour de la reconstruction du visage de Trevor, alors nous sommes restés toute la journée à l'appartement près du téléphone. Trevor est notre principale préoccupation — bien que jusqu'ici il n'ait pas vraiment repris conscience. Hier, nous avons eu la réelle impression qu'il sentait notre présence. Je suis sûre qu'il savait que j'étais là... On le maintient sous sédatifs... et on ne le réveillera qu'après l'intervention. Pour l'instant, on n'a aucun moyen de savoir s'il aura des problèmes cérébraux.

Le docteur est confiant. Il pense que le traumatisme est minime. Son cerveau ne devrait pas subir de déficience à long terme. Cependant, on ne sait pas encore quels seront ses souvenirs de l'accident, ni des heures et des jours avant. Je suis persuadée qu'à son réveil, il faut qu'il soit entouré de ses proches, de sa famille. Dans les mois à venir, nous serons aussi à ses côtés.

C'est pour cela que j'ai dissuadé Sue de rester. Ses allées et venues pourraient être perturbantes pour Trevor. Il est possible qu'il ne se rappelle même plus qu'ils étaient séparés.

Gareth, John et Chris arrivent en avion vendredi, ainsi nous serons ensemble avec Trev ce week-end, quand il se réveillera. L'annonce de la mort de Diana et de Dodi sera un choc effroyable pour lui. Il faudra lui dire avec précaution car il était très proche d'eux.

Si nous n'avions que cela à gérer, ce serait bien. Hélas, vu les circonstances, nous nous retrouvons dans une situation dont nous n'avons aucune expérience. Adieu notre vie calme, nous sommes devenus la proie des meutes de journalistes. Les employeurs de Trevor ont pris bien soin de nous et nous protègent autant que possible. Mais alors qu'il y a quelques jours on faisait encore du vélo dans les rues d'Oswestry, aujourd'hui, on nous conduit dans Paris dans de puissantes limousines noires aux vitres fumées. Le changement est brutal et, pour tout dire, un peu dur... Nous apprenons au fur et à mesure... Pour l'instant, je vais bien — Ernie et moi nous soutenons mutuellement... Nous avons lu quelques coupures de presse et achetons le *Télégraph* tous les jours mais nous sommes incapables de lire les articles, cela nous perturbe trop. On évite les choses qui nous bouleversent...

Pour finir sur une note plus légère, écoute ça : cet appartement est si grand que Ernie n'arrête pas de perdre ses chaussures !

Nous sommes impatients de retrouver une vie normale... Je le promets, JAMAIS plus je ne penserais que ma vie est morne et ennuyeuse... Toute notre affection...

Chikhani appela en début de soirée. L'intervention avait été un succès. Trevor était dans un état stable. Le rétablissement serait total. Jill et Ernie s'échappèrent de l'appartement, radieux, épuisés. Ils allèrent chez Virgin, le magasin de disques situé à quelques pas de là sur les Champs-Elysées. Jill y écouta des Cantates de Bach. Elle en fut totalement bouleversée. Elle acheta le CD mais ne fut jamais capable de le réécouter. « J'ai essayé une fois mais cela m'a anéantie. »

8

L'unique survivant

Jill avait un besoin désespéré de communiquer avec sa famille — de voir les garçons. Le vendredi soir, après leur visite à Trevor, elle et Ernie allèrent à l'aéroport chercher son aîné Gareth et son plus jeune fils John ainsi que Chris, le fils d'Ernie. M. Fayed s'était occupé de leur réserver des places et avait payé le voyage. Tout le monde s'embrassa. Comme l'avait prévu Jill, les réactions de chacun furent bien différentes. « Gareth semblait prendre les choses de façon très légère. » Il était dentiste, ressemblait beaucoup à son père, physiquement. À l'image des membres de sa famille, John adorait le sport et en avait fait sa profession. Il enseignait l'éducation physique dans un collège — « un type très sérieux et émotif ». Jill s'attendait bien à ce qu'il soit très ému au moment des retrouvailles. Chris, le fils de Ernie, peut-être parce qu'il vivait à Oswestry, « avait pris les choses en main à la maison — il avait acquis des responsabilités ».

Toute la famille se réunit autour de la table de la salle à manger. Cette pièce était devenue le seul endroit, dans ce vaste et luxueux appartement, qui leur donnait l'impression d'être un peu chez eux. Ils avaient décidé de parler aux garçons de l'état de santé de Trevor. Ils voulaient également les avertir des problèmes de circulation à Paris, de la cherté de la vie, ainsi que de l'argent qu'ils recevaient de M. Fayed pour leurs menues dépenses. « Nous ne voulons prendre ou utiliser que ce dont nous avons réellement besoin, mais nous sommes très reconnaissants et apprécions tout ce que M. Fayed et son groupe ont fait pour nous. » L'ambassade, aussi « s'est montrée présente » et elle a été d'une grande aide pour les communiqués de presse. Chose très importante, les garçons devaient savoir que « nous ne ressentions aucune pression venant du groupe Fayed ou de l'ambassade — nous avions le sentiment que nous étions capables de prendre seuls nos décisions ».

Seules les femmes ou compagnes des garçons — Heather et les deux Helen — « connaissaient notre situation, l'adresse où nous demeurions. Nous voulions vraiment protéger le groupe Fayed. Nous ne tenions pas à les décevoir en disant au premier venu que nous vivions dans un tel luxe lors de notre séjour à Paris — vous imaginez les gros titres du *Shropshire Star* si cela se savait. Avertissez bien tout le monde à la maison : ne croyez pas ce que vous lisez dans les journaux ; lisez juste les communiqués officiels. Nous avons fait aujourd'hui une communication sur l'intervention chirurgicale de Trevor et l'ambassade l'a rendu publique ».

Depuis que l'on a appris le taux d'alcoolémie du chauffeur, « la situation concernant l'accident est devenue plus tendue, expliquèrent-ils encore aux garçons, mais Trevor était hautement considéré par Dodi, sa famille et toute l'organisation ». Ben Murrell les avait rassurés sur ce point. Si Trevor avait besoin d'une représentation légale en France, l'ambassade l'y aiderait. Et les avocats de Oswestry se tenaient prêts.

« Vous êtes très, très, importants pour Trevor et pour nous. Nous avons besoin de vous », affirmèrent Jill et Ernie alors que leur entretien s'achevait. Leurs fils devaient savoir que, même si leurs parents pouvaient paraître préoccupés par Trevor, ils n'avaient pas été oubliés. « Nous avons tous besoin les uns des autres. Nous allons de l'avant comme une famille unie, ensemble. » L'avenir ? Jill demanderait un congé à son cabinet médical. « Et nous nous réunirons en famille à Noël. Si Trevor est rentré, nous nous retrouverons à la maison. S'il est ailleurs, nous irons le rejoindre. »

Après la discussion, ils firent une partie de gin rami, ce qui devint un rite pendant le week-end, une façon d'évacuer la tension par « beaucoup de rires ». Il fallait plaisanter pour ne pas devenir fou. Jill et Ernie avaient vite appris cela. Ils s'amusaient de petites choses, des anecdotes de tous les jours — de la femme du concierge qui avait arraché à Jill ses dessous et un chemisier qu'elle était en train de rincer dans l'évier de la salle de bains, et qui avait insisté dorénavant pour laver, repasser et plier ses petites culottes comme si c'étaient des royales robes de bal. Bien après minuit, toute la famille alla se promener. Ils rirent encore. Ils découvrirent soudain la menace provoquée par les hordes de skaters qui faisaient fuir les piétons des trottoirs des Champs-Élysées.

Le lendemain, ils n'eurent pas le courage de regarder les funérailles de Diana. C'était insupportable.

Diana fut enterrée en grand apparat le samedi 6 septembre après un service religieux digne de funérailles royales à l'abbaye de Westminster. Cela avait été imposé à la famille royale par une manifestation d'affection publique sans précédent. Jamais la mort d'un monarque n'avait provoqué un tel raz de marée d'émotions. Cinquante-neuf pour cent des adultes britanniques regardèrent la télévision ; on estima à deux milliards et demi le nombre de téléspectateurs dans le monde. Tandis que Charles et les deux princes marchaient en procession derrière le cercueil, un vent de changement soufflait sous leurs pas. La reine, qui était restée silencieuse, à Balmoral, pendant que la nation fulminait, avait enfin entendu les appels du Premier ministre, Tony Blair, et du peuple. Au moment où les fils de Jill et de Ernie s'envolaient pour Paris, elle était retournée à Londres afin de paraître devant la population, prenant ainsi un bain de foule devant Buckingham Palace. Enfin, elle s'était exprimée, rendant hommage à Diana, dans une allocution télévisée. Le drapeau du Palais allait flotter à mi-mât durant les funérailles. La reine avait apaisé la pire des indignations de ses sujets. Mais la monarchie, même si elle devait survivre à cette crise, ne pourrait plus offrir de cérémonies insipides, dénuées d'humanité. Ce fut ensuite le bain de foule de William et Harry au milieu de l'océan de fleurs à Kensington Palace qui émut les cœurs brisés. Une femme en sanglots tendit la main pour toucher celle de William. « Votre mère continue de vivre sur votre visage, mon garçon. Dieu vous bénisse. »

On put apercevoir Mohammed Al Fayed au cours des obsèques, en costume noir, les traits tirés par la douleur.

Alors que la préparation des funérailles captivait la planète, la famille Rees-Jones se rendit à l'hôpital. « Trevor est dans un piteux état. Ils le gardent sous sédatifs », dit Jill aux garçons, les préparant à la vision du corps de Trevor inerte et à sa tête enflée. John fut si bouleversé que, pendant quelques instants, il resta devant la fenêtre, contemplant dehors, incapable de regarder directement son frère. Chris et Gareth, fidèles à leur nature, se montrèrent très stoïques. Gareth — si différent de Trevor qu'ils pouvaient passer un mois ensemble sans parler — s'approcha de son lit et lui raconta la grossesse de sa femme. Il lui expliqua que, malgré les deux fausses couches précédentes, ils étaient optimistes. Bientôt ils pourraient lui montrer leur premier bébé. John rejoignit ses frères auprès du lit, chacun à sa façon, lui exprimant le souhait de le voir guérir.

Dans l'après-midi, ils allèrent se promener — la routine habituelle. Jill et Ernie avaient mis au point un « jeu de cache-cache avec la presse ». « Nous regardions dehors. Quand les photographes avaient tourné au coin de la rue, nous nous précipitions hors de l'appartement, rapporte Jill. Une fois dehors, nous étions de nouveau anonymes. Nous pouvions marcher sans être reconnus. » En rentrant, ils se dissimulaient en face, sur le trottoir, jusqu'à ce que la route soit dégagée, puis couraient se réfugier à l'intérieur. Ils suivirent le chemin, devenu maintenant familier, les Champs-Élysées, la place de la Concorde, longèrent la Seine, se dirigeant, cette fois-ci, vers le lieu de l'accident. « Paris semblait désert, incroyablement calme — tout le monde devait regarder les funérailles », observa Ernie. Ils poussèrent jusqu'à la flamme dorée, place de l'Alma, juste au-dessus du tunnel, le tombeau de Diana à Paris. Des centaines de personnes y avaient déposé des fleurs, accroché des cartes et des poèmes, dans de nombreuses langues. « Nous prîmes alors conscience du nombre de gens qui avaient été frappés par cet événement. »

Jill partageait ce sentiment de perte ressenti par le monde entier. « J'éprouvais beaucoup de respect pour elle et j'étais terriblement bouleversée par sa disparition. J'avais l'impression qu'elle avait été maltraitée par l'*Establishment* et qu'elle avait fait de son mieux pour faire sa vie et être utile à la société. Et cependant, nous étions étrangement détachés. Bien que nous fussions impliqués dans cet événement, nous nous sentions spectateurs, lointains. »

Grâce à leur situation unique, ils voyaient la princesse de chair et de sang, avec laquelle Trevor avait ri, se transformer en une légende, devenir l'une de ces femmes charismatiques qui restera dans les livres d'histoire. Dans la mort, Diana devenait la « Princesse du Peuple » ; la brièveté de sa vie, son avenir brisé parachevant le mythe. Si, en fin de compte elle avait épousé un étranger — comme le grand-oncle de Charles, Edward, le duc de Windsor — elle aurait pu, d'après l'hypothèse de Tina Brown, du *New Yorker*, « vivre une vie d'exil luxueux, d'errance dénuée de sens, allant d'un endroit de plaisir à un autre », une beauté vieillissante dont le seul espoir de rédemption serait « ce qui l'avait rachetée dans la mort : ses efforts fervents, et sincères pour soulager un peu la souffrance humaine. Aujourd'hui, elle est immortalisée telle une madone, agenouillée à jamais pour soulager les blessures ».

Devant la flamme, la famille Rees-Jones comprit à quel

point sa mort allait avoir un impact persistant sur leurs vies. Alors que sa légende se construisait de façon durable, tout ce qui se rattachait à elle devenait de plus en plus important. Trevor — quasiment le seul dans le monde occidental — ne savait pas que la princesse, avec laquelle il avait si récemment partagé un barbecue sur une plage sarde et fui les paparazzi, était morte. Et pourtant le reste de son existence allait en être à jamais transformé.

Autour de l'Arc de Triomphe, la famille esquiva les photographes qui prenaient les touristes en photo avant de les harceler pour qu'ils les leur achètent. « *Non merci, non merci* », leur lancèrent-ils en parvenant à s'échapper adroitement. Ils sourirent à l'idée que ces photographes débrouillards auraient pu faire le cliché de leurs carrières, le portrait après lequel couraient tous les paparazzi de Paris — et qu'ils venaient de rater. « Ils auraient pu gagner une fortune, mais Dieu merci ils ne savaient pas qui nous étions. »

Les garçons rendirent visite à Trevor le dimanche, avant de quitter Paris. Ils s'installèrent tous autour de lui. Ernie prit son bras droit, Gareth le gauche tandis que John et Chris tenaient chacun un de ses pieds. Jill, à sa tête, posa ses mains sur la poitrine de Trevor pour voir si la fièvre élevée, provoquée par l'infection, persistait. La température avait baissé et on ne craignait plus la pneumonie. Le docteur Poett, de garde ce week-end-là, passa les voir : « Nous le réveillerons lundi, en espérant qu'il ne sera pas trop agité. » Jill et Ernie « dirent tristement au revoir aux garçons » après avoir quitté l'hôpital.

À leur arrivée, le lendemain matin, la salle était déjà en pleine effervescence. La quantité de sédatifs avait été diminuée, et Trevor s'était réveillé pendant la nuit. L'interne, un étudiant allemand, lui avait demandé, en anglais, s'il se souvenait de l'accident. Trevor s'était alors tellement agité, raconta le médecin, qu'il avait dû se battre pour le calmer. Trevor avait ouvert les yeux et répondu correctement à ses ordres. Plus tard, Trevor ne se rappellerait pas du tout cet incident et, de façon révélatrice, en minimiserait la signification. « Ce n'était probablement qu'un battement de paupière. Ce n'est pas comme si je m'étais assis pour bavarder. »

On était le lundi 8 septembre, neuf jours après l'accident. « Le changement, nota Ernie, est considérable. Il a moins de pansement, n'est plus emmailloté comme l'Homme Invisible — nous avons à nouveau avec nous quelqu'un qui ressemble à Trevor ! » Mais surtout, « il a les yeux ouverts, il a répondu à Jill, à plusieurs reprises, en bougeant un muscle de sa joue et un œil. Il sait que nous sommes tous les deux avec lui ». « Nous étions aux anges », confie Jill. « C'était un jour très positif », résume Ernie avec ses euphémismes habituels.

Tôt ce matin-là, Jill et Ernie s'étaient rendus au Ritz, sur l'invitation du directeur, Frank Klein, pour y rencontrer Jean-Pierre Brizay, un avocat qui, d'après leurs suppositions, appartenait à l'équipe des hommes de loi de M. Fayed. « Le but de cette réunion, d'après ce que Ernie en perçut, était de s'inquiéter de Trevor et de leur proposer des noms d'avocats parisiens — en particulier Theo Klein du cabinet Klein Goddard. » Alors qu'ils expliquaient au directeur que M. David Crawford était disponible pour représenter Trevor, ce dernier leur donna une seconde enveloppe de deux mille deux cent cinquante francs. Ils la prirent sans ressentir d'obligation envers M. Fayed ; Trevor, employé de valeur, était en service quand l'accident avait eu lieu. Comme le dirait plus tard David Crawford, « c'était bien le moins qu'il pouvait faire ».

Au café Tilbury, Jill et Ernie déjeunèrent tardivement d'une bière et d'un sandwich au camembert. Cette rencontre au Ritz n'était alors plus qu'un détail face aux bonnes nouvelles concernant la santé de Trevor. Ils portèrent un toast au jeune homme dans ce petit café au store rouge, proche de l'appartement, qui était devenu leur quartier général, leur sanctuaire. Chaque jour, entre leurs visites à l'hôpital vers midi et en début de soirée, ils commandaient le même sandwich à quarante-cinq francs et se sentaient à l'aise. Anonymes. Ils étaient à l'abri pour partager, l'un avec l'autre, les événements de la journée. Leur secret les ravissait : le propriétaire des lieux ne se doutait pas de leur identité.

À 19 h 30 ce soir-là, ils rencontrèrent leur député, Owen Paterson, dans le Salon Jaune de la résidence de l'ambassadeur. « Nous avons eu de merveilleuses nouvelles de Trevor aujourd'hui. Il s'est réveillé, raconta Jill. — Ah, cela mérite bien du champagne », dit sir Michael. Cette fois, ils portèrent un toast à la guérison de Trevor — avec des flûtes de cristal.

Cependant lorsque Jill et Ernie parcoururent une nouvelle liasse de coupures de presse, et que surgit le nom de Fayed, l'ambiance de fête fit place au silence. Depuis le début, ils avaient remarqué que l'ambassade se montrait extrêmement sensible à l'évocation du nom de Fayed. « On avait un sentiment étrange, le ton de la conversation devenait froid quand nous mentionnions M. Fayed. On ne nous disait rien, mais on nous entraînait sur un autre sujet. Ils ne nous ont jamais dit pourquoi. Nous aurions aimé qu'ils nous disent ce qu'il avait fait », avoue Ernie, l'air pensif. « Nous n'avions jamais réellement pensé à Fayed quand nous étions à Oswestry », note Jill. Ernie, toujours franc, sentant que l'ambassade était mal à l'aise de les savoir chez lui, saisit l'occasion pour leur demander : « Si nous devions ne pas rester dans l'appartement de M. Fayed, pouvez-vous faire quelque chose pour nous à ce propos ? » Non, ils étaient vraiment désolés, ils ne pouvaient rien faire. Le consulat aurait bien aimé, mais n'avait aucun logement à leur proposer, ni de voiture pouvant les conduire à l'hôpital jusqu'à trois fois par jour.

Tandis que Jill et Ernie évitaient soigneusement de lire les articles ayant trait à l'accident, la représentation britannique du gouvernement et de la couronne les lisait avec avidité. Au moment où Trevor était sorti de la phase critique, la monarchie semblait elle aussi avoir dépassé la crise. Les appels à l'abolition de la royauté, dans la presse étaient remplacés par des incitations à la réforme. David Dimbleby du *Times*, dans un article intitulé « La dure leçon que la reine doit retenir », voyait « une nation transformée appelant désespérément — non pas à la République mais à un nouveau style de monarchie reflétant mieux la Grande-Bretagne d'aujourd'hui ». Après le déjeuner dominical de Tony Blair à Balmoral, le *Financial Times* avait titré en gros : « LA FAMILLE ROYALE DOIT CONSENTIR AU CHANGEMENT », dit BLAIR.

Depuis qu'on avait appris le taux d'alcoolémie de Henri Paul, les accusations de Fayed contre les photographes étaient considérablement tempérées. On continuait cependant à exercer une pression sur eux. Un article dans l'*International Herald Tribune* du matin citait l'un des avocats de Fayed, Bernard Dartevelle. D'après lui, l'accident avait été causé par le harcèlement des voitures et des motos de paparazzi, au dire des témoins, et la police recherchait une voiture qui « aurait pu essayer de ralentir la Mercedes afin que les photographes qui les poursuivaient puissent prendre une photo d'elle par la fenêtre ».

L'affaire de la « bague » éclata à Paris le mardi 9 septembre. L'*International Herald Tribune* reprit une information du *Washington Post* qui citait le bijoutier Repossi : « Le couple était venu, à l'improviste, dans son magasin de Monaco environ dix jours avant l'accident. Ensemble, Dodi et Diana avaient choisi la bague de diamant qu'il lui avait offerte quelques heures avant leur mort. » Cette information se répandit comme une traînée de poudre, allant dans le sens des déclarations de Fayed qui faisaient état de fiançailles. Mais comme le savaient Trevor et Kez, une partie de cette histoire, au moins, était fausse.

Le jour où la bague entra dans la légende, Trevor fut débarrassé de son appareil respiratoire, pouvant enfin respirer seul pour la première fois. Il était « éveillé et réceptif ». Il ne pouvait pas parler ; ses mâchoires étaient fermées avec du fil d'acier et la sonde placée dans sa gorge ne lui permettait d'émettre aucun son. Jill et Ernie l'encourageaient cependant à leur répondre par des signes. Ils lui posèrent des questions : « Trevor, si la réponse est oui, alors serre ma main. » Ou remue la tête. Ou essaie d'ouvrir ton œil. Ils avaient établi un petit alphabet, sous forme de tableau, au dos d'une des boîtes en carton crème et or servant à livrer la nourriture du Ritz, en espérant que cela l'aiderait à communiquer. Quand il ouvrait un œil, ils lui indiquaient une lettre et essayaient d'interpréter ses réactions les plus mineures afin de former un mot. Pouvait-il encore penser, raisonner et se souvenir ?

Ce jour-là, il se montra plus nerveux, agité fréquemment par des mouvements convulsifs. « Il veut tousser pour se dégager les bronches, mais il n'y arrive pas. Il veut nous dire quelque chose », s'aperçut Ernie. Veux-tu nous demander quelque chose ? Sa main serra la leur. Oui. De quoi s'agit-il ? Ils sentirent sa frustration. Le tableau avec l'alphabet. Le muscle se contracta. Tout était si laborieux. Si douloureux. Il n'était pas loin de pouvoir communiquer — anxieux au sujet de quelque chose. Mais il était si perturbé, qu'ils n'osèrent pas aller plus loin.

Quand ils rentrèrent à l'appartement, Paul Handley-Greaves et John Macnamara, les deux chefs de la sécurité de Fayed, les attendaient. C'était la seconde fois que Handley-Greaves venait leur rendre visite de Londres, la première pour Macnamara. Le personnel dc l'hôpital leur avait refusé l'accès à la chambre de Trevor et ils leur posèrent beaucoup de questions sur l'accident. Jill et Ernie, bien évidemment, ne savaient rien. « Ce qu'ils voulaient réellement savoir, put dire Ernie, c'était si Trev se souvenait de quelque chose. »

Le lendemain matin, ils reprirent leur place au chevet de Trevor et, grâce au tableau, commencèrent à lui montrer des lettres composant des noms. Il semblait plus humain. On lui avait lavé les cheveux, son visage avait meilleure allure. Il était très agité. Il se tournait et se retournait, essayant de remuer les lèvres, laissant deviner sa force colossale. Il luttait toujours. Jill revit, exaltée, le nageur puissant qui avait remporté le Championnat national gallois, le joueur de rugby qui, des milliers de fois, était parvenu à s'extraire d'une mêlée ouverte. Leur Trevor était encore là. « Il est étonnamment costaud, nota Ernie, et il veut se lever. Il est capable de se lever, de poser son pied sur la barre de métal au-dessus de son lit et de passer par-dessus en se tortillant. Il se tient à sa mère et pose son bras valide autour d'elle. » Pour faire levier ? Pour montrer son affection ? Jill supposa qu'il se débattait parce qu'il avait réalisé qu'il était gravement blessé.

Elle avait tort. Trevor se pensait parfaitement en forme. « Dès que je me suis réveillé, j'ai commencé à me souvenir des choses et j'ai cru, franchement, que j'étais parfaitement bien. Quand votre cerveau commence à marcher, on s'imagine qu'il n'y a aucun problème, n'est-ce pas ? Je n'avais pas l'impression d'être aussi mal en point que ça. J'étais persuadé que je pouvais me lever et rentrer à la maison. » Jill et Ernie avaient du pain sur la planche.

« Veux-tu poser une question à propos de Sue ? demandèrent-ils.

— Non, dit Trevor en montrant le tableau.

— À propos de ton patron ?

— Non.

— Au sujet de Helen, ta belle-sœur qui est enceinte ?

— Non.

— Est-ce que cela a un rapport avec l'accident ?

— Oui.

— Est-ce que c'est le chauffeur ?

— Non.

— Veux-tu demander quelque chose à propos des gens qui étaient dans la voiture, les autres passagers ?

— Oui. »

Le temps était venu de lui dire. Il était pourtant épuisé, bien trop vidé par cet effort pour aller plus loin. Les infirmières le remirent sous assistance respiratoire. Ils lui dirent : « On va essayer de découvrir ce qui est arrivé aux autres passagers et on te le dira demain, Trevor. » Il en parut très heureux.

Trevor venait juste d'avoir ses premiers souvenirs conscients. « Je savais qu'il y avait eu un accident. » Il se souvenait que Dodi et Diana étaient sur la banquette arrière quand ils avaient quitté le Ritz. Il se rappelait avoir lutté, s'être débattu avec quelqu'un pour sortir. Il ne se souvenait pas directement de l'accident, ne savait pas qui était le chauffeur, mais il avait enfin compris ce que sa mère lui avait dit, « il y a eu un accident... » Ces moments de lucidité n'avaient pas duré longtemps. Juste des fragments de souvenir. « Ce jour-là, on m'enleva l'appareil respiratoire, puis on me le remit, et on dut m'endormir pour cela. J'étais conscient, puis inconscient », spécula-t-il plus tard. Il était surtout en train de regagner notre monde.

Jill et Ernie rendirent visite au psychologue de l'hôpital, souhaitant ardemment savoir « s'il était bien de parler des morts à Trevor aussi rapidement — ou si nous devions attendre ? Nous ne le savions pas ». Le psychologue fut d'une grande aide. « Il eut ce commentaire merveilleux : "Écoutez la cadence de ses réponses." Nous devions capter ce qu'il essayait de nous dire et y répondre en conséquence. »

David Crawford qui ne voulait pas se comporter en intrus n'avait signalé aux Rees-Jones son voyage à Paris que quelques jours avant son arrivée, avec sa mère, le soir du 9 septembre. Ce séjour s'était organisé, spontanément, à l'improviste. Il avait saisi l'opportunité d'emmener sa mère en vacances, comme tous les ans, utilisant des billets de train, première classe, à demi-tarif, que lui avait offerts un de ses amis agent de voyages. Il était impatient de partir, espérant pouvoir apporter une aide quelconque à Jill et Ernie. De plus, l'atmosphère électrique, entourant les événements à Paris, était irrésistiblement attirante. Il descendit avec sa mère à l'hôtel Apollo, le plus près possible de la gare du Nord où ils étaient arrivés en TGV. Le lendemain matin de bonne heure, il joignit son bureau à Oswestry et apprit que les Rees-Jones l'avaient appelé car ils souhaitaient le rencontrer le plus vite possible.

Pouvait-il les retrouver à leur rendez-vous de 15 h 45 à l'ambassade cet après-midi ? Bien sûr ! Le consul, le général Keith Moss, les présenta à Dominique McCluskey, un avocat du cabinet parisien Klein Goddard, qui faisait partie des firmes agrées pour les Britanniques ayant besoin d'aide. Il était le conseiller légal de l'ambassadeur. On entra vite dans le vif du sujet : Trevor avait besoin d'un avocat français et McCluskey était là pour offrir les services de la firme Klein Goddard, précisément, ceux de son associé principal, un certain Theo Klein. Ce nom-là encore !

En mettant poliment en avant son cabinet, McCluskey expliqua les raisons pour lesquelles Trevor risquait d'avoir besoin d'un avocat. « Au cours de l'enquête, il pourrait être considéré, soit comme une victime, un témoin ou comme un accusé. »

Accusé ! Personne, jamais, nulle part, n'avait suggéré que Trevor pût être tenu pour responsable. L'audition de la police française interviendrait dès que Trevor serait physiquement en état. Peut-être dès la semaine prochaine, bien que Trevor ne puisse pas encore parler. Cela signifiait-il qu'il pourrait désormais être interrogé en tant que suspect. « Nous fûmes horrifiés car cette pensée ne nous avait jamais traversé l'esprit », explique Crawford qui, juste quelques heures auparavant, venait d'assurer les Rees-Jones que ceci ne pouvait arriver. Crawford s'aperçut que Jill et Ernie essayaient de garder leur calme, mais de toute évidence, ils avaient été rudement secoués. « Tout cela était très, très inquiétant », admet Ernie.

Ils avaient évité les journaux et n'avaient pas perçu la tension grandissante lorsque des « experts indépendants » s'étaient empressés de critiquer les pratiques de sécurité des gardes du corps. « Si j'avais couvert cette mission, je m'attendrais à être poursuivi », avait déclaré, dans le *Herald Tribune*, Ivor Haring, responsable de protection rapprochée de VIP. Il y avait la question de la ceinture de sécurité. M. Boyer, le pompier qui avait secouru Trevor, avait apparemment présumé, en la voyant déroulée et coincée autour de son corps, que Trevor la portait au moment de l'accident. Le rapport de Gourmelon allait affirmer que « le passager avant droit avait mis sa ceinture » — il était le seul des quatre à la porter.

Ce fut à cause de cette unique et mauvaise interprétation involontaire que naquit le mythe de la ceinture de sécurité de

Trevor. Il allait s'amplifier, faisant de lui à la fois un exemple en terme de sécurité routière, mais aussi la victime d'attaques vicieuses, allant du non-professionnalisme à une implication dans le complot d'assassinat. Le *Times* écrivit : « "La seule personne dans la voiture qui portait une ceinture de sécurité était le garde du corps, qui a survécu", informe une source policière en haut lieu. » Pourquoi était-il le seul à porter une ceinture de sécurité, alors que les règlements des gardes du corps demandent qu'ils restent détachés pour protéger leurs clients ? Cette question accusatrice fut bientôt posée. Un informateur anonyme allait déclarer aux Services de renseignements britannique que « Trevor était au courant du complot et avait accepté d'en faire partie. C'était la raison pour laquelle il avait essayé de boucler sa ceinture de sécurité ».

Alors que les rumeurs se propageaient, les experts médicaux spéculaient, dans la presse, que Trevor pourrait bien ne jamais se rappeler des détails de l'accident — qu'un traumatisme de ce genre était susceptible d'avoir causé des dégâts irrémédiables à sa mémoire.

Ils avaient besoin de boire un verre. « Pourrions-nous avoir un rafraichissement, s'il vous plaît ? » demanda Jill, les joues en feu. Soudain, ils ne pensaient plus qu'à leur soif. Une scène étrange se déroula. Ils étaient assis dans l'un des bastions diplomatiques britanniques les plus prestigieux, au-dessus d'un court de tennis impeccablement soigné, alors que Keith Moss et d'autres envoyaient un vice-consul chercher des boissons non alcoolisées, après avoir fouillé dans leurs poches et leurs portefeuilles pour réunir assez de pièces pour le distributeur de Coca. Morts de soif, ils attendirent qu'il revienne, les bras chargés de canettes de Coca-Cola et de jus d'orange. Ce jour-là, on porta le toast rituel au « rétablissement complet et total de Trevor » avec du Coca.

Le mot « accusé » résonnait dans leurs têtes tandis qu'ils quittaient l'ambassade.

« Nous étions absolument horrifiés et nous avions l'impression d'avoir dormi tout éveillés jusque-là. Nous avions besoin d'aide, c'était urgent, surtout, maintenant que Trevor pouvait être accusé », rapporte Ernie. Ils tombèrent tous d'accord. Trevor devait prendre un avocat français. Crawford allait s'occuper d'en trouver un. « Nous quittâmes l'ambassade, glacés et effrayés. Cette nuit-là, aucun de nous ne ferma l'œil », confie Jill.

Les avocats de Fayed non plus. Tard la veille au soir, le 9 septembre, le bureau du procureur de la République avait communiqué le troisième rapport sur le taux d'alcoolémie de Henri Paul. Il confirmait les deux précédents : non seulement Paul avait dans le sang plus de trois fois le taux d'alcool autorisé par la loi, mais aussi des traces de médicaments qui pouvaient avoir influé sur son comportement. Ces nouvelles avaient fait sensation dans la presse du matin. « LA TROISIÈME ANALYSE CONFIRME QUE LE CHAUFFEUR DE L'ACCIDENT ÉTAIT IVRE », déclara *The Times*. Les avocats de Fayed maintinrent leurs attaques contre les photographes.

L'avocat Dartevelle annonça que Fayed avait porté plainte pour violation de la vie privée contre les hélicoptères qui avaient survolé sa villa de Saint-Tropez, et demandé au juge d'étendre l'enquête sur l'accident pour prouver que les paparazzi s'en étaient également rendus coupable. Cela ressemblait à un écran de fumée.

Mais des preuves existaient et Fayed ne pouvait les nier. Il avait finalement été obligé de reconnaître publiquement le taux d'alcoolémie de Paul et, par l'intermédiaire de Michael Cole, avait condamné d'un air offensé la conduite en état d'ivresse. « Mohammed veut la vérité et quel que soit le coupable, j'irais personnellement cracher sur sa tombe. » Mais il ne renonça pas à se justifier : personne ne savait que Paul était ivre — son personnel n'était pas coupable. Trevor ne pouvait pas parler. Il était temps de faire appel à Kez.

Kez reçut l'appel de Paul Handley-Greaves sur son portable à Kilkenny. Il venait d'acheter un cheval et passait des vacances stimulantes. Il avait encore plus d'une semaine de congé. « Nous voulons que tu fasses une interview pour une télévision américaine. » Pas question, pensa Kez. « La dernière chose que je souhaite c'est qu'on connaisse mon nom et qu'il soit lié à cette affaire. » Il avait entendu les nouvelles concernant le taux d'alcoolémie de Paul le lendemain de son retour de Paris. « Mon Dieu, ce n'est pas possible. Il semblait pourtant normal ! » s'exclama-t-il, choqué. Mais toutes les télévisions lui demanderaient : « Vous ne le saviez pas ? » « Non, je n'ai pas envie de leur répondre, dit-il à Handley-Greaves. Je suis en vacances, pour l'amour du ciel. »

Handley-Greaves le rappela de Londres : « Écoute, le patron demande si tu ne peux pas avoir assez de bonté pour faire cela ? » « Comment aurais-je pu refuser ? » Kez prit le ferry le lendemain matin. On vint le chercher au port et il fut conduit directement à Park Lane. Il enfila un costume et, quelques minutes plus tard, se retrouva devant les caméras de ABC pour une interview avec Cynthia Mcfadden. Cette émission, croyait-il, ne serait diffusée qu'en Amérique. « En fait, avant que les caméras n'aient commencé à tourner, John Macnamara m'a lancé : “Pensc à ce que tu dis”, cela signifiait d'après moi, que si je disais quelque chose qui pût être utilisé contre Fayed, ma carrière serait terminée. Alors il s'assit. » « Si tu peux entrer un instant par ici maintenant, on va rencontrer un type du *Mail on Sunday*, lui annonça Macnamara après l'interview. Il prépare un article pour dimanche prochain. » « Pour l'amour de Dieu », s'exclama Kez, tandis que Macnamara le guidait à l'intérieur de la pièce pour lui présenter Chester Stern. L'entretien fut court et confirma principalement le fait que Dodi et Diana n'avaient passé qu'un court instant à la villa Windsor le jour de l'accident.

Kez était couché depuis environ une heure quand on le secoua. « Tu dois te lever, Kez, on va à *Panorama* ce soir. »

« Je me levai, pris une douche, m'habillai et fis l'interview de *Panorama*. » Il put s'entendre dire, devant la caméra, « le plan de Dodi était un bon plan. Il a fonctionné ». « Je ménageais encore les sentiments de la famille. Je ne voulais pas dire : ce sont des conneries. Et Macnamara était assis à quelques mètres de moi pour... enregistrer mes réponses. »

Le gros titre du *Daily Mail* le lendemain matin, 11 septembre, fut l'un des pires cauchemars du Ritz. « LES HOMMES DE FAYED FONT FACE À DES ACCUSATIONS. » Cela continuait ainsi : « Il se peut que le Ritz à Paris soit poursuivi à cause du chauffeur drogué... La direction de l'hôtel Ritz à Paris risque d'être poursuivie pour homicide involontaire (par imprudence) suite à la mort de la princesse Diana. »

Frank Klein avait convoqué au Ritz Jill, Ernie et David Crawford, qui avait un exemplaire du *Daily Mail* à la main. Il le montra à Frank. Sous ses yeux, l'homme qui dirigeait le Ritz se décomposa, cédant, sous la menace, à la panique et à la peur. Crawford ne parvenait pas à le croire. Klein les avait convoqués principalement pour pousser Trevor, une nouvelle fois, à prendre un avocat français choisi par Fayed. En le voyant aussi paniqué, la détermination de Crawford pour trouver un avocat indépendant ne fit que se renforcer. Trevor étant chaque jour de plus en plus près de retrouver sa mémoire, le besoin de protection devenait urgent, sentit Crawford.

Ernie avait enfin dissipé une de ces peurs concernant le jeune homme. Quand il avait appris qu'il pourrait être aussi bien accusé que victime ou témoin, Ernie, très inquiet, avait demandé au docteur Puybussent de lui répondre franchement ; le test sanguin de Trevor révélait-il la présence d'alcool ou de quelque chose d'autre qui pourrait l'incriminer ? Le docteur Puybussent confirma alors ce que Jill et Ernie avaient toujours cru : les prélèvements étaient complètement normaux. C'était un grand soulagement, Ernie s'étant soucié des possibles répercussions qu'aurait eues une mauvaise analyse de sang.

« On doit annoncer aujourd'hui à Trevor qu'il est le seul survivant. » En entrant dans l'hôpital le matin, après leur réunion cauchemardesque au Ritz, Jill était résolue. Ils essaieraient d'écouter la cadence de ses réponses. Ils avaient téléphoné à l'hôpital de très bonne heure pour s'assurer de sa vivacité d'esprit. Les nouvelles étaient bonnes. Trevor respirait sans assistance depuis six heures. Mais ils étaient angoissés devant ce qui les attendait — craignant l'effet du choc, ou ce qu'ils pourraient apprendre sur l'état de son cerveau. C'était ce que Jill redoutait le plus depuis qu'elle s'était envolée pour Paris.

Jill commença, comme elle le faisait toujours, avec son mantra : « Il y a eu un accident de voiture... Tu vas très bien t'en sortir... » Puis elle saisit sa main valide et lui murmura, doucement : « Trevor, tu es le seul survivant de l'accident. » Trevor avait compris. Ses pensées étaient lentes. Mais il était capable d'absorber les mots de sa mère et ressentit à la fois un sentiment d'horreur et de l'incrédulité. Il voulait s'assurer qu'il avait bien saisi. De sa main droite, il montra le tableau. Épela « Dodi ». « Il est mort. » Trevor indiqua de nouveau le tableau, épelant « Diana ».

« Oui, elle est morte aussi. Henri Paul est mort. » Jill répéta : « Trevor, tu es l'unique survivant. » « Je pense que c'est là que j'ai réalisé ce qui s'était passé en fin de compte. Je crois que j'ai été choqué au-delà de tout », se remémore Trevor. Ses premiers souvenirs sont peut-être revenus la veille, mais il ne se rappelle pas cet instant aussi nettement que celui où il a appris qu'ils étaient tous morts, même si « je pense que j'étais toujours bourré de médicaments ».

Il ne parvient pas à décrire son émotion — C'est confus dans sa mémoire. Mais sa famille, l'équipe de travailleurs miracles de cet hôpital français — et sa propre force extraordinaire — l'avaient ramené dans notre monde. « Les larmes vinrent alors », dit Jill. Pour sa mère, ce fut terrible à voir. Elle le vit tenter d'exprimer ses sentiments — sa frustration devant son incapacité de gémir, pousser des cris de rage ou de chagrin. Aucun souffle n'atteignait ses cordes vocales, il était muet. Incapable du moindre son. Il ne pouvait ni sangloter, ni ouvrir la bouche. Elle essaya de le réconforter, mais la vérité lui était parvenue. Il ne put exprimer ses sentiments que par quelques larmes qui glissèrent sur ses joues suturées et gonflées.

Ce jour-là, ils lui posèrent une question supplémentaire. Une question vitale. « Te rappelles-tu l'accident ? »
« Non. »

Si Trevor ne pouvait parler, sa grand-mère, elle, en était capable. Très vite, Jill l'apprit. Les médias avaient trouvé la grand-mère de Trevor, celle qu'il appelait « sa Nain », dans son village gallois. Elle avait refusé de quitter sa maison pour vivre avec une de ses filles qui aurait pu la protéger. Dans la matinée, après qu'elle eut annoncé à Trevor qu'il était le seul survivant, Jill reçut un appel affligé de sa belle-sœur. Nain était encore citée dans le *Daily Mail.*

Sarah Ann-Rees, à quatre-vingt-cinq ans, n'était pas aussi solide que cela. Parlant le gallois, elle n'était pas habituée à l'effervescence. Les reporters, ne parvenant pas à atteindre Trevor ou ses parents, avaient envahi sa maison. Ils s'asseyaient à sa table et buvaient son thé, tandis qu'elle leur parlait fièrement de son petit-fils chéri, de la façon dont lui et sa famille se débrouillaient à Paris et de ce qu'elle pensait de la nouvelle analyse de sang. « Ce sont des nouvelles atroces... C'est horrible de penser que tout cela aurait pu être évité si cet homme s'était montré un peu plus responsable. »

La manipulation médiatique de cette vieille femme confiante avait brisé l'inviolabilité de la famille, que Jill et Ernie avaient si jalousement protégée. Leurs visages, le sien et celui d'Ernie, n'étaient pas encore apparus. La presse n'avait pris qu'une photo d'eux, de dos, grimpant en courant un escalier. Aucune phrase venant d'eux n'avait été publié. Quand Jill vit la photo de Nain à la une d'un tabloïd sur les Champs-Élysées, elle faillit presque s'évanouir d'horreur. Alors que les médias n'étaient plus considérés comme uniques responsables de l'accident, Jill éprouvait de plus en plus de ressentiment à leur égard.

Pendant que sa Nain devenait la chérie de la presse, Trevor s'asseyait sur une chaise. Une avancée capitale dont il était très fier, mais ne pas pouvoir le dire à Jill et Ernie le frustrait terriblement. Eux-mêmes cherchaient désespérément un meilleur moyen pour communiquer. Ils voulaient savoir dans quel état se trouvait son cerveau. Ils lui apportèrent, ce jour-là, un tableau blanc qu'on pouvait effacer, l'encourageant à le tenir sur ses genoux et à essayer d'y griffonner des mots avec un marqueur.

Le lendemain, quand ils arrivèrent dans sa chambre, il était assis sur la chaise et avait écrit quelque chose. Ils se rendirent compte qu'il était impatient qu'ils le lisent. C'était écrit de manière grossière. Mais pour Jill et Ernie, ce fut plus merveilleux que n'importe quelle *Iliade.* « Bonjour, maman et Ernie. Heureux que vous soyez là. Merci pour tout. Tout mon amour, Trev. »

Ce premier message provoqua une avalanche de soulagements. Il avait trouvé un moyen de communiquer. Il avait dissipé leur pire crainte, celle que son cerveau ait pu être endommagé. Et, dans son impuissance et sa vulnérabilité, il avait révélé la face tendre de sa personnalité, celle du « gars aimant » que sa mère connaissait mais qu'il montrait si rarement. Ernie fut ému aux larmes par les mots de Trevor. Il avait fait de son mieux pour combler le fossé entre eux. Ils n'avaient jamais été très proches, ce qui était naturel puisque Trevor était déjà un jeune homme quand Ernie était entré dans leurs vies. Cela ne l'avait pas empêché de faire tout son possible pour soutenir Jill et son fils dans cette épreuve — il avait le sentiment d'être comme son père. Et, aujourd'hui, ce message griffonné voulait tout dire. Pour la première fois depuis l'accident, Jill s'effondra en larmes de joie.

9

« *Je ne me souviens pas.* »

« En aucune façon, cela n'a été la faute de Trevor. » Alors qu'ils écoutaient, fascinés, Kez leur raconter tout ce qu'il savait, Jill et Ernie s'emparèrent de cette petite phrase : « *En aucune façon, cela n'a été la faute de Trevor.* » Leur soulagement fut incommensurable.

Kez arrivait de Londres où venait d'avoir lieu une scène qu'il choisit de ne pas partager avec Jill et Ernie.

« Nous voulons que tu ailles à Paris et que tu tâches de voir Trevor, lui avait demandé Handley-Greaves, après l'avoir convoqué à son bureau. Si tu y parviens, dis-lui bien de déclarer, à tous ceux qui le questionnent, qu'il ne se souvient de rien. »

Le temps passait. Dans quelques jours, Trevor aurait à parler au juge — la rumeur faisait état de la semaine prochaine. Handley-Greaves et Macnamara avaient tous deux essayé en vain de rendre visite à Trevor. Et, aujourd'hui, Trevor en personne avait entrouvert la porte : d'après Ben Murrell, il avait demandé à voir Kez. Ils tenaient leur cheval de Troie, quelqu'un qui pouvait se glisser dans la chambre de Trevor et lui faire passer les ordres du patron.

« "Pourquoi ?" demanda Kez. Une petite sonnette

d'alarme se déclencha en moi, me soufflant : attends une minute ! Pourquoi veut-il que je raconte ça ? »

Mais Handley-Greaves écarta cette question d'un : « Oh ! Ce sera mieux à cause de cette histoire d'alcool. Dis-lui que tout va bien se passer, ajouta-t-il. Le patron va tout arranger. Et préviens Trevor qu'on va veiller sur lui.

— Ouais, je dirais ça alors », répondit Kez.

« Si je refusais, j'aurais peu de chance de réussir à voir Trevor. » Kez le savait. Mais quand il s'envola pour Paris, le samedi 13 septembre, il n'avait aucunement l'intention d'obéir aux ordres. Jusqu'à quel point s'attendaient-ils à ce qu'il soutienne le chagrin du patron ? Ou qu'il prouve sa loyauté ? Lui demandait-on de livrer la bataille de Fayed ?

Kez fut heureux de se retrouver à Paris, impatient de fuir les remous médiatiques sur le point d'éclater en Angleterre et en Amérique au cours des deux prochains jours. La police française ne communiquant aucune information, et Trevor, l'objectif principal, étant inaccessible, il était prévisible que l'on donnât une importance énorme à la déclaration de l'autre garde du corps. Kez le redoutait. Il avait raison. Son apparition sur la chaîne nationale américaine ABC fut largement commentée dans les journaux britanniques. L'article de Chester Stern parut dans le *Mail on Sunday* du 14 septembre, et, le lundi, la BBC devait diffuser son émission d'une heure, *Panorama* — intitulée « Diana : son dernier jour » — où Kez était omniprésent. Au cours de cette émission, il allait lui-même s'entendre aider le patron à bâtir son accusation contre les photographes, déchargeant ainsi Henri Paul et le Ritz. Il ne se sentirait pas fier de ce qu'il s'était senti contraint de dire, avec Macnamara assis à ses côtés.

« Rien ne suggérait que Paul était soûl, c'était juste un type sympa », avait déclaré Kez aux caméras de *Panorama*. Il le pensait. Néanmoins ses autres déclarations, pourtant franches, restaient peu claires, obscures même, puisqu'il essayait de faire plaisir au patron sans mentir. Oui, Dodi leur avait présenté un nouveau plan dans lequel Henri Paul devait conduire : « C'était un bon plan... et il avait fonctionné », avait-il affirmé. En entendant cela, Kez allait plus d'une fois avoir envie de rentrer sous terre. Mais, le plus important, c'était que Kez n'avait pas répété que Dodi et Henri Paul avaient affirmé que Fayed avait approuvé le plan.

Le silence de Kez permettait au patron de prendre ses distances par rapport à toutes les mesures prises ce soir-là au Ritz.

Plus tard, Fayed dira au juge français avec un air offensé qu'il n'avait rien su concernant la décision de demander à Henri Paul de conduire. Il affirmait et ne voulait pas démordre qu'il n'avait pas été consulté.

Après avoir dépeint de façon vivante le harcèlement croissant des paparazzi, Kez avait terminé son interview à *Panorama* avec un réquisitoire vibrant : « Si on doit blâmer quelqu'un, ce doit être ceux qui traquaient la voiture. Cette poursuite n'avait fait qu'augmenter et elle a atteint son paroxysme ce soir-là. »

Jill et Ernie furent ravis de voir arriver Kez ce week-end-là, le lendemain de l'arrivée de Gareth et Chris, qui apportaient un énorme morceau de cheddar de la maison. Cela les soulageait d'un fardeau d'avoir leur famille et leur amis réunis autour d'eux. Lutter pour rester en vie avait été le premier combat de Trevor : depuis qu'il avait repris conscience, il était exposé à la réalité des événements et à l'énormité des batailles qui l'attendaient s'il voulait retrouver un peu de sa santé d'avant. Jill et Ernie pressentaient bien que son rétablissement était entré dans une nouvelle phase. Le risque ne provenait plus de ses blessures, mais de ce qui se déroulait au-delà de sa chambre — la pression médiatique, l'enquête de la police —, et de ses propres démons, les pensées et les souvenirs qui s'insinuaient dans sa tête assourdie par les migraines et embrumée par les analgésiques.

Les humeurs de Trevor variaient à mesure qu'il prenait conscience de son état et de son impuissance. Son sens de l'humour refaisait surface de temps à autre. Le samedi, alors que Gareth lui expliquait comment Helen, enceinte de trois mois, souffrait de nausées, il écrivit sur son tableau :

« Alors, je dois être enceinte aussi. » Mais sa force exceptionnelle combinée à la frustration était son pire ennemi. Il voulait connaître l'étendue de ses blessures : « Qu'est-ce que j'ai qui ne va pas ? Est-ce j'ai failli mourir ? » griffonnait-il sur son tableau. Il s'agitait dans tous les sens, il avait chaud.

Peu à peu les souvenirs revenaient. Il écrivait difficilement : « Je vais être viré », puis « ce n'est pas de ma faute ».

Il tentait en vain de se souvenir d'un détail après être monté dans la voiture avec Dodi et Diana. Pour la première fois, il regardait l'avenir — c'était encourageant. Mais cela le précipitait dans d'affreuses angoisses, concernant son travail — allait-il être viré ? —, son patron et l'échec de son mariage. « Veux-tu voir Sue ? » lui demandèrent ses parents. Il gribouilla sur son bloc : « À quoi bon ? » Jamais il ne posait la question la plus douloureuse : « Pourrais-je redevenir garde du corps ou jouer à nouveau au rugby ? »

De toute évidence, même si Jill se refusait à employer le mot « déprimé » — « c'est un mot qui ne veut plus rien dire, il est trop utilisé » —, il était abattu.

Trevor demanda à voir Kez. Cela allait lui remonter le moral, pensèrent Jill et Ernie. Eux-mêmes avaient écouté, passionnés, Kez leur raconter ce qui s'était passé ce soir-là. Tandis que ce dernier était revenu sur les événements qui avaient précédé l'accident le silence était tombé sur l'appartement. Henri Paul à qui l'on avait demandé de prendre le volant. La tentative de semer les paparazzi. Les détails du plan de Dodi. « En aucune façon, cela n'a été la faute de Trevor. » Oui, Kez serait capable de soulager son ami de certaines de ses angoisses.

Cependant, le dimanche, Trevor fut si agité qu'il tapa du poing sur la table. Il ne voulait plus voir Kez. En revanche, il souhaitait la visite de Lara, cette jeune Irlandaise qui, d'après Jill, était sa meilleure amie ; Trevor avait griffonné une lettre à son intention. Si seulement elle pouvait être là, en ce moment, souhaita Jill.

Trevor voulut savoir ce qui se disait dehors. « Les journaux racontent que Henri Paul était ivre », lui répondirent Jill et Ernie.

« Il a seulement bu deux verres », écrivit en réponse Trevor. Ses parents furent pris de panique. Le Trevor qu'ils connaissaient n'aurait jamais, *jamais*, laissé quelqu'un qui avait bu prendre le volant. Ce fut Kez qui, plus tard, apaisa leurs craintes en leur expliquant qu'ils avaient cru qu'il s'agissait de jus d'ananas. Toutefois, leur inquiétude persista.

Le lundi 15 septembre, au matin, tout s'accéléra. Jill et Ernie rencontrèrent le docteur Chikhani et le professeur Jean-Jacques Rouby, chef du service de réanimation. Grandes nouvelles !

On lui avait enlevé les fils de la bouche — qui avaient bloqué la mâchoire pendant le temps où les os se ressoudaient — elle était toujours fermée, mais avec de la rééducation, il allait désormais pouvoir recommencer à l'ouvrir. En outre, Trevor avait été équipé d'une nouvelle sonde trachéale qui devait lui permettre d'émettre des sons — de parler. « C'est merveilleux ! » s'exclamèrent en chœur Jill et Ernie, impatients de le voir.

« Quand nous entrâmes dans la pièce, il était assis sur la chaise. Il avait fait quelques pas dans la chambre. Il essayait de parler et pensait de toute évidence qu'il s'exprimait clairement — il semblait si fier de lui. » Jill aurait voulu pouvoir l'aider à concrétiser ses efforts. « Il tentait désespérément de former des mots, mais pour nous, au début, c'était à peine compréhensible. On aurait dit quelqu'un qui tâchait de parler avec la gorge pleine d'eau et la bouche remplie d'instruments sur le fauteuil d'un dentiste. »

« C'était une sorte de glouglou, comme lorsqu'on parle sous l'eau », confirme Ernie.

Mais, visiblement, Trevor était ravi. Il avait bien l'intention de « parler davantage et de se passer de plus en plus de son tableau ».

Ils réalisèrent que, bientôt, il parlerait assez bien pour

être en mesure de voir le juge. Grâce à ce progrès, l'audition fut prévue pour le vendredi suivant, le 19 septembre.

Excité par ses nouvelles facultés, Trevor demanda à voir Kez. Cependant, ce dernier n'avait toujours pas d'autorisation officielle.

Comme « personne ne nous avait donné de raison qui empêchait Trevor de recevoir de la visite », Jill décida lors de leur prochaine venue de faire passer David Crawford et Kez avec eux. À travers le barrage des agents de sécurité.

Crawford, qui était resté à Paris pour chercher un avocat capable de défendre Trevor, fut surpris de voir Kez. « Je me suis dit que Fayed avait les ressources financières nécessaires pour permettre à Trevor de voir un de ses copains, et collègue. C'était une gentille attention. »

Ils avertirent Kez de ce qui l'attendait. « Quand je suis entré, j'ai eu du mal à le croire. Il avait une tête énorme et enflée. On le reconnaissait, mais il ressemblait à une citrouille, comme si on l'avait gonflé. Il était à moitié assis, bavant. Son regard était triste. Ce qui me perturba le plus, c'était de voir qu'il avait failli perdre un œil — il était tout affaissé, coupé. » Le vieil humour qui leur était si familier reprit vite le dessus. « Je lui ai serré la main et je l'ai gardée un instant dans la mienne. Je pensais : tiens bon, Trevor, mon vieux, je pense que t'as envie de te fiancer. Change d'avis Trev, pas avec la tête que tu as, pensai-je, finalement.

« Il ne pouvait pas ouvrir ses mâchoires, alors il avait une petite ardoise dont il se servait pour communiquer. Il essaya de griffonner quelques mots, mais il s'énerva parce qu'il n'y arrivait pas. Il tenta de le dire. En vain. » Finalement, il inscrivit quelque chose sur sa tablette et la montra à Kez.

« C'était des OT. »

OT voulait dire heures supplémentaires. Kez pigea instantanément et éclata de rire. En seulement quatre mots, Trevor avait résumé l'ironie de la situation — celle qui les avait conduits tous deux dans cette chambre d'hôpital. « Eh bien, c'est bien fait pour toi, espèce de salaud de grippesou », répliqua Kez du tac au tac.

« C'était très touchant de le voir essayer de rire. Il n'y arrivait pas et j'essuyais la saleté qui sortait de sa bouche. Quand il commença à rire, cependant, je fus soulagé, son cerveau était OK. C'était toujours Trev. Il allait se remettre. Il allait bien. C'était fantastique. » Kez espérait que Trevor ne s'était pas rendu compte du choc qu'il avait éprouvé en apercevant son camarade. Mais soudain Trevor écrivit : « À quoi je ressemble ? » Heureusement, Jill et Ernie n'étaient pas là pour entendre la réponse de Kez — ils attendaient dehors en compagnie de Crawford.

Avec son humour de bidasse, Kez lâcha : « Eh bien, pour être franc, tu ressembles à un légume et tu sens la pisse. » Trevor avait envie de rire. Mais il n'y parvint pas. Il essayait, essayait de parler. L'émotion le gagna. Il écrivit : « Ils sont tous mort.

— Pour le moment, ne t'inquiète pas de ça. Concentre-toi sur ta guérison et sur ton retour en Grande-Bretagne. Tu vas te remettre. »

Trevor, de plus en plus somnolent, n'arrêtait pas de répéter : « Ils sont tous morts. » Puis soudain il griffonna : « Ils ont dit qu'il était ivre.

— Non, il n'était pas ivre. Ne t'inquiète pas de ça. Tu seras de retour à ton travail avant même que tu t'en rendes compte, répliqua Kez.

— Crois-tu qu'ils vont encore vouloir de moi ? » Puis il s'assoupit. « À bientôt », fit Kez en partant. Il n'avait passé que cinq à dix minutes avec Trevor. Et ne lui avait pas transmis le message de Handley-Greaves. L'émotion qu'il avait ressentie devant l'état de son copain avait facilité les choses.

« Lui as-tu communiqué mon message ? » demanda Handley-Greaves à son retour à Londres l'après-midi. « Ouais, ouais », répondit Kez.

Une fois Kez parti, Jill fit passer David Crawford devant les deux officiers de la Brigade criminelle, assis devant la porte de Trevor, et le fit rapidement entrer dans la chambre. Crawford fut frappé par la chaleur qui y régnait. Cela lui rappela la fournaise intolérable dont Camus parlait dans *L'Étranger.* « Cela a dû être terrible à supporter pour Trevor. »

La rencontre entre les deux hommes tourna court. « J'avais à peine eu le temps de me présenter et de lui dire "j'ai connu votre père" qu'une infirmière m'ordonna de sortir immédiatement puisque je n'avais pas d'autorisation écrite. »

Cependant, Crawford avait eu le temps d'apercevoir le visage de Trevor, ce qui le fit frémir. Des sons étouffés sortaient de « cette tête gonflée », des sons que seuls Jill et Ernie commençaient à pouvoir traduire.

Lorsqu'on « jeta David dehors », Jill et Ernie furent désespérés. Ils pensaient sans cesse au mot « accusé » entendu à l'ambassade, et se montraient très inquiets devant ces mesures de sécurité agressives. « Nous avons commencé à nous demander si la police n'était pas là, davantage pour surveiller Trevor, pour le mettre au secret, que pour le protéger, fait remarquer Jill. Pourquoi devait-on présenter son passeport au policier en faction ? Trevor était à la fois une victime et un témoin. »

« On ne nous expliquait rien, alors nous étions très soupçonneux et... mal à l'aise », renchérit Ernie. Furieux, il téléphona à la police qui lui assura que les hommes de garde à l'hôpital n'avaient qu'une seule mission : protéger Trevor des paparazzi — rien d'autre.

Mais plus le temps passait, plus Jill et Ernie sentaient qu'il était urgent de dénicher un avocat parisien pour leur fils. C'était devenu une question de jour, l'audition du juge ayant été fixée au vendredi. Crawford n'avait pas encore trouvé le moment pour parler des recherches qu'il avait entreprises avec Jill et Ernie. L'excitation provoquée par la pose de la nouvelle sonde et le défilé permanent dans la chambre l'en avait empêché jusque-là.

Il pensait avoir déniché l'avocat adéquat. Avec l'approbation des Rees-Jones, il avait téléphoné à l'un de ses vieux amis, François D. qui avait vécu chez lui vingt ans auparavant, quand il était étudiant, et qui était maintenant associé dans un cabinet parisien.

Au téléphone, Crawford lui avait expliqué que l'avocat choisi devait correspondre à cinq critères précis. « Il devait parler anglais couramment. Avoir une expérience dans le droit pénal. Être suffisamment à l'aise financièrement pour ne pas se soucier de ses honoraires. *Ne pas* être du genre à exploiter la situation à des fins publicitaires, ou à parler aux caméras de télévision toutes les cinq minutes. Et, bien sûr, être complètement indépendant de l'organisation de Fayed. »

La veille, au cours d'un excellent déjeuner dominical, le 14, chez les parents de François au sud de Paris — une agréable réunion familiale et amicale en réalité — son ami lui avait donné le nom de Christian Curtil. Sorti depuis trois ans à peine de la fac de droit, il avait des références exceptionnelles — un Master de droit de l'université de New York, un DEA à la Sorbonne et un titre de Secrétaire de la Conférence. Ce concours annuel prestigieux et de haut niveau permettait aux douze lauréats, douze jeunes avocats, de se rendre dans une vingtaine de villes étrangères pour représenter le Barreau français. Les jeunes avocats de la Conférence étaient alors récompensés en se voyant confier certaines affaires criminelles intéressantes.

Jill et Ernie estimèrent qu'il leur fallait le rencontrer immédiatement. Crawford devait quitter Paris le lendemain matin. Il appellerait Curtil dès cet après-midi, à leur sortie de l'hôpital.

Curtil revenait en voiture de la prison de Fleury-Mérogis, la plus grande prison d'Europe, où se trouvaient plusieurs de ses clients, quand il reçut sur son portable l'appel d'un de ses amis avocats jouant les intermédiaires pour François. Son message fut plutôt provocateur. « Il y a quelques semaines, il y a eu un accident de voiture à Paris. Peut-être en as-tu entendu parler ? » Curtil acquiesça, bien qu'il fût à Montréal au cours de la première semaine avec ses onze collègues Secrétaires. Il avait à peine suivi l'affaire : « J'ai trouvé cela bien triste, mais je n'étais pas plus intéressé que cela. »

« Il y a une personne liée à cet accident qui aimerait te parler », expliqua son ami, attisant aussitôt la curiosité de Curtil. « Bien sûr, je fus intrigué. » Dans l'heure qui suivit il reçut un appel de Crawford qui lui expliqua la difficulté de sa situation. « Je dois quitter Paris demain à 10 heures. » Curtil lui proposa un rendez-vous avec Jill et Ernie, le soir même, à 20 heures, à son bureau.

En pénétrant dans l'appartement près de l'Étoile, la première pensée de Crawford fut que Christian était extrêmement jeune. « Ce fut un choc de voir ce très jeune homme nous guider à travers un imposant salon, meublé de pièces d'antiquités, de peintures, de collections d'argenterie et de porcelaines exposées dans des alcôves éclairées. On se serait cru au musée d'Orsay. »

Les bureaux du cabinet de Curtil et de son père Michel étaient situés de l'autre côté du hall. Le père, un homme de loi distingué, avait réalisé une grande partie de la jurisprudence en matière de droit d'auteur. Il avait concrétisé son rêve de travailler sur son lieu d'habitation.

Christian Curtil était un homme de son temps, mais cet appartement représentait un décor incomparable pour son métier. Il fit asseoir ses trois invités autour de la table de conférence.

« Nous sommes là, commença Crawford, parce que le juge doit auditionner Trevor vendredi. Nous sommes inquiets parce que nous ne savons pas si ce sera en tant que témoin ou comme suspect.

— Je ne vois pas comment il pourrait être entendu en tant que suspect, spécula Curtil, mais je connais un peu monsieur Stéphan, le juge d'instruction, et j'essaierai de me renseigner demain. » En écoutant attentivement parler Crawford et le couple, il fut frappé par « l'impuissance, le désespoir des parents qui cherchaient quelqu'un capable d'agir au nom de leur fils, qui ne pouvait ni parler, ni entreprendre des démarches de son propre chef ».

Curtil n'avait pas encore été chargé de représenter Trevor. Mais, au cours de la conversation, il leur proposa que Trevor se constitue partie civile. Ce statut, qui n'existe pas en Amérique ou en Grande-Bretagne, permet aux victimes directes, et à leurs parents, de devenir parties prenantes dans le dossier. Ainsi Trevor aurait accès à chaque document — chaque audition ou début de preuve — réuni au cours de l'enquête du juge. Il aurait droit à la présence d'un avocat pendant les auditions. La famille de Trevor était, de toute évidence, impatiente de le ramener à la maison et de reprendre le cours de leur existence — il se rendait compte qu'ils tenaient profondément à leur vie privée. Mais il avait planté une graine. Si elle germait, Trevor serait impliqué inextricablement.

Quand Crawford testa Curtil sur les cinq critères, le jeune avocat s'en tira haut la main. En ce qui concernait la question financière, Crawford l'avertit : « Maître Curtil, je ne vois pas comment nous pourrions vous promettre des honoraires pour vos contacts avec le juge ou pour le travail qui pourrait en découler. » La famille Rees-Jones n'avait pas les moyens de s'offrir un avocat à Paris. « Je serais heureux de le faire gratuitement et d'attendre de voir comment les choses évoluent », proposa Curtil.

Pour Ernie et Jill, le rêve semblait devenir réalité. « Nous fûmes très impressionnés par ce jeune homme », dit Jill. Après le rendez-vous, Crawford eut le sentiment « qu'il pouvait quitter Paris tranquille ». « J'avais confié le dossier à quelqu'un de bien plus compétent que moi pour le traiter. »

Une année plus tard, il dira : « Je considère que la meilleure démarche, et la seule, que j'ai entreprise dans cette affaire a été de choisir Christian Curtil comme avocat de Trevor, en France. »

Après cette journée terriblement riche en événements, Ernie reçut de Londres un appel tardif de Paul Handley-Greaves : « Il nous raconta que, lorsque Kez était revenu, M. Fayed avait voulu le voir tout de suite. Kez, dit-il, avait informé Fayed que Trev était très déprimé et qu'il s'inquiétait pour son travail. Aussitôt, M. Fayed avait fondu en larmes et s'était montré bouleversé. » Handley-Greaves leur répéta qu'il ne l'avait jamais vu comme ça. En sanglotant, Fayed s'était exclamé : « Il est comme mon fils, il peut demander ce qu'il veut. » Handley-Greaves délivra alors à Ernie un message de Fayed : « Trevor ne doit pas s'inquiéter. Il a un travail à vie. »

« Mettriez-vous cela par écrit ? » lui demanda Ernie, non pas par méfiance mais parce qu'il devinait qu'une telle lettre ferait un bien fou à Trevor et soulagerait son esprit. « Paul nous répondit : “Bien sûr, pas de problème”, dit Jill, mais aucune lettre n'est jamais arrivée. »

Curtil traversa d'un bon pas les vastes couloirs aux colonnes de marbre du Palais de Justice dominés par de magistrales statues. Il grimpa ensuite plusieurs volées de marches étroites qui menaient à un corridor, dont le plafond bas le faisait ressembler à un grenier. Il n'y avait là plus aucune splendeur. Il ouvrit une porte donnant sur un autre couloir encombré de petits bureaux et pénétra dans la pièce 58, — un lieu quelconque, presque nu à l'exception d'une armoire en métal, qui contenait les dossiers en cours de Hervé Stéphan.

Curtil s'était arrangé pour passer bavarder avec le juge d'instruction en charge de l'affaire, au lendemain de son rendez-vous avec la famille de Trevor. C'était un peu audacieux de sa part. « En général, si vous n'êtes pas impliqué dans une affaire, le juge ne peut rien dire. Mais j'avais un bon contact avec Stéphan ; je l'avais déjà rencontré sur d'autres dossiers. Il fallait que nous voyions ensemble comment intervenir dans cette procédure. »

Pour les avocats anglais, c'était la première illustration de la façon de faire des Français. Les conversations entre juges et avocats seraient impossibles en Grande-Bretagne.

En tant que juge d'instruction, Hervé Stéphan avait virtuellement le pouvoir sans limites de désigner ceux qu'il voulait poursuivre, faire citer, interroger ou incarcérer. Quand il estimerait l'instruction terminée, il transmettrait ses conclusions — les causes de l'accident, les personnes responsables, selon son point de vue — au procureur, Maud Coujard, une femme à peine plus âgée que Curtil. Ce serait à elle de requérir qui — s'il y avait quelqu'un — devait être jugé. Le rapport de Stéphan pèserait de tout son poids dans cette décision. Stéphan bâtissait pas à pas son dossier, qui allait compter dix mille pages — « Accident de la route mortel, du 31 août 1997, à 0 h 30 » — dans un secret absolu, obligeant les médias à se contenter des fuites. Il partageait cette enquête avec une collègue tenace, Marie-Christine Devidal, qui, de garde la nuit de l'accident, aurait pu tout aussi bien se voir attribuer la direction de cette enquête dans une affaire de routine. Mais Stéphan était l'un des quelques juges parisiens à qui l'on confiait les « affaires délicates » plus sensibles — ce qui était le cas. Cette affaire était donc la sienne.

Curtil s'était fixé comme mission délicate d'essayer de savoir, sans trahir les confidences, si Trevor était accusé de quelque chose. Quand il fit savoir au juge que Trevor pourrait plus tard intervenir dans l'affaire, le juge lui dit qu'il y avait très peu de risque qu'il soit mis en accusation et que, pour le moment, rien de tel n'était prévu. » Trevor n'était pas — et il y avait peu de chances qu'il le fût — accusé.

« J'ai appelé les parents de Trevor sur leur portable et les ai rassurés : il ne sera accusé de rien, pour l'instant. Tout au moins, de la part du juge. Les autres parties le feront peut-être, mais pas le juge. »

C'était la seconde fois de la journée que l'on rassurait Jill et Ernie. Eux aussi avaient été convoqués au Palais de Justice, dans ce célèbre bâtiment où l'on tournait les séries télévisées de *Maigret*, pour y rencontrer Martine Monteil, commissaire divisionnaire et chef de la Brigade criminelle. Elle les avait fait venir pour confirmer, au grand soulagement de Jill, les précédents propos de la police : « Trevor était protégé pour son bien. Il était un témoin. Il n'y avait aucune charge contre lui. »

La journée avait été bonne. Cependant, à l'hôpital, les nouvelles étaient meilleures encore.

« Attendez cinq minutes, s'il vous plaît », leur déclara le policier alors qu'ils s'apprêtaient à aller voir Trevor. Dans un premier temps, ils furent alarmés. Mais quand la porte de la salle fut déverrouillée et qu'on les autorisa à entrer, ils aperçurent une longue silhouette en robe de chambre s'avancer vers eux en traînant les pieds. C'était Trevor qui descendait le couloir pour aller à leur rencontre. Jill put à peine contenir sa fierté : « Seize jours après l'accident et malgré l'opération, le voilà, aussi grand que jamais, capable de faire vingt mètres vers nous aller et retour. »

« Je ne peux pas le croire. Seul Trevor pouvait faire une chose pareille », pensa Ernie. « Quatre infirmières l'entouraient, tels des remorqueurs autour d'un grand paquebot. » Jill riait, s'émerveillant de le voir. Les infirmières sortaient des salles voisines pour contempler le spectacle : « Il est grand ! Il est grand ! » s'exclamaient-elles, en tapant des mains.

Aujourd'hui, Trevor n'a que de vagues souvenirs de cet instant : il revoit des gens qui sortait leurs têtes des salles en lui souriant. « Je pense qu'ils avaient du mal à croire que je pouvais me mettre debout et marcher si vite — seize jours après l'accident. » « Je me rappelle clairement de l'arrivée de maman et d'Ernie. Je me disais alors, n'en fais pas toute une affaire, maman. N'exagère pas. Honnêtement elle ne le fit pas... J'ai parcouru la longueur du couloir aller et retour, et j'étais vraiment très fier de moi. Je trouvais que c'était un progrès supplémentaire que de me remettre sur mes jambes. J'avais l'impression que j'aurais pu marcher davantage, mais, en fait, au bout de trente-cinq mètres, j'étais crevé. »

De retour dans sa chambre, Trevor parut assez fort pour que Ernie lui lise une coupure de presse émanant d'un journal du dimanche qui critiquait, tout comme les autres l'avaient fait, le professionnalisme des gardes du corps. Trevor sembla « encaisser et y réfléchir sans avoir l'air bouleversé ». Mais, à l'intérieur, il bouillait en pensant : « Putain de salauds, ils n'étaient pas là. Moi, j'y étais. »

Bien que Ernie ait de cette manière suivi les conseils du docteur Puybussent, qui leur avait conseillé de « ramener Trevor à la réalité », il lui demanda : « Est-ce que j'ai bien fait de te lire ça ? » Trevor répondit — ses phrases étaient toujours indistinctes et peu compréhensibles sauf pour Jill et Ernie : « Je suis heureux que tu l'aies fait. » Et il l'était. « J'aurais pu être couché là à me dire : super, j'ai survécu. Tout le monde est persuadé que je suis fantastique. Je n'aurais jamais pensé, que j'étais un héros mais peut-être que les gens m'auraient renvoyé cette image-là, avec leur attentions et leurs louanges. On doit vivre dans la réalité, n'est-ce pas ? Ernie avait bien fait. » Mais la critique le rongeait. « Parce que je n'avais aucun doute. Je savais que ce n'était pas de ma faute. »

Le lendemain, le 17 septembre, « il se montra très triste. Je pense que cette histoire l'avait atteint », observa Jill. Il n'avait pas arrêté d'y penser.

« J'ai commencé à m'inquiéter. Mon Dieu, est-ce cela que tout le monde pense de moi — que c'est de ma faute ? » « C'était très égocentrique », reconnaît Trevor. Pour essayer de lui remonter le moral, Jill et Ernie lui firent remarquer qu'il ne s'agissait que d'un journal. « J'ai été un peu bouleversé, admet Trevor. Puis nous en avons discuté et laissé ça de côté. »

Ils lui lurent également quelques-unes des milliers de cartes postales et de lettres qui arrivaient par flot du monde entier. Trevor eut du mal à se remettre de sa surprise : « Des gens que je n'avais jamais rencontrés qui m'écrivaient ! » Il y avait surtout des Américains. Pourquoi s'inquiétaient-ils de lui ? Il fut surtout ravi de recevoir un album confectionné par ses amis d'Aldershot, l'endroit où il avait été affecté.

La voix de Trevor était toujours assourdie, mais la phrase qu'il lâcha, alors que Jill et Ernie entraient dans la chambre en cette fin d'après-midi, était claire : « Pourquoi est-ce toujours moi ? »

Trevor faisait écho aux paroles prononcées par sa mère quand elle l'avait revu la première fois, à l'hôpital.

Elle savait que cette phrase, « Pourquoi est-ce toujours moi ? » n'était pas sortie par hasard. Trevor avait beaucoup réfléchi depuis leur visite de midi. « Je savais que j'avais failli mourir. Ce n'était pas de la peur que je ressentais. Je ne pouvais penser qu'à une chose : aux fantômes que j'aurais abandonnés derrière moi si j'étais mort. J'aurais laissé un bureau propre et bien rangé, si vous préférez. Mais j'avais des choses cachées à la maison, des choses qui auraient pu causer de l'embarras à ma famille. » Trevor découvrait l'introspection, se mettait à réfléchir sur sa famille.

« Gareth et John ont suivi la voie habituelle : l'université, les diplômes, ils ont trouvé un bon boulot alors que moi j'ai passé mon bac et suis entré dans l'armée. Mes parents n'auraient pas souhaité me voir devenir un simple soldat — ils auraient préféré que je rejoigne l'armée en tant qu'officier, mais je ne l'ai pas fait. J'ai toujours été indépendant.

« Comparé à moi, mes deux frères n'ont jamais eu de problème. C'est moi qui ai divorcé et qui ai été accusé d'avoir conduit en état d'ivresse quand j'étais plus jeune, c'est moi qui me suis retrouvé dans différents pétrins et mêlé à des bagarres. Avec le recul, je me disais que, en quelque sorte, j'étais le mouton noir de la famille. Je n'étais pas dur avec moi-même. Je me disais juste : "Bon sang, qu'est-ce que j'ai eu comme ennuis !" J'en ai causé bien plus à mon père et à ma mère que les deux autres. »

« En réalité, Trevor est plutôt un gars paisible, se disait Jill. Simplement c'est à lui que les choses arrivent. On a l'impression que Trevor se retrouve toujours au centre des problèmes, pour les meilleures raisons du monde. »

À l'occasion, certaines bagarres avaient éclaté dans les pubs d'Oswestry.

« Il faut avouer que Trevor n'était pas du genre à rester assis tranquille quand quelqu'un se faisait tabasser devant lui. C'était toujours lui qui prenait la défense des plus faibles, précise Ernie. Il réglait les choses du mieux possible. » Comme il avait certainement essayé de le faire à Paris, ils en étaient sûrs.

Quand Trevor vit Jill entrer dans sa chambre pour la seconde fois de la journée, il était hanté par l'idée des « pétrins et des bagarres » qu'il avait traversés. Il n'arrêtait pas de se dire : « Mon Dieu, encore un drame ! Qu'est-ce qui peut bien m'arriver maintenant ? Et ma mère qui est toujours là pour moi. »

En le voyant, Jill se rappela soudain une vieille histoire célèbre dans la famille et révélatrice des qualités de Trevor. Elle expliquait parfaitement pourquoi il était si difficile d'être sa mère et pourquoi, cependant, on ne pouvait que l'aimer. « Un jour, il s'est produit un accident devant notre maison. Trevor découvrit ce type qu'il connaissait, saignant à profusion — il était diabétique, comme Gareth ! Trevor savait donc qu'il lui fallait une attention médicale particulière. Il a emmené ce garçon à l'intérieur et, ce faisant, a mis du sang partout sur le tapis de l'entrée et sur la moquette du salon. »

Trevor, lui non plus, n'avait pas oublié cette histoire : « J'ai fini par conduire ce type à l'hôpital parce que ses copains étaient ivres et ne pouvaient pas prendre le volant. Je le connaissais vaguement. Il s'était salement coupé le doigt, alors, mes frères et moi lui avons fait un bandage. Comme il était diabétique, nous lui avons donné du glucose. Je voulais l'amener à l'hôpital, donc j'ai pris la voiture. Du coup, on a mis aussi du sang partout. Il gelait, la route glissait, et j'ai effleuré le phare et le flanc de la voiture de son copain. Aux urgences, j'ai entendu le médecin lui demander : "Est-ce que vous êtes toujours porteur de l'hépatite ?" Mon Dieu ! Il avait une hépatite et moi j'étais là, assis, couvert de son sang, à me dire : merci de m'avoir prévenu, espèce de salaud. Puis j'ai appelé sa mère et elle m'a demandé si je pouvais le ramener. On était au milieu de la nuit et on voulait que j'attende là jusqu'à ce qu'on l'ait recousu, et que je le reconduise à la maison. Je dois reconnaître que j'ai répondu à sa mère : "Vous n'avez qu'à venir le récupérer vous-même." Ensuite, ses copains ont essayé de me faire payer les dommages occasionnés à leur voiture. Je suis rentré à la maison et, le lendemain, j'ai raconté à maman et papa ce qui s'était passé. »

« Trevor était mort d'inquiétude à l'idée de ce que son père allait dire devant le sang sur la moquette, se souvient Jill. En temps normal, s'il y avait du sang partout, c'était encore un coup de Trevor. »

« D'habitude, papa m'aurait flanqué une taloche. » Mais pas cette fois. « Ce jour-là, son père le félicita : "Bien joué, Trevor !" » raconte Jill.

Le soir, quand Jill et Ernie quittèrent sa chambre, Trevor répéta : « Maman, c'est toujours moi, je suis désolé. » Il voulait parler, non seulement de ce gâchis monumental mais de tous les problèmes du passé.

« Trevor, cette fois ce n'est pas de ta faute », répliqua Jill en tâchant d'adoucir sa souffrance. Ne pouvant vraiment l'étreindre, elle lui murmura : « Nous sommes là depuis le début et nous avons l'intention de prendre soin de toi. Jusqu'à ce que tu nous dises que tu te sens capable de vivre à nouveau seul, nous serons là. » « Nous avons commencé cela à trois, nous resterons trois jusqu'au bout », poursuivit Ernie.

Le lendemain, on servit à Trevor son premier déjeuner. Des boulettes de viande rose vif entourées de ce que Jill appela une « plâtrée » verte. « Eh bien, ça n'a pas l'air mal », lança Ernie, optimiste. « C'est de la merde, répondit Trevor. Ce n'est pas vous qui devez le manger. » Bien qu'on lui ait enlevé les fils, sa bouche était maintenue fermée et on dut lui introduire les aliments au moyen d'une seringue. C'était quand même un progrès.

« Où sont mes cicatrices ? » demanda brusquement Trevor. « Il n'y avait pas de miroir dans sa chambre, précise Jill. Il n'avait pas l'autorisation de se regarder. Il n'aurait sûrement pas été capable d'affronter cela. Son visage était comme figé et n'exprimait aucun sentiment. L'intervention avait quelque peu perturbé les nerfs. » « J'ai l'impression d'avoir le visage de quelqu'un d'autre, leur dit-il. Une sorte de masque. »

Jill et Ernie lui montrèrent une à une sur leur propre visage l'endroit où se trouvaient ses cicatrices. Jill fit courir ses doigts le long de l'entaille qui avait tant impressionné les médecins sur le lieu de l'accident ; elle courait du haut de sa lèvre supérieure gauche, horizontalement, en travers de la joue jusqu'au bord de la mâchoire — sur un peu plus de quinze centimètres de long. La reconstruction faite par Chikhani n'avait pu éliminer cette cicatrice de surface — la chirurgie plastique le pourrait peut-être un jour.

Ils furent incapables de lui montrer ou de lui expliquer à quel point son visage restait encore asymétrique. « Il ne s'est jamais montré fier de son physique, dit Jill. De toute façon, son visage était déjà un peu cabossé par le rugby. Il n'était pas parfait. Cependant, il était cent fois mieux que maintenant. »

Trevor avait besoin de voir à quoi il ressemblait. C'était capital si l'on voulait qu'il reprenne pied dans la réalité. Il se rendait compte peu à peu de son inconfort et de tout le travail qui l'attendait. Il faisait une chaleur infernale dans sa chambre. « Je ne pouvais pas me gratter, je ne sentais pas ce que je faisais. J'étais engourdi et je devais supporter cette impression de démangeaison », se souvient Trevor. Un de ses yeux était bandé. Depuis qu'on l'avait débarrassé de la sonde qui lui servait à s'alimenter, il fallait le nourrir à la seringue. C'était un exploit de lui glisser dans la bouche « l'épouvantable purée » sans faire de dégâts.

En outre, il y avait l'humiliation des bassins. « Vilain, vilain », le réprimandaient les infirmières tandis qu'il s'efforçait de ne pas en mettre partout.

« Je ne l'ai pas fait exprès, pensait-il, agacé par leurs remarques. Quand on peut l'éviter, on ne fait pas ses besoins sur son propre pas de porte, n'est-ce pas. » Un jour que le cathéter était tombé, il essaya de faire pipi proprement dans une bouteille. Ce fut un désastre, car il ne savait pas comment faire monter et descendre le lit pour se faciliter la tâche. Après quelques sermons supplémentaires, il se mit à genoux, espérant enfin parvenir à uriner, sans arracher les tubes qu'il avait au bras. Quand les infirmières le trouvèrent dans cette position, elles pensèrent qu'il tentait de descendre de son lit. Elles le grondèrent à nouveau.

Après ces expériences fâcheuses, Trevor apprécia, ravi, qu'on lui fasse sa toilette dans le lit. « Il faisait si chaud. Je n'étais pas embarrassé. Franchement, je préférais que ce soit des femmes qui s'occupent de ça. Quand on est un homme, on n'a pas envie qu'un autre type vous lave les parties intimes. »

Se retourner dans le lit lui demandait un effort infini. Il avait la tête douloureuse, des perfusions dans les bras. « Un matin, j'ai entendu comme un cliquetis. J'avais bâillé et cassé les fils d'acier de ma mâchoire, mais je me sentais beaucoup mieux comme ça. Le pire, c'était la sonde trachéale. Elle n'arrêtait pas de se remplir de sécrétions et de se bloquer. Je devais me battre pour respirer. Maman passait son temps à nettoyer la saleté. Parfois, quand j'étais seul, je me mettais à avoir des nausées. L'infirmière arrivait et enfonçait un petit tube dedans et le ressortait. C'était un tel soulagement... Un jour, en toussant, je l'ai éjectée, les infirmières l'ont retrouvée par terre au pied du lit. Comme elle était percée au bout, c'était embêtant pour l'infection mais je respirais tellement plus facilement. »

« Je n'ai jamais été un bon dormeur. Mais, à cette époque, c'était pire. La plupart du temps, je ne parvenais qu'à somnoler, crevant de chaud. C'était toujours quand je venais de m'endormir, pendant une demi-heure, que les infirmières venaient me laver. J'aurais voulu qu'on m'assomme pour que je puisse enfin me reposer. Par instants, j'en avais marre mais, sincèrement, le personnel hospitalier était absolument formidable. Les infirmières et les docteurs étaient exceptionnels. »

Curieusement, Trevor parvint à supporter la situation. Au lieu d'exploser, « on acquiert un étonnant sentiment d'acceptation... C'est fou de voir à quel point on s'habitue à tout — on accepte que les gens vous retournent, vous donnent un bain dans le lit et vous rasent ». Cela devient normal.

En fait, les manifestations d'agressivité cédaient la place à une immense passivité. Qu'il s'agisse des bassins ou des critiques lues dans les journaux, « je devenais comme une éponge, j'absorbais tout ». Trevor devenait dépendant. C'est terrible à dire — car personne n'aime à être malade — mais, soudain, tout cela devenait partie intégrante de sa vie et il se mettait presque à l'apprécier.

« Durant mon séjour à l'hôpital, je n'ai jamais vraiment souffert physiquement. J'étais sous sédatifs... La frustration que j'ai ressentie pendant les quelques premières semaines provenaient davantage de mon incapacité de communiquer que des blessures. C'était atroce de ne pas pouvoir parler à maman ou Ernie, aux gars qui venaient me voir. Le tableau c'était mieux que rien, mais cela me prenait une éternité. » Quand Trevor commença à parler, il fut persuadé qu'il s'exprimait très clairement. « Je savais ce que je disais et pour moi c'était évident, mais visiblement, les gens ne comprenaient pas. Même quand je le répétais trois fois de suite. J'étais complètement frustré. » Jill et Ernie, en se concentrant, se mirent à le comprendre. Mais pour les autres, cela restait une langue étrangère. Ses pensées, embrumées par les analgésiques, n'étaient pas toujours claires. Parfois, il préparait un grand discours dans sa tête, mais ne formulait qu'une seule phrase, se demandant ensuite pourquoi les gens semblaient si perdus.

Trevor pensait aux princes. Il craignait que William et Harry ne se souviennent de lui que pour l'accident qui avait coûté la vie à leur mère. Il aurait voulu les voir pour leur dire : « Je suis désolé. Je n'aurais rien pu faire de plus. » Jill écrivit sous sa dictée une lettre pour les princes et une autre pour M. Fayed, pour lequel ils éprouvaient tous toujours « une très grande reconnaissance ». Le secrétaire privé du prince Charles, Stephen Lamport, le remercia par retour du courrier mais il n'y eut aucune réponse de Fayed. Trevor voulait voir les tombes de Dodi et Diana. Le lendemain, il allait devoir affronter l'interrogatoire de la police. « Je n'en vois pas l'intérêt. Je ne me souviens toujours de rien », dit Trevor à Jill et Ernie quand ces derniers s'en allèrent.

Le vendredi 19 septembre, Jill et Ernie virent pour la première fois le juge Stéphan au Palais de Justice, là où ils avaient rencontré Mme Monteil. À leur départ pour l'hôpital, ils ne purent s'empêcher de sourire, quand ils aperçurent le juge installé en tête dans une petite voiture alors qu'eux-mêmes le suivaient dans l'une des limousines de Fayed. C'était une autre ironie de leur nouvelle existence.

L'entrée de La Pitié était assiégée, il y avait des centaines de journalistes et d'antennes satellites. « C'était la plus grosse concentration de reporters que nous avons jamais vue. »

Le témoin capital de l'accident, et des minutes qui l'avaient précédé, était sur le point de parler. Les paparazzi bondirent devant leur voiture, mitraillant le couple, le séparant du juge. « Nous découvrîmes un petit échantillon de la pression que Diana avait dû subir. »

Jill et Ernie, qui étaient les seuls à pouvoir comprendre les discours indistincts de Trevor, furent autorisés à rester avec lui. Ernie fut chargé de faire l'interprète. « Jill se tenait debout derrière Trevor assis sur la chaise. Elle le tenait par les épaules. Je me penchais sur lui afin de pouvoir entendre chacun de ses mots », se souvient Ernie.

Le professeur Jean-Jacques Rouby, le chef du service Réanimation, se tenait dans les parages. Il avait toute liberté d'arrêter l'interview si Trevor ne se sentait pas bien. Il avait été convenu que le juge ne pourrait poser que vingt questions. Bien sûr, il en aurait souhaité davantage.

L'audition dura presque une heure. Il fallut le temps que l'interprète traduise les questions du juge à Trevor et que ce dernier y réponde, par l'intermédiaire de son beau-père.

À la fin, Trevor était épuisé.

Il s'était souvenu de peu de chose. Aujourd'hui, Trevor est convaincu que, malgré son amnésie, ces fragments de souvenirs sont justes et nets. « J'étais tout à fait certain de ce que je disais. Jamais je n'ai changé de version. » Sa réponse à la première question du juge donne le ton de l'audition :

Q : Se rappelle-t-il ce qui s'est passé après le départ du Ritz ?

R : Je me souviens d'être monté dans cette voiture, mais je ne me souviens de rien d'autre.

Trevor affirma que « c'était Dodi qui avait changé les plans. Pas moi ». C'était Dodi également qui avait appelé Henri Paul pour lui demander de conduire la voiture, de l'arrière de l'hôtel. Il se rappelait vaguement que, en partant du Ritz, la Mercedes avait été suivie par une moto et deux véhicules — l'un étant une voiture blanche à hayon, avec un coffre s'ouvrant à l'arrière. Alors qu'il attendait que l'interview enregistrée fût retranscrite soigneusement, Trevor prit sa tête entre les mains. Il ne put retourner au lit qu'après avoir signé chacun des feuillets.

En l'espace d'une journée, cet interrogatoire des plus secrets fut publié, mot pour mot, dans le *Guardian* et le *Mirror*. Comment était-ce possible ? Furieux, Ernie appela la police : « Votre sécurité est une véritable passoire : pleine de trous ! »

« Les fuites ne sont pas venues de chez nous », lui expliqua-t-on. Peut-être sont-elles parties du bureau du procureur... des photographes. En tant que parties civiles, ces derniers avaient accès à cette audition.

Pendant que l'entretien se déroulait à l'hôpital, Christian Curtil écrivit pour la première fois à David Crawford : « Je pense qu'il faut se dépêcher de se constituer partie civile », souligna-t-il.

Curtil avait le sentiment que Trevor n'aurait pas dû être entendu par le juge sans la présence d'un avocat. Ses souvenirs étaient tellement cruciaux pour l'enquête.

Il lui expliqua aussi que, tant que Trevor serait considéré comme un témoin, il ne pourrait être représenté par un avocat — virtuellement, il n'avait aucun droit. La seule façon de protéger Trevor des torts qu'on pouvait lui occasionner était de lui permettre d'accéder à l'enquête.

Le vendredi soir, Ernie et Jill retournèrent pour le week-end à Oswestry. Au bar de l'aéroport de Manchester, ils échangèrent leurs clés de maison et de voiture avec Chris et John qui s'envolaient pour Paris, en compagnie des parents de Sue, Ieuan et Mary Jones, afin de les remplacer.

« Quand nous arrivâmes à la maison, nous découvrîmes que nos voisins nous y avaient déposé des petits mots, pour nous souhaiter un bon retour, et un merveilleux repas — de la salade, des pommes de terre au four, un pudding et une délicieuse bouteille de vin. »

Ils regardèrent l'émission de la BBC, *Panorama*, qu'un ami leur avait enregistrée. « On savait l'impact qu'avait eu la mort de Diana dans le monde entier, mais nous ne le réalisâmes vraiment qu'en regardant cette cassette. Nous nous rendîmes compte à quel point nous avions vécu isolés », se dit Jill. « Les seules nouvelles que nous avions provenaient de nos coups de téléphone avec les garçons, des coupures de presse que l'ambassade nous gardait (on ne parvenait pas toutes à les lire), et des potins des gens du Ritz. »

Ils n'avaient qu'une envie : vivre à nouveau normalement pendant un week-end, entendre le chant des oiseaux. Ils emmenèrent Sooty faire une longue promenade sur le champ de courses, et sur les collines derrière la ville, à la frontière galloise. Jill alla se faire couper les cheveux et, le samedi soir, Ernie descendit boire une pinte de bière au pub « The Oak ». Ils portèrent un toast avec des gars du club de rugby au complet rétablissement de Trevor. Dans le jardin, ils plantèrent la poignée de marrons ramassés aux Tuileries à Paris. « Nous voulions que quelque chose de positif sorte de tout cela. »

Jill planifia les soins médicaux dont Trevor aurait besoin à son retour à la maison. Ils préparèrent sa chambre, accrochèrent ses photos de l'armée et posèrent dans un coin la statuette en bronze d'un parachutiste qu'on lui avait offerte à son départ. « Il ne manquait plus que la présence de Trevor », constata Jill.

Ils rendirent visite à Nain dans son village gallois. Elle était si heureuse de les voir qu'elle fondit en larmes. Dans toutes les interviews, elle avait semblé tellement exaltée en parlant de son merveilleux petit-fils. « Au début, elle avait trouvé cela excitant, et avait joué le jeu, observa Ernie. Mais quand elle nous raconta le harcèlement que lui avait fait subir la presse, nous comprîmes ce qu'elle avait vécu. »

Un photographe rusé, parlant le gallois, était parvenu à lui « emprunter » la fameuse photo de famille qui avait été publiée dans le monde entier. « Nain était épuisée, mais ne voulait toujours pas aller vivre avec sa fille, ou faire changer son numéro de téléphone. »

Le dimanche, il y eut un service religieux à l'intention de Trevor dans la vieille église en brique de Whittington où il s'était marié. L'église était comble. Jill et Ernie n'y assistèrent pas mais rapportèrent un enregistrement de l'office pour Trevor.

Les coups de téléphone qu'ils recevaient quotidiennement de Paris leur donnaient « le sentiment d'avoir abandonné Trevor ». Ils furent impatients de repartir.

Ce dernier, cependant, était tout sauf abandonné. Mary, la mère de Sue, qui l'aimait toujours comme un gendre, lui avait ouvert de nouveaux horizons culinaires. Elle lui avait apporté de la maison un de ses célèbres ragoûts fermiers gallois, ainsi qu'un petit gadget en plastique blanc, un mixeur pour bébé. Pour la première fois, Trevor eut son premier repas mouliné. Avec une petite cuillère en plastique, elle glissa du ragoût entre ses mâchoires toujours serrées. Mais ce qu'il savoura vraiment, ce fut les pêches fraîches hachées. La « plâtrée » rose et verte de l'hôpital avait désormais de la concurrence !

À leur arrivée, le samedi matin, Chris, John, Ieuan et Mary avaient trouvé Trevor assis. « Il est en bonne forme aujourd'hui », remarquèrent-ils. Pourtant le week-end s'annonçait terrible pour le jeune homme. Il devait subir, à la demande du docteur Chikhani, une nouvelle batterie de tests et d'examens, dont un IRM. Il fallait continuer à vérifier le succès de l'intervention. Le samedi soir, Trevor allait vraiment avoir besoin d'une nourriture roborative.

« Auparavant, j'avais subi des tas d'examens, mais j'étais inconscient. » Éveillé, c'était une autre affaire. On lui fit d'abord une ponction lombaire au bas du dos, puis on plaça des électrodes sur sa tête tandis qu'un courant lui traversait le corps. « Cela me fit littéralement faire des bonds. »

D'après ses souvenirs, on lui donna des coups avec une grande baguette, faisant tressauter ses muscles les uns après les autres, sur les jambes, et partout sur le corps. « Est-ce une blague ? Cela vous amuse de faire ça ? » grogna-t-il intérieurement. C'était extrêmement épuisant. « Je me sentais comme un morceau de viande... » On gratta ensuite des parcelles de sang séché de son oreille avec une sorte de petit crochet pour faire des tests auditifs.

Ensuite, Trevor dut supporter, pendant trente à quarante minutes, la séance d'IRM. Il entendait des bruits étranges et mourait de chaud. « J'étais enfermé dans ce tube. Je ne me sentais pas claustrophobe mais j'avais trop chaud. J'étais mal à l'aise. De temps en temps, on me sortait de là, puis on m'y remettait. Je me demandais combien de temps ça allait durer. »

Cela lui parut une éternité. Si on paniquait, on pouvait appuyer sur un bouton pour sortir : « À un moment, j'ai bien failli le faire. Puis je me suis dit, quelle poule mouillée ! Ce n'est que du bruit. Alors continue. »

« Je m'étais rendu aux examens à pied, mais après, j'étais tellement claqué qu'on dut me ramener sur un fauteuil roulant. »

Quand sa famille revint le samedi soir, « ils le virent couché, à peine capable de dire un mot ». « La différence était incroyable », dirait plus tard Ieuan à Trevor.

La séance d'IRM l'avait découragé. Ainsi c'était cela sa nouvelle existence ! « Mon univers se réduisait à ce que j'avais. Je ne prenais plus en considération les choses importantes. Je ne voyais que ce qui était, là, devant moi. » Le monde extérieur, dans lequel il avait évolué avec compétence, s'était réduit à la chambre 107 et à cette machine bourdonnante et cliquetante qui le retenait prisonnier. Il ne parvenait plus à voir au-delà.

Soucieuse de le distraire, Jill lui avait posé une question délicate avant de repartir pour Oswestry : « Veux-tu que Sue vienne te voir... en amie ?

— Non, je veux Sue comme femme, pas comme amie », avait-il répliqué. On était loin de sa première réponse quand il avait lâché à sa mère un « À quoi bon ! » apathique, ou, lorsque, inconscient, il avait réagi à la voix de son ex-femme.

De la maison, Jill et Ernie appelèrent Lara, l'amie proche de Trevor, en Irlande, et lui demandèrent de venir les rejoindre à Paris. Lara leur en fit la promesse. Ils avaient tous besoin de son entrain.

Quand Jill et Ernie repartirent pour la France retrouver Trevor, l'avion au départ de Manchester était rempli d'hommes d'affaires.

« C'était nous qui avions l'air bizarre, raconte Jill. Nous n'avions ni ordinateur portable, ni téléphone mobile. L'homme assis en face de nous, disposait de deux places une pour lui, l'autre pour son ordinateur.

— C'est la vie, Jill, mais pas celle que nous connaissons », lui répond Ernie.

À l'aéroport Charles-de-Gaulle, ils croisèrent leurs fils et leurs amis qui rentraient en Angleterre, « nous nous étreignîmes avec une telle force qu'on aurait dit un pack de rugbymen ».

À leur grand regret, Jill et Ernie avaient remarqué qu'à Paris on n'entendait jamais le chant des oiseaux. Malgré tout, ils furent heureux de retrouver leur clochard favori, le « clochard de première classe » élégamment habillé et fumant le cigare qu'ils apercevaient tous les matins sur les Champs-Élysées en allant au supermarché. Cela faisait quelques jours qu'ils n'avaient plus échangé leurs « bonjour » quotidiens.

Trevor pouvait manger. C'était merveilleux. Bien qu'il pût à peine ouvrir la bouche, il était maintenant capable de se nourrir seul. Mais la nourriture servie à l'hôpital était toujours « infernale. De la vase verte et jaune. Nous progressions à travers les couleurs de l'arc-en-ciel », note Ernie.

Jill s'empara du mixeur de Mary et le mit en marche. Elle hacha menu les plats qu'ils se faisaient livrer du Ritz : de merveilleux steaks, de superbes saumons cuits, des poulets, des pommes de terre, des carottes naines, et des pâtés. « C'était une étrange façon d'apprécier la gastronomie », fait remarquer Jill en souriant. Mais rien ne semblait capable d'égayer l'esprit de Trevor. Dieu merci, Lara arrivait aujourd'hui.

Ce mercredi-là, en voyant débarquer cette grande fille athlétique, aux longs cheveux blond-roux, vêtue d'un grand pull-over jaune, Ernie et Jill furent ragaillardis. Elle et Trevor se ressemblaient comme un frère et une sœur.

Lorsqu'ils arrivèrent tous les trois à la chambre 107, ils éprouvèrent un choc. Trevor avait disparu. « Nous n'avions pas la moindre idée de l'endroit où il était parti. » Une infirmière les rassura. Il avait été transféré dans l'unité maxillo-faciale du docteur Chikhani. Ils la suivirent jusqu'à un bâtiment de l'hôpital, plus neuf situé à environ un quart d'heure de marche. « C'était la première fois que nous pouvions nous rendre compte de la taille de La Pitié-Salpêtrière. L'hôpital, avec ses constructions anciennes et récentes, ressemble presque à une petite ville. Il possède son église, un large terrain de boules, et des jardins où les patients et les visiteurs peuvent s'installer. Nous nous aperçûmes qu'il s'étendait à perte de vue. »

« Quand nous pénétrâmes dans l'unité, on nous emmena vers le premier étage, puis au bout d'un long corridor. C'était incroyable ! » s'exclame Ernie. Dans la pièce se tenaient quatre agents de la police judiciaire, deux docteurs et une infirmière. Et Trevor. « Ce qui nous inquiéta le plus, c'était qu'il était enfermé, précise Jill. Un garde était assis dans une petite pièce. De sa place, il pouvait surveiller mais on ne pouvait pas le voir. La porte se verrouillait en se refermant. On devait taper sur la vitre pour demander à sortir. »

Les nouveaux gardiens de Trevor considérèrent Jill et Ernie d'un œil soupçonneux. Ils vérifièrent le passeport de Lara. « J'aimerais bien qu'on me déshabille pour me fouiller, s'il vous plaît », lança-t-elle, en contemplant les séduisants policiers. Comme toujours, elle prenait les choses avec humour.

En voyant les deux amis se retrouver avec « force étreintes, baisers et larmes », Jill poussa un soupir de soulagement, heureuse de les voir bavarder de tout et de rien comme ils en avaient l'habitude. Outre sa profession de kinésithérapeute, Lara avait le talent de guérir les autres rien que par sa présence. Ce soir-là, Jill et Ernie fêtèrent son arrivée en jouant pour la première fois les touristes. Ils montèrent en haut de la tour Eiffel.

Jill et Ernie examinèrent la chambre. Apparemment, elle était beaucoup plus luxueuse que la 107. Elle était spacieuse, avec des toilettes, des fauteuils. C'était une pièce de haute sécurité, construite et réservée aux prisonniers, expliqua le personnel. Elle était aussi utilisée par le docteur Chikhani. C'était pour cette raison qu'on y avait amené Trevor. La surveillance étroite qui régnait dans l'autre bâtiment les avait déjà inquiétés, mais là, ils frissonnèrent. Pourquoi l'avait-on installé dans cette prison ? Était-ce pour le protéger ? Si tel était le cas : de quoi ? Était-il prisonnier ? Ils craignaient que la vision de ce garde ouvrant et verrouillant les portes n'ait un effet négatif sur Trevor.

Cependant, Trevor savourait clairement ce changement. « Les policiers étaient fantastiques. Ils venaient bavarder. » Au lieu de se sentir captif, Trevor éprouva un sentiment de liberté : « Pour moi, ce fut un immense pas en avant. » Dans son ancienne chambre, alors qu'il reprenait des forces, il s'ennuyait davantage, comme mis en quarantaine. Il n'avait pas la télévision. « Je ne pouvais pas lire. Je n'avais pas de musique. Il n'y avait absolument rien à faire. Les visites de Jill et Ernie étaient les seules distractions de ma journée. » Dans la nouvelle chambre, « on me permettait de sortir de mon lit, de faire un tour tout seul. J'avais la télévision. Je ne pouvais toujours pas lire, mais j'écoutais des cassettes sur mon Walkman — de la musique irlandaise —, celles que mes copains de rugby et Lara m'avaient envoyées ».

Il avait une salle de bains, avec un miroir. « Je pouvais me laver le visage. Je pouvais enfin me voir. »

Seul, ce matin-là, il s'était regardé dans la glace pour la première fois. « Je ne fus pas horrifié. Je ne suis pas parti me réfugier dans mon lit en éclatant en sanglots. Je fus juste légèrement décontenancé, par l'œdème et par mes yeux qui paraissaient noirs. Mes cheveux portaient des traces de sang séché autour des coupures. J'ai pensé : “Fichtre ! tu n'as pas belle allure.” Le pire, c'était les dents, elles étaient toutes cassées sur le devant — l'une à moitié, celles du bas étaient ébréchées. Ce n'était pas très beau. »

« Nous avions redouté cet instant, le premier regard dans le miroir, mais je pensais qu'il s'en sortirait — il avait l'habitude, avec le rugby, de se voir couvert de coupures, de bleus et de bosses, ajoute Jill. Cependant, je fus bouleversée de l'entendre dire que, bien qu'il fût impatient de voir ses jeunes neveux et nièces, il craignait de leur faire peur. »

« Qui peut s'intéresser à quelqu'un d'aussi laid ? » lâcha Trevor, exprimant exceptionnellement ses sentiments. On voyait nettement que son visage n'était pas encore tout à fait remis d'aplomb. Il était asymétrique, légèrement affaissé du côté gauche. « Quand le docteur Chikhani l'examina, il conclut qu'il avait besoin d'être arrangé. Ce fut la seule fois où il exprima autre chose qu'un optimisme total. » Il devait tirer l'orbite gauche vers l'avant et réparer l'asymétrie. Le lendemain, on annonça à Trevor que l'intervention était prévue pour vendredi.

Le jeudi, Frank Klein arriva à l'appartement avant le départ de Jill, Ernie et Lara pour l'hôpital. « Nous ne sûmes pas vraiment pourquoi, dit Jill. Pour la première fois, il fit allusion au fait que l'accident n'en était pas un, qu'il s'agissait d'une tentative d'assassinat. Ce fut un choc. Cela ne nous était jamais venu à l'esprit. » Ils n'avaient jamais entendu parler de cette théorie qui faisait rage, dans le monde arabe, sur Internet. Ce même jour, Philippe Dourneau leur transmit une lettre anonyme reçue par le Ritz. Celle-ci laissait entendre que les Services secrets britanniques et français avaient tenté d'assassiner Diana et Dodi — et bien sûr Trevor. Ce dernier, ayant survécu, était peut-être désormais en danger de mort. « Nous commençâmes à nous poser des questions... Était-ce pour cela qu'on l'avait placé sous protection dans un bâtiment gardé — pour empêcher qu'on l'assassine ? Cela ressemblait davantage à un film de James Bond qu'à la vie réelle. »

L'idée de conspiration était maintenant dans l'air. Dans les médias, on spéculait sur une mystérieuse voiture. La police avait lancé des recherches au niveau national pour retrouver ce véhicule heurté légèrement par la Mercedes quelques secondes avant l'accident ; elle aurait beau interroger trois mille propriétaires de Fiat uno, elle ne la retrouverait pas. Cette voiture fantôme allait du coup sembler guidée par de funestes motivations.

Cependant, la menace la plus immédiate qui pesait sur Trevor était les paparazzi. Comme pour Diana. Au cours de la semaine précédente, deux photographes qui s'étaient introduits dans le bâtiment du service de Réanimation avaient été chassés par des policiers. D'après ces derniers l'un d'entre eux s'était vanté de posséder un plan de l'hôpital — ainsi que des caves —, et de s'y être faufilé depuis 8 heures du matin. Il était prêt, avait-il dit, à « utiliser n'importe quel moyen pour obtenir une photo de Rees-Jones car on lui avait proposé une énorme somme d'argent — il avait parlé de deux millions de dollars ».

Jill et Ernie furent très reconnaissants à Lara d'être venue. Trevor était « vraiment, vraiment abattu. Chikhani l'avait averti qu'il serait opéré le lendemain matin. Nous les laissâmes ensemble pour qu'elle tâche de lui remonter le moral. Elle nous avait fait à tous tellement de bien ».

Lara repartit le lendemain au moment où Trevor entrait de nouveau au bloc opératoire. L'après-midi, Ernie et Jill restèrent à l'hôpital pour attendre son réveil.

Pendant ce temps, David Crawford se présenta encore une fois, au cabinet Klein Goddard pour rencontrer Theo Klein, deux de ses collègues et maître Brizay, qui, bien que représentant la famille d'Henri Paul, était apparemment là pour le compte de Mohammed Al Fayed. Crawford pensait avoir été convoqué à Paris pour discuter d'une indemnisation offerte à Trevor — ils devaient avoir l'intention de lui proposer un arrangement. En France, dans le cas d'un accident du travail, il arrive que l'employeur soit obligé d'offrir une compensation ; la Sécurité sociale payant la victime et poursuivant le responsable pour obtenir un dédommagement. En fait, comme Crawford l'apprit plus tard, cela n'était vrai que si l'employeur était basé en France. Trevor, employé d'une société anglaise, ne pouvait pas prétendre à une telle indemnisation. Il était possible d'intenter une action au pénal ou au civil en France contre l'empire français de Fayed — ou peut-être même contre Fayed lui-même —, mais il n'y a aurait pas de possibilité de revendiquer un accident du travail en France.

Mais les avocats n'avaient pas du tout en tête une quelconque compensation.

« En arrivant, j'ai découvert que nous étions là pour parler — encore — du fait que Trevor puisse être représenté par un avocat choisi par Fayed, en échange de la promesse de payer ses honoraires. » C'était la quatrième fois que cette question était discutée. Crawford pensait qu'elle n'était plus à l'ordre du jour depuis la dernière réunion. En effet, quand il avait demandé sans détour à Klein s'il avait déjà représenté Mohammed Al Fayed, ce dernier avait répondu, avec candeur : « Oui, et si on me le demandait, je le referais. » Klein s'était rendu compte du possible conflit d'intérêt et avait précisé à Crawford que, si Trevor devait réclamer des dommages et intérêts à Fayed dans une action au civil — distincte de la loi du travail —, il limiterait son rôle à une mission de négociateur.

« Ils n'ont pas abandonné cette question », pensa Crawford. « Ils semblaient ne pas comprendre mon inquiétude. L'attitude était digne mais ils me prenaient vraiment pour un imbécile. De toute évidence, ils voulaient avoir Trevor comme client, à n'importe quel prix. Eh bien, quant à moi, je n'étais pas à vendre. Ni mon client, Trevor. » Il avait Christian Curtil dans la manche. Au cours de ce premier « bras de fer », un petit avocat d'Oswestry faisait front.

Tentant de reprendre le contrôle du garde du corps, l'équipe de Fayed accepta finalement l'idée que ce dernier — si cette mesure était approuvée — paie les honoraires de l'avocat choisi par Trevor. Mais cette concession fut assortie de conditions : l'accord serait valable tant que Trevor n'attaquerait pas Fayed, ne parlerait pas à la presse et seulement s'il n'était pas, d'une façon ou d'une autre, responsable de l'accident. Trevor était dépossédé de sa liberté d'action. Cet accord secret, proposèrent-ils, serait faxé à Crawford par Theo Klein.

Quand la nuit tomba, Theo Klein rentra chez lui pour le Sabbat. Crawford se retrouva seul avec Brizay, l'avocat de Henri Paul. La réunion prit alors un tour étrange. Brizay confia à Crawford : « S'il existe un complot, la vie de votre client est en danger. » « La voiture aurait dû être conduite par un chauffeur compétent ou un employé de la société qui possédait le véhicule », poursuivit-il. Cet homme était imprudent d'admettre, à ce stade, une telle chose. Car il reconnaissait que le fait qu'Henri Paul n'ait pas eu la licence adéquate et n'ait pas été un employé d'Étoile Limousine était important. « Peut-être avait-il l'impression qu'on était dans le même camp ; en tout cas, il vendait la mèche », fait remarquer Crawford, amusé.

Ce soir-là, Trevor vécut l'un de ses moments les plus difficiles. Il n'avait pas imaginé affronter une autre intervention chirurgicale. Alors qu'on l'amenait à l'anesthésie, il suppliait intérieurement : « Laissez tomber. Laissez tomber. »

L'intervention dura cinq heures, six heures de moins que la précédente. Quand Trevor reprit conscience dans la salle de réveil, toujours groggy, il se sentit effrayé : « Je ne pouvais pas respirer. J'ai commencé à paniquer, à donner des coups de pied, à agiter les bras dans tous les sens. » Il était couché et la sonde trachéale s'était bouchée. Les infirmières se précipitèrent, le rassirent et la débouchèrent. Mais il se sentait « absolument et totalement crevé. J'avais l'impression d'être au bout du rouleau... de ne plus pouvoir en supporter davantage. S'il y avait eu un bouton *off/on*, j'aurais appuyé dessus ».

Quand Jill et Ernie entrèrent, il les avertit : « J'en ai assez. »

À son arrivée, Chikhani sentit que la volonté de Trevor s'amenuisait. Pour le redynamiser — il savait que c'était possible —, il leur annonça : « Nous mettons Trevor à la porte, le week-end prochain. » Trev rentrait à la maison ! « Mais Trevor ne montra aucune excitation, pas l'ombre d'une réaction, aucune étincelle, rien, remarquèrent ses parents, désemparés. Soudain, ce fut l'état psychique de Trevor qui nous inquiéta le plus. »

Quand ils quittèrent l'hôpital pour retrouver David à l'appartement, ils étaient tous deux abattus. Ils ne furent pas réconfortés, loin de là, quand ce dernier leur expliqua que sa réunion avec Theo Klein et les autres avocats avait tourné au désastre. Ils avaient invité David à résider avec eux pendant son séjour de deux jours à Paris. David trouva l'appartement absolument luxueux et en admira chacun des détails. « Mais la machine à laver ne marchait pas. Nous étions entourés d'un luxe extraordinaire et, paradoxalement, les choses les plus évidentes qu'on trouve dans tous les foyers ordinaires ne fonctionnaient pas. C'était un luxe déficient. »

Crawford expliqua à Jill et Ernie ce que Fayed exigeait en échange du paiement des honoraires de l'avocat de Trevor. Ils comprirent que les avocats de Fayed désiraient qu'il renonce à jamais à contacter la presse en échange de la sécurité d'emploi et autres petites choses. L'accord serait secret — Jill et Ernie devaient également le signer. « Et puis quoi encore ! » lança Ernie. Pour la première fois, il exprimait autre chose que de la gratitude envers M. Fayed. « C'était en effet une façon de lier définitivement Trevor à Fayed. »

Jusque-là, la reconnaissance et leur focalisation sur Trevor les avaient empêchés de faire preuve de lucidité.

Mais, les petites bribes de preuves qui s'étaient accumulées pendant les derniers vingt-six jours s'étaient transformées en soupçons. « Il nous apparut que Fayed avait l'intention de prendre en main la responsabilité du bien-être futur de Trevor, dont nous avions pour l'instant le contrôle. » Ernie avait l'impression que Fayed pensait pour eux.

Pendant la dernière quinzaine, complètement perdue dans le réseau de noms et de contacts qui les entouraient, Jill avait dessiné un tableau indiquant tous les participants et les liens qui les rattachaient les uns aux autres, ou aux Rees-Jones — ils avaient appelé cela leur « toile d'araignée ». Jill avait placé Trevor et sa famille au centre, leurs bras partant vers d'autres noms — l'ambassade, les avocats, le Ritz, l'hôpital, etc. Leur « toile d'araignée » résumait soudain la situation dans laquelle ils se débattaient. En l'examinant de plus près, Jill s'aperçut qu'elle avait placé Fayed au sommet et que la plupart des lignes possédaient des ramifications qui étaient reliées directement, ou indirectement, à lui. Ce schéma révélait graphiquement le pouvoir que Fayed exerçait sur beaucoup de gens — des gens avec lesquels Jill et Ernie étaient en contact. Si la famille était le cœur de la toile d'araignée, Fayed en était la tête dirigeante.

Même s'ils éprouvaient de la gratitude envers ce dernier, cette longue et complexe journée les avait rendus plus lucides, plus critiques.

« David et moi parlâmes tard cette nuit-là, raconte Ernie. Nous convînmes de laisser Trevor prendre sa décision seul. Ce serait à lui de choisir s'il voulait rester dans les mains des avocats de Fayed ou s'en affranchir. » Trevor devait accepter ou rejeter l'accord.

Le dimanche 28, David repartit en Angleterre par le tunnel sous la Manche et fut arrêté par la police qui lui demanda d'ouvrir le coffre de sa voiture. Il s'était proposé pour ramener quelques affaires de Trevor à Oswestry, dont un gros sac rouge plein de maillots de rugby trempés de sueur.

« Qu'est-ce que c'est que tout cela ? interrogèrent les douaniers.

— Je ne sais pas exactement. Je suis l'homme de loi de Trevor Rees-Jones et je rapporte ses affaires en Angleterre », répondit Crawford. Ils n'exigèrent aucune preuve et le laissèrent passer avec un salut respectueux. Mon Dieu, pensa Crawford, « le monde entier connaît aujourd'hui Trevor Rees-Jones ». Il était devenu une célébrité bien qu'il fût le dernier homme au monde à l'avoir souhaité.

Miraculeusement, la journée du lendemain fut exceptionnelle. « La tête bandée de Trevor ressemblait à un ballon gonflé, orné de deux drains de chaque côté, comme deux énormes boucles d'oreilles rouges. » Chikhani avait annoncé à Trevor qu'il pourrait rentrer chez lui ce week-end et il était fou de joie. Les nouvelles étaient merveilleuses : il pourrait rejouer au rugby et retravailler comme garde du corps ! « Ce fut la première fois en vingt-sept jours que nous le vîmes rire, rapporte Jill. C'était fantastique. Oubliés l'épuisement et la dépression de la veille, Trevor avait retrouvé le moral. Excité, il voulut parler à tout le monde, partager ces bonnes nouvelles. » Grâce au portable de Jill, « il bavarda avec Nain, parla à sa belle-sœur Helen ». Il allait rentrer à la maison sur ses deux pieds.

L'infirmière qui sommeillait en Jill profita de l'instant. "Trevor, continue de sourire. C'est un bon exercice". Je devenais enquiquineuse, mais il devait commencer sa rééducation pour éviter que son visage et sa mâchoire ne se paralysent. Il fallait que, progressivement, elle se débloque. »

Le lendemain, le moral de Trevor chuta de nouveau. De vraies montagnes russes. La visite de deux médecins, désignés par la Brigade criminelle pour évaluer son état de santé, avant qu'il ne soit autorisé à partir — c'était une des conditions préalables —, n'arrangea rien. L'apparence de ces docteurs et leur attitude stupéfièrent Jill et Ernie. Celui qui « portait des lunettes à monture rouge, assorties à son teint », dessina un visage sur une feuille de papier et essaya d'y tracer les cicatrices laissées par l'accident. Mais, sans se rendre compte de son erreur, il nota en fait celles venant de matchs de rugby. La doctoresse posa mille questions à Trevor sur son état d'esprit, « elle nous rappela Rosa Klebb dans le film de James Bond, une vraie "pisse-froid", ajoute Jill, gloussant à ce souvenir. Trevor, devant leur comportement inquisiteur, se contentait de répéter : « Pourquoi ne demandez-vous pas ces informations à mon docteur ? » Chikhani, à côté, avait l'air « totalement embarrassé par cet épisode, notent Jill et Ernie. Ils auraient dû être mis à la retraite depuis déjà fort longtemps ».

À la fin de l'examen, un kinésithérapeute arriva dans la chambre. « Il a essayé de débloquer ma mâchoire », raconta Trevor, d'un air malheureux, à ses parents qui revenaient de déjeuner.

Le docteur Chikhani et ses confrères avaient accepté l'idée du départ de Trevor, à condition qu'il reçoive, à domicile, des soins médicaux appropriés. Ils donnèrent donc leur accord au projet que Jill avait soigneusement mis sur pied. Trevor serait emmené directement à Oswestry, où quatre spécialistes l'examineraient, évalueraient son état, l'hospitalisant si nécessaire.

Quand Jill et Ernie tentèrent de soulever le problème de l'accord avec les avocats de Fayed, Trevor ne se montra pas d'humeur à en discuter. « Je ne veux pas blesser le patron... je ne veux pas blesser le patron », répéta-t-il. Sa priorité était clairement de conserver son travail. Quelques jours plus tard, son moral, déjà en dents de scie, chuta de plus belle. Il se mit à reparler de l'accident, tourmenté par la ceinture de sécurité, essayant en vain de se rassurer. « Si j'avais mis ma ceinture, j'aurais dit aux passagers d'en faire autant. » Il vivait un enfer, cédant, d'après Jill, au sentiment classique de culpabilité des survivants. « Il s'effondrait, sanglotait », puis s'excusait encore et encore. « Parviendra-t-il un jour à exprimer ses sentiments sans en avoir honte ? » se demanda Jill.

« Je pense que j'étais un peu embarrassé, car comme tout le monde, je n'avais pas envie de craquer. Franchement, cela ne me faisait aucun bien de montrer mes émotions », avouera plus tard Trevor.

Le départ de Trevor de Paris fut prévu pour le vendredi 3 octobre. Ils mirent au point une stratégie. Afin de tenir la presse à distance, Jill et Ernie annoncèrent, par un communiqué de l'ambassade, qu'il resterait à l'hôpital encore quelques semaines. Frank Klein les avertit qu'un hélicoptère d'Harrods serait à leur disposition, le vendredi, pour les ramener en Angleterre.

Crawford, quant à lui, s'occupa des préparatifs à Oswestry. Il contacta un de ses copains, pilote amateur, qui s'arrangea pour que tous les vols du week-end se posent sur une petite piste d'atterrissage près de Oswestry. Un autre ami, instructeur des pilotes d'hélicoptères de l'Armée de l'Air, proposa, si besoin, de dégager une base, la R.A.F. Shawbury, à trente-deux kilomètres d'Oswestry. Un hélicoptère pourrait y atterrir, discrètement. Crawford se mit en contact avec la police d'Oswestry et l'Unité Royale de Protection pour le West Mercia, qui avait entendu parler de la menace d'un complot. Il fallait protéger la famille aussi discrètement que possible.

La veille de leur départ, Trevor rencontra la police pour la seconde fois. Au cours de l'audition, il expliqua en détails les événements survenus avant que la Mercedes ne quitte le Ritz. Pour la première fois, il raconta ce que les gardes du corps, lui et Kez, avaient vécu au cours des dernières heures : le changement de plan décidé par Dodi, Henri Paul buvant une boisson « jaune » — Trevor ignorait ce que c'était —, la décision de Dodi de confier le volant à Paul. Pour la première fois, il donna un aperçu du sentiment de frustration qu'il ressentait dans son travail avec Dodi, décrivant la façon dont les gardes du corps devaient, en gros, suivre leur employeur, même s'ils risquaient de souffrir des mesures prises. Trevor fit remarquer que Dodi était le patron et que, même s'il négligeait souvent de leur expliquer ses projets, ils ne pouvaient pas y faire grand-chose.

Ses souvenirs du trajet lui-même ne s'étaient pas améliorés. Il se rappelait la voiture de couleur claire quand ils avaient démarré mais, pour tout le reste, sa mémoire était vierge. La police lui demanda alors quelle était honnêtement son opinion sur Dodi, — question à laquelle Trevor ne répondit qu'après les avoir avertis que, s'ils enregistraient cela, il arracherait la prise de leur appareil. La police lui offrit la possibilité de faire une dernière observation, ou de donner un ultime détail. La seule chose que Trevor put souligner était son mal de tête.

Jill et Ernie assistèrent à une dernière table ronde à l'ambassade. On leur conseilla d'être très prudents dans leurs propos. Jill avait été citée dans une interview « exclusive », totalement inventée, et l'ambassade craignait qu'ils ne fussent exploités, une fois livrés à eux-mêmes. Fayed ne fut pas mentionné, mais sa présence, devenue gênante, planait sur l'assemblée.

Frank Klein les avait appelés deux jours avant le départ. On voulait faire transférer Trevor à Londres dans un hôpital privé, pour une évaluation médicale de quarante-huit heures et pour qu'il rencontre le patron. Pendant ce temps, Ernie et Jill resteraient à Park Lane. « Ce fut un rude coup. Tout était prévu. On avait même fermé un aéroport pour son arrivée. » Le dimanche, une petite fête pour la famille était organisée à la maison.

« Si c'est ce que désire le patron, j'irais là-bas deux jours et ensuite, je veux rentrer à la maison », déclara Trevor quand il fut mis au courant. À contre cœur, Jill et Ernie se sentirent obligés — à la seule condition d'un séjour à l'hôpital — d'accepter ce détour par Londres.

Depuis le jour de l'accident, ils avaient affronté chaque situation, participé à chaque réunion, avec le sentiment de contrôler les événements, parce que « nous avions l'habitude de prévoir les choses à l'avance ». Ils s'étaient débrouillés pour éviter les médias, les tenir éloignés de leur vie et de celle de Trevor. Aujourd'hui, tout changeait d'heure en heure, ils avaient l'impression de n'être plus consultés.

Le lendemain, Frank Klein avertit Jill et Ernie de ne pas aller à l'hôpital le jour du départ. L'information avait filtré, l'hôpital était assiégé par les médias et serait, en fait, bouclé. Ils devaient envoyer un sac de vêtements à Trevor par l'intermédiaire de Philippe. Ça, d'accord, ils pouvaient le comprendre.

« Fayed dérangeait pour la première fois nos projets. C'était désormais à nous de le suivre. »

« Cette expérience ressemble aux traces laissées par un serpent géant. Nous n'avançons jamais en ligne droite... À peine mettons-nous les choses au point, que nous nous apercevons qu'il faut tout modifier, écrivit Ernie, angoissé ce soir-là. Je commence à me demander de quoi demain va être fait... Tout est bouleversé, les situations sont indépendantes de notre volonté. »

« Nous n'avons jamais connu dans notre vie d'époque plus troublée ou stressante. » Heureusement, le lendemain, ils savaient qu'ils reprendraient les choses en main, dès leur retour en Angleterre. Dans deux jours, ils seraient chez eux, avec Trevor. Cependant, bien qu'il n'osât pas le formuler à voix haute, Ernie pressentait que « rien se serait plus jamais comme avant » pour Jill et lui. Alors qu'ils se remontaient le moral, la veille du départ en regardant pour la dernière fois l'Arc de Triomphe, de leur balcon, Ernie glissa un bras rassurant autour de l'épaule de Jill : « Nous avons formé une super équipe. Une équipe de haut niveau. »

Ils ne s'étaient laissé intimider par rien, ni personne. Avec le recul, ils ne pouvaient que rire, en repensant aux réunions à l'ambassade, au Ritz. « On devait former un drôle de tableau avec notre maigre garde-robe d'été, notre air échevelé et débraillé devant tous ces hommes en costumes élégants. Mais même en présence du prince Charles, nous n'aurions pas perdu le contrôle de la situation. » « Jamais nous ne nous sommes sentis dépassés, souligne Jill après réflexion. Je crois que notre moteur, c'était le fait d'avoir à prendre soin des intérêts de Trevor. Les personnes que l'on voyait, que l'on rencontrait et les sujets de discussion étaient d'importance très secondaire. Il pouvait s'agir de sir Michael Jay, du professeur Rouby, ou de M. Klein — même de M. Fayed. Si, à la fin de la journée, ils nous avaient apporté leur aide pour ce qui comptait le plus à nos yeux, le rétablissement de Trevor, alors c'était merveilleux. »

Plusieurs des policiers en faction devant la chambre de Trevor passèrent le voir, le soir, avant son départ. Ils vinrent lui dire au revoir, au nom de tous leurs camarades, souhaiter un bon voyage à un collègue respecté, — et ils lui donnèrent leurs numéros de téléphone. Ils lui offrirent également un tee-shirt et une casquette de la section d'enquête criminelle. Par ce geste, ils venaient lui spécifier qu'il n'était ni accusé, ni coupable de quoi que ce soit. Celui qui parlait le mieux anglais prit la parole au nom des autres : « Pour nous, vous êtes une victime et rien d'autre. Portez-vous mieux et bonne chance. » Ce n'était pas grand-chose, en réalité. Pourtant cela représenta beaucoup aux yeux de Trevor. « Ce geste était très généreux de leur part. »

Il glissa le tee-shirt dans son sac de voyage. Il n'avait aucune intention de l'encadrer. Il le porterait jusqu'à l'usure pendant ses entraînements. « Je ne suis pas très sentimental. Un tee-shirt, c'est fait pour être utilisé. »

Mais le lendemain matin, quand il s'habilla, il retourna la casquette de base-ball, pour cacher le logo de la police, et la posa sur sa tête. En la voyant, les policiers sauraient qu'il avait apprécié leur geste et qu'il était prudent. Suivant l'ordre de ses médecins, il mit une paire de lunettes noires et sortit de sa chambre, escorté par des gardes.

Chikhani et le personnel médical avaient échafaudé toute une stratégie pour tromper les paparazzi. Ils se servirent d'un mannequin, un faux patient, dont la tête était entourée de bandages, ils le placèrent à l'arrière d'une voiture qui s'éloigna lentement du bâtiment du service maxillo-facial. Quand la presse se précipita à sa poursuite, Trevor sortit, sous escorte, par une autre porte et prit place dans un véhicule discret afin de parcourir les huit cents mètres qui le séparaient de l'unité de Réanimation, où l'hélicoptère devait le récupérer.

Le plan fonctionna. Mais quand il entra dans ce service, là où il était arrivé un mois plus tôt, il eut l'impression de débarquer dans une maison de fous. Tout le monde parlait, il y avait des policiers partout. Il se sentait très fatigué, et resta allongé sur un chariot pendant que l'on guettait l'arrivée de l'hélicoptère. On l'emmena ensuite sur les toits, par l'ascenseur. Des photographes étaient postés au sommet des immeubles avoisinants. Il s'avança vers ses trois médecins pour les remercier et leur dire au revoir, « ils étaient fiers de moi », dit Trevor, discret à l'extrême. « Le docteur Chikhani a été remarquable. Toujours positif. Il me répétait sans cesse : "vous allez vous remettre." Il a toujours été persuadé que je guérirai totalement. »

De la carrière du docteur Chikhani, Trevor avait été un des cas les plus difficiles, un véritable challenge, et il rayonnait de plaisir. Les yeux de Trevor étaient désormais au même niveau, le nez ressemblait à un nez, mais ce dont il était le plus fier, c'était la moitié du visage. Vraiment fier. Du côté droit, il était difficile de se rendre compte qu'il avait été écrasé.

À cause de la foule, de la police, et du vacarme de l'hélicoptère, il ne put dire à Trevor ce qu'il ressentait. Quand il lui serra sa main valide et l'étreignit légèrement, il aurait voulu lui dire : « Je crois que j'ai vécu une expérience. Nous avons passé ensemble plus de quatre semaines — une à deux heures par jour. Je vous ai agacé en vérifiant les nouveaux bandages, en nettoyant les plaies, enlevant les fils, les points. J'étais avec vous. Je vous ai expliqué le traitement, j'ai essayé d'ouvrir votre bouche. Vous n'aviez pas le choix — vous deviez me suivre. Dehors, il y avait des hommes armés. Mais nous sommes devenus si intimes. Vous m'avez fait découvrir des choses. Techniquement, vous ne m'avez rien appris. Demain, j'utiliserai la même technique, la même stratégie. Vous m'avez pourtant enseigné comment "tenir bon". La volonté. Vous m'avez montré des tas de choses sur la volonté. »

Ils se dirent au revoir puis Trevor monta péniblement à bord de l'hélicoptère, une cinquantaine d'agrafes maintenaient toujours sa tête. « Vous ne serez jamais plus comme avant. Je ne suis pas Dieu », se disait Chikhani, en toute conscience. Trevor rentrait cependant chez lui en Angleterre avec un vrai visage.

Une demi-heure avant le départ, Jill et Ernie se rendirent pour la dernière fois au café Tilbury, le petit bistro où ils avaient trouvé le calme et la sérénité. Jill griffonna un mot au patron sur une serviette, confiant qu'ils avaient apprécié ses bières, son camembert. Et surtout l'anonymat. Elle expliqua pourquoi ils en avaient tant eu besoin — elle lui révéla leur identité. « Quand le propriétaire le lut, il se rua dehors, les deux serveuses sur ses talons, rayonnant et nous serra la main. "Bonne chance", crièrent-ils alors que nous repartions en courant à l'appartement. »

« En milieu d'après-midi, la délégation de Fayed — Handley-Greaves, Frank Klein, Kez et Ben Murrell — arriva pour nous accompagner jusqu'à l'héliport. Ils furent suivis par les hommes de la police judiciaire ; l'un d'eux installa une base radio dans l'appartement — on aurait dit une opération militaire ! Un policier nous téléphona : "Tout est prêt pour votre sortie de Paris." »

Jill et Ernie se précipitèrent sur le balcon.

« Au premier coup d'œil, nous n'avons pas compris que c'était pour nous. Ensuite, nous sommes restés incrédules. » De l'autre côté de la rue, il y avait cinq motos rutilantes de la police, stationnées en formation, les motards se tenaient derrière au garde-à-vous, avec leurs casques bleus impressionnants. Trois voitures avec gyrophare étaient garées. On allait les emmener en convoi officiel, comme le Président ou les chefs d'État en visite. Avec détachement, Ernie attrapa sa caméra vidéo pour filmer la scène. Pourquoi la police française leur donnait-elle un statut de stars dans cette démonstration tape-à-l'œil ? « Nous avions circulé cinq semaines dans Paris sans cela. »

Le cortège s'ébranla — les voitures de police en tête, Jill et Ernie conduits par Philippe, suivi d'une autre Mercedes —, toutes sirènes hurlantes, accompagné par les motards de la police. Ils filèrent à toute allure dans Paris, arrêtant la circulation pour dégager la route devant les véhicules. Curieux, les touristes s'arrêtaient bouche bée.

Jill et Ernie étaient tous les deux en larmes. « C'est de la folie. C'est trop, répétait Jill, abasourdie, incrédule. Nous avons connu des émotions incroyables. C'était la cristallisation de tout ce que nous avions vécu jusque-là. »

Quand ils arrivèrent à l'héliport d'Issy-les-Moulineaux, « les médias étaient venus en masse ». On les entraîna à bord du luxueux hélicoptère vert et or de Harrods, appartenant à Fayed, pour attendre l'arrivée de hélicoptère de la police qui transportait Trevor.

« Nous le vîmes venir vers nous, traînant les pieds. » Jill fut bouleversée. « Quand on voit quelqu'un à l'hôpital, vêtu d'une robe de chambre, on ne réalise pas à quel point il a changé parce qu'on le voit dans un rôle de malade. »

Ce n'était plus le Trevor que, deux semaines auparavant, ils avaient félicité quand il était venu à leur rencontre dans le couloir. À l'époque, il leur avait paru prêt à disputer un match de rugby. En l'apercevant avec sa chemise à col ouvert, son bas de survêtement, ses habits de tous les jours, « nous nous rendîmes compte à quel point il avait changé ».

Ce Trevor-là « avait perdu environ treize kilos, se tenait voûté. On remarquait son bras gauche rigide, toujours dans le plâtre. Sous les lunettes de soleil, on devinait de profondes cicatrices. Il avait la tête penchée ».

Les larmes montèrent aux yeux de Jill. « Cela ressemblait à Trevor. Même si on lui avait proposé un fauteuil roulant, il l'aurait refusé. Il voulait marcher. »

« Sur le terrain de rugby quand on était blessé et qu'on vous sortait sur un brancard, se rappela Ernie, on se moquait de vous et on avait une amende — une double s'il fallait appeler une ambulance avec gyrophare. »

Trevor n'aurait pas de double amende. Il quittait Paris sur ses deux pieds. La meute des journalistes, amassée derrière les grillages, braquait ses objectifs sur lui. Jill savait bien qu'il aurait encore d'affreuses migraines — il était toujours très malade. Elle comprit soudain la longue route qu'il avait à parcourir.

III

La vie continue

10

À la maison

« Mais ce n'est pas un hôpital ! » s'exclama Ernie, alarmé, tandis que la voiture aux vitres teintées qui les avait amenés de l'aéroport de Stansted se garait dans un parking souterrain de Park Lane.

Bien qu'épuisé, la tête meurtrie, Trevor savait exactement où ils se trouvaient. Les quartiers généraux de Fayed. Le numéro 60 de Park Lane. « C'est bien. Ça va me faire plaisir de voir les gars », songea alors Trevor.

Ernie et Jill, en revanche, n'étaient pas si confiants. « Nous pensions que Trevor devait aller directement dans un hôpital pour un examen médical complet de quarante-huit heures. Puis à la maison. C'est ce qui était prévu », déclara Jill au chef de la sécurité de Fayed, Paul Handley-Greaves, qui était resté assis à côté de Trevor pendant le voyage.

Malgré le luxe de l'hélicoptère — « tout y était en plaqué or » —, Jill savait que Trevor avait vécu deux heures d'enfer à bord. « Il était clair qu'il souffrait. Il ne pouvait pas parler — personne d'entre nous ne le pouvait à cause du bruit, mais il n'en avait aucune envie. » Il s'était contenté « de se tenir la tête et de survivre ». À présent, il avait désespérément besoin de repos et de soins médicaux.

Dans un premier temps, Ernie et Jill n'eurent aucune idée de l'endroit où ils se trouvaient. Mais tandis que Paul Handley-Greaves les faisait pénétrer dans l'empire de Fayed, devant la vigilance des agents de sécurité vigilants et des caméras, ils éprouvèrent un sentiment croissant de nervosité. Les portes se refermaient derrière eux dans un bruit sec. On les conduisit par l'ascenseur à l'appartement 152-A.

« Cela ressemblait à une prison de luxe, dit Jill. La sécurité était la préoccupation numéro un, tout était verrouillé. C'était très discret, mais aussi très surveillé... On ne voyait pas trace d'une quelconque présence médicale — infirmière ou médecins. »

« Les médecins vont venir ici. Nous avons pensé que ce serait plus confortable », expliqua Handley-Greaves, alors que Ernie examinait avec appréhension l'opulence ostentatoire qui leur était devenue familière depuis leur séjour dans l'appartement parisien de Fayed.

Lentement, Trevor s'avança et s'effondra dans un canapé. Il fallait qu'il se repose et qu'il se nourrisse. Sur simple demande, ils avaient accès à la meilleure gastronomie — Fayed ne rognait pas sur les dépenses, ce dont ils lui étaient très reconnaissants. Ils commandèrent des plats chinois. Ils se préparaient à manger quand Handley-Greaves frappa à la porte. « Le patron veut voir Trevor quelques minutes », déclara-t-il en prenant par le coude le jeune homme, qui traînait des pieds. « Bien, lui qui voulait voir le patron, c'est la première opportunité qu'il a depuis l'accident », pensa Ernie.

Dix minutes après le départ de Trevor, Mohammed Al Fayed en personne fit son entrée d'un air majestueux. Il était plus petit que ce que pensait Jill, mais il remplissait la pièce de sa présence.

« Oh, il était très imposant, dit Ernie. D'une certaine façon, en entrant, il nous a écartés. Nous voulions lui serrer la main et le remercier pour ce qu'il avait fait pour nous et lui dire que nous étions désolés pour son fils. Il ne nous en a pas donné la possibilité. » Avant même qu'ils aient pu observer les règles de la politesse et le saluer, Fayed agita les bras et ondoya, tel un navire toutes voiles dehors. « C'est terrible, terrible, ce n'est pas un accident. Non, non, c'est un complot, un assassinat — c'est un meurtre ! » s'écria-t-il.

Il sanglotait presque, en tempêtant. Ces deux jeunes gens magnifiques, assassinés avant d'avoir pu vivre leurs vies... Terrible ! « Il bouillait, hurlant de frustration et d'émotion — de toute évidence, à cause de la mort de son fils et de son entrevue avec Trevor. » Malgré leur empathie pour l'homme, Jill et Ernie étaient extrêmement décontenancés. À l'hôpital, il y avait eu la lettre anonyme qui avertissait Trevor d'une tentative d'assassinat, le prévenant qu'il était devenu la prochaine cible. Ils n'avaient pas voulu le croire, se sentant en sécurité dans le bâtiment hautement surveillé de La Pitié, sous la protection rapprochée de la police française. Mais à présent... « Attendez. Juste une minute. Nous ne pouvons pas accepter cela, lança Ernie. Parce que si c'est le cas, cela veut dire que Trevor est en grand danger, encore aujourd'hui. » Et par conséquent eux aussi, puisqu'ils étaient constamment avec lui. « Oui, oui ! C'est vrai, c'est vrai ! rugit Fayed.

— Alors, nous devons immédiatement appeler la police, répliqua Ernie en haussant la voix pour se faire entendre.

— Pas besoin, pas besoin, pas besoin », fit le Patron, en sortant de la pièce à grandes enjambées.

Cette scène ahurissante n'avait pas duré plus de deux minutes. « Écoutez, du coup nous sommes inquiets pour la sécurité de Trevor, dit Ernie à Handley-Greaves dès que Fayed fut parti.

— Ne vous inquiétez pas. Cet endroit est une forteresse. Personne ne peut y entrer et personne ne peut en *sortir* », leur répondit Handley Greaves.

Trevor s'était préparé à affronter les grands cris habituels du Patron. « C'est un homme très puissant. Il est impossible de s'exprimer ou de suivre une conversation avec lui. C'est lui qui vous parle. » Mais ce jour-là, ce fut quelqu'un de différent que Trevor rencontra : un homme plongé dans une détresse terrible. « Quand il me vit, Fayed se montra tout d'abord bouleversé. Les larmes lui montaient aux yeux. Je ne suis parvenu qu'à m'excuser, qu'à articuler : "Je suis désolé." Il a ajouté que je trouverais ici des docteurs, des soins, etc., et j'ai juste répondu : "Oui, c'est parfait, c'est parfait." Je me sentais extrêmement redevable envers lui. J'étais désolé pour lui. Je me sentais un peu responsable parce que c'était son fils qui était mort. »

Ensuite, Handley-Greaves l'emmena au bout d'un corridor dans une pièce où « trois médecins attendaient pour me voir ». Trevor était tellement « crevé » qu'il s'assit avec docilité quand on le lui demanda. « Il n'y en a que pour dix à quinze minutes », précisèrent-ils avant de lui expliquer quels étaient leurs rôles — un psychiatre, un psychologue et un médecin généraliste.

« Je pense qu'ils croyaient que je devais demeurer à Park Lane pendant deux semaines. Personne ne m'a jamais prévenu qu'ils allaient essayer de vérifier si je me rappelais quelque chose. Ce ne fut jamais exprimé au cours de cette rencontre, ni au cours d'aucune autre. Mais ça ressemblait à cela. »

Avec beaucoup de sollicitude, ils lui posèrent des questions : « Vous sentez-vous bien ? Voulez-vous vous arrêter ?

— Non, ça va, Continuez », leur répondit Trevor.

« Je n'arrêtais pas de dire oui, j'étais trop fatigué pour m'inquiéter. Mais je ne trouvais pas ça bien. Je pensais que j'aurais dû être hospitalisé une semaine de plus, pour récupérer surtout. »

Une fois seuls, Jill et Ernie se regardèrent. Ils commençaient à être sincèrement effrayés. « C'était une situation bien pire que tout ce que nous avions vécu à Paris, fait observer Ernie. De toute évidence, nous ne pouvions pas parler à Fayed comme à une personne raisonnable. » Trevor n'était pas revenu. Ils ne savaient pas où il était. Les médecins ne pouvaient pas s'occuper de lui sans leur aide. « Il n'avait rien mangé, n'avait pris aucun médicament — c'est nous qui avions ses analgésiques et ses antibiotiques. » « Je vais chercher Trevor, lança Ernie.

— Ne vous inquiétez pas, Trevor n'est pas très loin », dit alors le garde du corps qui se tenait dehors, en indiquant discrètement une porte à l'autre bout du couloir. Ce devait être l'un des gars que Trevor connaissait. Il devait vouloir les aider, enfin ils l'espéraient. Désormais, ils avaient du mal à faire confiance à quelqu'un. Dans son journal, Ernie écrivit : « En pénétrant dans la pièce, je n'en crus pas mes yeux. Voilà ce qu'ils avaient organisé : Trevor était assis sur une chaise droite face à trois personnes auxquelles nous n'avions jamais été présentées. » Quand Jill entra à son tour dans la salle, elle frissonna. « Les trois médecins étaient placés autour de Trevor. Ce qui me fit penser à un interrogatoire. »

« Il y avait une caméra et un magnétoscope. Mais ils n'étaient pas branchés. Cependant, j'étais préoccupé : leur interrogatoire signifiait davantage que ce qu'il pouvait laisser croire », pensa Ernie, dont le malaise grandissait.

Où était le matériel médical nécessaire à un examen complet ? se demanda Jill. Il n'y avait aucun tensiomètre, aucun ophtalmoscope pour examiner les yeux... Pas de lit. Il était clair que Trevor, assis sur cette chaise, souffrait du dos. « Il aurait dû s'aliter dès son arrivée », songea Jill. Trevor était épuisé et psychologiquement vulnérable.

Déjà, au cours des derniers jours passés à Paris, ils avaient entendu la sonnette d'alarme. À présent, c'était l'escalade : la situation avait empiré.

« M. Fayed souhaitait désespérément que Trevor se rappelle l'accident afin de trouver un responsable de la mort de Dodi. Il n'accepte pas l'idée que Henri Paul ait pu être soûl, avance Ernie dans son journal. Nous nous rendîmes compte qu'il voulait non seulement avoir Trevor physiquement, mais aussi connaître exactement les informations qu'il donnerait. Il voulait son esprit. »

« Es-tu bien sûr que tu peux supporter ça, Trevor ? » lui demanda Ernie, tandis que le jeune homme s'affaissait davantage contre le dossier raide de sa chaise. Il obtint la réponse habituelle : « Je vais bien. » Trevor faisait preuve de la même résignation passive qu'à l'hôpital. « Vous êtes en train de dépasser les bornes », s'emporta Ernie, à la fois impuissant et furieux contre les médecins. Il tourna les talons et claqua la porte. Ils attendirent dans l'appartement. Quinze... vingt minutes.

On frappa à la porte. C'était Handley-Greaves. « Quand pouvons-nous partir ? » laissa échapper Jill. « Il était très agréable, jamais menaçant dans son comportement, il semblait serviable », observe Jill. Mais sa réponse les fit frémir : « *Vous* pouvez vous en aller quand vous le souhaiterez. » « Cela sous-entendait que Trevor resterait tandis que nous partirions. »

« Nous allons le chercher », rétorqua Ernie, furieux. Ils longèrent le corridor d'un pas décidé et ouvrirent la porte en grand. « Trevor n'est pas en état pour cela », lança sèchement Jill, courageuse comme toujours quand la sécurité de son fils était en jeu. « Nous avions cru que Trevor irait à l'hôpital pendant quarante-huit heures. Sinon, nous serions rentrés directement à la maison, où l'attendent tous les soins médicaux exigés par les docteurs français. Il n'est pas en forme. Il n'est vraiment pas en *forme.*

— Bon d'accord, répondit le psychiatre, montrant quelque sympathie.

— Allez, Trev, tu as besoin de prendre tes médicaments », articula Jill en posant les mains sur les épaules de son fils. Trevor se leva, mal assuré, et se dirigea vers la porte. « M. Fayed fait ceci dans le meilleur intérêt de Trevor, tout cela, c'est pour son bien », clama le médecin généraliste. Sa voix les poursuivait dans le couloir tandis que Ernie les ramenait dans la pièce. Trevor était trop épuisé pour s'en soucier, préféra néanmoins le croire : « M. Fayed croit que ce qu'il y a de mieux, c'est le plus cher, le plus luxueux — les meilleurs docteurs... À l'époque, je ne pensais pas qu'il essayait d'acheter mes souvenirs par l'intermédiaire des médecins. Je pensais seulement qu'il essayait de faire de son mieux. »

Quelques minutes plus tard, le psychologue apparut à

la porte de l'appartement avec sa caméra et son matériel d'enregistrement, impatient de voir Trevor. Ce dernier trouva la force de lui dire : « Je vous appellerais dans la matinée. » Puis il s'effondra dans le canapé. Lorsque le psychologue pénétra malgré tout dans la pièce, un des agents de la sécurité rapprochée, Darren, murmura à Ernie : « Si vous voulez, je le jette dehors avec son matériel. » Ils avaient un allié. Mais jusqu'où oserait aller Darren pour aider un copain ? C'étaient des gars honnêtes mais, en fait, ils étaient impuissants tant qu'ils travaillaient pour Fayed. Ernie entrevit avec effroi le destin qui attendait Trevor s'ils ne le sortaient pas de là pour le ramener à la maison.

Leurs vies — ou celle de Trevor — étaient-elles en danger ? Ernie raconta à Trevor que Fayed avait fait allusion à un assassinat. Trevor grommela que, si Dodi avait eu vent d'un complot, il lui en aurait certainement parlé. Ce qu'il n'avait pas fait. « Je ne sais plus où est la vérité parce qu'il y a eu tant de théories, toutes sortes de suggestions folles — une qui parlait d'une espèce de fusil laser, griffonnerait plus tard Ernie. Nous ne savons plus qui croire, ni que croire. »

Si, à Paris, ils avaient déjà eu le sentiment de perdre le contrôle de la situation, aujourd'hui, c'était pis. Ils ne maîtrisaient plus rien. « À l'hôpital, nous avions vraiment l'impression de faire partie de l'équipe qui s'occupait de lui. Puis, quand nous sommes arrivés à Londres et qu'on l'a emmené, c'était comme si on l'avait perdu. Je ne dirais jamais assez à quel point c'était horrible, se souvient Jill. Nous n'étions pas préparés à livrer nos vies à une quelconque puissance. Nous désirions en avoir la maîtrise. Mais nous l'avions perdue. »

Ce jour-là, ils avaient rencontré Fayed et s'étaient frottés à son pouvoir. Ils avaient voulu croire que, même s'ils n'étaient pas d'accord avec lui, il agissait dans le meilleur intérêt de Trevor. Au lieu de cela, Fayed le mettait sous pression. Trevor n'était qu'un simple employé, payé pour exécuter ses ordres. Et il était d'une loyauté inébranlable.

À 22 heures, ils dînèrent enfin. Trevor sembla apprécier la nourriture chinoise hachée. On frappa de nouveau à la porte. C'étaient encore les trois docteurs.

« On voulait juste vous dire bonne nuit. Nous reviendrons dans la matinée. »

« Pas si l'on vous aperçoit en premier », pensa Jill. « Dehors, dehors. *Dehors !* » ordonna Ernie.

« Ils en sont pour leurs frais avec Ernie. Je pense qu'avec papa, cela aurait été encore pire », se dit soudain Trevor, évoquant le souvenir de son père. Puis il lâcha à voix haute : « Je pense que si papa avait été là, à l'heure qu'il est, il aurait déjà frappé quelqu'un. » « Papa démarrait au quart de tour. Il n'aurait pas toléré cela. Il n'aurait pas avalé les conneries de Fayed », songea-t-il intérieurement.

Cela faisait longtemps que son père était mort. Mais Trevor se demanda comment celui-ci aurait manœuvré, non seulement avec Fayed, mais avec tout le reste. Il était très robuste et fougueux à l'extérieur, mais très sensible intérieurement. « Il ne m'aurait montré aucune émotion. Il l'aurait exprimée à maman... Il se serait assuré que tout allait bien. »

Il espéra ne pas avoir blessé Ernie par ses paroles. Trevor avait acquis un immense respect pour l'opiniâtreté de son beau-père, en le voyant affronter avec compétence la situation au cours des cinq dernières semaines. « Mon père aurait agi de façon différente, se serait probablement montré plus tranchant. Mais Ernie est remarquable », pensa-t-il, achevant son dîner haché et rêvant de son lit.

Ernie éclata de rire : « Soyons honnête, Trevor. Je crois que, moi aussi, je suis sur le point de frapper quelqu'un. » Trevor était debout depuis 5 heures du matin. Il était presque 23 heures. Quand on frappa de nouveau à la porte. C'était le généraliste : « Trevor a-t-il besoin de quelque chose ? »

Une nouvelle fois, Ernie ferma la porte. Ils devaient partir, rentrer chez eux à Oswestry. « Trevor, dès que nous pourrons le faire, nous allons rentrer à la maison. On ne sait pas encore comment mais on va rentrer.

— Oui, je veux rentrer... Cela ne me gêne pas de revenir après mais, pour l'instant, je veux rentrer chez nous », répondit faiblement Trevor.

Ils emballèrent leurs quelques affaires et mirent Trevor au lit avec ses somnifères, ses analgésiques et ses antibiotiques. Pour la nuit, ils étaient bloqués.

Jill et Ernie se réveillèrent à 3 heures du matin, finalisant leurs plans. Ils n'osèrent pas réveiller Trevor. Vers 9 heures, Ernie appela David Crawford à Oswestry. « Pourriez-vous venir nous chercher ? — Oui », répondit David. Il ferait n'importe quoi avec plaisir. Il serait là dans quelques heures, affirma-t-il à Ernie, qui lui parut tendu. Pensait-il que le téléphone était sur écoute ? Où pourraient-ils se retrouver ? Peut-être, dans le hall du Dorchester, à côté ? Comment allaient-ils sortir ? « Je vous rappelle dans environ une heure », promit Ernie.

La sonnette de la porte retentit à 9 heures et demie. C'était le psychologue. Trevor l'entendit frapper et saisit l'échange sibyllin entre lui et Ernie.

« Est-ce que Trevor va bien ? demanda le docteur.

— Oui.

— Est-ce qu'il a dormi ?

— Oui.

— Puis-je le voir ?

— Non, il dort encore.

— Comment va Jill ? Puis-je la voir ?

— Non », lâcha Ernie en claquant la porte.

Ils n'allaient quand même pas sortir subrepticement comme des fugitifs ! Quand Paul Handley-Greaves arriva, il fit face à la situation avec la même détermination qu'il avait montré à Paris. « Nous voulons partir à 13 heures. » C'était un ultimatum et Handley-Greaves acquiesça.

Aussitôt, ce dernier se comporta gracieusement : « On va vous ramener chez vous et vous faire raccompagner pour s'assurer qu'il va bien. » Ensuite, Ernie appela David à Oswestry : « Ils nous ont procuré une voiture et un chauffeur et nous partons aujourd'hui. Nous serons là vers 17 heures. Entrée discrète. » Après tout le luxe qu'ils avaient connu, ils revenaient chez eux dans une voiture familiale normale, un break Volvo blanc.

« À 10 heures, Trevor apparut dans le salon. Il avait l'air épuisé. Il se tenait la tête entre les mains. On sentait qu'il était bouleversé, terriblement bouleversé, perdu — il ne voulait pas blesser le patron, mais il désirait rentrer à la maison », se rappelle Ernie. « J'étais en miettes — physiquement une épave », confirme Trevor.

« On avait suggéré que maman et Ernie pourraient rentrer à la maison et que, moi, je resterais seul dans cet appartement. Je n'étais pas certain de pouvoir me débrouiller tout seul. »

Trevor s'effondra sur le canapé. Jill apporta une couette, le borda et Trevor s'assoupit de nouveau.

Ce matin-là, la visite d'un chirurgien maxillo-facial — convoqué apparemment pour donner un avis médical sur la qualité de l'intervention chirurgicale subie par Trevor — fut l'un des points positifs de ce cauchemar.

« Merveilleuse opération, déclara-t-il. Mais le dentiste va avoir du travail. »

« C'est l'homme qui nous a montré comment nous servir de spatules en bois pour la rééducation des mâchoires de Trevor, précise Jill. Trevor ne pouvait entrouvrir la bouche que d'un centimètre environ. Nous devions y glisser des spatules, des abaisse-langue, et essayer chaque jour d'en améliorer l'ouverture. C'était très douloureux. Mais si nous le faisions pas, la mâchoire se coincerait et il ne parviendrait plus jamais à l'ouvrir. Elle se bloquerait pour toujours. »

Largement motivés par cette menace, Jill et Ernie s'emparèrent du petit tas de spatules. La visite dura honnêtement une bonne heure et demie. Quand Darren Wardman, le garde du corps chargé de les accompagner, emmena Trevor chercher certaines de ses affaires dans la salle du personnel, à la porte d'à côté, Jill et Ernie connurent une demi-heure d'angoisse. Jill se rendit à un bref rendez-vous avec le psychologue. Ce dernier lui confia un magnétophone.

« Trevor ressentira peut-être le besoin de parler sur une

cassette, suggéra-t-il. Si les souvenirs lui reviennent, il devrait être capable de les exprimer, de les confier à cet appareil. » Puis il fit un cours à Jill sur les signes avant-coureurs du stress post-traumatique. « Oui, il est parfaitement vraisemblable qu'il puisse souffrir à l'avenir d'un PTSD (*Post-Traumatic Stress Disorder*). Mais, pour l'heure, il se remet d'un grave accident et de deux importantes opérations. Ce dont il a besoin principalement, c'est de soins concrets et de se faire dorloter — c'est cela l'urgence. Il n'a pas besoin de bla-bla psychologique. Ce qu'il faut à Trevor ne se trouve pas au 60 Park Lane ! » s'insurgea intérieurement Jill.

Sur les ordres de Fayed, Darren, devait les conduire et rester un temps avec Trevor pour lui donner un coup de main. Jill et Ernie avaient cessé de soupçonner Fayed plus avant. Leur fils rentrait à la maison.

La voiture partit à 15 heures. Quand Darren sortit du garage souterrain, ils poussèrent un soupir de soulagement. Ils traversèrent lentement Londres jusqu'à l'autoroute avant d'apercevoir enfin un panneau du Shropshire — quel signe merveilleux !

« C'est bon, on va s'en sortir maintenant », pensa Ernie. Ils avaient échappé à l'influence de l'un des hommes les plus puissants d'Angleterre. Ils seraient à Oswestry pour l'heure du dîner.

Dimanche 5 octobre. Cinq semaines depuis le jour de l'accident.

« Je dois aller à l'église. J'ai quelqu'un à remercier », avait annoncé la veille Trevor à Jill et Ernie, à leur arrivée, tard dans la soirée.

« Je n'allais pas souvent à l'église. Mais j'avais chanté à la chorale. Je sentais qu'il fallait que j'y aille. Ils avaient organisé un service à mon intention quand j'étais à l'hôpital. » En se levant à 9 heures, le dimanche matin, il avait une mine épouvantable.

« Il a mal au dos, il est si maigre. Pourtant, il est toujours grand et d'aplomb sur ses jambes », nota Ernie, inquiet devant le projet ambitieux de Trevor. Ils lui donnèrent un bain et lui préparèrent à déjeuner. Puis lentement, très lentement, Trevor revêtit des vêtements élégants — des chinos, un blazer, une chemise bleu vert et une cravate. Ils parcourent en voiture les trois kilomètres qui les séparaient de Whittington, une charmante petite bourgade, construite en brique et en bois, sur le bord de la Plaine du Shropshire, qui, comme aimait à le dire Jill, est « un village vraiment typique de ce comté. On y trouve un pré communal, un pub, une église et un château avec des douves ».

Les cloches de l'église sonnaient, tout comme les jours où Trevor et Sue, Ernie et sa première femme ainsi que Chris et Heather s'y étaient mariés. Whittington possédait une grande congrégation et, ce matin-là, l'église était comble. Jill, Ernie et Darren soutinrent Trevor qui pénétra lentement dans l'église. « Nous arrivâmes par le fond. Les gens se retournèrent, sursautèrent. Un immense murmure parcourut l'assemblée. On entendit des reniflements et des sanglots. C'était ahurissant », raconte Jill, toujours émue à ce souvenir. Ils remontèrent l'allée et installèrent Trevor sur un banc, au centre. Le soleil brillait à travers les fenêtres, éblouissant les yeux encore sensibles de Trevor. L'église était parcourue d'émotion. « Trevor décida d'aller communier. C'était quelque chose qu'il devait faire. Alors je l'ai accompagné jusqu'à la file de la communion. “Il ne peut pas y arriver”, pensions-nous. Un silence se fit dans l'assemblée. L'ambiance était si tendue. Les gens s'avancèrent pour l'aider... il parvint à s'agenouiller, le corps raide », se souvient Jill.

« Trevor resta tout le service. Cela lui ressemblait bien », dit Ernie. « Ensuite, tout le monde s'est avancé pour nous embrasser, lui serrer la main. Ils étaient contents de le voir, poursuit Jill avant d'ajouter, tout le monde voulait le toucher, qu'on reste pour parler un peu. » « Trevor fut heureux de cette réaction », continue Ernie.

« Pour être franc, je ne me sentais pas très bien. Je ne m'en rappelle pas beaucoup, mais je sais que j'avais de la peine à marcher. Quelqu'un m'aidait car je tenais mal sur mes jambes. Ma vue n'était pas bonne non plus — je voyais double. Je posais un pied sur une marche et je ne la voyais pas. »

Cependant, quand Darren se prépara à l'aider à remonter en voiture pour rendre visite, à quelques pas de là, aux parents de Sue, Trevor déclara : « Je veux y aller à pied. » Il mit un temps infini pour parcourir les cent quatre-vingts mètres.

Dès le matin, Jill et Ernie étaient descendus dans le jardin, faisant le tour des plantes, redécouvrant la sérénité qui leur avait tant manqué pendant plus d'un mois — le calme, l'absence de circulation ou de contrainte, juste le chant des oiseaux.

Le recteur et David les rejoignirent chez Ieuan et Mary. Installés tranquillement autour d'une tasse de café, ils discutèrent, envahis soudain par un sentiment de paix. Est-ce possible, se demandait Jill, alors qu'ils ramenaient Trevor à la maison, que la vie puisse revenir à la normale ?

Mais Oswestry était devenu la cible des médias. Des stations satellites avaient été installées en ville, sur la place du marché. Ils venaient à peine de rentrer de l'église que deux reporters du *Shropshire Star* frappèrent à leur porte. Darren les renvoya.

Des demandes d'interviews affluaient chez Harrods — c'était le terme qu'ils utilisaient pour tout ce qui concernait l'organisation de Fayed. Il y avait déjà eu tellement de reportages inexacts. La règle familiale tenait bon : pas d'interviews. Ian Lucas, le jeune propriétaire du cabinet Crawford Lucas, qui s'était montré discret jusque-là, avait demandé au chef des Relations publiques de Harrods, Michael Cole, de lui faire suivre toutes demandes venant des médias.

Mais les paparazzi, les reporters et les équipes de télévision, affluant à Oswestry, s'embarrassaient peu du protocole. Ils frappaient à la porte à coups redoublés. Ils avaient raté l'apparition de Trevor à l'église. « À cet instant, ils dormaient de l'autre côté de la rue, en face de l'église, et avaient manqué la photo de l'année », exulte Jill. Ils n'avaient pas l'intention de rater les prochaines...

S'occuper de Trevor leur prenait désormais davantage de temps : il ne s'agissait plus des deux heures de soins quotidiens de l'hôpital mais bien d'une attention vingt-quatre heures sur vingt-quatre. En outre, Trevor nuisait à sa propre guérison. À la minute où il revint à la maison, après le service religieux, il appela Nain. Puis téléphona à Gareth, John et Chris. La sonnette de la porte d'entrée retentit et « le flot ininterrompu de visiteurs commença ». Ses frères et leurs femmes, le fils d'Ernie. Les gars du rugby. À 14 h 30, la maison grouillait de gens.

« L'invasion », comme Jill et Ernie l'appelèrent, dura des semaines : Tous les jours une foule arrivait vers 9 heures, sans interruption tout au long de la soirée.

« Je pense que j'aurais dû être encore hospitalisé une huitaine au moins », admet Trevor avec le recul. Je n'étais pas bien du tout. Je me contentais de traîner sur le canapé et de prendre les médicaments qu'on m'avait prescrits. J'étais très heureux d'être rentré à la maison, mais je restais un peu nerveux. On est dorloté à l'hôpital. Je crois qu'on m'avait laissé rentrer parce que maman était infirmière diplômée. » Il dissimulait bien son sentiment d'insécurité.

Devant les vidéos des funérailles de Diana et des reportages sur l'affaire, Trevor racontait à tous ces visiteurs l'histoire de l'accident. En l'écoutant répéter sans cesse les mêmes choses, Jill pensait : « Franchement, il a surtout besoin de voir ses amis, de leur montrer qu'il va bien. Il veut leur dire ce qui s'est passé. Il a besoin d'en parler. » Il leur faisait confiance pour que cela reste confidentiel. Mais elle avait le sentiment qu'il avait besoin de se rassurer. « Il avait toujours été solide, puissant, un vrai chef — un exemple, quelqu'un dont on recherchait la compagnie —, et soudain, il se retrouvait affaibli, incapable de se prendre en charge. Il se sentait vulnérable et terrifié. » Parler était sa façon de s'affirmer et d'éloigner ses peurs.

« Quand le téléphone sonnait, il s'exclamait : "C'est pour moi ? C'est pour moi ?" Même s'il était déjà couché, il se relevait, passait la tête par l'entrebâillement de la porte : “C'est pour moi ?” On avait l'impression qu'il ne supportait pas l'idée de rater quelque chose. »

Sereine, Jill fit face. « J'y étais habituée. Mes trois fils avaient toujours invité plein d'amis à la maison. J'avais toujours eu l'habitude d'avoir une maison pleine d'hommes qu'il fallait nourrir. Je suis une maman et j'aime cela. » Jill préparait à manger pour douze personnes en même temps, veillant à toujours avoir un réfrigérateur bien rempli. Sue venait et repartait, perturbant Trevor. Tous savaient qu'il l'aimait encore. Trevor lui téléphonait, lui trouvant des excuses. « Je me souviens que maman et Ernie me disaient : “Si elle avait envie d'être avec toi, elle serait là aujourd'hui.” » Elle prendrait soin de lui. « Trevor avait désespérément besoin de retrouver sa vie d'antan, ses amis. Cela lui était essentiel », précise Jill.

Quotidiennement, ils se bagarraient « pour le nourrir correctement, l'obliger à se reposer et à faire sa rééducation. » « Nous menons une bataille perdue d'avance », disait-elle à Ernie, en tâchant de « juguler le flot de visiteurs ». Ses cicatrices devaient être massées, assouplies sinon elles ne disparaîtraient pas. Il devait se forcer à marcher, et ce, malgré la douleur qui lui vrillait le corps. Sans relâche, ils devaient le contraindre à faire des exercices pour entrouvrir ses mâchoires. « Il avait huit séances de rééducation par jour. Il n'y avait que vingt-quatre heures dans une journée. Nous n'avions pas le temps de tout faire. » Jill souffrait pour lui. « Il avait atrocement mal au dos, et subissait de terribles migraines — son corps entier était au supplice. »

Il avait utilisé toutes les boîtes de puissants analgésiques prescrits par Chikhani ; les médicaments qu'ils parvinrent à trouver sur place ne soulageaient pas suffisamment ses maux de tête. Un jour à 4 h 30 du matin, elle entendit son fils faire les cents pas. « Il était dans un état terrible, répétant : “Je ne peux pas dormir. Je ne peux pas dormir.” »

La rééducation de sa mâchoire consistait à empiler le plus possible d'abaisses-langues dans sa bouche pour en agrandir l'ouverture. Il était aisé de contrôler les progrès. Pendant ces séances, Trevor souffrait le martyre. C'était désespérément lent et il ne pouvait pas le faire seul. Le premier jour, ils commencèrent avec sept spatules. « Nous avons maintenu sa bouche ouverte six minutes et, au fur et à mesure, nous en avons ajouté. Ce jour-là, nous sommes arrivés à neuf. Le but était d'en glisser vingt-quatre. « Ces petits instruments représentaient pour nous le progrès accompli, raconte Jill. Quand il put ouvrir la bouche de plus de deux centimètres, ce fut réellement merveilleux. »

Ils l'accompagnèrent à ses rendez-vous chez les médecins, les chirurgiens, les ophtalmologistes. Il portait encore, d'une oreille à l'autre, les agrafes en métal posées lors de sa deuxième intervention faciale, et une de ses cicatrices était infectée. Il devait subir une nouvelle opération de l'œil, du poignet et on devait lui refaire toutes ses dents. Jill avait pris un congé exceptionnel ; quand elle était retournée, très émue, pour la première fois à son cabinet, ses collègues lui avaient dit : « Nous ne vous attendons pas avant le début de l'année prochaine. » Ils lui garderaient son travail ! « Nos journées étaient consacrées à Trevor. C'était un engagement total, dit Jill, une véritable dépense d'énergie. » Quand elle monta sur la balance, elle avait perdu plus de douze kilos — autant que Trevor !

Les deux premières semaines, Darren, puis Kez, aidèrent leur copain à tour de rôle. Selon Kez, Paul Handley-Greaves les avait chargés « de veiller à ce qu'il ne soit pas harcelé par la presse — à l'époque, les journalistes auraient donné n'importe quoi pour une interview d'un des membres de la famille Rees-Jones — et de soulager au mieux Jill et Ernie ». Leur expérience avec les paparazzi leur fut très utile. « Kez et Darren éconduisaient les reporters au téléphone ou devant la porte, et ils parvenaient avec talent à se débarrasser des journalistes locaux qui semblaient toujours au courant des rendez-vous que Trevor avait chez le kinésithérapeute, le spécialiste ou le dentiste. Ils s'arrangeaient aussi pour le tenir à distance des caméras de télé », se souvient Jill avec satisfaction.

Chaque jour, ils contrôlaient les douzaines d'appels téléphoniques, cherchant à distinguer les amis des gens de la presse.

En bons gardes du corps de Fayed, ils savaient aussi s'acquitter des tâches les plus humbles, comme faire les courses. « Sincèrement, au début, je me sentais un peu gauche », raconte Kez, mais la famille m'a accueilli à bras ouverts et m'a traité comme l'un des leurs. Kez téléphonait quotidiennement à la salle des Opérations de Park Lane. « Rien d'important, juste pour tenir les gars au courant du rétablissement de Trevor, sans leur épargner les détails. Les récits des repas provoquaient une grande hilarité. Il fallait voir Trev s'étrangler et aspirer sa bouillie. On était obligé de lui hacher tous les merveilleux plats concoctés par Jill, à cause de l'état de sa mâchoire. C'était une horreur totale mais ça nous faisait bien rire. »

« La plupart du temps, Trev et moi bavardions. Tous les jours, on faisait une petite promenade. » En le regardant marcher depuis sa fenêtre, Jill découvrait « un très vieux jeune homme. Il avait vingt-neuf ans, on aurait dit un vieillard de soixante-dix. On s'en apercevait moins quand il était allongé sur le canapé, mais dès qu'il faisait un geste habituel et quotidien, comme descendre la rue à pied, c'était frappant ».

Pour Kez, qui n'arrêtait pas de blaguer, « il ressemblait à un vieux pâté pas très frais, croulant et bavant ». Pourtant, quand il accompagna Trevor marcher sur le champ de courses, il fut ému : « Il ne parcourut au maximum que deux cents mètres mais il commença son entraînement. Quelle force de caractère ! » « L'année prochaine, tu pourras courir », lui lança Kez. Il avait raison. Moins d'un an plus tard, Trevor courrait.

Ils faisaient des progrès. Le 11 octobre, une semaine après son retour, Trevor remporta une grande victoire. Il parvint à glisser quatorze spatules dans sa bouche. Trois jours plus tôt, ils étaient parvenus au nombre de treize, mais la séance avait été un véritable cauchemar. Quand la pile entière d'instruments avaient jailli hors de sa bouche, Jill et Trevor avaient éclaté en sanglots. Elle parce qu'elle se sentait coupable et lui parce qu'il souffrait le martyre.

Ce 11 octobre fut aussi son premier retour à la vie. Il retourna au club de rugby. À l'entrée, une équipe de télévision l'attendait, mais une fois installé dans les tribunes, devant le match, il fut à l'abri. « Il était encore chancelant et très sensible au froid. Au bout d'un moment, il est allé s'asseoir à l'intérieur devant une tasse de thé, raconte Jill. Ensuite, il s'est rendu au club. » Depuis longtemps, Jill rêvait de cet instant et le redoutait à la fois. À la maison où il divertissait les visiteurs, on le considérait comme un héros blessé. Mais, là, dans le club où il avait trouvé sa place grâce à sa personnalité et à sa force athlétique. Qu'allait-il ressentir ? Comment allaient réagir les gars ?

« Hé, regardez, c'est l'abruti qui fait des tests d'accidents de voitures », s'exclama l'un d'eux, alors que Trevor allait s'asseoir près du chauffage — « l'étreindre même » selon l'expression de sa mère. Les plaisanteries fusèrent. « À peine étais-je arrivé à la porte que c'était parti. J'entendis des trucs du genre "espèce de puzzle" ou "je vois que tu as un logo Mercedes collé sur le front". Ici, on ne vous laisse rien passer. » Trevor s'aperçut que « certains d'entre eux étaient très choqués par son apparence et qu'ils ne savaient pas quoi dire ». Une petite fille s'avança. Fascinée, elle lui demanda : « Pourquoi tu as des rides partout sur ta figure ? » « Parce que j'ai subi beaucoup d'opérations », lui répondit Trevor. La réponse sembla lui convenir. Il ne voulait pas effrayer les enfants.

Trevor se leva et s'avança vers le bar, traînant les pieds. « Il n'y resta pas longtemps mais ce fut un grand moment pour moi de le voir là, debout au bar avec ses amis, dit Jill. L'ambiance fut formidable. Il soutenait le club depuis des années. Il y avait fait des tas de petites choses, comme peindre le club-house ou débouché les égouts — sincèrement, il avait vécu pour et par le rugby. Et tous l'accueillirent à bras ouverts. »

Ce jour-là, Trevor but sa première bière. « Je dois reconnaître qu'il n'a rien payé, précise Ernie en riant. J'en ai été très jaloux. »

Son équipe avait perdu, mais Trevor avait remporté un

grand succès ; il avait renoué avec une part importante de sa vie.

Pour Ernie, les progrès de Trevor avaient un prix de plus en plus élevé. « La situation me pèse, confia-t-il à son journal au terme d'une semaine d'invasion. Je trouve Trevor très exigeant. Il semble avoir oublié comment on dit "s'il vous plaît et merci". Il joue au roi devant ses admirateurs et a tendance à monopoliser le canapé du salon. Il parle... Certes, c'est bon pour lui, mais la maison est toujours remplie de monde. — En ce moment, ils sont huit : Brett, Mike Owen, Terry Roberts, Derek, Jane, Sally, Betty. À son arrivée, Gareth m'a demandé si j'allais bien. Je lui ai répondu : "Je n'en suis pas sûr. Je pense que je suis doucement en train de devenir fou mais il n'y a pas de problème puisque j'ai l'adresse d'un bon psy." Trevor a expliqué de qui je voulais parler et la soirée a continué sans moi. »

« Je pense que je voulais *beaucoup* le protéger, reconnaît Ernie, en réfléchissant à cette semaine épuisante, et je trouvais que c'était de plus en plus difficile de contrôler la situation — de pouvoir veiller sur lui correctement, comme nous l'avions fait à Paris. Il ne se reposait pas suffisamment, ne prenait pas assez de temps pour manger ou faire sa rééducation. Les priorités de Trevor, à cette époque, étaient différentes des *miennes*. »

Quand il n'aidait pas Trevor, Ernie tentait de s'occuper en se livrant à ses passions, il reprit ses cours de tapisserie d'ameublement, recouvrant les chaises de la salle à manger de brocart rose. Il joua au badminton avec son fils Chris tous les mardis soir et trouva refuge dans son antre, « le seul endroit à peu près normal dans cette maison de fous ».

Jill et Ernie avaient autant besoin que Trevor de renouer avec leurs amis. Un soir, ils rendirent visite aux gens avec lesquels ils jouaient au bridge. Ce fut leur première sortie : « D'habitude, nous jouions une fois par mois, et comme nous avions été absents très longtemps, nous étions très impatients de retrouver notre vie normale, précise Jill. Nos amis nous ont accueillis chaleureusement mais sans nous presser de questions autres que “Comment va Trevor ?” et “Comment vous en sortez-vous ?” C’était si agréable de savoir que nous n’avions pas besoin de protection. Cela a vraiment été une soirée de détente. Nous avons bu avec plaisir un gin tonic, notre boisson favorite pendant les parties de bridge, et nous nous sommes installés à la table de jeu. Nous avons très mal joué ! Nous ne sommes pas arrivés à faire un seul contrat. Nous ne pouvions pas nous concentrer sur la partie, mais cela n’avait aucune importance. Nous étions de retour et nous partagions un bon moment avec notre groupe d’amis, renouant ainsi avec notre vie sociale. »

Cependant, la famille se trouva en proie à une pression grandissante, devant le déferlement de visiteurs. « Jill s’en sort mieux que moi. Je perçois cela comme une véritable invasion. Vivre ainsi, c’est terriblement épuisant, songeait Ernie avec angoisse. J’ai le sentiment de ne rien contrôler. La maison est pleine d’étrangers, de visiteurs, et résonne des sonneries du téléphone. » Ernie se sentait de plus en plus isolé. Réfugié dans son antre, il dessina son portrait — un drôle de petit homme sous un dôme de verre, les mains levées en un geste d’impuissance, cerné par quatre flèches : « Trev, la Presse, les Amis, les Visiteurs. » Jill et Ernie s’inquiétèrent en réalisant que leur seule manière de s’évader était de vider quotidiennement une bouteille de vin rouge chilien. « Nous aimons bien boire un verre de vin dans la soirée mais nous buvions trop. C’était inquiétant. » Depuis que la famille Rees-Jones avait croisé la route de Fayed, Ernie trouvait que leur vie était devenue comme un « serpent à la queue mouvante. On ne savait jamais où elle allait frapper la fois d’après ».

Au début de la soirée, du dimanche 12 octobre, Ernie explosa : « J’ai décampé. Quand Sooty a refusé d’aller en promenade, ce fut la goutte d’eau. Je suis parti boire une pinte au pub *The Oak*. Là-bas, tout le monde me demanda des nouvelles de Trevor mais pas des *miennes*. Deux bières plus tard, je n’étais pas plus heureux ! » Quand Jill découvrit qu'Ernie avait filé sans prévenir, elle fut prise de panique et partit en voiture à sa recherche. Elle le retrouva qui revenait à pied à la maison et le ramena. « Quand j'ai vu que Jill était prête à courir dans tout Oswestry pour me retrouver, je suis revenu sur terre. Mais, à ce moment-là, je n'étais pas sûr de rentrer. »

Ce n'était pas seulement à cause de « l'invasion ». Ernie avait l'impression que Fayed continuait d'exercer sa pression sur eux, même à la maison. Il était obsédé par l'envie de débarrasser leur existence de Fayed et de la foule des visiteurs. Trevor les informa que « M. Fayed désirait lui acheter un appartement en ville » et y installer un coûteux système de sécurité. Un instant, Ernie et Jill imaginèrent même que Darren et Kez, bien qu'ils parussent honnêtes, étaient peut-être des agents à la solde de Fayed, chargés de lui raconter les souvenirs de Trevor. Ils n'avaient pas de preuve. « Mais, depuis notre expérience londonienne, nous voyions des fantômes là où il n'y en avait pas », dit Jill. En outre, Ben Murrell leur avait bien dit à Paris qu'on l'avait sommé de faire des rapports.

La première semaine, Darren était venu avec une somme d'argent que lui avait donnée Fayed — mille livres. Pour Trevor, il s'agissait d'un don généreux « pour aider à couvrir les dépenses occasionnées par la présence à la maison de deux personnes supplémentaires », mais Jill était heureuse de les accueillir à sa table en amis. « Nous ne voulons pas de son argent. Nous ne voulons pas de lui chez nous, dans nos vies. Nous n'avons pas besoin d'argent pour veiller sur Trevor parce que nous l'aimons », s'opposait Ernie. Il tentait sans cesse de persuader Trevor : « Il y a une vie en dehors de cette organisation. Il y a une vie *après* Fayed comme il y a eu une vie *avant* lui. » Mais Trevor, qui souhaitait retourner travailler, ne voulait pas offenser le patron par une attitude insensible. Il ne partageait pas l'avis de Jill et Ernie qui estimaient que Fayed tentait de les amadouer avec son argent. Et lorsque ce dernier lui offrit trois mille livres pour partir en vacances avant Noël — vacances dont il avait le plus grand besoin —, Trevor hésita, se demandant comment ce serait perçu sur les bandes vidéo de Park Lane, puis les accepta, la conscience tranquille. C'était à titre gracieux que Fayed lui avait offert les services d'un consultant médical privé et d'un kinésithérapeute non remboursé par la Sécurité sociale britannique. Mais Jill et Ernie détestaient l'idée de lui être redevables. « Jamais, je ne pourrais rapporter cet argent directement à Fayed », leur déclara Trevor. Jill et Ernie eurent une idée : « Donne-le à l'hôpital. » Ernie prit la décision : ils enverraient l'argent à La Pitié-Salpêtrière. Trevor l'emporterait la prochaine fois qu'il irait voir le docteur Chikhani.

Pendant ce temps, à Paris, se déroulaient des événements qui allaient les entraîner un peu plus loin encore dans l'étrange univers qu'avait déclenché la mort de Diana. Christian Curtil avait finalement été chargé de représenter Trevor et, après avoir bataillé des semaines durant pour imposer à son garde du corps son propre conseil, Fayed avait accepté de payer les honoraires de Curtil et des avocats britanniques. Curtil expliqua à David Crawford, dans une lettre datée du 13 octobre, qu'il devait signer la convention relative aux honoraires au cabinet de Brizay, deux jours plus tard, le mercredi à 14 h 30 — une belle victoire pour les avocats de Trevor. Ce dernier avait donc acquis une totale indépendance légale tout en gardant de bonnes relations avec Fayed. « Christian et moi étions tout à fait prêts à représenter Trevor sans cet accord, mais il nous assurait un confort supplémentaire en ce qui concernait les frais de justice », précise David avec satisfaction.

Trevor avait accepté l'accord et l'idée de devenir partie civile. Curtil préparait les documents pour déposer cette requête, le 16 octobre. Comme il l'avait expliqué à Jill et Ernie à Paris, c'était le seul moyen pour Trevor d'accéder au dossier du juge, de faire jouer activement ses intérêts dans l'enquête, de se protéger et, entre parenthèses, de travailler à réclamer des dommages et intérêts.

Mais, étant donné la loyauté de Trevor envers le

patron, il y avait une chose que Christian n'avait pas osé lui dire. « Le seul fait de devenir partie civile était en soi une forme d'attaque contre Fayed. » Trevor avait le pouvoir d'ouvrir la boîte de Pandore, de faire la lumière sur les actes et les décisions qui avaient entraîné l'accident et sur des choses qui pourraient embarrasser ou impliquer l'empire parisien de Fayed.

Trevor ne serait pas la seule partie civile. Il serait bien entouré : les parents de Henri Paul représentés par Jean-Pierre Brizay ; la mère de Diana, Frances Shand Kydd, sa sœur, Sarah McCorquodale, représentées par maître Toucas ; et Mohammed Al Fayed représenté par Bernard Dartevelle et Georges Kiejman. Dans un courrier, Christian Curtil rappela à David Crawford : « Comme je vous l'ai dit, je connais bien maître Kiejman, qui est un ami de mon père, son cabinet et le nôtre étant spécialisés dans le droit d'auteur. » Curtil se demanda si les liens personnels qui l'unissaient à Kiejman avaient joué dans la décision du camp de Fayed d'approuver sa nomination.

Le 16 octobre, dès que Trevor devint partie civile, Christian Curtil se rendit au Palais de Justice pour consulter le dossier. Il mit ses autres affaires en attente et, durant trois semaines, passa ses journées absorbé par l'énorme pile de documents. Sous le regard attentif d'un gendarme, debout non loin de lui, il s'assit dans le hall devant une table. Aucun document ne pouvait sortir de cette zone. Par peur que les photos de l'accident saisies ne fussent volées, le dossier fut conservé dans un coffre-fort les trois premiers mois. Dans ce lieu, on gardait l'illusion d'un secret absolu.

En fait, depuis le début, il y avait eu des fuites endémiques ; les médias cherchant désespérément à obtenir des informations. « Tout avait été dit », déclare Curtil. La seule histoire importante qui n'avait pas encore été racontée était celle de Trevor. « Soudain, il y avait un changement. Une nouvelle voix. Une nouvelle chance pour les médias. » Et — grande ironie du système judiciaire français — lui, l'unique témoin vivant, était libre de parler.

Les parties civiles ne sont pas soumises à la confidentialité ; aussi longtemps qu'elles ne montraient aucun des documents provenant du dossier du juge, elles pouvaient dire n'importe quoi à n'importe qui. C'était aujourd'hui le cas de Trevor. Du coup, Curtil devint le chéri de la presse. Il fut inondé de lettres, d'appels, de fax ; des reporters campaient sur son pas de porte. « J'avais provoqué l'intérêt de la presse dans d'autres affaires, mais certainement pas celui des médias internationaux. C'était tout à fait nouveau. Ils ne me lâchèrent pas. »

Le système judiciaire français avait stupéfié la presse étrangère. Les reporters, habitués à mener leurs propres investigations, trouvaient frustrants le profond secret et le contrôle absolu des tribunaux français sur l'enquête. « La presse ne rapporte que les actions du tribunal », explique Christian Curtil. Mais, là, le tribunal ne disait rien, ne faisait aucune déclaration.

Pour les avocats, le système français comportait une limite importante. Dès que le procureur avait désigné un suspect au cours de l'enquête criminelle — les paparazzi, en l'occurrence —, le juge ne pouvait que poursuivre dans ce sens et procéder à l'examen de leur éventuelle culpabilité. La seule façon de contourner cela était de chercher des faits nouveaux afin de demander au juge d'étendre son enquête. C'était ainsi que les avocats français faisaient avancer un dossier. Il était impossible de se livrer aux méthodes dynamiques pratiquées et appréciées par les avocats anglais et américains — découverte de faits nouveaux, dépositions, enquête active —, Curtil devait passer au peigne fin chacun des documents qui s'ajoutaient au dossier, à la recherche de contradictions, d'éléments surprenants. De tout ce qui pourrait pousser l'enquête dans le sens des intérêts de son client.

L'avocat ne se laissa guider que par une seule question : qui était responsable des dommages causés au garde du corps ? Il devait d'abord trouver où résidait la culpabilité ; Le monde entier, de même que Trevor, voulait et avait besoin de savoir qui — ou ce qui — avait provoqué l'accident. Ensuite, Curtil devait évaluer la compensation due à

Trevor. Il avait été gravement blessé et ne pourrait peut-être jamais plus travailler comme garde du corps. Sa mémoire, sa santé et son apparence seraient peut-être affectées à jamais. Si Trevor méritait une compensation, qui la paierait ? De notoriété publique, les tribunaux français accordaient de faibles dommages et intérêts — au pénal encore moins qu'au civil. Mais si l'enquête devait mettre en lumière la culpabilité — du Ritz, par exemple ? —, la justice pourrait apporter une certaine aide à Trevor... Fayed pourrait aussi proposer un arrangement — le ferait-il ?

« Depuis le début, je ne pensais pas que les photographes fussent en cause. » Les déclarations des témoins étaient confuses, contradictoires en ce qui concernait les faits et gestes des paparazzi et l'endroit où ils se trouvaient. Selon les analyses, ils n'avaient pas bu. L'ivresse de Henri Paul restait de loin le fait le plus écrasant : il semblait donner aux photographes le rôle secondaire dans les causes de l'accident. Mais on ne pouvait poursuivre un mort en justice — Trevor n'avait rien contre Henri Paul.

Curtil remarqua que plusieurs photographes, surtout Romuald Rat, David Oderkerken et Stéphane Darmon, déclaraient que Trevor s'était montré amical à leur égard. Il leur avait souri, serré la main. Les calmer pour les amener à coopérer : c'était la technique que Trevor et Kez avaient utilisée avec succès pour empêcher la situation d'exploser le jour de l'accident.

Mais l'attitude amicale de Trevor pouvait-elle être perçue comme un *encouragement* ?

Curtil lut avec avidité les premières auditions de Trevor par le juge, à l'hôpital, le 19 septembre et le 2 octobre — les premières déclarations officielles de son client qu'il n'avait encore pas rencontré. Le rôle crucial de Dodi Fayed dans les heures précédant l'accident était souligné dans le témoignage de Trevor. Il y décrivait les difficultés de travailler pour quelqu'un qui ne lui disait jamais ce qui se passait et qui prenait parfois des décisions concernant la sécurité sans l'avoir consulté. D'après les déclarations de Trevor, Curtil s'aperçut que c'était Dodi qui avait choisi d'utiliser une troisième voiture et demandé à Henri Paul de conduire.

Immédiatement, Curtil déposa une requête auprès du juge demandant un rapport sur l'intérieur du véhicule. C'était sa première démarche pour élargir l'enquête. La voiture allait être examinée scrupuleusement par l'Institut de recherche criminelle de la Gendarmerie nationale (IRCGN) ainsi que par d'autres experts. Il faudrait attendre avant de recevoir les rapports complets.

Dans l'intervalle, l'avocat rechercha les factures de réparation de la Mercedes. Les premiers rapports sur les airbags. Sans l'ombre d'un doute, ils s'étaient gonflés. Sur toutes les photos, on apercevait dans la carcasse enchevêtrée de la voiture accidentée la matière blanche, dégonflée, de ceux de Henri Paul et de Trevor. Mais quand est-ce que celui de Trevor s'était déployé ? Au moment de l'impact majeur contre le treizième pilier ? Pouvait-il s'être gonflé plus tôt, lors de l'accrochage avec la fameuse Fiat ? — et avoir laissé Trevor sans protection au moment de la collision contre le pilier quelques secondes plus tard ?

Le problème de la ceinture de sécurité lui sauta aux yeux. Curtil nota que Trevor avait déclaré au juge qu'il ne portait jamais de ceinture en ville à moins d'une vitesse excessive. Cependant, les premiers rapports de la police, arrivée sur les lieux, affirmaient qu'il la portait. Trevor avait déjà été attaqué dans les journaux parce qu'il était le seul passager à l'avoir mise — c'était son talon d'Achille.

Devant ces inconnues, il fallait traiter la presse en amie. Alors que les classeurs bleus s'empilaient sur le sol de son bureau, il réalisa que « ce dossier » lui offrait un formidable moyen de contrôle dans une affaire aussi médiatique. Les médias avaient besoin de lui. Il pouvait définir les règles.

Christian Curtil et Ian Lucas, qui ne s'étaient jamais rencontrés, discutèrent au téléphone de la façon de gérer la presse dans l'intérêt des Rees-Jones. Ils définirent une marche à suivre. Les trois avocats serviraient de contact obligatoire pour la presse et la tiendraient informée. Quand ils auraient quelque chose à dire, ils la communiqueraient à tous, sans distinction. Il n'y aurait pas de préférence. Mais si les journalistes se mettaient à harceler la famille Rees-Jones, ils n'obtiendraient rien. « Christian avait sans doute le sentiment qu'il aurait fallu donner quelques bribes d'informations supplémentaires », fait remarquer Ian Lucas. « Quoi qu'il arrive, ils publieront des choses, alors mieux vaut les contrôler » tel était l'argument de Curtil. Mais la famille ne voulait rien communiquer. Rien.

« Ils ne voulaient pas seulement l'histoire de Trevor, ils voulaient connaître la nôtre. Nous étions dans l'annuaire. CNN appelait sans cesse tout comme ABC, NBC », raconte Jill. La pression médiatique qui faisait rage à Paris déferlait à Oswestry, dans leur vie privée. Le cabinet dentaire de son fils Gareth, à Birmingham, fut assiégé. « En fait, nous devions courir dans la rue pour leur échapper, et cela nous portait sur les nerfs. Nous avions beau être rentrés à la maison, nous nous retrouvions enfermés. C'était une véritable invasion. À Paris, nous l'avions acceptée parce qu'elle faisait partie du paysage, mais là, chez nous, nous ne l'acceptions pas. Cela dépassait les bornes ! » Jill et Ernie scotchèrent même un mot sur leur porte : « Pas de presse. Aucun commentaire. S'il vous plaît, respectez notre vie privée. »

Souvent, en début de matinée, Jill disait à Ernie : « Allons au bureau. » C'était ainsi qu'ils appelaient le lieu où ils aimaient aller se promener. Avec leur chien, ils parcouraient les bois et les collines où passaient les moutons et le bétail, jusqu'au champ de courses verdoyant et désaffecté. « Ce bureau » devint le seul endroit où ils pouvaient parler, sans être dévisagés, en toute intimité.

Oswestry avait serré les rangs pour protéger la famille. Dans les pubs, les magasins, au cabinet de Jill, les habitants se chargeaient de renvoyer les reporters. Un jour, un homme arriva, au *George*, l'un des pubs préférés de Trevor, et déclara : « Je cherche Trevor Rees-Jones. Savez-vous où il habite ? » « Qui ? » fit le propriétaire. Pendant ce temps, on téléphona rapidement à Trevor : « Est-ce que tu connais ce type, Trev ? » Et quand Trevor répondit « Oh, bien sûr, c'est un vieil ami de l'armée », le propriétaire alla trouver l'homme : « C'est bon, Trevor arrive. »

« Ce qu'il faut que vous compreniez c'est que tout Oswestry connaissait Trevor avant cet événement. C'était une personnalité locale. Il était allé à l'école ici... Il participait toujours activement aux manifestations organisées en ville. Il aimait être au premier rang, faire partie d'un groupe. Il ne manquait jamais une soirée sportive », explique Jill.

« Les gens d'Oswestry se sont montrés fantastiques. Ils m'ont protégé, se sont regroupés derrière moi », dit Trevor, évoquant l'image d'une ville et d'un territoire si petits qu'on pouvait les apercevoir dans leur totalité, du haut des montgolfières qui s'élevaient de la Plaine du Shropshire. Une bourgade rurale dont les équilibres sociaux n'avaient jamais été bouleversés — comme cela s'est produit à Birmingham ou Liverpool —, et qui n'avait jamais été envahie par les touristes. Cet événement marquant mettait à l'épreuve l'intégrité et l'équilibre de la ville et de ses habitants.

Le 1er novembre, Trevor quitta Oswestry pour rendre visite au docteur Chikhani, à Paris. Il s'arrêta à Londres en chemin. C'était la première fois qu'il revenait au 60 Park Lane. « J'avais pensé que ça ferait du bien à maman d'avoir un peu de liberté. Je ne descendais à Londres que quatre jours environ pour voir le psychiatre, le médecin du travail et peut-être Fayed. On me proposa l'un des appartements somptueux réservés aux invités. Honnêtement, on s'occupa très bien de moi. Le réfrigérateur était rempli, il y avait quelques bières. Mais j'ai préféré dormir dans les logements réservés aux agents de sécurité. »

Le 3 novembre, il rencontra pour la première fois le psychiatre embauché par Fayed — celui qu'il avait brièvement croisé à son retour de Paris.

« Nous devrions apprécier ce moment mais ce n'est pas le cas, s'avouèrent mutuellement Jill et Ernie. C'était la première fois en huit semaines que nous nous retrouvions sans Trevor. Nous éprouvions un étrange sentiment, comme un manque. » Pourtant, ils profitèrent de cette première journée pour se faire plaisir. Ils regardèrent un vieux film, allèrent lire les journaux au pub. « Jill a arboré son merveilleux sourire toute la journée », écrivit Ernie.

À 19 h 30, Trevor les appela, le cœur lourd. Il avait téléphoné à Sue et ils s'étaient une fois de plus disputés.

« Veux-tu que nous venions à Londres ? lui demanda Jill.

— Non, ça ira, merci », répondit-il. Jill dut se rendre à l'évidence. « Il n'est pas près d'y arriver, pas près du tout », se dit-elle.

Le 6 novembre, Trevor prit l'Eurostar et s'installa avec Ben Murrell à la villa Windsor. Lors du rendez-vous, le docteur Chikhani examina le visage de son patient, et parut satisfait de son travail. Trevor lui offrit une bouteille de scotch et un nœud papillon en soie. Et il donna à l'hôpital la somme que Fayed lui avait offerte.

Il rendit visite à Christian Curtil. Ce fut leur première rencontre. Ils parcoururent ensemble le dossier épais de plusieurs milliers de pages et examinèrent les photos prises sur les lieux de l'accident. Trevor fut catastrophé : comment les photographes avaient-ils pu rester là à prendre des photos, sans porter assistance aux passagers ? Il n'arrivait pas à y croire. Trevor émit ensuite le souhait de voir l'endroit où s'était produit l'accident. Il demanda au chauffeur du Ritz de refaire le trajet, de l'hôtel au tunnel de l'Alma. Il était dévoré par la curiosité, mais ne s'attendait pas à ce que cela réveillât ses souvenirs. Il ne se passa rien.

Le 8 novembre, Trevor rentra à la maison. Au club de rugby, il partagea quelques bières au bar avec ses copains tandis que Ernie et Jill, assis à une table, le regardaient : « Tout était très normal. » C'était un gars comme, un autre. C'était très, très émouvant. Un peu plus tard, à la maison, Trevor s'effondra. « Il était assis sur le canapé, tout semblait aller parfaitement quand soudain, il a éclaté en sanglots. C'était horrible », se souvient Jill.

« Je pense qu'il a joué la comédie devant ses amis, mais, devant nous, il n'a pas ressenti le besoin de continuer », estime Ernie. Jill, elle, pense autrement : « Debout devant le bar, il a probablement comparé sa situation avec ce qu'elle était auparavant, il s'est vu tel qu'il était. Depuis son retour, il était resté assis la plupart du temps au club, restant dans le rôle du malade. Quand il s'est mis debout face aux autres, il a dû réaliser à quel point sa vie avait changé. »

Le voyage à Paris et la visite au club de rugby avaient forcé Trevor à voir l'impitoyable réalité en face. Face à Chikhani et aux terribles photos de l'accident, il avait réalisé l'état physique dans lequel il se trouvait. Debout devant bar, il avait sans doute compris qu'il lui restait encore un long chemin à parcourir avant de retourner sur le terrain avec ses copains. Cela avait dû lui paraître intolérable. Néanmoins, après sa crise de larmes, Trevor s'était repris, et comme toujours, fidèle à lui-même, les avait priés de l'excuser. « Trevor, tu n'as pas à t'excuser, jamais », lui avaient répliqué ses parents.

Ces derniers, cependant, auraient bien aimé qu'il se prenne un peu en main, sans attendre que tout lui tombe rôti dans le bec.

Un matin, après être allés promener le chien, Jill et Ernie trouvèrent Trevor, installé sur le canapé, qui attendait son petit déjeuner, « comme un oiseau dans le nid qui attend la becquée ». Il était rentré tard la veille, après être allé boire un verre, et les avait réveillés. En général, Jill était toujours prête à prendre sa défense. « Il a été gravement malade, disait-elle. On ne peut pas s'attendre à ce qu'il pense à autre chose qu'à sa propre guérison... Mais un jour, j'en eus assez, je sortis tout simplement de mes gonds et traitai Trevor de petit démon égoïste. » Il fut sincèrement étonné : il n'avait pas vu les choses ainsi. Il était navré. Il se disait disposé à déménager.

Depuis quelque temps, c'était devenu une obsession chez Ernie : il souhaitait que Trevor déménageât, s'installât dans une maison à lui. Cependant, Jill craignait que cela ne soit prématuré. Elle était déchirée entre sa peur de voir son fils vivre si vite seul et celle de créer « un conflit supplémentaire avec Ernie qui était au bord de l'explosion ». Jill se sentait « prise en sandwich ». Ils lui promirent de lui faire sa lessive, de lui apporter à manger et de venir le voir tous les jours, mais Trevor semblait angoissé à l'idée de déménager... « C'est très dur pour une mère de laisser partir son enfant, de ne plus veiller sur lui, même quand il a vingt-neuf ans. Mais je sentais le malaise de Ernie, ses sentiments contradictoires. Il se sentait déprimé, avait l'impression de ne plus contrôler sa vie mais il se faisait du souci pour Trevor. Je donnais tout mon temps et mon énergie à mon fils. Il ne restait pas de place pour autre chose. Ce n'était probablement pas bon. Peut-être aurais-je dû prendre un peu de recul ? »

Trevor avait prévu de s'installer, avant l'été, dans un « vieux pressoir à cidre » en brique rouge, reconverti en bungalow et situé dans une allée donnant sur Willow Street à seulement un kilomètre et demi de chez Jill et Ernie. Le propriétaire, un de ses amis, le lui avait gardé après l'accident. Le moment était venu pour Trevor de devenir indépendant et, pour Jill et Ernie, de reprendre le cours de leur vie. Ils commencèrent à aménager la maison. Trevor pourrait s'y installer à la fin du mois de novembre. S'il en était capable...

Le 11 novembre, ils allèrent la visiter. Le même jour, « Trevor se leva et se prépara son petit déjeuner ». Ernie exultait. Il écrivit des douzaines de lettres reconnaissantes aux gens qui s'étaient montrés bien disposés envers lui. « Les choses s'arrangent. » Le vendredi 28 novembre, Trevor passa sa première nuit sous son nouveau toit. « J'ai été viré de chez moi à deux reprises », dit-il en plaisantant. Jill devina qu'il faisait allusion à sa séparation d'avec Sue et à son départ de la maison familiale. « Ce fut un énorme tiraillement pour moi. Je sais que c'est illogique mais, en tant que mère, je me demandais si mon petit garçon allait s'en sortir. Il était si seul. » Ernie s'aperçut « qu'il n'avait rien, absolument rien. Ce soir-là, nous fêtâmes cette installation avec un bon repas. Il faut que nous en fassions davantage », écrivit Ernie.

Malgré les inquiétudes de Jill, Trevor se sentait bien. « Quand ce départ a été évoqué, j'ai tout d'abord été un peu choqué et angoissé aussi de devoir vivre seul. Je crois même que je me suis senti vraiment blessé. Après quelques jours, j'ai réalisé que c'était idiot. C'était la meilleure chose que j'avais jamais faite. Je n'avais aucune raison d'avoir si peur. »

Trevor était devenu une célébrité à Oswestry. Cependant, il avait parfois du mal à supporter les manifestations d'amitié que lui témoignaient les habitants. « Du jour au lendemain, tout le monde connaissait mon nom. On me saluait, Bonjour, Trevor, comment ça va ? Après mon opération à l'œil, on demandait comment celle-ci s'était déroulée. Les gens que je connaissais à peine voulaient devenir mes meilleurs amis. C'était vraiment sympa. C'était génial. Mais il arrivait que cela soit pesant. Quand j'entrais dans un magasin faire une course rapide, comme acheter un bout de sparadrap chez Boots pour mon poignet, je mettais trois fois plus de temps parce que les gens m'arrêtaient pour discuter. Je ne souhaitais pas être grossier mais, quelquefois quand j'étais pressé, je gardais la tête baissée. Cela me faisait sourire en mon for intérieur, j'avais l'impression d'être comme la princesse Diana, le regard fixé sur le trottoir. »

À chaque sonnerie du téléphone, Trevor craignait que ce ne fût une nouvelle invitation. « Dès que j'avais un moment de libre, je sillonnais le pays pour aller rendre visite à des amis qui voulaient me voir. C'était fantastique. Et j'appréciais tous ces déplacements. De temps en temps, les gens me trouvaient mal élevé parce que je n'arrêtais pas de trouver des excuses pour me débarrasser d'eux. Ce n'était pas ça. Je désirais simplement retrouver une certaine routine, une vie normale. »

L'emménagement de Trevor dans son « vieux pressoir à cidre » modifia ses rapports avec la presse. « Quand Trevor s'installa dans sa maison, Ian prit les rênes et devint son agent, tout au moins pour ce qui concernait les médias », se souvient Ernie. Ian commença à s'occuper des journalistes locaux ainsi que des appels provenant de Harrods, jouant ainsi le même rôle que celui de l'ambassade à Paris.

« J'ai eu beaucoup de chance, estime Trevor. Lorsque quelqu'un m'appelait ou se présentait à ma porte, je lui disais simplement : "Allez voir mes hommes de loi." Je donnais le numéro de téléphone et l'adresse. Ian et David prévenaient les journalistes : "Si vous allez directement trouver Trevor, on ne vous donnera aucune information." Du coup, ils se tenaient tranquilles. C'était très malin. » « Quand Ian a pris les choses en main, les choses se sont un peu calmées », confirme Jill, reconnaissante.

Le 1er décembre, Jill se sentit capable de reprendre son travail à son cabinet de Oswestry. « J'étais si heureuse d'être de retour. » Avec un immense bonheur, à l'abri derrière la porte portant l'inscription « infirmière chef Rees-Jones », elle avait l'impression de recouvrer le contrôle de sa vie. Son ordinateur contenait son emploi du temps de la semaine et la liste de ses rendez-vous. À cause de son fils, qui était atteint de diabète, elle privilégiait depuis quelques années les patients souffrant de cette maladie. C'était merveilleux d'être à nouveau entourée de son matériel professionnel, de retrouver la normalité. La vie reprenait peu à peu son cours. Pour elle comme pour son fils.

Fayed avait convoqué Trevor à un bref entretien avant qu'il ne reparte à Paris pour une nouvelle audition avec le juge, le 19 décembre. C'était la première depuis qu'il avait quitté l'hôpital. « Chaque fois qu'il parlait de l'accident, il s'agitait, se troublait. Il agitait les bras, reparlait de complots, m'informant que sa propre enquête était en cours. » « Cette fois, je fus réellement surpris par la façon dont il aborda les choses. Il voulait apparemment que je pose des questions au juge au sujet de la Fiat uno, entre autres... Évidemment, il n'était pas assez stupide pour me dire : "Vous allez demander cela au juge." C'était fait de façon indirecte. »

« Je n'ai pas dit non. J'ai répondu : "D'accord, pas de problème." » Mais il n'avait pas l'intention d'en faire part au juge.

Quand Trevor se présenta à l'audition, le matin du 19 décembre 1997, il avait « soif et avait légèrement la gueule de bois ». Il était arrivé à Paris la veille, avec Kez, par l'Eurostar, et ils avaient retrouvé Ben à la villa Windsor. Ils étaient sortis « faire un peu la fête ».

Christian Curtil était inquiet. Il avait l'impression que le Ritz avait pris en main Trevor. Avant l'entretien, il n'avait pu passer que cinq minutes avec lui. Les gens du Ritz l'avait conduit au Palais de Justice. La horde médiatique qui les y attendait fut sans précédent. Curtil n'avait jamais vu cela. Il comprit, d'un seul coup, ce que Trevor avait déclenché en devenant partie civile. Certes, Trevor avait redonné vie à l'histoire de Diana, mais il n'avait aucune illusion sur les raisons de sa célébrité. « Les gens ne s'intéressent à moi qu'à cause d'elle. » À dire vrai, ils étaient plus qu'intéressés. Cependant, Trevor n'avait toujours pas l'intention de s'exprimer.

Ian Lucas et David Crawford partageaient désormais l'avis de Curtil : Trevor devait fournir quelques petites « informations à la presse sinon il perdrait sa sympathie... et celle-ci inventerait n'importe quoi ». Comme Christian le répétait souvent « les médias peuvent être votre meilleur ami ou votre pire ennemi ».

« Au départ, quand je suis rentré à la maison, ma première idée fut de ne rien dire du tout, de ne parler à personne. J'avais toujours pensé que les gens qui donnaient des informations aux journalistes le faisaient pour des questions de profit. Mais, au fur et à mesure, j'ai compris que se taire n'était pas la meilleure solution. Quoi qu'il arrive, ils trouveront quelque chose à écrire. » Le 19 décembre, face à la fureur médiatique, Trevor fut forcé de reconnaître que son silence n'avait fait qu'aggraver les choses. La presse était assoiffée d'informations. À contrecœur, il accepta alors de confier à Ian Lucas et Christian Curtil la tâche d'apaiser la presse, quand cela serait nécessaire.

Horrifiés, Jill et Ernie regardèrent à la télévision l'arrivée de Trevor au Palais de Justice. Les médias étaient partout. « On dirait une meute de chiens », s'écria Jill, avide de protéger son fils. « Il semblait si frêle. Nous eûmes un choc. Il avait repris du poids et paraissait plus en forme. Mais, à l'écran, on avait l'impression qu'il sortait à peine de l'hôpital. » Son œil gauche était affaissé et ses cicatrices sur la joue restaient encore très profondes. Jusqu'ici Jill avait gardé le moral, s'efforçant d'être forte pour Ernie et Trevor. Mais, ce jour-là, elle eut le sentiment d'être emportée par la tourmente. « Nous étions ballottés par les médias et par Fayed. » Elle céda à la déprime.

11

Procès dans la presse tabloïd

Le 1er février 1998, Trevor fut assez en forme pour repartir travailler. « Bravo, Trev, tu t'es bien débrouillé », pensait-il intérieurement alors qu'il pénétrait au 60 Park Lane pour son premier jour d'activité. En cinq mois, il avait atteint le principal objectif qu'il s'était assigné dès qu'il avait repris conscience. Il reprenait donc son emploi à mi-temps : « En fait, je devais juste rester au bureau des Opérations au 60 Park Lane. Le travail consistait en gros à enregistrer les appels téléphoniques et les messages radio. » Mais il était de retour et avait le sentiment qu'il aurait « été capable de travailler durant douze heures s'il l'avait fallu ».

Le 2 février, il eut son deuxième rendez-vous avec le psychiatre. Il rencontra de nouveau Fayed. Ce fut la première des nombreuses conversations qu'il eut avec lui après sa reprise du travail. « J'ai parlé au patron assez souvent — je l'ai vu deux fois, voire trois fois par semaine durant cette période. Il me disait des choses du genre : que penses-tu de ceci, de ça, te rappelles-tu ceci, te rappelles-tu cela ? Il y avait un flash, une Fiat uno. Il donnait sa version de l'histoire. Chaque fois qu'il me voyait, les larmes lui montaient aux yeux. Comme il était visiblement malheureux, je ne pouvais pas lui dire qu'il disait des bêtises. Je répondais, oui c'est une possibilité, bien sûr, c'est une possibilité. »

Trevor appelait chez lui tous les deux ou trois jours. Il sentait que sa mère était anxieuse quand elle lui demandait comment ça se passait. « Le *travail* va très bien », disait-il. Mais ils s'en apercevaient. Trevor était brisé. Quand Ernie alla le chercher à la gare le 6 février, leurs inquiétudes redoublèrent. Trevor leur annonça que le *Sun* devait venir à Oswestry faire un reportage photo, organisé par Harrods. Il ne paraissait pas soucieux, il pensait que le *Sun* ne ferait pas d'histoires. « Depuis que Trevor était retourné travailler, le calme était revenu en ville. » Ernie s'apercevait soudain que la pression les assaillait de nouveau. Jill était très perturbée. Ils ne pouvaient contrôler ce qui arrivait à Trevor quand il était à Londres. Et même à Oswestry, elle le sentait happé par des « influences extérieures » et se sentait impuissante pour l'aider à s'en sortir. Trevor reprenait des forces physiquement, mais son état psychologique l'inquiétait davantage. Il semblait qu'un de ses vieux copains de l'armée, David Liddle, essayait à son tour de vendre son histoire à la presse. Cela s'ajoutait aux pressions de Fayed et des médias.

Trevor, toujours à Oswestry, appela le mardi 10 février pour annoncer à Ernie qu'il venait de faire la séance de photos du *Sun* en ville. « Le lendemain, j'achetai le journal, craignant le pire. Trevor était partout dans les pages intérieures du quotidien. » Après cette parution, Trevor leur dit : « Ne trouvez-vous pas que je devrais disparaître un peu, aller voir mes copains en Nouvelle-Zélande ? » Jill découvrait jour après jour les dégâts occasionnés par la pression médiatique. Nain s'affaiblissait. Elle avait quatre-vingt-cinq ans et n'était pas très en forme. Jill avait de plus en plus de mal à se concentrer sur son travail, même si ce n'était que trois jours par semaine.

La « déprime » dont elle souffrait depuis qu'elle avait vu Trevor à la télévision s'était transformée en une mélancolie durable qui ne lui ressemblait pas du tout. « J'avais l'impression d'être entraînée vers le bas avec Trevor. » « C'est sans fin, écrivit Ernie, lassé, dans son journal. Le mardi 12 février, tout a recommencé. Le *Mirror* consacre ses cinq premières pages au patron de Trevor, Al Fayed. Ce dernier se livre à des déclarations ridicules sur Dodi et Diana et aussi sur les souvenirs de Trevor. Mais Trevor ne se souvient pas de l'accident. Jamais il n'aurait pu dire des choses pareilles. »

Fayed avait donné une interview au rédacteur en chef du *Mirror*, Piers Morgan, interview qui fut vendue comme étant la première qu'il avait accordée depuis l'accident. Cet article, qui a provoqué un grand battage, est paru en trois parties, les 12, 13 et 14 février. Fayed y déversait ses frustrations, son chagrin et ses soupçons. « Je suis intimement persuadé à 99,9 % que ce n'était pas un accident. Il y a eu complot et je... trouverais celui qui en est à l'origine. Je ne dormirais pas. Je ne prendrai aucun repos jusqu'à ce que j'y sois parvenu. » À Paris, son avocat, Georges Kiejman, incitait le juge à examiner une certaine Fiat uno que l'équipe d'enquêteurs de Fayed avait découverte et avançait comme possible véhicule de l'assassin. L'interview de Fayed dans le *Mirror* fourmillait d'autres déclarations. Trevor et Kez savaient que la plupart d'entre elles étaient fausses — voire purement imaginaires.

Fayed racontait qu'une infirmière lui avait rapporté, devant le bloc opératoire où Diana était morte, les « dernières paroles » de la princesse. Kez savait que Fayed n'avait jamais quitté les marches de l'hôpital. Il y avait deux agents de sécurité comme témoins.

Il affirmait que la bague de diamant et d'émeraude, qu'il avait lui-même payée, et qui devait sceller les fiançailles le soir de l'accident, avait été choisie par le couple à Monte-Carlo une semaine auparavant. Trevor et Kez étaient certains que c'était faux. Il n'y avait pas eu de visite à la bijouterie Repossi au cours de la promenade du 23 août à Monte-Carlo. Le site Internet de Fayed stipula plus tard sans ambiguïté que « la princesse avait aidé à la choisir le soir du 22 août à Monte-Carlo ». D'après les gardes du corps, cette déclaration, également, n'était que pure fanfaronnade. Pas plus fiable que toutes les histoires contradictoires que Fayed et les autres avaient racontées au sujet de cette bague.

Fayed raconta à Piers Morgan : « J'ai parlé pour la dernière fois à Dodi quinze minutes avant l'accident et je lui ai dit : "Maintenant, écoute, ne ruse pas pour quitter l'hôtel. Sors par la porte de devant, dis bonjour, parle aux paparazzi." » Dodi et Henri Paul avaient pourtant informé tous deux Kez que Fayed approuvait le projet qui consistait à les faire passer par l'arrière du Ritz pour que Paul les emmène. Disaient-ils la vérité à ce moment-là ? Fayed niait toute connaissance de ce plan.

Les élucubrations s'ajoutaient les unes aux autres. Fayed n'avait pas appris la mort de Diana à l'hôpital, comme le précisait l'article ; Kez le lui avait annoncé à son arrivée au Bourget. Ce n'était sans doute qu'un petit détail. Ce qui ne l'était pas, c'était la déclaration suivante de Fayed. Il affirmait que Trevor avait entendu la voix de Diana dans la voiture accidentée. « Trevor se rappelle qu'elle disait : "Où est Dodi ? Où est Dodi ?" » pavoisait Fayed. « Trevor a été vu par deux psychiatres... et ses souvenirs lui reviennent chaque fois un peu plus. » Oui, Trevor avait eu une sorte de rêve, entendu une voix. Peut-être en avait-il parlé à quelques types appartenant à la hiérarchie. Le patron était tellement avide d'explorer sa mémoire, et il voulait aider. Mais ce n'était qu'un seul mot, « Dodi » et Trevor ne croyait pas qu'il s'agissait d'une réminiscence. Sous les yeux de toute l'Angleterre, le patron avait déformé la demi-douzaine de conversations fiévreuses qu'ils avaient eues au cours des dernières semaines. Voilà ce qu'il en avait fait ! Jill et Ernie renouaient avec la peur éprouvée à Londres : Fayed essayait d'orienter les souvenirs de Trevor !

Fayed ne s'arrêtait pas là. Il utilisait aussi le nom de Trevor dans l'article pour défendre Henri Paul. « Trevor est l'un de mes meilleurs gars. S'il avait remarqué quelque chose d'anormal dans le comportement d'Henri Paul, il ne l'aurait pas autorisé à conduire cette voiture. »

Christian Curtil se disait, tout en examinant les dossiers à Paris, que tant que Trevor travaillerait pour Fayed et servirait ses objectifs, il serait en sécurité. Mais il craignait que les éloges adressés à Trevor ne s'évanouissent, que la situation s'inverse si Fayed éprouvait le besoin de trouver un autre bouc émissaire. Ce pourrait être le cas si la piste qu'il suivait tournait court. Bien que ce ne fût pas l'heure d'alarmer Trevor, Curtil voyait ce moment venir.

Pendant de longs mois, il avait examiné soigneusement des centaines de documents : rapports de police, médicaux, bulletins météo de l'aéroport, analyses des tendances de circulation à Paris, déclarations de témoins anonymes, du personnel loyal du Ritz, listes de photos, dépositions de photographes indignés — et encore et toujours des mises à jour concernant les recherches de la mystérieuse Fiat, village par village.

Cependant, début 1998, Curtil découvrit de nouvelles informations dans le dossier. Le 26 janvier, alors qu'il étudiait les trois volumes les plus récents, il avait trouvé — presque perdue parmi les témoignages vantant le caractère sobre et excellent de Henri Paul — la déclaration d'un barman, Alain Willaumez, qui était au Ritz quand on avait servi à Paul ses deux verres de pastis. Il déclarait avoir vu Paul tituber. Cela ne concordait pas avec les témoignages de Trevor — et des autres témoins. Mais cela valait le coup d'être noté.

Willaumez faisait une déclaration encore plus frappante : Frank Klein, le puissant directeur du Ritz, avait ordonné à tout le personnel de s'en tenir, dans ses déclarations à la police, à ce que Kez avait raconté : Henri Paul avait bu du jus de fruits ce soir-là. Il y avait autre chose. Willaumez affirmait sous serment qu'il avait appris par l'intermédiaire du premier barman, Bruno Davoine, que François Tendil, l'agent de sécurité de nuit, avait essayé d'empêcher Henri Paul de conduire. Willaumez avait le sentiment que, de toute évidence, Tendil n'était pas assez gradé pour empêcher Paul de prendre le volant. *Pourquoi* Tendil avait-il essayé de l'arrêter ? se demanda Curtil.

Tendil savait-il qu'il avait bu ou s'inquiétait-il du fait qu'il ne possédât pas le permis requis ? La réponse réside dans le reste de la déclaration de Willaumez au juge. Il a déclaré qu'il avait mentionné à François Tendil que Paul était ivre en quittant le bar, et que Tendil avait répondu qu'il le *savait.*

Curtil s'interrogeait : restait-il encore d'autres choses à découvrir, d'autres actions ou décisions prises ce soir-là au Ritz ? Quels secrets détenait encore Étoile Limousine ?

Le 23 février, Trevor fut envoyé à l'étage pour sa troisième rencontre avec le psychiatre, près du bureau du patron. « J'ai eu des songes à trois reprises. J'avais mentionné au médecin ces vagues souvenirs qui ressemblaient à des rêves. Je lui avais dit que parfois ils me semblaient vrais, parfois douteux. Je n'y croyais pas vraiment. » « Ces souvenirs post-traumatiques n'étaient vraisemblablement pas fiables », avait confirmé le psychiatre. « Ce type ne m'a *jamais* poussé pour que je retrouve des éléments dans ma mémoire. C'était un homme correct, un type super », d'après Trevor. « On s'asseyait devant une tasse de café. On parlait et il me demandait si j'avais des inquiétudes. Même après lui avoir dit, la première fois, que rien ne m'inquiétait, j'ai continué à le voir, pour faire plaisir à Fayed je suppose. Quand les gars des Opérations me disaient, “nous t'avons ménagé un autre rendez-vous avec le docteur”, je répondais : “Je ne pense pas vraiment en avoir besoin”, pourtant je jouais le jeu. »

C'était sans doute frustrant pour Fayed mais l'avis du psychiatre, selon lequel les souvenirs post-traumatiques ne sont vraisemblablement pas fiables, rejoint le point de vue des experts. Bien que les scientifiques n'aient toujours pas de preuves probantes en ce qui concerne les vrais et faux souvenirs, ils s'accordent à penser que l'amnésie et les perturbations de la mémoire dont souffre Trevor sont très courantes. « Cette sorte d'amnésie rétrograde — qui provoque l'oubli des événements qui se sont déroulés dans les secondes ou les minutes précédant un traumatisme cérébral et laisse une mémoire inégale concernant les faits antérieurs — est totalement prévisible même au cours d'accidents mineurs », explique Daniel L. Schacter, professeur et président du Département de psychologie de l'université d'Harvard et spécialiste de la mémoire. « Dans ce cas précis — avec un œdème massif et une inconscience prolongée — le contraire serait étonnant. » On connaît moins bien les raisons qui ont pu provoquer ce trou de mémoire de trois minutes. « La plupart des spécialistes estiment que les trois dernières minutes en question n'ont pas pu se consolider dans la mémoire à long terme. » Le processus a été interrompu par le violent choc que la tête a subi et par un dommage cérébral subtil, qui reste peut-être invisible au scanner.

« Si les souvenirs avaient dû resurgir, cela se serait produit spontanément, assez rapidement après l'événement. Plus le temps passe, moins il y a de probabilités pour qu'ils reviennent. La perte de mémoire concernant les quelques minutes avant le traumatisme est quasiment toujours permanente. »

Après sa dernière rencontre avec le psychiatre, Trevor retourna à ses quartiers. Dix minutes plus tard, Handley-Greaves arriva avec le médecin. Le docteur venait d'être convoqué par Fayed. « Je viens de voir M. Fayed, il est bouleversé, dit-il à Trevor, en s'asseyant à côté de lui. Il pense que vous avez des souvenirs. Je lui ai affirmé que non. Je m'y perds — en avez-vous ou pas ? » « Non, je n'en ai pas », répondit Trevor. Fayed les fit appeler. Ils partirent tous trois d'un pas décidé vers le bureau du patron. « Sa priorité était de prouver que ce n'était pas un accident. Pour moi, cela en était un. » Mais le patron voulait davantage et il bombarda Trevor de questions : « Trevor, te rappelles-tu une Fiat uno ? Nous *savons* qui vous suivait pendant le trajet — te rappelles-tu un flash ? » Trevor s'aperçut rapidement que chaque fois qu'il disait, « c'est une possibilité » en réponse aux théories farfelues de Fayed, cela revenait le hanter. « Quand je disais, peut-être, c'est une possibilité ; il traduisait par "oui, je suis d'accord avec vous". »

Handley-Greaves s'interposa : « J'étais là, Trevor et j'ai pensé que tu avais dit que tu te souvenais de certaines choses. » Il s'affirmait comme l'homme du patron. « J'ai dit que tout était possible. Je n'ai jamais dit que je me *souvenais*. Je ne me rappelle rien, excepté d'être monté dans la voiture, à l'arrière du Ritz », répéta Trevor avec insistance au patron. « Je ne garantirais aucun souvenir à part ceux que j'ai mentionnés au juge. » « Je ne comprends pas pourquoi ta mémoire ne revient pas. Tu vas mieux maintenant », aboya Fayed. Frustré, il tourna sa colère contre le docteur : « Qu'est-ce qu'il a comme problème ? » tempêta-t-il.

Le médecin prit la parole à la place de Trevor. « Il ne se rappellera probablement rien de plus. » Finalement, le patron laissa tomber et mit en garde Trevor, avec sollicitude : « *Assure*-toi de bien retourner voir le docteur. »

Le patron ne voulait surtout pas être privé de ce qui soutenait sa théorie. Il en avait besoin, à ce moment-là, pour détourner l'attention de la presse. Il venait d'être touché par un nouveau scandale. Cela concernait l'effraction du coffre-fort de Tiny Rowland, chez Harrods, en décembre 1995, et Fayed devait être, à sa grande humiliation, convoqué le 2 mars au commissariat de Kennington pour un interrogatoire. *Vanity Fair*, dans l'un de ses articles, l'avait également accusé de politique d'embauche raciste et de harcèlement sexuel chez Harrods, allégations qu'il niait. Cette affaire faisait grand bruit. Paul Handley-Greaves avait de bonnes raisons de collaborer avec Fayed dans cette entreprise de diversion. Suspecté d'avoir joué un rôle dans l'effraction, il devait se présenter avec Fayed au commissariat et avait aussi joué un rôle pas clair dans l'affaire *Vanity Fair*.

Deux soirs après ce rendez-vous tumultueux avec Fayed et le psychiatre, Handley-Greaves se chargea d'une nouvelle mission pour le compte de son employeur. Un soir, il sortit boire quelques verres avec Trevor. Celui-ci se souvient qu'Handley-Greaves lui demanda s'il serait prêt à faire quelque chose pour le patron ? De toute évidence, Fayed était exposé à de sévères critiques, il se sentait victime. Handley-Greaves lui suggéra alors de donner une interview et de mentionner ses souvenirs. Trevor aurait aimé pouvoir garder « ces souvenirs » pour lui, et franchement, il aurait préféré que le patron ne les ait pas révélés au *Mirror*. « J'ai toujours affirmé que je n'étais pas sûr d'avoir entendu cette voix de femme, disant "Dodi". En y repensant aujourd'hui, c'est impossible. Dès que je l'ai dit, je l'ai complètement regretté. » Les gens de chez Harrods le tenaient maintenant pour un fait certain.

Ils se rendirent au domicile de Paul Handley-Greaves, et l'agent de sécurité continua de le presser d'accepter sa proposition. Trevor tergiversa. « Je dois revoir le juge en mars pour une nouvelle audition. Écoute, je suis disposé à faire quelque chose, mais pas avant de l'avoir vu et d'en avoir parlé à mes avocats. »

Handley-Greaves fit comme s'il n'avait rien entendu. « Je t'appellerais demain matin à Park Lane pour connaître ta décision.

— Je ne peux pas prendre une décision — donne-moi quelques semaines, répliqua Trevor.

— Non, lui dit Handley-Greaves. Tu dois te décider demain. » Ils avaient déjà bu quelques verres et « Trevor était déçu de constater que Paul était à ce point à la solde de Fayed », de le voir insister autant pour cette histoire d'interview. Alors, il lui lança en le regardant droit dans les yeux : « Je n'ai pas la moindre confiance en toi. » Handley-Greaves éclata de rire avant d'ajouter : « J'ai du mal à croire que tu me dis une chose pareille alors que tu es assis chez moi à boire ma bière. — Je dis seulement que tu es l'homme du patron. — Oui, je le suis », rétorqua Handley-Greaves.

En partant, après avoir appelé un taxi pour regagner Park Lane, Trevor lança à Paul : « D'accord, appelle-moi dans la matinée. » « Je me suis assis et j'ai réfléchi. Franchement, me disais-je, quel mal cela va-t-il faire ? Je ne suis pas sûr que ces souvenirs soient vrais. Je ne mentirai sur rien. En quoi cela peut-il faire du mal à quelqu'un ? Je ne vais rien dire d'offensant susceptible de bouleverser la famille de la princesse — je ne vais pas raconter que je les ai vus acheter une bague de fiançailles ou sauter dans le même lit, ce que je ne ferais jamais de toute façon. » Son instinct lui murmurait de ne rien faire mais il voulait « aider le patron. J'espérais que cela ne blesserait personne ».

« Bon, je vais faire cette interview », annonça Trevor à Handley-Greaves quand il l'appela le lendemain matin, le jeudi 26 février.

« J'ai accepté. J'ai consenti à beaucoup de choses à cette époque parce que j'éprouvais le besoin d'épauler Fayed. Je voulais garder mon emploi. J'étais heureux d'avoir recommencé. J'aimais travailler avec les gars. Cela avait été mon premier objectif dès que j'avais repris conscience à l'hôpital. Aujourd'hui, vu mon état d'esprit je dirais à Paul d'aller se faire voir. Je lui dirais "merde". Ma grande erreur fut de n'en parler qu'après à mes avocats. Mais je n'étais pas aussi proche de Ian et David que je le suis aujourd'hui. C'était beaucoup plus tôt. Tout ce que je voulais alors, c'était continuer à bosser. »

En milieu de matinée, Trevor reçut un appel. « Le patron veut te voir chez Harrods. »

« Je partis pour Harrods. Dans le bureau des Opérations, j'aperçus ce Piers Morgan, ce type du *Mirror* — je l'ai reconnu parce qu'on l'avait beaucoup vu à la télévision. On m'a accompagné dans une petite salle de réunion et j'ai demandé à Paul : "Que fait-il ici ?" Il m'a répondu — mot pour mot je ne mens pas — "ne t'inquiète pas, cela n'a rien à voir avec toi. Il est là pour autre chose, pour le patron. En gros, on l'a appâté avec toi pour le faire venir. Tout ce que tu dois faire, c'est de lui dire bonjour. On fera peut-être quelque chose avec lui à l'avenir. On va juste aller dans la salle du conseil d'administration pour le saluer".

« À ce moment-là Piers Morgan est entré avec un photographe, M. Fayed et le directeur de la sécurité, John Macnamara. J'étais toujours persuadé que c'était pour prendre de mes nouvelles. Je me suis assis et j'ai dit bonjour. C'est alors que Morgan a sorti un magnétophone et a commencé à me poser des questions. On a tous le choix. Même si j'étais complètement déconcerté, j'aurais pu me lever et refuser de faire cette interview. À l'époque, je me suis dit :

“D’accord, je vais la faire.” Quand le vin est tiré, il faut le boire. Continuons !

« Piers Morgan était surtout intéressé par mon prétendu souvenir de la voix de Diana. Il voulait que je lui en parle. Je lui ai expliqué que je n’étais pas certain de l’avoir entendue, même si je cherchais désespérément à me rappeler quelque chose. Il n’arrêtait pas d’en parler, à l’affût du moindre détail. J’étais très ennuyé de voir qu’il se focalisait là dessus. En y repensant, je suis sûr qu’on l’avait briefé — je pense qu’on lui avait soufflé les questions. Puis il a tenté de m’interroger sur Sue. Je n’avais pas envie de répondre. L’interview s’est arrêtée là... Fayed est resté au début, puis il est parti. Paul Handley-Greaves et John Macnamara n’ont pas quitté la pièce pendant tout l’entretien. Fayed est revenu, à peu près cinq minutes avant la fin et a dit : “Tenons-nous-en là !” “J’espère que vous n’allez pas publier cela avant que j’aie vu le juge. Légalement, je suis obligé de lui raconter ces choses-là en priorité”, ai-je insisté.

« Sincèrement, l’interview n’a pas duré plus d’une demi-heure. C’était la fin de ma période de garde, je pouvais rentrer chez moi. Je regrettais déjà ce que j’avais fait. »

Contrit, Trevor appela David Crawford et lui raconta ce qui s’était passé. « Oh mon Dieu, qu’avez-vous fait ! » sembla penser David. « Ils vont attendre que j’aie vu le juge avant de publier cet article — je le leur ai demandé », expliqua Trevor.

Crawford appela Ian Lucas. Ils étaient d’accord : c’était une catastrophe ! « Nous avions essayé de garder le contrôle de la situation. Nous l’avions en main jusqu’à ce que Trevor soit reparti travailler, dit Lucas. Dès qu’il est retourné à Park Lane, il y a eu des signes avant-coureurs, comme, par exemple, cette séance de photos avec le *Sun* organisée par Harrods — et quand je dis Harrods, je veux dire Fayed. » Quand Ian avait entendu parler de ce reportage du *Sun*, il avait essayé de joindre Michael Cole avant de lui envoyer un fax : « Ceci est un manquement clair à ce que nous avons décidé. Toutes les demandes des médias doivent m'être adressées à Oswestry. » Le *Sun* avait malgré tout publié le reportage.

Aujourd'hui, Harrods montait un coup avec le *Mirror*, le principal rival du *Sun*. Leur client, Trevor, « était, de toute évidence, un jouet ». Quel que fût le jeu. « Notre marge de manœuvre était étroite. Trevor voulait garder son emploi. Mais nous perdions le contrôle sur les événements. » Les deux hommes de loi n'entreprirent rien, ni le jeudi ni le vendredi. Ils avaient encore du temps pour régler cela. Trevor avait demandé au *Mirror* de ne rien publier avant son audition avec le juge. Fayed devait être entendu le 12 mars, Trevor le 16.

Le vendredi 27 février, au lendemain de cette interview, Trevor rentra chez lui en train. Au son de sa voix au téléphone, Jill et Ernie comprirent qu'il n'était pas bien. Ils se précipitèrent chez lui pendant la pause déjeuner de Jill. Ils eurent un vrai choc. « Il avait l'air au bout du rouleau », dit Ernie. « Il faisait les cent pas, claquait des doigts comme lorsqu'il était inquiet, essayant d'évacuer la tension », s'aperçut Jill. Il arpentait la pièce, s'asseyait, se relevait, recommençait. Puis il leur raconta toute l'histoire. « Cela leur a fait très plaisir. Ils attendaient que je le fasse. J'essayais par tous les moyens de me rappeler quelque chose. » Trevor leur annonça que, d'après Paul Handley-Greaves, Sue tentait de vendre son histoire à la presse. Il avait du mal à le croire. Sue !

« Cela n'aidait absolument pas Trev. Il ne faisait plus confiance à personne. Il avait l'impression d'être entouré de gens, motivés par l'argent, qui complotaient dans son dos en cherchant à se faire de la publicité », rapporte Ernie.

Lorsque l'article de Sue fut publié dans le *News of the World*, quelques semaines plus tard, le 15 mars, Trevor eut un rire désabusé, en lisant le récit qu'elle faisait du moment où les fils d'acier de sa mâchoire avaient cassé. « D'après Sue Rees-Jones, quand ses beaux-parents ont annoncé à leur fils que la princesse Diana et Dodi Fayed avaient été tués dans l'accident, sous le choc, sa bouche s'est ouverte d'un coup, obligeant à ce qu'on répare les fils », lirait-on plus tard dans un livre. « Quand j'ai lu ces propos de Sue dans le journal, je ne pus qu'en rire », affirme Trevor, car la vérité était beaucoup plus prosaïque. « Un matin, j'ai bâillé, j'ai entendu une sorte de clic et je me suis aperçu que je pouvais enfin bouger un peu ma mâchoire. À l'époque, cela m'a paru génial. »

Jill, elle, n'avait plus du tout envie de plaisanter. Elle fut si bouleversée qu'elle ne put se concentrer sur son travail l'après-midi. « La déprime » avait fait place à la dépression. « Bien que je n'aime pas ce mot, je suppose qu'on peut dire que je souffrais d'une forme de "dépression réactive" causée par le harcèlement constant des médias, et les critiques des prétendus experts qui accablaient Trevor. » « Je ne pouvais pas atteindre Jill quoi que je lui dise, souligne Ernie. C'était terrible de voir Trevor aussi traumatisé. On savait qu'on ne pouvait rien faire. On était là, assis à regarder quelqu'un qui s'effondrait sous nos yeux, quelqu'un qu'on avait aidé de toutes nos forces à guérir... Il avait fait d'énormes progrès physiquement et on le voyait craquer psychologiquement. »

« Trevor savait qu'il n'aurait jamais dû accepter. Mais que pouvait-il faire ? Il ne l'avait pas choisi ; il y avait été contraint. Il était impuissant ! Quand on possède des moyens d'action, on ne se sent pas aussi désarmé », dit Jill. Heureusement, il se confiait à eux. À qui d'autre aurait-il pu parler ? « Il y a une vie après Fayed, lui répétait sans cesse Ernie. Réfléchis à toutes les solutions qui s'offrent à toi. » Jill se taisait : « Je sentais qu'il devait prendre seul ses décisions. Je ne le connaissais que trop bien. Personne ne pouvait l'obliger à faire quoi que ce soit ».

Ce jour-là, Trevor avait une fois de plus aidé Fayed. Il avait reçu un appel de chez Harrods, l'informant que les photos prises en costume avec Piers Morgan étaient de mauvaise qualité. Cela le gênerait-il de recevoir un autre photographe à Oswestry ? lui avait-on demandé. « Comment pouvais-je refuser alors que j'avais déjà tout accepté », avait pensé Trevor. Quand le photographe arriva, il n'était pas seul. Une équipe de télévision s'était jointe au groupe.

Trevor refusa de parler devant la caméra. Ils décidèrent finalement de le filmer en vidéo, marchant dans le parc de Cae Glas.

Le soir, une bande-annonce, reprenant les images de cette promenade, passa sur Sky TV, signalant également la parution, le lendemain, de l'article du *Mirror*. Le samedi 28 février, le visage de Trevor, couvert de cicatrices, s'étala comme prévu à la une du quotidien. « J'AI SURVÉCU ! » hurlait le titre. Le sous-titre proclamait : « Exclusif : Le garde du corps de Diana, Trevor Rees-Jones, raconte sa propre histoire. » L'article de deux pages annonçait la publication en trois parties de « l'interview la plus stupéfiante de l'année », à partir du lundi suivant.

Trevor resta abasourdi. « C'est là que j'ai commencé à perdre foi en mon patron, dit-il. Je fus absolument sidéré. Je leur avais demandé de ne rien publier avant ma rencontre avec le juge. En outre, *jamais*, cette interview n'avait été accordée en exclusivité. » Le pire était là, dans les colonnes intérieures : sur une demi-page, s'étalait une très belle photographie de lui et Piers Morgan, en costume, assis devant un élégant bureau chez Harrods, un magnétophone entre eux — la fameuse photo qui était prétendument de mauvaise qualité, hier, et qui devait être refaite ! Il s'était fait arnaquer. Harrods l'avait pris pour un imbécile.

« À partir de ce moment-là, je me suis senti trahi, avoue Trevor. C'est là que mes relations de travail ont commencé à se détériorer. » Il appela Handley-Greaves et lui annonça que, lui, Trevor, était libre désormais de parler à qui il voulait. Il téléphona à David qui l'enjoignit de le retrouver à son cabinet.

Ian Lucas achetait son quotidien favori, en allant travailler le samedi matin quand il aperçut le *Mirror*. Le visage de Trevor s'étalait à la une. David le rejoignit au bureau.

« Nous étions furieux, insiste Ian. Cela impliquait que Trevor avait été *payé* pour faire cette interview » et qu'il se rappelait la plupart des événements arrivés la nuit de l'accident. À cause d'un communiqué de presse publié la veille au soir par le *Mirror* — communiqué dont eux, les avocats de Trevor, ne savaient rien — les médias supposaient que le garde du corps avait vendu son histoire en « exclusivité mondiale ». Du coup, les journalistes affluaient, réclamant également un entretien. « Les loups étaient à la porte. Nous fîmes entrer Trevor en les évitant. »

Alors que l'Angleterre attendait la parution, dès le lundi, des trois articles à sensation, un drame pressant et secret se déroulait par téléphone et fax entre Londres et Oswestry. Il fallait persuader Trevor de prendre en main son avenir. Ce serait le tournant de la bataille. Ian était maintenant en première ligne, lui qui jusque-là avait eu le rôle plutôt mineur de gérer les médias, et n'avait rencontré Trevor qu'une fois ou deux.

Pouvait-il arrêter la parution de cette série d'articles — obtenir une injonction contre le *Mirror*. Non, pensait David. Il n'y avait pas de contrat. Ils étaient libres de publier. Et Trevor était libre de parler à qui il voulait. « Trevor ne nous permettrait pas d'empêcher la parution. Il disait qu'il ne voulait pas critiquer Fayed ou l'affronter. Il avait deux inquiétudes majeures, explique Ian. Tout d'abord, il craignait de donner l'impression de profiter de l'accident. » C'était une angoisse qu'on ne pouvait qu'admirer. Apparemment, même, Sue, son ex-femme, vendait son histoire à la presse. « Ensuite, il tenait à garder ses bonnes relations avec Fayed. » Trevor était leur client, leur patron, ils devaient respecter ses souhaits. Mais il fallait rétablir plusieurs choses publiquement, et vite : « L'interview n'était pas exclusive. On avait affirmé à Trevor que rien ne serait publié avant sa rencontre avec le juge ou sans l'approbation de ses avocats. Enfin, pour cela, il n'avait pas reçu un seul penny. » La situation exigeait bien un communiqué de presse.

À 13 h 26, Ian faxa un communiqué, direct et sans concession au service de presse de Fayed. Michael Cole était parti. Un attaché de presse, en vacances, les appela de sa voiture, insistant sur le fait qu'un tel texte devait être approuvé personnellement par M. Fayed. Au téléphone, Paul Handley-Greaves déclara, agressif, qu'il s'agissait d'une erreur — non, Fayed n'était *pas* dans la pièce pendant toute l'interview, ainsi que le déclarait le communiqué.

« Est-ce vrai ? » demanda Ian à Trevor qui acquiesça. Il barra cette phrase au crayon.

L'avocat londonien de Fayed, Stuart Benson, entra en scène. Par téléphone et par fax, il corrigea « les contre-vérités » à propos du psychiatre : non, non, non, Fayed n'avait *pas* demandé que Trevor voie un psychiatre « pour essayer de lui faire retrouver ses souvenirs concernant les événements du 31 août », comme l'affirmait le communiqué, mais uniquement pour son *propre bien*.

Cette partie du communiqué fut modifiée, les phrases fautives supprimées par Trevor. Ils passèrent l'après-midi à négocier, sans cesse dérangés par les appels des médias. L'article du *Mirror* avait attiré de nouveaux journalistes : des reporters femmes de la télé américaine, à la recherche d'interviews pour les programmes d'information des grandes chaînes nationales.

Le samedi après-midi vint à leur porte la plus tenace de toutes, Jackie Jabara de CBS News. Ian avait gardé dans son dossier ses premiers courriers. Aujourd'hui, elle était à Oswestry, à l'hôtel Wynnstay, à deux minutes à pied du bureau Crawford-Lucas. Jabara avait appelé avant d'arriver. Quel est le meilleur moyen d'approcher Trevor ? avait-elle demandé. En fin d'après-midi, elle se présenta au cabinet — ce fut David qui la reçut — et leur donna une lettre manuscrite pour Trevor.

Le courrier commençait ainsi : « Je vous écris de la part de CBS News et de Dan Rather qui vous invite à une interview. » Comme Ian allait vite s'en apercevoir, Jabara était « une journaliste américaine très séduisante, très élégante, qui n'était là que pour obtenir cet entretien. Elle était polie comme le sont les Américains, très obligeante — différente des journalistes britanniques qui se montrent beaucoup plus assurés et directs — mais également très tenace ». « Les networks américains envoient toujours de belles femmes sexy pour décrocher des interviews », plaisanteront ensemble Ian Lucas et Christian Curtil, quand ils se retrouveront entourés au quotidien par ces journalistes résolues. Elles étaient aussi élégantes que courtoises. Pour Ian, la classe de Jabara était représentative de la richesse et du pouvoir que possédaient ces chaînes.

« Qui est ce Dan Rather ? » se demanda Ian tout en étudiant attentivement la lettre. Ce nom ne lui était pas plus familier que les autres noms évoqués : Barbara Walters, Katie Couric. Le but de Jabara était de lui « vendre » les émissions, *60 minutes, 48 hours* et *Public Eye*. Quand elle revint à la charge, quelques heures plus tard, par téléphone, Ian lui répondit, comme il l'avait fait à ABC, NBC, la BBC et les autres, que « l'interview publiée dans le *Mirror* n'était pas exclusive ». « Nous ne savons pas encore pour l'instant ce que nous allons décider, mais on devrait y voir plus clair dans l'après-midi. Rappelez vers 16 ou 17 heures », fit Ian. Le cabinet ressemblait à une maison de fous et ils devaient cependant publier le communiqué de presse.

Au fur et à mesure que Trevor le crayonnait en bleu, le texte était édulcoré. « Trevor ne nous laissera pas nous montrer aussi durs que nous le souhaitons », s'inquiétait Ian. Mais il était conscient qu'ils avaient un petit avantage, facile à exploiter. « Harrods essayait de nous garder comme alliés parce qu'ils savaient que Trevor était à Oswestry — avec nous. C'était nous qui le contrôlions. S'il avait été à Londres, ils l'auraient manipulé et l'article aurait été publié sans aucun problème. » Stuart Benson écrivit même un petit mot flatteur, au bas du communiqué, parlant au nom de Trevor : « J'ai été très ennuyé de lire des articles dans la presse suggérant que je ne m'étais pas conduit de manière professionnelle au cours de la nuit en question... Ces allégations sont tout à fait fausses. »

L'équipe de Fayed n'a sans doute pas su à quel point Trevor repoussait l'influence de ses avocats. « Nous le pressions de démissionner. Nous voulions qu'il parte ce week-end même. Nous nous agitions, sans réel pouvoir, à cause de cet article du *Mirror*. Si Trevor avait annoncé, “je démissionne", nous aurions pu maîtriser les événements. Un gros titre du genre : "LE GARDE DU CORPS DÉMISSIONNE", aurait complètement discrédité cette interview. Personne n'aurait pris son contenu au sérieux. Nous n'aurions pas eu besoin de faire de déclaration. » Mais Trevor refusa : « Il voulait rester en bons termes avec Fayed. » Ian ne savait pas que Trevor subissait la même pression — encore plus forte — de la part de Jill et Ernie. Ian ne les avait même jamais rencontrés.

La solution était qu'il prenne un congé. Ian — au cours d'un de ses nombreux entretiens avec Stuart Benson ce jour-là — présenta la chose comme un fait accompli. Il n'eut pas à négocier. « Le camp de Fayed était dans une situation très exposée. Je pense qu'ils avaient peur, s'ils refusaient d'accorder un congé à Trevor, que celui ne démissionne sur-le-champ. » Maintenant, il fallait espérer que Trevor allait accepter de le prendre. « Finalement, ce samedi, après quelques brouillons et quelques discussions animées, nous sortîmes un communiqué de presse. » Il fut envoyé pour parution à la Press Association à 18 h 20.

Il commençait ainsi : « Je souhaite expliquer comment s'est déroulé l'entretien avec M. Piers Morgan et affirmer de façon catégorique que je n'ai pas été payé pour faire cette interview. À vrai dire, je n'ai jamais reçu d'argent de la presse. » Trevor accablait Piers Morgan de reproches. « Je crois comprendre que le *Mirror* a contacté d'autres organes de presse la nuit dernière, en prétendant avoir des droits sur un article "exclusif" sans m'en informer, moi ou mes hommes de loi. À cause de cela, ma vie est devenue un enfer au cours des vingt-quatre dernières heures. Je me suis senti obligé de me cacher. » Dès que le communiqué fut achevé, Trevor partit retrouver ses parents et son amie, Helen, sa kinésithérapeute. Les deux avocats ne voulaient pas qu'il soit présent au cabinet quand le flot des journalistes arriverait.

Dans l'heure, les médias se manifestèrent, proposant d'acheter une interview de Trevor. À 20 h 30, Piers Morgan téléphona. Ian attendait son appel. Morgan avait lu le communiqué de presse ; même édulcoré, il avait eu l'effet désiré. Tandis que le rédacteur en chef du puissant tabloïd acceptait de faire des concessions, Ian entendit la voix de ses enfants dans le fond. « Il consentit volontiers à nous fournir un texte affirmant clairement que l'interview accordée par Trevor n'était pas exclusive et que ce dernier n'avait pas été payé. Il accepta de nous envoyer le texte entier avant la publication afin que nous puissions le contrôler. » Il admit le règlement des frais légaux des articles, le montant fut plus tard fixé à dix mille livres. « Il savait qu'il était dans une position très difficile. Alors qu'il avait cru réaliser le plus grand scoop mondial, tout s'effondrait autour de lui. On pouvait obtenir tout ce qu'on voulait. »

Morgan fit quelques gaffes. Quand Ian lui expliqua que Trevor était bouleversé parce qu'on ne lui avait pas montré le contenu de l'interview, Morgan se déclara stupéfait. « J'ai envoyé tout l'article à M. Fayed pour avoir son approbation, je suis resté en liaison étroite avec Handley-Greaves. Je *pensais* que Trevor l'avait approuvé. » Morgan faxerait son communiqué et la première partie de l'article à Ian, de bonne heure le lendemain matin.

Lorsque Ian et David descendirent, épuisés, dans la rue obscure à 22 h 30, ils durent se frayer un passage au milieu des caméras et des reporters. Le lendemain matin, la foule des journalistes allait être encore plus dense.

Le dimanche 1er mars, ce fut la folie. « Le communiqué de presse avait clairement établi que l'article paru dans le *Mirror* n'était pas exclusif. Du coup, la presse supposa que Trevor était à vendre », raconte Lucas. Cela déclencha une véritable guerre des prix. Le *Sun*, le journal qui bénéficiait du plus gros tirage d'Angleterre, ouvrit les enchères avec une proposition de cinquante mille livres et rapidement monta à deux cent mille. Les autres journaux et les networks américains entrèrent dans la course avec des offres concurrentes. Les avocats n'avaient pas l'intention de les repousser à la légère. « Le plus démuni, ici, c'est Trevor », pensait Ian Lucas. Beaucoup ne s'étaient pas privés de vendre leurs histoires à la presse. Le rôle des avocats était de défendre les intérêts de Trevor de façon responsable et également les leurs. Ce n'était que ce vendredi qu'ils avaient reçu leur premier et unique paiement d'honoraires de la part de Fayed. Sûrement à cause de la pression terrible déclenchée par l'article du *Mirror*. Pourtant ils possédaient un contrat signé par Stuart Benson pour Fayed définissant leurs appointements. Leur engagement auprès de Trevor était une question de principe, acquise dès le début.

Tandis que Lucas regroupait les différentes propositions financières, Trevor et Crawford examinaient et corrigeaient le premier article, faxé par Piers Morgan, qui devait paraître le lendemain. « Trevor laisse passer trop de choses pour essayer de plaire au patron », remarqua Lucas, angoissé en jetant un coup d'œil sur l'article corrigé. Le gros titre du lundi annonçait : « J'ai entendu Diana appeler Dodi après l'accident. » L'article continuait ainsi : « J'ai eu comme des flashes. J'ai entendu une voix de femme à l'arrière de la voiture. D'abord, un gémissement. Puis le nom de Dodi. Je ne me souviens pas si cela s'est produit à plusieurs reprises... Ce ne pouvait être que la princesse Diana. J'étais conscient et elle aussi. »

Lucas et Crawford savaient que Trevor avait précisé à Piers Morgan qu'il doutait de ce souvenir. Pourquoi n'avait-il pas insisté pour faire ajouter une mise en garde, soulignant qu'il avait des doutes ? Il jouait le jeu de Fayed, avalisait sa théorie de la grande histoire d'amour. Il laissait dire qu'un psychiatre, le matin de l'interview, l'avait aidé à se souvenir — élément que le médecin lui-même mettait en cause. « Il était tellement franc que le fait qu'il laisse passer des choses dans l'article nous prouvait l'ambiance coercitive dans laquelle il évoluait. » Leur rôle s'arrêtait cependant au conseil.

Alors qu'ils poursuivaient leur travail, une lettre arriva du *Shropshire Star*. « Mon Dieu, qu'est-ce que c'est que ça, Trevor ? » demanda Lucas, choqué. « Le *Shropshire Star* — le journal local qui était prétendument dans notre camp — publiait un article révélant que Trevor avait été condamné dans le passé pour conduite en état d'ivresse. Il nous demandait si nous avions un commentaire à faire. » Cet incident s'était produit neuf ans plus tôt. Trevor avait alors vingt et un ans. Après avoir bu quelques bières, il avait embouti une voiture vide. De peur d'être accusé d'avoir dépassé la limite autorisée d'alcool au volant, il s'était enfui. C'était une attitude immature et répréhensible. Trevor en éprouvait visiblement beaucoup de remords. Mais, légalement, cette condamnation était ancienne — la presse n'avait pas le droit de l'utiliser. Lucas envoya une lettre au *Star*, les menaçant de sanctions légales. « Il était inévitable que cette information paraisse — cela pourrait faire une manchette dans le *Shropshire Star.* » « Comment pouvions-nous exercer une influence ? » se demandait-il. C'est là que son expérience, acquise au cours de sa campagne parlementaire, entra en jeu.

« J'avais un moyen parfait d'arranger les choses grâce à Piers Morgan. Il était prêt à faire tout son possible pour m'aider. Je l'appelai et lui demandai de mettre simplement un petit encadré à la dernière minute sur cette histoire de conduite en état d'ivresse accompagné d'un communiqué de Trevor, près de l'interview. » Cela paraîtrait le mardi, « grillant » ainsi l'article du journal local.

L'offre financière du *Sun* concernant l'achat d'une interview de Trevor courait jusqu'à 14 heures. En fin de matinée, Lucas appela Piers Morgan. « Je l'informai des différentes propositions que nous avions reçues et lui fis savoir que nous devions prendre une décision. Il y eut un silence — un silence total. Il n'avait pas réalisé. Il s'aperçut soudain à quel point sa situation était précaire. Si le *Sun* publiait le lendemain un entretien avec Trevor et une critique virulente du *Mirror*, cela pourrait mettre fin, de façon presque certaine, à sa carrière. » « Vous n'allez pas faire ça, lança Morgan, visiblement secoué. Nous tenons à examiner les meilleures solutions dans l'intérêt de notre client. Nous vous ferons savoir notre décision en fin de journée. »

Au long de l'après-midi, ils jonglèrent avec ce qui leur

parut être une fortune. En additionnant les diverses propositions, on arrivait en gros à un demi-million de livres. Le *Sun* proposait toujours la somme la plus élevée. Bien qu'il souhaitât ardemment que Trevor se libère de Fayed, Lucas se sentit obligé de le prévenir : « Si vous vendez une interview au *Sun*, grillant l'article du *Mirror*, cela va détruire la stratégie médiatique de Fayed. Vos relations avec lui seront terminées. » Trevor refusa toutes les offres, privilégiant le *Mirror*. « La décision la plus facile pour lui à cette époque était de rejeter les propositions financières. »

Au terme de ces deux journées singulières, Lucas avait découvert Trevor. Il avait du mal à comprendre : « Tout le monde — ses trois avocats, ses parents — l'influençait, le suppliait de quitter Fayed, la pression était énorme. Pourtant il tenait bon. Pourquoi ? Cela le laissait perplexe. Cependant ce n'était rien comparé aux conflits qui déchiraient Trevor. L'argent n'en était pas un.

« J'ai refusé un demi-million de livres en un après-midi, songeait, rêveur, ce dernier. J'en étais heureux. Je n'en voulais pas. » Il refusera, aussi facilement, deux semaines plus tard, la proposition d'un million de dollars faite par le tabloïd américain, le *National Enquirer*.

Lucas appela Piers Morgan pour lui annoncer la bonne nouvelle. « Il fut vraiment soulagé. » Lucas ne put résister au plaisir de se moquer des séries d'articles qu'il s'apprêtait à publier aux yeux du monde entier. « Vous ne trouvez pas que ça ressemble un peu à du Mills & Boon [éditeur anglais de romans sentimentaux] ? dit-il en gloussant. — C'est l'un de mes rédacteurs qui l'a écrit », répondit Morgan. Plaisanteries mises à part, les hommes de loi savaient que la crédibilité de Trevor était menacée par la parution de ce stupide article.

« Il était environ l'heure du dîner quand nous sommes rentrés à la maison. Nous étions très fatigués », ajoute Lucas. Mais, aussi, exaltés. Les avocats de Trevor avaient remporté une victoire, limitant les dégâts. « Cet épisode marqua aussi le point de non-retour. Nous savions désormais, indubitablement, que Trevor était utilisé par Fayed.

Trevor venait aussi de le comprendre, dit Lucas après réflexion. Fayed nous avait pris pour des campagnards. Il venait d'apprendre que nous n'avions pas l'intention de nous faire mener par le bout du nez. »

« Nous sommes célèbres désormais », dirent Jill et Ernie, essayant de plaisanter devant la photo de cette dernière et de Trevor publiée à la une du *Mirror*, le mardi 3 mars. Les articles étaient parus depuis la veille et la nation entière s'était littéralement jetée dessus, les dévorant. Ces trois jours furent un véritable cauchemar pour les Rees-Jones. « Nous n'avions aucun contrôle de la situation. Nous nous sentions complètement exposés. »

Le premier article, le lundi 2 mars, était racoleur : « J'AI ENTENDU DIANA APPELER DODI APRÈS L'ACCIDENT. » Cela confirmait l'histoire d'amour et correspondait aux souvenirs que voulait entendre Fayed. Le même jour, des articles critiques à l'égard du garde du corps commencèrent à sortir dans la presse. Trevor, angoissé, rejoignit ses parents pour déjeuner. « Il était énervé, faisant craquer ses doigts, incapable de croire ce qu'on disait sur lui dans les journaux, observa Ernie. Il avait accordé une interview au *Mirror* et parce qu'il n'en avait donné qu'une, les autres titres s'en prenaient à lui. » Jill savait que Trevor devait prendre seul la décision de démissionner, mais elle cherchait des solutions. « Que dirais-tu de prendre un congé maladie », lui suggéra-t-elle. Cela l'éloignerait de Fayed sans réellement partir. Cette nuit-là, Darren et Trevor sortirent faire la fête.

Harrods avait envoyé Darren le dimanche « pour prendre soin de lui » pendant le « siège » du *Mirror*. Les médias étaient si nombreux à Oswestry qu'ils avaient dû tous deux passer leur soirée, dans une ville voisine, à Ellesmere. « Visiblement, ils se sont bien amusés », observa Ernie le lendemain. Le lundi soir, ils s'échappèrent jusqu'à Sweeney Hall, un hôtel du coin, et le mardi, Darren repartit pour Londres en voiture. C'était l'anniversaire de Trevor.

Le trentième anniversaire de Trevor démarra en fanfare. Le deuxième article du *Mirror* claironnait : « MAMAN M'A PRIS LA MAIN ET M'A DIT : CE N'EST PAS FACILE À DIRE... DIANA ET DODI SONT MORTS TOUS LES DEUX. »

Un moment poignant ramené à cette prose de bas étage larmoyante ! Le journal contenait des photos de toute la famille — le cliché de mariage de Ernie et Jill, grâce à Nain bien sûr. Trevor dut faire face à l'encadré — négocié par Lucas avec Piers Morgan — révélant qu'il avait été arrêté pour conduite en état d'ivresse à l'âge de vingt et un ans. Quel embarras ! « C'était un geste stupide. En punition, on m'a enlevé mon permis de conduire pendant un an, admettait Trevor dans l'article. Mais paradoxalement, cela m'a donné une grande et précieuse leçon. Pour moi, c'est devenu impensable de prendre le volant après avoir bu. Je suis devenu très dur à l'égard de ceux qui le font. »

Jill et Ernie furent si préoccupés par l'article sur Trevor, qu'ils faillirent rater celui juste en dessous : « LA POLICE INTERROGE AL FAYED AU SUJET DES VOLS. » Pendant que Trevor endurait l'humiliation de voir étalée aux yeux du monde sa condamnation pour conduite en état d'ivresse, Fayed, lui, affrontait de nouveaux ragots sordides : « M. Al Fayed a admis en janvier que des membres de son personnel avaient cambriolé le coffre-fort de M. Rowland (pas à la demande de Fayed) et que lui, Fayed, était présent tandis qu'ils copiaient les documents. » Ce scandale fut bien entendu éclipsé par les articles sensationnels sur le jeune homme. Trevor détournait l'attention de la nation à merveille. Jill et Ernie eurent le sentiment que leurs efforts, des six derniers mois, pour lutter afin de préserver leur vie privée et remettre Trevor sur pieds étaient réduits à néant. Après tout ce qu'elle avait traversé, la famille Rees-Jones était au bout du rouleau.

Les avocats de Trevor se firent tout petits devant les attaques critiques de la presse. Ils s'y attendaient. L'article de Henry Porter dans le *Guardian*, intitulé « Le récit du garde du corps », fut cinglant : « La détermination que Fayed met pour qu'on l'accepte, lui, ainsi que sa version de ce qui s'est passé le 31 août, prend [ici] les proportions d'une monomanie destructive qu'on trouve chez les personnages de Balzac. C'est une obsession qui se soucie peu, semble-t-il des deux enfants de Diana. Ces derniers sont constamment agressés par des spéculations sur la mort de leur mère, spéculations inspirées par Fayed. » Il se référait, bien sûr aux révélations les plus sensationnelles de la série d'articles. « Rees-Jones... est maintenant capable d'affirmer, avec l'aide d'un psychiatre, qu'il a entendu Diana appeler Dodi après l'impact... Je ne veux pas être dur avec lui mais nous devons nous demander à quel point tout cela a été suggéré... On peut prendre pour acquis que M. Al Fayed écoutait l'interview... »

« Trevor a été perçu comme la marionnette de Fayed — à peine plus que le porte-parole de cet homme paranoïaque », constata Lucas, inquiet. En outre, il avait raconté son histoire à tout le monde, avant de livrer ces nouveaux souvenirs au juge ; sa dernière et prochaine audition aurait lieu la semaine d'après. Cela faisait mauvais effet. C'était susceptible de nuire à la bonne image, que ses avocats avaient essayé de protéger. Il pourrait apparaître comme peu fiable aux yeux du juge.

En désespoir de cause, ils étaient parvenus à négocier un compromis avec le *Mirror*. Ils s'étaient contentés d'éviter la catastrophe, sans suivre de réelle stratégie. Aujourd'hui, il fallait qu'ils en trouvent une.

12

« *Je ne reviens pas* »

Les hommes de loi de Trevor savaient maintenant que ce dernier était en guerre avec Fayed. En regardant l'équipe de Fayed en rangs serrés à Paris, Christian Curtil s'aperçut que, en combattant son empire, ils affrontaient un adversaire impressionnant. « Ils ont un énorme pouvoir. Ils utilisent les gens, quels qu'ils soient, les médias, les politiciens, n'importe qui. Le seul moyen de s'en sortir c'est d'attaquer. » S'ils voulaient redonner une crédibilité à Trevor, réagir n'était plus suffisant, il fallait riposter. Comment ?

Les communications et les réunions téléphoniques entre Paris et Oswestry allèrent bon train. Pour les trois hommes de loi, il fallait que Trevor apparaisse contrit d'avoir donné cette interview avant son audition avec le juge, mais surtout indépendant de Fayed. Curtil ne « voulait pas que la presse considère Trevor comme un naïf qui viendrait ensuite se plaindre quand les choses ne tournaient pas à son avantage. Je voulais que les reproches s'abattent sur la bonne personne ». Ian Lucas eut une idée qu'il soumit à Curtil : « Trevor peut-il avoir rendez-vous avec le juge plus tôt que prévu ? » Curtil réfléchit un moment et répondit : « Pourquoi pas ? Je vais arranger cela. »

Il prit alors rendez-vous avec le juge Stéphan. Selon Ian Lucas, Curtil avait « sa façon bien à lui de communiquer avec le juge. En apparence, il faisait juste un saut pour le voir et lui racontait de façon confidentielle ce qui se passait. C'était une relation très personnelle ».

Devant le juge, Christian Curtil se demanda si celui-ci savait que « la véritable bataille opposait Fayed et Trevor. Je n'étais même pas sûr qu'il en fût informé ». Il décida de ne pas lui dire ce qu'ils traversaient « parce que je ne trouvais pas ça très élégant ». Il se contenta de lui donner des copies des articles du *Mirror* et la déclaration de Trevor. Il le pria de l'excuser au nom de son client et réussit à lui obtenir un rendez-vous deux jours plus tard. Le juge Stéphan serait heureux de le recevoir le vendredi à 14 heures.

Il ne fallait pas que Fayed fût informé de cette démarche, pensaient-ils, sinon il intensifierait sa pression sur Trevor. Ils avaient besoin de l'aide des médias. Si Fayed avait été surpris par l'attitude énergique des trois avocats, quand ils avaient forcé la main de Piers Morgan et négocié un communiqué de presse indépendant, il n'avait encore rien vu. Alors que Ian Lucas et Christian Curtil détournaient l'attention d'une armée de journalistes affamés, les hommes de loi mirent subtilement sur pied une couverture médiatique pour le voyage à Paris. « Nous avons fait croire aux journalistes que le juge était furieux et convoquait Trevor pour lui passer un savon », précise Lucas. Ils délivrèrent par bribes cette information à la presse.

« Pendant ce temps, nous faisions également savoir, clairement et sèchement, à Fayed et Harrods que le juge était furieux et avait convoqué Trevor le vendredi », ajoute Ian Lucas. « En fait, le juge était mécontent, mais *pas autant que cela* », poursuit Christian, amusé. Cette tactique fut « si efficace que même Trevor crut qu'il allait se faire passer un savon », fait observer Ian.

Le voyage de Trevor à Paris avait été étroitement planifié. David le récupérerait à Londres et le conduirait en voiture par l'Eurotunel. Mais, la veille au soir, Trevor annula les plans. Désespéré, David Crawford appela Ian de

Londres. « Trevor vient de m'annoncer que Harrods s'est occupé de son transport à Paris. Ils l'emmènent par l'Eurostar. » Pour les hommes de loi, cela ressemblait à un enlèvement. « Nous ne souhaitions pas qu'il vît quelqu'un de chez Harrods cette semaine, mais comme il ne voulait rien cacher, il avait insisté », ajoute Ian Lucas. Trevor était parti. David se précipita à Paris pour essayer vainement de l'intercepter. Mais Trevor avait déjà été emmené dans une limousine du Ritz aux quartiers généraux des gardes du corps à la villa Windsor. David craignait qu'il ne fût « enfermé dans le même environnement hermétiquement clos » que Fayed avait créé autour de Trevor et de sa famille depuis l'accident.

Trevor ne ressentait aucune des inquiétudes de ses avocats. « À l'époque, David avait prévu de me prendre en voiture à Londres. On devait partir ensemble à Paris, y passer la nuit et aller au bureau de Christian Curtil le lendemain matin. Mais alors que j'étais au travail, on m'a suggéré de faire la traversée avec Darren et de dormir à la villa Windsor. Sincèrement, cela me plaisait. J'étais plus heureux de voyager et de rigoler avec un copain qu'avec mes avocats. Qui ne l'aurait pas été ? À cette époque, ces derniers devenaient très inquisiteurs et je commençais à en avoir plein le dos d'eux. J'avais fixé l'heure de rendez-vous au cabinet de Christian Curtil et je prévoyais d'être là-bas à l'heure.

« Dans le train, Darren m'informa que le patron ne voulait pas que j'utilise une voiture de l'ambassade. Je lui répondis que j'avais l'intention de le faire puisque c'était prévu ainsi. Darren me dit alors : "Ça va le mettre en colère." Mais il n'insista pas. »

Trevor percevait la pression qui montait de part et d'autre. « C'est quoi ces putains d'histoires ? » avait-il envie de dire.

« *Que faisons-nous ? Nous avons perdu notre client !* » En décrochant son portable au restaurant, Christian Curtil perçut la frustration dans la voix de David Crawford, qui lui relatait la disparition de Trevor. On était le jeudi 5 mars, la veille de l'audition de Trevor.

Les trois avocats étaient désormais convaincus que la bataille engagée pour contrôler Trevor s'était intensifiée. Elle avait tourné à la guerre ouverte. Depuis les premiers jours, Harrods avait essayé d'imposer à Trevor un avocat de Fayed. Aujourd'hui, ils cherchaient à l'isoler de sa propre équipe et ne s'en cachaient pas.

Quand David Crawford arriva au bureau de Curtil à 10 heures, le vendredi matin, il fut désagréablement surpris de voir la Mercedes du Ritz garée juste devant la porte de l'immeuble, bloquant le trottoir. Les gens de Fayed avaient emmené Trevor à l'heure, c'était déjà ça ! À la demande de Curtil, Trevor avait été assigné par l'ambassade britannique à comparaître à son cabinet plusieurs heures avant son rendez-vous avec le juge.

De là, il devait être conduit au Palais dans une voiture de l'ambassade. Christian Curtil n'avait pas l'intention de revivre la journée désastreuse du 19 décembre. Ce jour-là, lui et son client n'avaient eu que cinq minutes de conversation et, après avoir été emmenés au Palais par les gens du Ritz, s'étaient retrouvés assaillis par la presse. Cela ne se reproduirait pas ! Il avait appelé l'ambassade britannique pour lui demander de l'aide.

« Avec la foule de journalistes qui va nous attendre là-bas, il m'est impossible de prendre ma voiture et de me garer. Nous avons besoin d'un véhicule et d'un garde du corps.

— Nous ne sommes pas des agents de sécurité, avait répondu le premier secrétaire à Curtil.

— Moi non plus. Après tout, il est *votre* ressortissant, pas le mien. »

L'ambassade avait alors accepté ce leur envoyer une voiture — un minibus — et trois personnes.

Mais Trevor était entouré de gens qui avaient clairement pour mission de ne pas le quitter. Le chauffeur d'Étoile, François Fievet, et les gardes du corps habituels, Ben Murrell et Darren Wardman, attendirent dans la voiture pendant que Trevor montait retrouver Curtil dans son bureau. « Je me demande si Trevor va pouvoir quitter les locaux », s'inquiétait Crawford. Ils ne voulaient pas de la présence de Fayed près de leur client. « Nous devions montrer que Trevor agissait de façon indépendante, et non pas comme une marionnette de l'organisation Fayed. » Crawford demanda alors à Trevor : « S'il vous plaît, allez leur dire de s'en aller. » Une demi-heure plus tard, Trevor redescendit les voir. Sans résultat. Trevor y retourna plusieurs fois dans la matinée. « Mais, soit il n'a pas pu, soit il n'a pas voulu les faire partir. »

« J'ai dit aux gars de rester parce qu'on avait besoin d'eux. Pour moi, c'était une bonne décision », explique Trevor.

Frank Klein, le directeur du Ritz, appela Curtil pendant son rendez-vous avec Crawford et Trevor pour lui dire que Fayed était furieux que l'ambassade — l'*Establishment* britannique avec lequel il était également en guerre — conduisît Trevor au Palais de Justice. « Eh bien, en fait, je n'en ai rien à faire. En outre, je n'ai pas le droit de vous parler », lui répondit Curtil en lui rappelant qu'il ne pouvait communiquer avec les témoins. « Fayed est entouré d'idiots », pensa-t-il. Il expliqua à Klein qu'il ne devait plus y avoir d'interférence avec Trevor ou avec l'affaire, sinon il déposerait une plainte formelle dans le dossier.

Curtil constata que « Klein était terrifié, très effrayé ». Peut-être craignait-il d'avoir présumé de ses chances de réussite, ou que Curtil fasse référence à un événement qui s'était déroulé le matin même à la villa Windsor. Dans la veste de Trevor se trouvait une lettre qu'il avait refusée de signer.

Ce matin-là, lui, le seul survivant, avait commencé à s'émanciper de Fayed. À sa façon, Trevor avait pris conscience de la bataille qu'il livrait pour prendre les bonnes décisions vis-à-vis de tout le monde — sa famille, Fayed et lui-même. Il savait qu'il lui faudrait mettre un terme à cette crise. Depuis l'affaire du *Mirror*, sa confiance n'avait fait que s'effriter. « Après cette série d'articles, je suis reparti travailler. Ils voulaient me revoir. Ils m'ont expliqué que tout cela n'était qu'une erreur — qu'ils ignoraient que l'interview allait être publiée et qu'ils s'en étaient pris à Piers Morgan. » Trevor ne les avait pas crus. « De toute évidence, tout était prévu ce jour, sinon pourquoi Piers Morgan aurait-il été là ? » Il ne blâmait personne. « C'est moi qui ai fait mon choix. » Mais les événements du matin à la villa Windsor l'avaient convaincu qu'il était temps d'agir pour faire disparaître ses inquiétudes.

Frank Klein lui avait demandé avec insistance de signer une lettre. Quand Trevor la lut, il fut indigné. « Ce courrier disait en gros que je souhaitais voir Christian Curtil enquêter sur l'accident pendant que David Crawford et Ian Lucas régleraient les problèmes en Grande-Bretagne. — ils ne voulaient pas qu'ils soient en contact. »

« J'ai perdu mon sang-froid. Je les ai injuriés : "Comment osez-vous, ce sont mes avocats !" J'ai refusé de signer. » Devant la fureur de Trevor qui faisait de grands gestes, Klein demanda à Ben de rester dans la pièce.

« Cette lettre fut la goutte d'eau. Je me sentais utilisé par Fayed, au-delà de tout. »

Quand il quitta la villa, Trevor appela Ian Lucas sur son portable pour lui raconter l'incident, puis Curtil. « Puis Ben, Darren et moi partîmes en voiture pour le cabinet de Christian. »

Pendant la réunion Trevor n'eut pas le temps de discuter de ce problème. Occupé par la préparation de son audition, il se contenta de montrer la lettre à David. Ce dernier s'aperçut rapidement qu'il « s'agissait de toute évidence, d'une tentative maladroite de les séparer et de mettre en lumière des différences qui n'existaient pas ». Il la glissa dans sa mallette. Ils en discuteraient plus tard.

Quand Trevor et les deux avocats descendirent du cabinet pour aller au Palais de Justice, la crise atteignit son apogée. La bataille pour s'approprier Trevor reprit de plus belle.

De chaque côté de la rue, attendaient le minibus et la Mercedes. Les trois hommes de chaque véhicule se tenaient prêts à l'embarquer. « J'avais bien compris, avant que nous sortions, que David et Christian ne voulaient pas de la présence des gars, alors que moi je la souhaitais, raconte Trevor. Selon moi, ils paniquaient pour rien. Je pensais qu'on aurait besoin d'eux à la fin de la journée. Je les connaissais, et j'étais rassuré à l'idée qu'ils fussent dans les parages. Je ne connaissais les types de l'ambassade ni d'Ève ni d'Adam. J'avais aussi conscience que le Patron s'attendait à ce que je monte dans l'une des voitures du Ritz tandis que les avocats voulaient que je prenne le minibus. Je me suis dit : "Ils se croient au théâtre, ou quoi !" »

« Nous descendîmes du trottoir, les deux véhicules toujours derrière nous. Il y avait quelques photographes et des scooters. Bien sûr, Darren et Ben espéraient que je monterais avec eux, ça leur simplifiait la vie, mais ils n'avaient pas l'intention de précipiter les choses. Les avocats voulaient l'inverse. Je suis allé voir les gars et je leur ai dit : "Je vais dans le minibus mais suivez-moi de près." J'en avais ras le bol — ces réactions étaient totalement excessives de part et d'autre. D'un côté, j'avais confiance dans les gars. De l'autre, les avocats me disaient que ce serait bien d'être perçu comme quelqu'un d'indépendant. Pour moi, personne ne pouvait gagner. » Tiraillé entre ses copains et ses hommes de loi, Trevor en « avait assez de tout le monde ».

Le nombre de journalistes au Palais de Justice était impressionnant. Pire que le 19 décembre. « Je n'ai jamais rien vécu de semblable de toute ma vie, dit Christian Curtil. Il y avait des centaines d'équipes de télévision, des centaines d'appareils photo. Plus les radios... La presse du monde entier. Ils envahissaient les couloirs et l'entrée. On ne pouvait ni entrer ni sortir. Et pas simplement dans le Palais ; il y en avait partout sur le trajet. Les gendarmes en faction n'avaient jamais rien vu de tel. Ils étaient plus de soixante-dix — seulement pour Trevor ! Même quand Robert de Niro est venu au tribunal, il n'y avait pas une telle foule. »

« J'étais abasourdi, se souvient Trevor. J'avais connu la foule à Saint-Tropez, avec Dodi et la princesse — des déferlements de touristes et de photographes —, mais jamais autant, jamais réunis comme cela dans cette cour du Palais. Ils étaient au moins quelques centaines. À notre arrivée, ils donnèrent l'impression de pulluler autour de la voiture, avant d'essayer de se frayer un passage. »

« C'est trop, pensa-t-il. L'incroyable intérêt que tout le monde porte à cette affaire. » Tandis qu'ils avançaient vers le fond de la cour, « les gens poussaient, se bousculaient. Darren et Ben sont alors venus à la rescousse de leur propre initiative. En gros, on a dû les repousser pour pouvoir avancer ».

Le juge fut aussi conciliant que Curtil s'y était attendu. « Il était légèrement ennuyé de ne pas avoir pu me parler en premier, se souvient Trevor, mais je lui ai dit sans détour que je ne croyais pas moi-même aux souvenirs que j'avais soi-disant raconté, par exemple cette voix. »

Trevor avait désormais le sentiment que ses réminiscences de l'accident étaient « d'une crédibilité très discutable ». C'étaient probablement des rêves. Il avait également mentionné un autre « souvenir » au *Mirror*, qui lui avait semblé véridique. « Visiblement, il n'était pas assez sensationnel à leurs yeux. C'était un rêve que j'avais fait à l'hôpital. Et je croyais qu'il avait eu lieu, qu'il correspondait à un événement réel. » Trevor pensait qu'il avait « été transporté du service des soins intensifs dans une ambulance vers une autre salle ». « Lorsque j'avais repris conscience, j'avais demandé à Jill si j'avais toujours été dans cette pièce. Apparemment, c'était le cas. J'ai pourtant longtemps cru le contraire. Je pense que tous ces souvenirs n'étaient que des songes. »

En partant, Trevor fit son *mea culpa* et déclara au juge, pour le rassurer, que « s'il avait le sentiment d'avoir d'autres choses à dire, il s'assurerait de venir lui en parler en premier ».

Ce à quoi le juge Stéphan répondit en substance : « Vous êtes simplement une victime dans cette affaire. Vous pouvez faire ce que vous voulez. »

Après le rendez-vous, Curtil se dirigea vers les médias, à l'entrée du Palais. Il s'y était engagé et cette promesse avait limité la pagaille à leur arrivée. Pendant une heure, il donna une vingtaine d'interviews. En français, en anglais, et même en allemand.

« Quand je suis revenu seul, dans le minibus, au bureau, dit Trevor, j'ai discuté avec David qui voulait savoir comment ça s'était passé et nous avons attendu le retour de Christian. C'était l'heure de prendre l'Eurostar. La Mercedes m'attendait. Je pensais que David et Christian étaient au courant que je rentrais à Park Lane dans la Mercedes. Quand ce fut l'heure je descendis rejoindre les gars et nous repartîmes pour Londres. »

Crawford quitta Christian Curtil à 18 heures et reprit la route qui devait le ramener à Oswestry vers 5 heures du matin. Pendant le voyage, il dicta ses pensées : « Selon nous, cette mascarade repose sur la peur qu'éprouvent les employés de Fayed pour leur Patron... Il semble plutôt difficile pour Trevor de sortir du pétrin sérieux dans lequel il se trouve... Il dit qu'il comprend... Mais, apparemment, il est très fortement influencé, si ce n'est contraint par les gens qu'il rencontre à Londres. À quoi ressemble exactement cette pression ? Pour l'instant, ce n'est pas très clair... »

Cela était sur le point de le devenir pour Trevor. « Je rentrai à Londres par l'Eurostar en fin d'après-midi et Fayed demanda à me voir à Oxted. Paul Handley-Greaves m'y conduisit, seul. Je dus ensuite me débrouiller avec le Patron. »

On accompagna Trevor jusqu'à la grande tente dressée sur la pelouse. Il se rendit compte que le Patron n'était pas content du tout.

« Pourquoi es-tu allé avec les gens de l'ambassade ? C'est le MI6 qui essaie de t'avoir ! explosa Fayed.

— Non, ce n'est pas vrai, riposta Trevor. J'ai demandé à nos gars de nous suivre dans la voiture et... »

Fayed se lança dans une attaque contre Ian Lucas et

David Crawford. Quand le Patron perdait son sang-froid, la conversation tournait souvent au monologue, Trevor le savait.

« Tes avocats, ce sont des provinciaux. Ils ne savent pas ce qu'ils font. Ils ne te représentent pas correctement.

— Je suis satisfait avec eux. Comme je le suis avec vous...

— Tu m'as *trahi*. Tu n'as pas voulu signer la lettre. Tu t'es disputé avec Klein, et tu as pris la voiture de l'ambassade !

— Je n'arrive pas à croire que vous m'accusiez de déloyauté, rétorqua Trevor en tâchant de garder son calme. Je n'ai rien fait contre vous. Je n'ai *rien* fait. Je ne suis monté dans le véhicule de l'ambassade que parce que mes avocats pensaient — tout *comme* un des avocats de Harrods — qu'il était bien que je sois perçu comme quelqu'un d'indépendant. »

Le Patron écumait, psalmodiant une espèce d'ultimatum, du genre « sois loyal ou va-t'en ». « Je peux supporter cela longtemps, mais trop c'est trop », fulminait Trevor intérieurement.

« Voulez-vous que je prenne ma décision *maintenant* ? Je vais décider si je quitte mon travail ou pas ! Je vais me lever et sortir d'ici ! » Trevor joignait le geste à la parole quand Paul Handley-Greaves s'interposa. Il calma le Patron. Ce dernier s'arrêta de hurler, mais sur un ton toujours hâbleur, il reprit : « Non, non, ne prends pas de décision aujourd'hui. »

Trevor l'avait déjà prise. David et Ian lui avaient conseillé de prendre au moins un congé, à défaut de démissionner. Il s'était rallié à leur opinion. Il ne voulait pas quitter son travail mais il se rendait compte qu'il avait besoin de prendre un peu de distance.

« Je demande un congé. J'ai besoin de me décider », dit-il au Patron.

Quand Trevor quitta la tente, Fayed, toujours assis, lui lança un adieu courtois : « Bien, bien, Prends soin de toi. » Handley-Greaves resta sur place.

« A-t-on retrouvé notre client ? demanda Christian Curtil dans une lettre du 9 mars adressée à David Crawford. Je viens de recevoir un appel téléphonique de l'ambassade s'inquiétant de savoir s'il était rentré sain et sauf. Ils l'ont apparemment attendu à l'Eurostar à Paris et ont fait retarder le départ du train de vingt minutes. » L'ambassade avait prévu de le faire monter directement dans le train, lui évitant ainsi la vérification des passeports. Trevor n'en avait pas été informé. « Je n'avais pas la moindre idée de ce qu'ils avaient organisé », précise-t-il. Les avocats n'avaient pas de nouvelles de leur client depuis qu'il avait quitté le cabinet de Curtil, trois jours plus tôt. Était-il parti spontanément en congé comme ils avaient tenté de lui suggérer ? « Nous voulions qu'il rentre à Oswestry », explique Ian Lucas. « Il avait disparu. Tout au moins, nous, nous l'avions perdu », poursuit David.

En fait, Trevor était bel et bien à Oswestry, faisant bande à part. Après sa confrontation avec Fayed, il était rentré chez lui pour commencer son congé le dimanche 8 mars. Le mercredi suivant, il alla dîner chez Jill et Ernie — autour de cette table où ils avaient partagé tant de choses —, et leur raconta son voyage à Paris, son entretien avec le juge Stéphan. L'épisode de la lettre ainsi que la dispute avec Frank Klein confirmèrent Jill et Ernie dans leur opinion : « Fayed voulait posséder Trevor, corps et âme. »

Trevor avait une raison supplémentaire d'être bouleversé : Dave Liddle, son vieux copain des Paras, avait vendu son histoire au *Sun*. Ce papier était paru au même moment que la série d'articles du *Mirror*. Il était signé Trevor, comme s'il l'avait lui-même *écrit*.

« J'ai été deux ou trois fois en contact avec Dave au téléphone, leur expliqua-t-il, on s'est donné de nos nouvelles, on a parlé rugby, ce genre de choses. Je ne lui ai rien raconté du tout sur l'accident. Je n'avais pas entendu parler de lui depuis un bon moment quand j'ai reçu un message sur le répondeur. Il me disait en gros, que le *Sun* l'avait contacté, et voulait écrire un article parce qu'il me connaissait. Il me demandait de l'appeler si j'étais d'accord. Je n'ai pas répondu, ce qui pour moi voulait clairement dire non. La suite, eh bien, je l'ai lue dans le journal ! Il a écrit des choses sur l'armée globalement vraies. Mais en ce qui concerne l'accident, il a dit n'importe quoi, il a raconté des trucs que je ne lui ai jamais dits. Il a affirmé qu'il était venu me voir, ce qui est faux. »

« J'ai du mal à croire qu'il ait fait une chose pareille. Je trouve ça extrêmement décevant. J'avais une meilleure opinion de lui. Je sais bien que tout le monde a besoin d'argent mais il y a de meilleures façons d'en obtenir. »

L'attitude de Sue était encore plus décevante. Le 15 mars, son histoire parut aux yeux de tous, dans le *News of the World*. Devant cet opportunisme médiatique avéré, Trevor explosa : « Pourquoi, bon sang, doivent-ils s'intéresser à moi ? Cela n'a rien à voir avec l'accident. Ni avec moi. C'est parce qu'il s'agissait de la princesse de Galles. Cela ne s'arrêtera jamais. »

Ceux qui ne l'avaient pas exploité semblaient lui en vouloir. Il s'était disputé avec Klein et Fayed. Même David s'était cru obligé d'avertir Jill et Ernie que, si Trevor ne démissionnait pas, il perdrait ses avocats — ils avaient l'air d'imbéciles en paraissant n'avoir aucun contrôle sur leur client. « Trev a agacé tout le monde autour de lui, y compris David, Ian, Fayed et le juge. Il n'a pas beaucoup d'amis. Il semble être dans une situation sans issue », écrira Ernie dans son journal.

« Ils oublient tous que Trevor n'est pas complètement rétabli de cet accident de voiture dans lequel il a failli mourir, rétorque Jill pour le défendre. Il lui faut du temps pour souffler et remettre ses idées en place. » Jill craignait que l'agitation née de cette affaire du *Mirror* n'ait retardé la guérison de Trevor.

« Prends un congé maladie, pas seulement des vacances, insista-t-elle encore avec toute la force de persuasion d'une infirmière expérimentée et d'une mère désespérée. Tu n'as pas la force de faire le boulot pour lequel on t'emploie, parce que tu as été blessé au cours d'un accident du travail. » Trevor devait subir de nouvelles opérations pour retrouver l'usage parfait de son poignet, son épaule, sa mâchoire, son visage. Il faudrait du temps. « Ce que tu as de plus sensé à faire, Trevor, c'est d'aller voir le médecin et de lui dire : "S'il vous plaît, mettez-moi en congé maladie, *je ne me sens pas capable de faire mon travail.*" » « Je n'ai pas besoin d'arrêt maladie », leur répétait-il de la même façon que « Je veux garder mon travail ». « Il aimait son job. Indépendamment du fait qu'il le trouvait très bien payé, il s'y amusait », confirme Ernie, frustré.

En voyant Fayed à la télévision le lendemain, le 12 mars, lors de son audition avec le juge, Jill et Ernie furent attristés à l'idée que cet homme qui avait été si gentil et bienfaisant pût sembler aujourd'hui si dangereux. Devant ses fanfaronnades, ils comprirent qu'une absence — ou même un congé maladie — n'était qu'un pis-aller. En aucun cas la solution.

Le lendemain, Christian Curtil se précipita au Palais pour y récupérer la transcription du témoignage de Fayed et en rapporta aussitôt l'essentiel à Crawford. « Il n'y a absolument rien sur Trevor. Il n'a même pas été mentionné. Au lieu de cela, il a parlé de l'excellent travail que, selon lui, le juge Stéphan accomplissait et a exprimé sa confiance dans la justice française. Puis il a déclaré qu'il ne pouvait rien dire d'autre sur Henri Paul, excepté qu'il était un employé très professionnel, dont on ne pouvait absolument pas se plaindre. »

Curtil devina, dans ces louanges adressées à Henri Paul et cette indifférence à l'égard de Trevor, les germes d'une attaque ultérieure de la part de Fayed.

Les trois avocats étaient d'accord. Ils ne pouvaient pas continuer à risquer leur réputation en représentant un homme considéré comme étant à la solde de Fayed. Trevor devait démissionner. « Sinon, tu vas te retrouver tout seul, mon pote », dit Ian à sa façon. « Nous le poussions dans cette direction. Lorsque nous eûmes besoin de l'artillerie lourde, nous obtînmes de Christian Curtil qu'il écrivît une lettre à Trevor. » Le 30 mars, il endossa le mauvais rôle au bon moment : Curtil brouillonna un courrier sévère de cinq pages à Trevor. Bien qu'il craignît que son téléphone ne fût sur écoute, il appela David Crawford à Annecy, lui demandant de repasser par Paris à son retour pour lui donner son avis et transmettre cette lettre à Trevor.

> Cher Trevor... Puisqu'il n'y aura probablement aucune mise en détention, le problème se résume à une question de dommages et intérêts et de responsabilité... En d'autres termes, M. Al Fayed va être forcé d'en supporter au moins une partie, ne serait-ce qu'à cause de la responsabilité de Henri Paul et de M. Klein, tous deux employés du Ritz

Si le juge déclarait le Ritz responsable — avec ou sans les photographes — il pourrait passer en procès, devant le tribunal correctionnel. Trevor pourrait alors réclamer des dommages et intérêts. Même s'il n'y avait pas de procès, on pourrait utiliser n'importe quelle preuve émanant du juge pour aider Trevor — en Angleterre peut-être en réclamant une indemnisation au civil contre son employeur, ou en France en traînant le Ritz devant le tribunal de grande instance. Mais cela pourrait prendre plusieurs années. Christian Curtil n'avait jamais réellement pensé réussir à obtenir des dommages et intérêts du Ritz — à moins d'un procès pénal. Il savait que Fayed mettait tout en œuvre pour éviter un tel procès : « Puisqu'il est parfaitement au courant de cela, sa seule issue est de trouver d'autres responsables partiels de l'accident, y compris vous... [il] est déjà en train d'y travailler. »

« Puisque la théorie du complot semblait ne plus être crédible », Curtil estimait, tout comme Crawford, que Fayed essaierait d'établir que Trevor avait failli à son devoir — il aurait dû empêcher Henri Paul de conduire, ne pas permettre une telle vitesse et ne pas avoir attaché sa ceinture de sécurité, etc. Curtil sentait venir

> le début d'une campagne orchestrée contre vous... Au cours de son entretien avec le juge, Fayed a lancé des

louanges à Henri Paul mais n'a *absolument rien dit à votre sujet* ne voulant pas apparaître trop satisfait afin de pouvoir se retourner plus tard contre vous. Fayed tente de contrôler ce que vous déclarez à la presse, et donc de contrôler l'enquête.

Comme vous le savez, pour l'instant, la presse est votre meilleure alliée. Elle estime que votre désir de rester fidèle à M. Al Fayed a été jusqu'ici exemplaire. Mais puisqu'il devient injuste envers vous, il serait très hypocrite de continuer aujourd'hui et de vous plier aux déclarations qu'il vous demande de faire...

Je n'essaie pas d'exercer une pression sur vous... Mais il est de mon devoir de vous avertir que... Je ne veux pas compromettre mon intégrité professionnelle... Si vous choisissez de rester avec M. Al Fayed, je pourrais être forcé de vous demander de prendre un autre avocat.

Curtil s'était montré « très brutal dans cette lettre. Mais je devais l'être. Il devait comprendre les choses. Je ne pouvais pas continuer à jouer seul ». Christian se sentait profondément esseulé. Il se sentait loin de Trevor, ce dernier restant totalement à l'écart du dossier.

« Parfois, j'ai l'impression que les médias pensent que c'est moi qui étais dans la voiture. Tout ce qu'ils savent de lui passe par moi, se disait Curtil. Quelquefois, je dois expliquer qu'il ne s'agit pas d'une bataille entre moi et Fayed — je prête simplement mon concours à Trevor. Je suis un peu livré à moi-même pour prendre les décisions... Je les soumets à l'avis de David et Ian et puis nous les vendons à Trevor. Mais je suis le seul en possession du dossier. La pression est immense... Et je n'ai pas autant d'années d'expérience *que cela.* » Une façon amusante de dire qu'il n'avait quitté l'université que quatre ans plus tôt.

Les avocats étaient tristes d'en être arrivés à un ultimatum. Depuis le tout début, Ian Lucas avait senti que son client était dans le bon camp. En tant qu'avocat, « c'était agréable d'être du bon côté ». D'emblée, il avait éprouvé de la sympathie pour Trevor à cause de l'extraordinaire pression médiatique, des dommages physiques qu'il avait subis. « Mais je ne savais pas alors s'il était un type bien ou non. J'ai appris à le connaître. C'était un jeune homme qui tentait toujours de faire ce qui lui semblait juste. »

Il se sentait peut-être plus proche de Trevor que Crawford, à cause de l'âge, entre autres. Christian Curtil, lui, le connaissait à peine. « J'ai toujours essayé de ne pas l'obliger à prendre des décisions. Ce n'était pas là la bonne technique. Il se retirait en lui-même, raconte Ian. Trevor réfléchissait très soigneusement avant de se décider. Au bout du compte ses résolutions étaient importantes ; et il s'y tenait pour l'essentiel. »

À distance, Christian Curtil, éprouvait aussi de la sympathie, pour les pressions que Trevor supportait. Il sentait que son apparente loyauté aveugle vis-à-vis de son patron signifiait davantage que la simple peur de perdre son travail, ou d'être blessé par le pouvoir que possédait Fayed : « C'était un ancien militaire, il était habitué à obéir aux ordres. En tant que garde du corps, on lui disait d'attendre, d'aller là, d'exécuter cette mission. » Curtil devinait que, pour la première fois, Trevor était contraint de prendre des décisions auxquelles sa formation ne l'avait pas préparé. Du jour au lendemain, il se retrouvait dans la position du commandant en chef. « Mais moi, je ne voulais pas qu'il obéisse ; je voulais qu'il *décide.* »

« On ne désobéit pas à un ordre direct », dira Trevor. On lui avait enfoncé cette idée-là dans le crâne. Mais chez les Paras ou dans la protection rapprochée, si on est un bon élément, on doit également se servir de son propre jugement dans l'action. « Dans le travail de sécurité, on vous donne un ordre. Tant que le résultat correspond à la mission dont on vous a chargé, on ne vous demande pas comment vous y êtes parvenu. »

« Il avait dû affronter la situation seul, alors que, toute sa vie, il avait fait les choses en groupe — les Paras, le rugby, la sécurité. Rompre avec Fayed voulait dire rompre avec le groupe », spéculait Ian Lucas, cherchant à comprendre la réticence de Trevor à quitter son patron. Même au cours de son travail de surveillance en Irlande du Nord, il avait travaillé en équipe. « Sa situation aujourd'hui était si singulière. Quelle ironie : à présent, il devait avancer seul, couler ou survivre. Il ne pouvait partager cela avec personne. »

Mais les avocats restaient solidaires. « Nous étions prêts à tout abandonner parce que nous avions des principes et des limites que nous ne franchirions pas. Je savais que David en avait et qu'il s'y tiendrait résolument — nous travaillions ensemble depuis sept ans. Mais rencontrer quelqu'un comme Curtil, disposé à faire la même chose, était une grande chance, la preuve du talent de David. »

Aujourd'hui, ils avaient lancé un avertissement à Trevor. S'il s'agissait, comme ils le pensaient, d'un combat entre David et Goliath, il valait mieux que la fronde du plus faible touche rapidement sa cible.

Le 31 mars, Jill et Ernie rentrèrent chez eux après d'agréables vacances aux sports d'hiver, en Italie. Encore un pas vers un retour à la vie normale. Mais la tourmente dans laquelle se débattait Trevor les assaillit dès leur retour. Trevor téléphona et leur parla de la lettre inquiétante qu'il avait reçue de Curtil. Ce dernier lui demandait de choisir entre Fayed et ses avocats. À Oswestry, David Crawford disait de même. Ils partirent le voir après le travail, avec un cadeau, une vieille carte du Shropshire que lui avait envoyée Jackie Jabara de CBS. Cette dernière travaillait toujours avec ténacité, depuis la série d'articles du *Mirror*, à obtenir une interview exclusive de Trevor pour l'émission « 48 hours » de Dan Rather.

« Je n'ai blessé personne. Je faisais juste mon travail », répéta Trevor, agité, tentant de clarifier ses pensées. « Trevor était pris en sandwich, s'aperçut Jill, affligée. On lui demandait de prendre cette décision essentielle alors qu'il n'était pas encore assez rétabli pour le faire. Personne, pas même lui, ne réalisait à quel point il était encore loin d'être en forme. » Il devait subir de nouvelles interventions chirurgicales, la semaine suivante.

Alors que Trevor tournait et retournait la décision douloureuse à prendre, il repensa à ce que l'un de ses collègues lui avait dit tandis qu'ils patrouillaient devant chez Harrods. « Trev, on t'a donné une seconde chance. Tu devrais apprécier d'être en vie tous les matins. Tu devrais être heureux et profiter de la vie. Ce n'est pas le cas, n'est-ce pas ?

— Non, avait répondu Trevor.

— Ne crois pas ce que disent ces salauds, lui avait dit son ami. Leur seule priorité c'est la leur. Ils se moquent bien de toi. À ta place, je ne serais jamais revenu. »

Trevor n'avait jamais considéré son travail comme un piège. Cependant, Kez lui avait dit récemment : « Combien de fois, au boulot, as-tu demandé à un type depuis combien de temps il était là ? Chaque fois, il te répond : "Bon sang, ça fait huit ans." Et après réflexion, il lâche : "Je vais encore travailler six mois, réunir encore un peu d'argent et puis j'irais ailleurs." Mais, bien sûr, il ne part jamais ! »

« Quitter un boulot d'un peu plus de vingt mille livres, ce n'est pas rien », songeait Trevor en se débattant avec l'impossible décision.

« Il avait presque accepté l'idée de démissionner mais ne savait pas comment Fayed allait réagir », pressentait Ernie. Ses parents le rassurèrent : « Nous l'avons fait à Paris. Nous pouvons encore régler cela. »

Le 6 avril, Trevor subit une nouvelle opération au poignet. Tout se déroula à merveille mais quand ils l'appelèrent, il avait froid et ne se sentait pas bien. Il avait tous les symptômes d'une infection ou d'une grippe. Les docteurs le mirent sous antibiotiques. « Il refuse toujours de venir chez nous. Je suis très inquiète », dit Jill. Après six jours de souffrances héroïques, Trevor céda et laissa Jill le ramener à la maison pour « se faire dorloter ». Elle insistait toujours pour qu'il prît un congé maladie. « Il est difficile de dire s'il a guéri grâce aux antibiotiques ou aux soins vigilants de sa maman », lance Ernie. Mais, néanmoins, le vendredi 17 avril, Trevor se sentit assez en forme pour aller à Cardiff assister à un match de rugby. La salle des Opérations lui avait demandé de prendre son alphapage où qu'il allât pendant son congé. « Le samedi, j'ai reçu le message suivant : "Appelle Oxted". » « Le patron te veut en Écosse lundi », lui apprit-on.

« J'étais très en colère. Premièrement, il me restait encore des jours de congé. Deuxièmement, je n'avais pas encore pris ma décision. Enfin, je trouvai qu'on me prévenait vraiment tard pour aller en Écosse. Un jour de délai, c'était un peu ridicule. » Aller en Écosse ! « J'avais l'impression qu'il s'agissait d'une punition. » Kez, lui aussi, y avait été envoyé et semblait parfaitement heureux sur le domaine, au milieu des chevaux. « Moi, je n'avais aucun désir d'y travailler même si je décidais de rentrer. »

« Je n'ai pas encore décidé si je reviens ou pas. Pour l'instant, je regarde le rugby. Je vous appellerai après le week-end », répondit Trevor.

En son for intérieur, il avait pris sa décision. « Depuis que j'étais sorti de l'hôpital, j'avais essayé de faire de mon mieux envers tout le monde, oubliant de penser à moi. Je me suis retrouvé au milieu du sandwich, avec d'un côté Fayed qui disait que j'étais influencé, certains médias qui me voyaient à sa botte, ma famille et mes avocats qui me mettaient la pression pour empêcher que le patron m'exploite et qui ne comprenaient pas comment je pouvais rester loyal aussi longtemps. Mais je ne suis *pas* un béni-oui-oui, je prends mes décisions seul. » Ce qu'il avait fait, et il était enfin prêt à agir.

« Je m'étais décidé. J'ai appelé le lundi et j'ai annoncé : "J'ai choisi de ne pas revenir !" "Très bien, bonne chance", me répondit le gars aux Opérations. »

« J'ai démissionné. J'ai vraiment l'impression qu'ils m'ont forcé la main ; s'ils avaient agi de façon différente, j'y serais encore, souhaitant apporter mon aide. Je pense que toute cette affaire a été mal gérée parce que l'on m'a constamment mis la pression. Ils me demandaient toujours davantage et je suppose que, depuis l'interview du *Mirror*, ils pensaient pouvoir l'obtenir. Après tout, j'avais accepté de la faire », explique Trevor, après réflexion.

Ian Lucas publia un communiqué de presse annonçant la démission de Trevor.

> Je souhaite progresser dans ma vie après les tragiques événements d'août dernier. C'est pour cette raison que j'ai décidé, avec regret, de quitter mon emploi actuel. Je souhaite remercier mes employeurs et M. Mohammed Al Fayed personnellement pour l'aide et le soutien qu'ils m'ont apportés tout au long de cette période très difficile.

L'avocat de Fayed à Londres, Stuart Benson, répondit que « M. Fayed était profondément désolé d'apprendre la décision de Trevor mais serait ravi de le remployer à une date ultérieure ». Il informa aussi les avocats que Fayed ne paierait plus les honoraires. Lucas et Crawford en furent modérément amusés : il n'avait payé qu'une fois, sous la pression durant l'épisode du *Mirror*. Il leur devait encore plusieurs mois.

Trevor appela Jill et Ernie à l'heure du déjeuner pour leur annoncer la nouvelle. Au téléphone, on les informa qu'un homme de la Division spéciale viendrait à Oswestry vérifier sa sécurité. Ce fut ensuite au tour de David de les avertir de l'arrivée de Christian Curtil. Un reporter du *Shropshire Star* sonna à leur porte : « Pourquoi Trevor a-t-il démissionné ? demanda-t-il.

— Ce sont ses affaires », répondirent-ils sèchement, agacés.

Mais tout le reste semblait insignifiant à côté de l'information du jour. Trevor s'était enfin libéré. Il avait pris la bonne décision, seul. « J'ai commencé à me sentir mieux dès que j'ai su que Trevor avait démissionné », assure Jill. Sa période de déprime était terminée. Le lundi 20 avril, Jill reconsidéra la vie avec son allant habituel. À l'annonce de cette démission, Ernie abandonna son journal dans lequel, pendant huit mois, il avait déversé son chagrin et ses frustrations. Un chapitre avait été tourné sur une grande partie de l'histoire. Trevor avait sauvé son âme.

La dernière note qu'écrivit Ernie était prophétique : « Nous connaissons le pouvoir de Fayed et nous nous demandons si Trev et Kez vont se faire avoir et devenir des boucs émissaires. Nous verrons bien ce qui se passera. » Tandis que Ernie fermait son journal à la page 264, une nouvelle perspective s'offrait à Trevor. « Dès que j'ai démissionné, je dois admettre que je me suis senti soulagé d'un grand poids. Même si cela signifiait que je n'aurais plus de salaire, j'avais l'impression de pouvoir prendre de la distance par rapport aux choses. Nous publiâmes un communiqué de presse qui fut bien reçu par Fayed. Je savais que cela ne durerait pas mais ce fut pour moi une période calme et agréable. J'essayai autant que possible d'oublier ce qui concernait l'accident et de me concentrer sur ce qui se passait à la maison. On m'a ensuite proposé un boulot dans une boutique de sports qui venait d'être reprise par un couple d'amis. Ce fut mon premier pas vers un retour à la vie normale. C'était juste pour trois jours et demi par semaine. Mais c'était mille fois mieux que de rester assis à la maison à ruminer. Je voulais poursuivre ma vie. »

Après la démission de Trevor, Christian Curtil redouta encore davantage les attaques de Fayed contre son ancien garde du corps. « Je pense qu'il va être très en colère. Nous devrions probablement commencer à être très prudents », écrivit-il à David dans une lettre datée du 28 avril.

Ils étaient peut-être suivis, leur téléphone mis sur écoute ? Il savait à présent que Fayed était capable d'agir de façon imprévisible. Il avait découvert — par les efforts incessants qu'il avait faits pour plier Trevor à sa volonté, les rages irrationnelles qui l'habitaient quand il essuyait un échec — son potentiel effrayant de puissance effrénée combiné à une nature obsessionnelle. Fayed était tout à fait capable de s'attaquer à Trevor avec une force qui surpasserait tout ce qu'ils avaient déjà vu. C'était la crainte de Christian Curtil. Trevor pourrait devenir le paratonnerre des frustrations de Fayed. Car l'enquête malgré tous ses efforts n'allait pas dans le sens où il le souhaitait. Le travail du juge Stéphan n'alimentait pas la théorie du complot qui le dévorait. Ce dernier osait émettre des soupçons à l'égard de son empire personnel parisien.

Quelques « fuites très intéressantes, émanant de la presse » avaient informé Curtil que l'enquête policière s'appesantissait sur le Ritz. Ce même jour, le juge Stéphan avait entendu à nouveau les protagonistes habituels du Ritz et de Étoile Limousine — Klein, Roulet, Musa, Dourneau. Comme on l'avait dit à Curtil, le juge se dépêchait de « les mettre face à leurs incohérences ». Avant qu'ils ne lisent un article, devant paraître le lundi dans *Voici*, fondé sur une interview de Frédéric Lucard, le chauffeur qui avait conduit la Mercedes jusqu'à l'arrière du Ritz.

Curtil voyait dans cette série d'auditions la double opportunité de protéger Trevor de Fayed et de lui obtenir des dommages et intérêts bien mérités. Elle pourrait amener la preuve que la vie de Trevor avait été mise en danger injustement, constituer la base d'une plainte — une demande officielle d'enquêter et d'accuser d'autres personnes que les photographes en responsabilité criminelle. Ce serait un moyen de révéler la vérité, les événements qui avaient contribué aux causes de l'accident et de permettre à Trevor d'obtenir quelque chose. « D'après moi, déclara Curtil à Lucas, on ne pourra obtenir des dommages et intérêts en France qu'au pénal. » Trevor pourrait cependant utiliser les preuves révélées par l'enquête pour entamer une action contre ses employeurs en Angleterre, devant une cour civile — si leur négligence était prouvée. Pourquoi cette victime, gravement blessée dans l'accident, ne devrait-elle pas exercer ses droits ?

Les auditions menées par le juge, fin avril, n'apportèrent pas de preuves assez solides à Curtil pour qu'il pût déposer une plainte. Il devenait pourtant urgent d'agir. Quand les hommes de loi apprirent ce qui était arrivé à Kez en Écosse, ils comprirent que la menace émanant de Fayed était de plus en plus imminente.

Kez démissionna le 2 juin, après une confrontation

houleuse avec son patron, le lundi 25 mai au château Balnagown appartenant à Fayed en Écosse. Pour la première fois, lors de cette rencontre, Fayed avait accusé verbalement, en des termes inacceptables, les gardes du corps d'avoir causé l'accident. L'explosion avait été déclenchée par le refus de Kez de participer à une autre émission télé sur le « thème du complot ». Il avait déclaré : « Puis-je être franc ? Je ne suis pas d'accord avec cette histoire idiote de complot. C'était juste un accident. » D'après Kez, « Fayed explosa : "Comment avez-vous pu, bon sang, laisser cela se produire ? Espèces d'idiots, vous êtes tous les deux à blâmer..." » Il commença à fulminer contre Trevor : « Je le maudis... Il était censé être loyal et il m'a lâché... j'ai payé les meilleurs psychiatres du pays et ils me disent qu'il va bien ! »

La fureur de Fayed s'était déchaînée ensuite à propos de la conspiration dont il rendait coupable le gouvernement britannique, le prince Philip et les services de sécurité. « Tous sont dans le coup. » Dans sa rage, il mêlait pêle-mêle les gardes du corps et la conspiration. Fayed menaça Kez : ou il faisait l'émission de télé ou il perdait son travail — Kez démissionna une semaine plus tard. Par la suite, il attaqua Fayed en justice réclamant l'argent qu'on lui devait. Ils conclurent un accord, et décidèrent de dire qu'ils se rappelaient tous deux les événements de façon différente. Kez confirma qu'on ne lui avait jamais demandé de mentir.

Kez expliquera sa démission au juge, le 3 juillet, en ces termes : « Mon employeur est convaincu que la princesse de Galles et son fils ont été victimes d'un complot et il s'attendait à ce que je soutienne cette idée. Il m'était impossible de le faire, en toute honnêteté. » Kez appela Trevor pour lui raconter l'incident et formula ses craintes à voix haute : « Tu crois qu'il va s'en prendre à nous ? » Trevor, qui gardait de l'estime pour son patron, avait répondu : « Non, sûrement pas. »

Peu de temps après la démission de Kez, eut lieu la confrontation entre les photographes et les parties civiles le 5 juin à Paris. Pour Curtil, cela risquait de n'être qu'un grand moment théâtral qui ne servirait pas les intérêts de

Trevor — ce dernier n'avait rien contre les photographes. Ils ne l'avaient pas poursuivi. Curtil convainquit Lucas Crawford que leur client ne devait pas y être représenté. Il ne le fut pas. Toutes les autres parties civiles y assistèrent. Après avoir traité les photographes de « vautours », Fayed s'en prit brutalement à la mère de Diana, devant la presse : « C'est une snob. Elle se prend pour la reine de Saba, tempêta-t-il. Elle a abandonné sa famille et je me fiche complètement d'elle. »

George Kiejman parla au nom de Fayed lors de la confrontation et posa une question au photographe Romuald Rat, qui alerta Curtil quand il en lut la transcription le lendemain. « Une question intéressante a été soulevée par Kiejman, écrivit-il à Crawford. Il a demandé à Rat de lui confirmer que Trevor avait dit aux photographes qu'ils ne gênaient pas le couple et qu'ils pouvaient prendre des photos tant qu'ils ne s'approchaient pas de trop près. Rat confirma ce commentaire. » Cette question renforça les craintes de Christian Curtil. « Puisqu'elle protégeait de toute évidence les photographes et suggérait que Trevor les eût encouragés. On aurait dit que subrepticement on laissait sous-entendre la culpabilité de Trevor. » Il s'y attendait.

Curtil avait préparé la plainte de Trevor dès le 8 juin, mais il avait besoin de preuves supplémentaires avant de la déposer. Le 30 juin, il déposa une requête auprès du juge Stéphan pour demander de nouvelles auditions des officiels du Ritz et des chauffeurs d'Étoile, espérant prendre les hommes en flagrant délit de contradictions et les voir se rejeter mutuellement la responsabilité — comme le juge avait déjà essayé de le faire. Sa stratégie était de prendre leurs souvenirs en défaut et de les opposer.

Mais Trevor était réticent à l'idée de se comporter en agresseur. Depuis le début, Curtil avait perçu que « le fait de devenir partie civile était en soi une attaque contre Fayed ». Aujourd'hui, avec sa requête, Trevor venait de faire sa première démarche ouverte contre son ancien patron. Bien que physiquement absent de Paris, sa présence dans l'enquête était devenue cruciale. Car Trevor était la seule partie civile qui pouvait, en forçant l'action, révéler les causes les moins évidentes de l'accident. S'il ne le faisait pas, on ne connaîtrait que des demi-vérités. Les Spencer étaient silencieux. Seul Trevor, pour se protéger, entraînait l'enquête vers le Ritz et Étoile.

Fin juin, le dossier avait révélé une menace pesant sur la vie de Trevor. Curtil raconta à Crawford que le chauffeur Olivier Lafaye avait déclaré qu'on lui avait dit que quelqu'un prévoyait de faire disparaître Trevor afin de l'empêcher de parler des causes de l'accident. « Apparemment, de faux docteurs se seraient introduits dans l'hôpital pour tuer Trevor. » Curtil et Crawford pensaient que cette menace était probablement sans fondement. « Néanmoins, je crois, effectivement, qu'avec la peur et l'incertitude qui régnaient alors, certaines personnes ont dû penser que ce serait mieux si Trevor ne survivait pas, dit-il à Crawford. Il *aurait pu* y avoir tentative d'assassinat. » Curtil, alarmé, demanda que Lafaye fût de nouveau entendu.

Quelques jours plus tard, le 3 juillet, Kez témoigna devant le juge — Curtil en lut la transcription le lendemain — et fournit des informations inédites sur le projet de Dodi, informations qui impliquaient Fayed en personne dans les décisions fatales. À un certain moment, M. Paul est allé dans la suite où se trouvaient Dodi et la princesse, au premier étage. Quelques minutes plus tard, il est revenu et nous a annoncé que le plan avait changé... N'étant pas d'accord avec les nouvelles mesures, Trevor et moi avons décidé d'appeler notre supérieur à Londres, le chef de la sécurité de Mohammed Al Fayed. Henri Paul nous a dit qu'il n'y avait aucune raison de le faire puisque M. Fayed avait donné le feu vert au plan... Henri Paul est parti s'occuper de la voiture. Cinq minutes plus tard, Dodi est venu à la porte de la suite et nous a demandé si nous étions d'accord avec le plan. Nous lui avons répondu que nous ne l'étions pas et qu'il devait joindre son père. Dodi nous a déclaré à nouveau qu'il n'y avait aucune raison puisque son père était d'accord. La preuve qu'attendait Curtil se dessinait.

Nain mourut en juin, aussi sûrement des causes de l'accident que Diana, pensa la famille. « Au début, nous avions eu le sentiment que la presse était responsable, directement ou indirectement, de l'accident et nous n'étions pas vraiment bien disposés à son égard. Quand Nain mourut, nous eûmes l'impression qu'elle était morte à cause du harcèlement dont elle avait été victime. La presse en était un peu responsable. » « Le stress qu'elle a subi a déclenché des problèmes gastriques et elle a développé un ulcère. On ne l'a réalisé que le jour où elle a eu une hémorragie gastro-intestinale », explique Jill. Jill était devenue cynique à l'égard de la presse. « Avant, j'étais une personne assez crédule. Quand quelque chose était écrit noir sur blanc dans les journaux, j'avais tendance à le croire. C'est fini. »

« Nain ne savait jamais dire non. Elle voulait toujours parler et elle l'a peut-être trop fait », commente Trevor. Il n'avait pas cessé « de faire un saut chez elle toutes les deux semaines. Il me fallait une demi-heure, quarante minutes en voiture ». Il avait ardemment essayé de l'emmener dans la maison de retraite, dans le village, pas très loin de l'endroit où elle vivait « juste pour qu'elle ait de la compagnie. Elle passait des heures entières assise toute seule. Elle a eu plein de malheurs dans sa vie. Son mari est mort très jeune. Puis mon père est décédé. Pendant de nombreuses années, cela a rempli sa vie : son fils était mort. Puis j'ai eu cet accident. Elle n'avait jamais personne avec elle, personne pour en parler. Elle était assise toute seule », insiste Trevor, ne cachant pas son émotion en évoquant la mort de Nain. « Les seules personnes à qui elle a pu parler, ce fut les journalistes. Elle pensait qu'ils étaient gentils, en venant la voir avec des fleurs. Elle ne fermait presque jamais sa porte et leur faisait du thé. Ils ont fini par s'asseoir, par prendre des photos tandis qu'elle parlait à un reporter. Ils ne faisaient pas ça pour son bien. Pour le bien de personne, en réalité. Ils l'ont utilisée. C'était de l'exploitation au plus haut niveau. Le pouvoir des médias est effrayant. D'une certaine façon, ils dirigent le pays. Il est affreux de penser que je pourrais ouvrir un journal indiquant que je suis accusé du meurtre de la princesse de Galles. Cela aurait pu arriver, cela aurait très bien pu arriver. »

La famille se rendit au village gallois de Nain, Llanfyllin, et l'enterra dans le petit cimetière où reposaient son mari et son fils Colin. Calme et enfin tranquille.

Cet été-là, la vie à Oswestry revêtit une apparente normalité. Trevor travaillait à mi-temps dans la boutique de sports de Peter Richards dans Willow Street. « Je n'étais pas vraiment habitué à ce genre de travail. Il consistait à vendre des balles de golf, des cordages de raquettes. Certains copains entraient boire une tasse de thé. C'était sacrément ennuyeux. » Vraiment pas aussi stimulant que de protéger la princesse de Galles. « Au moins, je retrouvais une certaine routine. Mais je réalisais qu'il n'y avait aucune réelle échappatoire. Je devais discuter avec Ian au moins deux fois par semaine. J'avais besoin, parfois, d'un peu plus d'une heure pour aller jusqu'à son bureau. Retourner à la boutique c'était comme revenir à la réalité. Je savais que ce n'était pas idéal, que cela n'était que provisoire mais à cette époque, j'en avais clairement besoin. »

Les interventions chirurgicales semblaient dorénavant faire partie de sa vie. Il n'en avait jamais fini, il avait subi deux opérations du poignet, deux pour enlever les plaques à côté et en dessous de son œil gauche, et une série d'interventions buccales. Jusqu'à ce que l'enquête fût achevée et qu'il fût pleinement guéri, Trevor devait mettre sa vie en suspens.

Pourtant, à l'extérieur de la ville, il travaillait doucement à son objectif majeur : retourner sur un terrain de rugby. Chaque fois que Jill l'apercevait, au cours de ses promenades avec Ernie sur le champ de courses, faire un jogging avec un copain beaucoup plus en forme que lui, elle était émue. Il s'entraînait si dur pour être capable de replonger dans la mêlée, pour faire partie à nouveau du club. Jill, se demandait s'il se posait la question qui leur avait traversé l'esprit : « Redeviendrais-je jamais ce que j'étais auparavant ? »

Moins d'un an après qu'on l'eut sorti de l'épave de la Mercedes, plus mort que vivant, il recommença les matchs. « Ce n'était qu'une mi-temps pour la seconde équipe d'Oswestry. Ça ne cassait pas des briques, mais c'était à peine douze mois après l'accident », dit Trevor. Quand il se jeta dans la première mêlée, il se félicita : « Bravo, Trevor, tu y es arrivé. Tu es retourné sur le terrain en un an. » « Il fallait que je sois là, mais je n'ai pas pu regarder, confie Jill. Le voir ainsi plonger au sol, le visage truffé de plaques d'acier ! Jamais il n'aurait voulu qu'on fasse attention à lui pendant le jeu ! Pour lui, cela aurait tout gâché. Je me suis assise sur l'herbe et j'ai senti ma poitrine se serrer, les larmes me monter aux yeux — de soulagement, d'inquiétude ou de joie, je ne le sais pas vraiment. Je savais que c'était sa façon de mesurer l'étendue de sa guérison. Le voir de nouveau sur le terrain fut sincèrement une expérience terriblement émouvante. »

Si seulement il avait été aussi fort psychologiquement. Extérieurement, il était fidèle à lui-même, calme vis-à-vis de ses succès, stoïque à propos de l'accident. « Je n'y pense presque pas. Je pense davantage à ce qui va se passer samedi au rugby, disait-il. C'était triste, mais c'était mon travail. C'était un accident du travail, si vous préférez. Attention, comprenez-moi bien, je trouve cela tragique. Mais ce n'était pas la chose la plus importante qui me fût arrivée dans ma vie. Trouver mon père mort avait été dix fois pire. Ça, c'était affreux, horrible... Je me réveillais et, mon Dieu, j'avais des hauts et des bas mais comme ma tête fonctionnait correctement, alors ce n'était pas un problème. J'ai travaillé dur et je suis assez fier d'être parvenu à vivre comme avant. Je n'ai cependant pas perdu de jambe, je ne me suis pas retrouvé dans un fauteuil roulant, je n'ai pas été gravement brûlé... J'ai beaucoup de chance. Je pense que cela a été pire pour maman et Ernie. »

Trevor avait écarté tout cela d'un haussement d'épaules, cependant sa mère devinait qu'il ressentait plus d'émotion qu'il n'en montrait. Elle s'en aperçut au cours d'un barbecue familial, cet été-là. Tout le monde s'amusait au son de la musique irlandaise qu'il affectionnait. Soudain, il s'effondra.

« Tous mes frères étaient là avec leurs femmes ou leurs petites amies et leurs enfants et je me suis senti complètement de trop — je suppose que tout célibataire aurait ressenti la même chose. Je pense que je le percevais avec plus d'intensité à cause de ce que j'avais vécu. J'étais si mal que j'ai eu envie de m'en aller. Alors j'ai annoncé à maman que je descendais au pub prendre une bière avec quelques copains », explique Trevor, traitant le problème à la légère.

Ensuite, il se sentit gêné et s'excusa. Jill lui répéta une nouvelle fois, comme toujours : « Non, non, Trevor, ne t'excuse pas, jamais. » Elle s'aperçut avec une profonde tristesse que sa vie était bien amputée. « Trevor a tout perdu. Son travail, son physique. Il a perdu sa santé et sa femme. Sa maison et sa vie privée. La seule chose qu'il ait gagnée, c'est un énorme tas de dettes. » Celui qui en avait le plus besoin n'avait pas de compagnon pour s'épancher — pas de femme ou de petite amie. Il se confiait à elle et Ernie. Mais ce n'était pas pareil, Jill le savait. Il ravalait tant de choses. Il avait l'air si blasé et insensible à propos de l'accident. « Il n'est pas du genre à s'asseoir et à ruminer... Je pense qu'il essaie peut-être de régler cela tout seul. Serrer les dents c'est très bien mais quand on enfouit trop de sentiments, qui sait ce qui peut arriver. »

À la fin de l'été, en montrant à une amie les piles de lettres qu'ils gardaient dans des boîtes sous le lit de Trevor, elle sentit ses yeux se remplir de larmes. « J'ai peur qu'il n'explose », s'entendit-elle murmurer.

Trevor avait démissionné mais il ne s'était pas échappé pour autant. Fayed était rendu plus furieux par l'incapacité de son garde du corps de se souvenir. En juillet, le psychiatre fit une déposition devant le juge, témoignant que Trevor avait une très forte personnalité mais que ces souvenirs étaient maigres. Comme il s'était écoulé près d'un an depuis l'accident, le psychiatre pensait qu'il était hautement improbable que Trevor pût se rappeler d'autre chose et que, même si cela produisait, ses souvenirs seraient d'une crédibilité extrêmement discutable. Cette perte de mémoire ne servait pas Fayed.

Plus la date du 31 août approchait, plus la pression montait, comme la chaleur estivale parisienne : c'était le premier anniversaire de la mort de Diana. Le 25, comme l'avait demandé Curtil, l'équipe d'Étoile Limousine fut de nouveau entendue, Klein, Roulet, Siegel. Christian Curtil remarqua que Marie-Christine Devidal, et non pas Stéphan, avait été chargée de l'audition. « C'est un message, une façon symbolique de montrer que notre requête doit être traitée de façon secondaire », se dit Curtil. Une fois que le procureur a désigné des suspects, il est rare qu'un autre juge mette cela en doute.

Cependant quand il lut les transcriptions des déclarations au Palais de Justice le lendemain, Curtil sourit de satisfaction. Là, se trouvaient en abondance, au cœur des pages, les contradictions qu'il avait soupçonnées. Chacun essayait de faire porter le chapeau à l'autre.

Voilà que le directeur d'Étoile Limousine, Niels Siegel, confirmait que, bien qu'il ait été absent ce soir-là, le Ritz ne lui avait *jamais* demandé auparavant de fournir une voiture sans chauffeur. Il ajoutait qu'il aurait normalement refusé une telle demande mais que dans ce cas particulier, puisque c'était Dodi Fayed qui le demandait, il aurait pu accepter. Il admettait qu'il aurait renoncé à un principe professionnel pour faire plaisir au fils de Fayed ! Il déclarait aussi qu'au moins deux chauffeurs dûment licenciés, Musa et Lucard, étaient présents et qu'ils auraient pu conduire.

Voilà que le directeur adjoint du Ritz, Claude Roulet — qui, en toute justice, était rentré chez lui quelques minutes avant l'accident — reculant devant toute responsabilité, disait que c'était Dodi et les gardes du corps qui avaient pris la décision que Henri Paul devait conduire.

Par-dessus tout, il y avait Frank Klein qui prenait pour cible les gardes du corps. Curtil était persuadé qu'il s'agissait d'un aperçu de la nouvelle stratégie de Fayed. Il admettait que Henri Paul ne conduisait jamais de clients mais — contredisant Siegel — il disait aussi qu'il n'y avait pas de chauffeur disponible pour conduire la voiture. Il avait demandé à un agent de la sécurité de nuit, Thierry Rocher, s'il avait donné l'ordre, rapporte Klein, et Rocher avait répondu non. C'était les gardes du corps qui étaient sortis de l'hôtel et *qui avaient montré Henri Paul du doigt en lui disant qu'il devait conduire.*

Dans un accès de sentimentalisme qui frappa les avocats de Trevor, Klein déclara que Dodi lui avait dit que lui et Diana devaient se marier. Klein confia que Dodi lui avait annoncé au moins dix jours avant l'accident qu'il allait venir à Paris avec sa petite amie à la fin août — confirmant la déclaration de Trevor selon laquelle Dodi ne l'avait jamais informé de ses projets.

Grâce à ces auditions, la cause flagrante de l'accident — le taux d'alcoolémie de Henri Paul — ne pouvait plus être perçue de façon isolée par rapport aux autres facteurs. Elles jetaient la culpabilité sur deux hommes décédés et enlevaient aux photographes la responsabilité réelle. Christian Curtil, qui lisait avidement ces témoignages, découvrait un ensemble de règlements violés, de mauvaises décisions provoquées par la peur à chaque niveau de la chaîne de commandement, avec au sommet, la crainte que tout le monde ressentait à l'égard de Fayed. C'était ce qu'avait révélé la « Toile d'araignée » de Ernie et Jill. La plainte était de plus en plus justifiée.

Le premier anniversaire arrivait. « Les médias insistaient depuis des mois pour que nous apportions notre contribution à cet événement », affirme Curtil. À Paris, à Oswestry, la discussion faisait rage. Trevor voulait-il, devrait-il donner une interview ? Jackie Jabara de CBS courtisait toujours Curtil et Lucas, espérant l'exclusivité. Fidèle à sa ligne de conduite, Trevor décida de n'accorder aucun entretien aux journalistes. C'était une décision positive, pressentit Curtil. « Cependant, nous devions faire quelque chose. » On décida que Curtil donnerait des interviews circonspectes au nom de Trevor.

Poursuivi par les networks américains, il s'envola pour New York pour une mission de reconnaissance. « CBS m'a appelé et m'a demandé de leur garantir que je ne rencontrerais que les gens de chez eux », dit-il à Crawford au téléphone. Il refusait de faire une telle promesse. Il rencontra Barbara Walters, Larry King, Katie Couric, Dan Rather et tous leurs patrons avant de « décider que l'émission de Dan Rather fournissait le meilleur cadre pour l'interview que je devais donner ». Jabara obtint enfin son interview avec Curtil, en exclusivité aux États-Unis.

Quand Christian Curtil retourna à New York pour l'enregistrement, Jabara ne le lâcha pas. Assise à ses côtés — comme elle l'avait fait au cours d'un précédent voyage à Manchester — elle ne voulut courir aucun risque que cette interview exclusive gagnée de haute lutte ne lui glissât entre les doigts. « À l'instant où j'ai donné l'interview, elle a disparu. Je n'ai plus jamais entendu parler d'elle », déclare Curtil, souriant devant la légèreté des chaînes d'information américaines.

« Durant le mois d'août, j'ai donné environ cinquante à soixante interviews à la presse internationale. » Lucas, qui s'occupait des médias à Oswestry, prépara la brève déclaration télévisée de Trevor — c'était la seule chose qui était prévue — qui serait diffusée sur toutes les chaînes en même temps. Tandis que les caméras filmaient Trevor, assis derrière le bureau de Lucas, ce dernier remarqua que Trevor, intuitivement avait enlevé ses photos de famille par mesure de sécurité. L'homme de loi frissonna. Le jour venu, Lucas acheta un bouquet d'œillets rouges et les posa sur le bureau pour adoucir un peu la solennité de l'instant. Trevor fit sa déclaration :

> J'ai en tête le fait que trois personnes ont été tuées dans l'accident fin août. À l'occasion de cette première déclaration publique, je voudrais étendre ma sympathie aux familles et aux amis de ceux qui sont morts... Je vous demande de comprendre que le mois prochain sera difficile pour les proches des victimes. Ainsi que pour moi et ma famille. Je vous demande à tous de respecter notre intimité

et de nous permettre de vivre cet anniversaire, chacun à notre façon...

Depuis plusieurs mois Christian Curtil recevait des appels et des lettres de menace. Une semaine avant le 31 août, à 8 h 30 sa secrétaire reçut un appel téléphonique. Une voix masculine lui dit : « Je suis un nouveau client. Je veux parler à M. Curtil. » « Il va arriver d'un moment à l'autre », lui répondit-elle. Quelques minutes après 9 heures, Curtil, qui venait de traverser la cour intérieure de son immeuble s'approcha de l'ascenseur quand un homme grand, plutôt gros, avec un turban blanc sortit de l'ombre et le frappa violemment en plein visage. Curtil vacilla sous le coup, sur le point de s'évanouir. Son agresseur ne dit aucun mot, ne fit aucune tentative pour prendre son portefeuille. Il disparut, laissant Curtil secoué et légèrement blessé. L'homme le rappela plus tard : « La prochaine fois, je ne te raterai pas », dit-il d'un ton menaçant à Curtil. Ce furent toutes ses paroles. Sa voix n'avait pas d'accent. « Il se comportait comme si je savais de façon certaine pourquoi il ne me raterait pas. » Il appela le ministère de l'Intérieur pour leur faire part de ces menaces et de cette agression et déposa une plainte. L'affaire fut classée.

Trevor fut également menacé. Cinq jours avant la date anniversaire, il travaillait à la boutique de sports quand on l'appela au téléphone. Un homme demanda Trevor Rees-Jones. Trevor répondit : « C'est moi ! » L'homme dit : « Tu la fermes ! » « À quel sujet ? demanda Trevor. De quoi parlez-vous ? » L'homme poursuivit, disant qu'il appartenait au MI6. Il faisait probablement semblant. Quelques secondes plus tard, il rappela. « Va te faire voir », lui répliqua Trevor, pensant, Oh mon Dieu comme c'est pathétique ! Qui que tu sois, putain, essaie de grandir ! « Tu sais qui nous sommes », continua la voix. Son collègue dans la boutique prit l'appel suivant et on raccrocha. « J'ai appelé Ian qui a téléphoné à la police. » « Si cela se prolonge, nous mettrons un mouchard sur votre ligne », répondirent les policiers.

L'appel suivant fut plus menaçant : « Ferme-la ou on va venir te casser la gueule et te mettre une raclée. » Au départ, Trevor avait été plutôt déconcerté. Maintenant, il commençait à en avoir vraiment ras le bol. « Franchement, lui rétorqua Trevor. Eh bien tu sais où je suis. Nous sommes là jusqu'à 17 h 30. N'hésite pas à faire un saut, quand tu veux. » S'il s'agissait d'une menace réelle, en tout cas, Trevor, lui ne la prit pas trop au sérieux. « J'étais plus inquiet de savoir si ce genre de choses étaient arrivées à maman. »

Le 27 août, trois jours avant le premier anniversaire et deux après les auditions du juge au Ritz et à Étoile, Fayed lança son attaque publiquement contre les gardes du corps. Le magazine *Time* parut à grand bruit dans les kiosques aux USA quatre jours avant sa parution habituelle, avec un reportage consacré au premier anniversaire de l'accident. Fayed était cité : « Je ne suis pas en bons termes avec eux. Je ne voulais pas qu'ils s'en aillent, parce que l'enquête est toujours en cours et que j'ai besoin d'eux. Ce sont eux qui ont causé l'accident et ces ravages par leur incompétence et leur non-professionnalisme. Ils avaient des procédures et ils en ont dévié. Ils m'ont déçu. »

Trevor était accusé. Pas par le juge français comme Jill et Ernie l'avaient craint mais par le Patron. « L'incroyable » était arrivé. Ernie l'avait prédit dans son journal, au moment de la démission de Trevor : les deux gardes du corps avaient été, effectivement, « dupés ». Le plus déconcertant chez Fayed, à leurs yeux, était que sa fureur, son sentiment de trahison venait de sa propre vision faussée de la réalité. Par conséquent, on ne pouvait jamais prédire où et comment il allait exploser.

Lucas était en vacances quand l'attaque se produisit. Crawford et Curtil firent un brouillon de déclaration qu'ils soumirent à l'approbation de Trevor. En référence à l'offre courtoise de Fayed affirmant au moment de la démission de Trevor, quatre mois plus tôt, qu'il « serait ravi de le remployer à une date ultérieure ». Crawford écrivit ironiquement : « Ceci ressemble peu à la déclaration de quelqu'un qui tient les gardes du corps entièrement ou en partie responsables de la mort de son fils. » Devant cette charge frontale, à laquelle les avocats s'attendaient, Trevor resta abasourdi bien qu'incapable de colère contre Fayed. « Cela m'emmerde », s'énerva Kez. Trevor ne partageait pas sa fureur. Même s'il reconnaissait que ses avocats n'avaient pas autant exagéré que cela, il ne partageait pas leurs craintes. Les tyrans ne l'alarmaient absolument pas.

« Il disait que j'étais ce qu'on avait fait de mieux depuis l'invention du fil à couper le beurre. Je suis très déçu qu'il ait changé d'avis sur moi et qu'il se soit attaqué à nous. Aujourd'hui, il dit "ils m'ont lâché", mais ce n'est pas vrai. Je ne l'ai jamais laissé tomber. J'ai fait mon boulot correctement. La seule interview que j'aie jamais donnée est celle du *Mirror* qui a été montée et contrôlée par les gens de Fayed. Je trouve triste qu'il nous rende responsables aujourd'hui, mais je ne suis pas tellement vindicatif. Si je décidais d'en vouloir à quelqu'un, je suis moi-même effrayée à l'idée de ce que je pourrais faire. »

Kez lui remonta le moral en lui racontant le soutien que les gens ordinaires lui témoignaient dans les pubs : « Votre vieux patron perd la boule ! » ou « Ne le laisse pas t'embêter, mon pote. » Même les vieilles dames au bureau de poste disaient : « Tiens bon, mon petit ! » Et des douzaines de gens demandaient des nouvelles de Trevor. « Comment pourrait-on ne pas être touché par l'intérêt qu'ils portaient à deux types qu'ils ne connaissaient même pas ? Cela m'a empêché de devenir fou », avoue Kez.

Christian Curtil s'était préparé à se cacher avec Trevor pour préserver sa vie privée au moment de la date anniversaire de la mort de Diana. Mais Trevor n'avait qu'un seul projet, comme le découvrit après vérification David Crawford : « Il a eu cette merveilleuse expression : "Je vais attendre que ça passe." » Après des mois de préparation fiévreuse, des « spéciales Diana » fleurirent sur les écrans de télé, dans les journaux, les magazines. On passa de nouveau au crible sa vie et sa mort, surtout le soir du 31 août.

En Grande-Bretagne, l'émotion qui avait paralysé la nation un an plus tôt avait disparu ; le besoin irrésistible de regarder la télévision et de se raccrocher à quelque chose avait diminué. L'Angleterre, de façon caractéristique, poursuivait sa route. Cependant, des milliers de personnes veillèrent, déposèrent des fleurs et pleurèrent encore devant Kensington Palace. Certaines firent le pèlerinage jusqu'à la tombe de la princesse sur l'île où elle était enterrée dans le domaine de la famille Spencer que son frère avait ouvert au public.

Par millions, ils s'arrachèrent les tabloïds qui exploitaient toujours son charisme pour vendre du papier. « Même dans la mort, la princesse Diana reste numéro un. C'est elle que les lecteurs veulent, bien avant Leonardo Di Caprio », dit l'un des paparazzi, cherchant toujours comme ses confrères une star capable de la remplacer. Comme il le confessa le soir de l'émission anniversaire de CNN, il pourchassait désormais les vedettes de cinéma, photographiait la nouvelle maison de Fergie et traquait les apparitions de Charles et Camilla.

« C'est l'affaire Diana. Elle est immortelle, comme Kennedy. Dans cinq ans, Oliver Stone fera un nouveau film, mettant au jour de nouvelles théories. Cela durera trente ans », songeait Christian Curtil qui se terrait dans Paris. En Amérique, ce soir-là, en prime-time, CBS diffusait son interview lors de son émission spéciale Diana.

Pour la famille Rees-Jones, la journée fut étrangement calme. La déclaration télévisée de Trevor, implorant le respect de sa vie privée, semblait avoir ému même les tabloïds les plus agressifs.

« La seule fois où j'ai trouvé des reporters devant ma porte, ce fut la veille du 31 août. Quand je les ai vus, j'ai fait un saut au coin de la rue pour acheter un demi-litre de lait et je suis rentré. Ils ont pris des photos sans intérêt de moi faisant mes courses et sont repartis, apparemment satisfaits. »

Peu importait le nombre de cars de télévisions dans Oswestry, la famille Rees-Jones avait décidé qu'elle ne se cacherait pas. Le 31 août, ils se réunirent à onze autour d'un copieux déjeuner à Sweeney Hall, un hôtel des environs. Puis, pendant deux heures, ils organisèrent une partie de cricket improvisée sur la pelouse, avec un bâton que John avait trouvé dans les bois. Ils ramenèrent cette batte de fortune à la maison, la gardant pour l'année suivante.

Quand Trevor comprit que sa mère avait l'intention d'en faire un rendez-vous annuel, il éclata de rire et lança : « Seigneur, j'espère que ce n'est pas vrai. » Les sentiments n'avaient jamais été son fort.

13

La vie continue

Le 23 septembre, Christian Curtil déposa sa plainte auprès du doyen des juges, contre le Ritz et Étoile pour « mise en danger de la vie d'autrui ».

Trevor était toujours réticent, espérant invariablement tout oublier sans attaquer personne. Mais « Christian Curtil m'avait dit que je ne pourrai obtenir des dommages et intérêts pour blessures que si l'on trouvait quelqu'un de pénalement responsable d'avoir mis ma vie en danger en fournissant un chauffeur non qualifié. Pour cela, il fallait porter plainte contre X ».

Trevor ajoute, exprimant exceptionnellement ses inquiétudes concernant son avenir : « On m'avait prévenu qu'il était impossible de savoir si, dans dix ans, je serais encore en mesure de travailler. Dans ce cas, je devais mettre un peu d'argent de côté. Je reconnaissais que c'était plus prudent. Mais comme je n'avais perçu aucune compensation ou indemnisation de la part des assurances, je ne pouvais rien épargner. » Il avait juste reçu son salaire pour les mois précédant sa démission.

« Christian m'a donné le montant des dommages et intérêts accordés en France, par un tribunal civil, dans un cas de ce genre. Cela ne couvrirait même pas mes frais de justice. » Finalement, Trevor avait accepté que l'on déposât la plainte. « Pour la simple raison que j'avais envie, et besoin, d'une indemnisation. »

L'autre inconnue gênante pour les hommes de loi concernait Fayed, furieux de la tournure que prenait l'enquête et de son impossibilité de contrôler son garde du corps. Ses faits et gestes étaient devenus aussi imprévisibles que la santé de Trevor. Heureusement, cette plainte fournissait des munitions à leur client. Mais cela n'était rien comparé aux ressources financières dont disposait Fayed, à sa batterie d'avocats et à son désir de vengeance.

La plainte fit sensation dans la presse. Immédiatement, cette dernière la qualifia d'une « action judiciaire » à l'encontre de l'empire parisien de Fayed. Il ne s'agissait pas de cela. On demandait au juge de reconnaître la responsabilité de l'hôtel et de la société de limousines pour les blessures infligées à Trevor.

Georges Kiejman appela Curtil. Quelle est cette plainte ? Qu'avez-vous déposé exactement ?

Il était désolé de voir que les relations personnelles entre Trevor et Fayed se détérioraient. Christian Curtil, en dépit du climat qui se durcissait, sentait que Kiejman et lui avaient de l'estime l'un pour l'autre. Ils parlèrent de déjeuner ensemble.

La plainte fut acceptée et transmise à Hervé Stéphan. Très bien. Mais le juge allait-il étendre l'enquête, à un moment aussi tardif ? Cela représentait pour lui du travail supplémentaire qu'il ferait certainement. Mais accuser aujourd'hui le Ritz et Étoile était délicat — politiquement, diplomatiquement mais surtout professionnellement. Car cela équivaudrait à dire au procureur, « vous aviez tort de seulement rechercher la culpabilité des photographes ».

Si Trevor avait vu l'émission d'une heure « 48 hours » et « La mort d'une princesse » sur CNN au moment de leur diffusion en août pour commémorer l'accident, il aurait été moins préoccupé à l'idée de déposer cette plainte. Quand, mi-octobre, il prit connaissance de ces programmes de CBS et de CNN en visionnant une cassette, les allégations de Fayed sur sa prétendue culpabilité le scandalisèrent. Dans « La mort d'une princesse », Fayed concentrait ses attaques sur Trevor :

« Son incompétence, son appréciation imbécile — vous savez, il a attaché sa ceinture de sécurité. Il n'a pas demandé aux autres de la mettre. Il avait à sa disposition dans l'hôtel la voiture blindée que j'utilise de temps en temps, ainsi que les VIP. Il ne l'a pas utilisée. »

La coprésentatrice de CNN, Judd Rose, ajoutait : « Al Fayed lui fait aussi un autre reproche : il dit qu'il a payé les frais médicaux de Rees-Jones et que ce dernier l'a quitté une fois qu'il a été rétabli ».

Fayed disait : « À l'hôpital pendant six mois (*sic*) jour et nuit avec sa famille, parce qu'il était la seule personne qui pouvait me dire la vérité. Je suis sûr que ce garçon est guéri maintenant et qu'il sait exactement ce qui s'est passé.

— Pourquoi ne serait-il pas venu le dire ? demanda Rose.

— Parce qu'il a été influencé par d'autres personnes. »

Rose le fit parler de la théorie du complot : « Pensez-vous toujours que votre fils et la princesse ont été assassinés ?

— Sans l'ombre d'un doute, sans l'ombre d'un doute », répéta Fayed.

Rose poursuivit : « Nous avons revérifié [avec Fayed] et il dit qu'il n'est plus sûr à 99,9 pour cent qu'il s'agit d'un assassinat. Il en est sûr à 100 pour cent... Fayed ne dit pas que Rees-Jones a pris part à un tel plan, précisa Rose, il dit seulement que la prétendue incompétence du garde du corps aura favorisé les choses. L'avocat de Rees-Jones nous déclare qu'il nie ces accusations et fait remarquer que, jusqu'à présent, Fayed n'a fait qu'adresser des éloges à son client » — ce qu'avait déjà dit David après l'attaque parue dans le *Time*.

« Jusqu'à ce que la vérité éclate, je n'aurais pas de repos. Il s'agit de mon fils et Diana. Il est de mon devoir de découvrir si c'est la volonté de Dieu ou celle de quelqu'un d'autre », déclara le Patron.

Cette vidéo fut la goutte d'eau pour Trevor. Il bouillait déjà intérieurement depuis que ses parents lui avaient lu les critiques des « experts », un an auparavant. « Ce qui m'agace — ça ne me met pas en colère mais ça m'agace vraiment — c'est d'entendre ces deux anciens chefs de la sécurité de Fayed et d'Harrods déclarer sur CNN : “Les mesures de sécurité ont été vraiment nulles... Tout cela a été un sacré gâchis du début à la fin.” Si c'était nul, putain, ce n'est pas de ma faute... Dans cette situation, nous avons fait notre travail du mieux possible, personne n'aurait pu faire mieux. »

« Les attaques sur mon professionnalisme de la part de gens du métier m'exaspèrent sincèrement, dit Trevor, animé d'une rare fougue. Ces deux-là — Bob Loftus et Brian Dodd — ont toutes les références. Ils ont travaillé pour Fayed, savent ce qui se passe. Cependant, ils osent déblatérer : “Où était la voiture blindée et le convoi de deux véhicules ? Où étaient les huit gardes du corps ?” Je suis d'accord. Dans l'idéal, oui, il faut huit gardes du corps, deux voitures. *Mais dans l'idéal, il n'y a pas de chauffeur ivre au volant.* La réalité n'est pas toujours idéale et ils le savent. Même à leur époque, il est impossible que tout ait marché comme sur des roulettes. Je suis la seule personne vivante qui était dans cette voiture et je ne sais pas ce qui s'est passé. » Mais il pouvait répondre de ses gestes jusqu'au moment où il était monté dans la voiture et où ils étaient partis du Ritz. Pour le reste, sa mémoire était comme vierge.

Quand Jill et Ernie prirent connaissance, en octobre, de l'émission de CNN, ils réagirent comme Trevor devant « le principal grief » de Fayed, à savoir qu'il avait payé les frais médicaux de Trevor « à l'hôpital pendant six mois, jour et nuit et subvenu aux besoins de sa famille, parce qu'il était la seule personne à pouvoir me dire la vérité... »

Enfin, il admettait que c'étaient les souvenirs de Trevor et non pas son bien-être, qu'il achetait !

« Oui, il a hébergé mes parents à Paris. Oui, il leur a payé les places d'avion — il s'est montré fantastique avec nous, avec eux. Mais ce n'est pas un argument. Et puis maman et Ernie ont signé une demande de remboursement par notre Sécurité sociale », fit remarquer Trevor.

« Fayed est économe en qui concerne la vérité », confirma Ernie, en mettant au jour les failles de l'argumentation de Fayed. Six mois à l'hôpital ! Cela avait duré trente-cinq jours. Par un contact de Christian Curtil à Paris, ils avaient appris que la Sécurité sociale britannique avait payé la facture de La Pitié-Salpêtrière, sauf les soixante-dix francs par jour du ticket modérateur — la facture de Fayed concernant l'hôpital se montait à moins de trois cent vingt livres.

Confrontés à la façon stupéfiante et éhontée qu'avait Fayed de transformer les faits et de crier crânement sur les toits ses propres fantasmes, Jill et Ernie prièrent pour que leur vérité (et celle de Trevor) fût entendue. D'où lui venait cette impunité totale de dire tout ce qui l'arrangeait ? Sincèrement, ne se rendait-il pas compte de ces mensonges ou bien s'en moquait-il ? C'était effrayant. La vérité était peut-être décevante, mais c'était la seule chose que Jill et Ernie pouvaient défendre.

Une semaine après cette attaque d'envergure sur l'attitude de Trevor durant ces trois dernières minutes, Ian Lucas apprit une nouvelle formidable par l'intermédiaire de Christian Curtil à Paris. Il appela immédiatement Trevor à son magasin de sports pour la lui annoncer. Certains éléments du rapport de police concernant la Mercedes accidentée et censés être rendus publics le 1er novembre avaient filtré dans la presse. L'information était de taille pour son client : Trevor ne *portait pas* de ceinture de sécurité au moment de l'accident. Le premier rapport, établi sur les lieux, qui avait provoqué attaques et soupçons sur son professionnalisme et sur sa participation éventuelle au complot, était faux.

Christian Curtil avait du mal à contenir sa joie : « La ceinture de sécurité est dans un parfait état et ne peut pas avoir été attachée. Dessus, il y a une légère éraflure prouvant que Trevor a peut-être essayé de la boucler quand il a vu l'accident arriver », expliqua-t-il à Ian. Les pompiers avaient pensé à tort qu'elle s'était détachée spontanément au cours de l'accident. Ainsi, n'en déplaise aux défenseurs du port de la ceinture de sécurité, ce n'était pas elle qui avait sauvé la vie de Trevor. Trevor avait été disculpé professionnellement. Ses censeurs étaient privés de l'une de leurs principales armes.

Quand Trevor reçut l'appel de Ian, il réagit avec calme mais se rendit immédiatement chez Jill et Ernie après son travail. « J'ai toujours pensé que je ne l'avais peut-être pas mise, vu l'étendue de mes blessures. Sinon, c'était un peu incroyable que je m'en sorte sans clavicule cassée. Mais quand j'ai appris que je ne l'avais pas attachée, j'ai eu un choc — comment avais-je pu survivre ? J'ai mis quelques minutes à me sortir ça de la tête. » Puis il explosa. Comme lorsque son équipe gagnait un match de rugby. Il leva les bras au ciel et poussa un grand cri de joie. « C'était un bras d'honneur à tous ceux qui m'avaient dénigré dans les journaux, qui m'avaient fait passer un sale quart d'heure. Ce qui m'a agacé ensuite, c'est de voir qu'en comparaison, on a accordé peu de place à cette information. »

L'airbag lui avait sauvé la vie. Le rapport les concernant fut rendu en même temps. Les deux avaient fonctionné parfaitement. « Ils ne se sont gonflés qu'au moment du choc contre le pilier, et non pas lors de la collision avec la Fiat uno... Trevor leur doit la vie. »

Quand Trevor repensa à la carcasse enchevêtrée de la Mercedes, l'idée que seul l'airbag l'ait sauvé le confondit. C'était un véritable miracle.

C'est stupéfiant, pensa le docteur Chikhani, incrédule, en entendant la nouvelle. Comment était-ce possible ? Comment Trevor avait-il pu s'en sortir avec seulement quelques lésions faciales et un poignet brisé ? Pourquoi n'avait-il pas subi de blessures orthopédiques — des lésions de la poitrine et du torse ? Les jambes auraient dû être écrasées. C'était important pour lui de comprendre comment s'était passé l'accident de Trevor. Aujourd'hui, il devait reconsidérer certaines de ses premières conclusions. Fanatique et passionné de voitures — il les adorait —, Chikhani était allé voir la Mercedes, avait pris des photos. L'avant était terriblement écrasé. Mais l'intérieur — l'emplacement du chauffage, le tableau de bord — était presque intact. Fait important, les portes s'ouvraient encore. Cette voiture était l'une des plus performantes et des plus sûres, concluait-il. Les airbags avaient parfaitement fonctionné.

D'après les dégâts, Chikhani s'aperçut que le plus grand choc de décélération avait été absorbé au cours du premier impact contre le pilier. Quand la voiture s'y était écrasée à toute allure, l'airbag s'était gonflé, protégeant Trevor. Mais le chirurgien restait perplexe. Cela ne suffisait pas à expliquer qu'il ait pu s'en sortir à si bon compte. L'airbag ne pouvait se déclencher qu'une seule fois et aurait dû se dégonfler au cours des impacts suivants, avant que la Mercedes ne s'arrête. Sans ceinture, Trevor aurait dû passer à travers le pare-brise.

Chikhani ne mettait pas en doute l'enquête. Il admettait volontiers qu'il n'était ni juriste, ni enquêteur et qu'il ne s'était pas trouvé dans la voiture. La ceinture de sécurité était de faible importance en comparaison du fait que Trevor était en vie et heureux. Mais comment ? Trevor pouvait remercier la Mercedes songea-t-il, silencieux — « dans une autre voiture, vous seriez mort ».

Il se peut que le docteur Chikhani, n'ayant pas eu accès au dossier de la police, n'ait pas su qu'il n'y avait eu qu'un fort impact contre le mur du tunnel — et non pas plusieurs, comme il l'imaginait. C'était là que l'essentiel de la vitesse acquise s'était dissipée. Là que le visage de Trevor s'était aplati et écrasé contre le tableau de bord.

L'information stupéfiante concernant la ceinture de sécurité faisait maintenant officiellement partie du dossier. Le 1er novembre, le rapport de police, enfin achevé, mettant au jour les conclusions de l'enquête, fut donné au juge. Mais Christian Curtil trouva les autres éléments du rapport « un peu décevants ». « L'enquête a été très minutieuse, pensa-t-il, mais ses conclusions sont très pauvres. » Il avait raison de douter que la plainte de Trevor pût être entendue. Car le rapport concluait que l'accident avait pu être provoqué, entre autres choses, par les motos des photographes qui avaient empêché Henri Paul de sortir du tunnel. « Cette simple phrase, qu'une ou deux motos aient pu bloquer la voiture et l'empêcher de sortir, suffit à justifier une accusation d'homicide involontaire. C'est un bon argument pour le bureau du procureur. Il peut dire : "Comme nous l'avons toujours affirmé, les photographes sont coupables" — et ignorer les accusations que porte Trevor contre le Ritz et Étoile. Mais il n'y avait pas de témoin. On ne pouvait pas soutenir l'homicide involontaire. » Et la plainte de Trevor avait une légitimité.

Désormais, on devait attendre que le juge digère le rapport et se livre à quelques dernières recherches. Une fois qu'il l'aurait déclaré achevé, il enverrait ses conclusions et recommandations au procureur. Ce dernier déciderait des poursuites éventuelles.

Le 12 décembre, Fayed alla demander au juge que l'on enquêtât plus activement sur la théorie du complot. Il réclama une action pour étayer sa conviction selon laquelle les Services secrets britanniques suivaient la Princesse le soir du 31 août. Et il demanda instamment une enquête sur les deux agents du MI6 qui, d'après lui, se trouvaient à Paris, à l'ambassade britannique au moment de l'accident et harcela le juge, les semaines suivantes, pour qu'il oblige l'ambassade à dire si ou non le gouvernement britannique avait envoyé des assassins pour tuer la Princesse.

L'imagination de Fayed s'était enflammée sous les déclarations d'un ancien membre encombrant du MI6, l'ex-agent Richard Tomlinson. Ce dernier, attisant les esprits, affirmait que les agents britanniques, qui avaient fomenté, en 1992, un complot pour abattre le président serbe, Slobodan Milosevic, étaient les mêmes que ceux qui avaient causé l'accident du tunnel de l'Alma.

À mots couverts, mais sans l'ombre d'une preuve,

Tomlinson impliqua les deux gardes du corps. Il raconta au juge que ces derniers étaient d'anciens membres des SAS (une Unité de Forces spéciales dans laquelle Trevor et Kez n'avaient jamais servi). Selon lui, les liens au MI6 étaient puissants et la loyauté au SAS, éternelle.

Fayed ajouta qu'il avait l'intention de demander l'accès au dossier de mille cinquante-six pages de la CIA concernant la vie privée de Diana. Convaincu que cela mettrait l'enquête bien à plat, il espérait le faire sortir des USA et l'inclure comme témoignage. Il parvint à obtenir d'un tribunal américain l'accès au dossier mais le juge Stéphan refusa de le joindre à l'affaire.

La CIA américaine, l'Agence Nationale de Sécurité, et l'ambassade britannique à Paris rejetèrent les allégations de Fayed qu'ils qualifièrent de simple chasse aux chimères. Dans une lettre véhémente adressée au juge, le Second Secrétaire des affaires étrangères de l'ambassade, Paul Johnston, nia énergiquement le complot contre Milosevic et « l'implication » du MI6 dans l'assassinat de Diana, estimant que « ces accusations étaient particulièrement blessantes pour la famille royale, la famille de la princesse, l'ambassade britannique et notre gouvernement ». Lorsque Kez entendit qu'on avait suggéré que « les gardes du corps anglais avaient fait partie du complot », il explosa : « Ce sont des conneries ! »

Le prince Philip ! Le MI6 ! Les avocats de Trevor, Jill et Ernie s'alarmèrent devant ces attaques délirantes formulées sans aucune preuve. Rien — ni personne — n'était sacré. Si les gens qu'il attaquait étaient coupables, tant mieux ! Même sans preuve crédible, Fayed tirait sur tout ce qui bougeait. Avec ses attaques alimentées par ses importantes ressources financières, il était capable de faire de terribles dégâts sans même avoir jamais à se justifier. Ernie et Jill trouvait cela moralement irresponsable et sincèrement terrifiant. Où s'arrêterait-il ?

Au 15 janvier, le juge n'avait que brièvement donné suite à la plainte de Christian Curtil. Il n'avait auditionné que trois des personnes de la liste. Mais leurs déclarations valaient de l'or pour Christian. Elles étaient aussi dévastatrices pour Fayed. Ce dernier aurait besoin de toutes les diversions qu'il pourrait créer.

Au cours de sa seconde audition du 21 décembre, le chauffeur Olivier Lafaye avait parlé au juge d'une information qu'il tenait d'un autre chauffeur, François Fievet. Apparemment, Fievet avait dit à Lafaye que, la nuit du 31 août, il avait été réveillé à 4 heures du matin par un appel téléphonique du directeur d'Étoile, Jean-François Musa. Lafaye disait que Musa avait demandé à Fievet d'aller chercher Salah Al Fayed et Frank Klein au Bourget. Musa avait annoncé ensuite à Fievet la mort de Dodi et Diana, disant que Trevor avait été gravement blessé et que Henri Paul était mort. Fievet déclara aussi à Lafaye que Musa avait ajouté que Henri Paul conduisait la voiture et qu'il avait bu.

Christian Curtil avait immédiatement demandé au juge d'auditionner Fievet afin qu'il certifiât l'histoire. Quand Fievet comparut quelques semaines plus tard, il confirma qu'il avait reçu l'appel de Musa mais qu'il ne pouvait pas assurer que c'était au cours de cette communication qu'il avait appris le taux d'alcoolémie d'Henri Paul. « Bien sûr, il est prudent, fit remarquer Curtil, mais il ne dit pas que c'est faux. »

Musa, dans son audition, avait aussi confirmé avoir appelé Fievet cette nuit-là pour lui demander de conduire. Il resta sur la défensive à propos de la décision qui avait amené Henri Paul à prendre le volant de la Mercedes. Il maintint qu'il n'y avait pris aucune part, que cela lui avait été imposé par le Ritz. Trevor, dit-il, lui avait transmis le message, mais cela avait été organisé par Dodi.

Puis il commenta la toute première déclaration de Klein selon laquelle Musa avait dit qu'il n'y avait pas de chauffeurs supplémentaires disponibles. Il s'était lui-même proposé pour conduire, déclara-t-il, mais cela avait été refusé. Il aurait pu mettre au volant de la Mercedes deux autres chauffeurs licenciés — Philippe Dourneau et le voiturier, Frédéric Lucard.

À la lecture du dossier, Christian Curtil fut satisfait. « Musa accusait le Ritz. » Le Ritz et Étoile se renvoyaient la responsabilité. Curtil savait qu'en tant que *partie civile*, Trevor avait fait émerger par la force une information qui en temps normal n'aurait pas été révélée. Des mensonges dits *après* l'accident, ils étaient remontés aux décisions qui avaient *causé* le drame. Combien y avait-il eu de demi-vérités et de mensonges formulés sous le coup de la peur ? se demandait Curtil.

Mais avec cette dernière série d'auditions, ils avaient, au moins, pu mettre au jour les faits et gestes — ou l'absence d'actions — qui avaient eu lieu au Ritz ou à côté dans l'heure décisive précédant l'accident. Séparément, ces actions n'avaient peut-être pas eu de conséquences, mais cumulées, elles avaient forgé la chaîne des événements qui avaient conduit à la catastrophe.

Si le tribunal décidait de retenir la responsabilité de quelqu'un, Christian Curtil était sûr que ce serait grâce à ces témoignages cumulés. Mais quand il remarqua que les derniers entretiens avaient été également menés par Mme Devidal, il ne fut pas optimiste quant au résultat. C'était signe que le procureur les considérait comme secondaires.

Le 29 janvier 1999, à 14 heures, le rapport et les conclusions de l'enquête de police furent apportés par coursier au bureau du procureur et aux avocats de chacune des *parties civiles*. L'instruction était terminée. Le juge Stéphan publia un communiqué de presse exceptionnel et partit une semaine en vacances. C'était maintenant au ministère public de décider s'il devait y avoir mise en examen.

Christian Curtil avait vingt jours pour répondre aux conclusions et argumenter les accusations formulées dans la plainte de Trevor. Dans une note de six pages envoyée au procureur, le 12 février, il s'expliqua avec force dans un style efficace. Il n'y aurait peut-être pas de procès contre le Ritz et Étoile. Mais cette note resterait comme l'ultime contribution de Curtil et de Trevor à l'histoire.

Pour bâtir son dossier, il laissa parler les témoignages recueillis au cours des auditions. Il laissa Frank Klein lui-même confirmer que Étoile n'avait jamais fourni auparavant de voiture sans chauffeur, même si on le leur demandait, prouvant qu'envoyer la Mercedes sans conducteur licencié n'était ni une omission, ni une erreur. Il utilisa les propres mots de Musa : la décision de confier la voiture à Henri Paul lui avait été imposée par le Ritz, alors qu'il avait offert lui-même de la conduire et qu'il avait deux chauffeurs disponibles. Déclarant qu'il avait agi sous la pression du directeur de nuit, Roulet, Musa avait, selon Christian, « en toute connaissance de cause, accepté de violer les règlements, chose à laquelle il avait résisté auparavant ». L'officier de sécurité du Ritz, Tendil, affirmait qu'il avait essayé de dissuader Paul de conduire, mais qu'il n'avait pas « assez d'autorité » pour y parvenir.

Pour prouver la « mise en danger de la vie d'autrui », Curtil insistait, disant qu'il suffisait de montrer « qu'un manquement aux règlements était capable de provoquer un accident sérieux ». Pour ne laisser rien au hasard, il rappela au juge que Henri Paul était ivre et qu'il ne possédait pas le permis requis pour conduire cet « imposant véhicule automatique ». Christian Curtil conclut en disant que « le fait d'avoir confié cette lourde voiture à un chauffeur inexpérimenté, ne possédant pas la licence requise et qui en outre avait bu, constituait un risque de mort ou de blessures graves ».

Cette « note » de six pages aurait convaincu un jury. L'attente commença.

L'explosion que redoutait Jill depuis l'été se produisit avant Noël 1998. Trevor en avait « tellement marre » — non, Jill n'utiliserait pas le mot « déprimé » — qu'il s'en était pris à un copain dans un pub et qu'on lui avait demandé de s'en aller. « J'avais remarqué que, chaque fois que je sortais, j'étais de plus en plus souvent agacé. C'était de pire en pire. Je m'énervais à propos de choses que je n'aurais pas relevées auparavant. Quand cet incident se produisit dans le pub, je réalisai que je devais faire quelque chose. » Il appela Jill : « Maman, je pense que j'ai besoin d'aide. » Jill l'envoya chez un médecin généraliste qui lui posa des questions pénibles, du genre « Éprouvez-vous jamais des envies de pleurer ? » Trevor se sentit un peu bête. « Fais quelque chose de ta putain de vie ! » se dit-il. Il repartit avec une ordonnance d'antidépresseurs. De lui-même, il arrêta de les prendre au bout d'un jour ou deux. « Je reconnais que j'étais au plus bas, mais le fait de le confier à maman me fit beaucoup de bien. » Pour la première fois de sa vie, il ne s'excusa pas d'avoir montré sa faiblesse à sa mère.

« Il savait qu'il avait besoin d'aide et était prêt à la demander. Il n'en fut pas mal à l'aise. C'était un pas vers la guérison, n'est-ce pas ? »

Généralement quand il s'était mis dans le pétrin et qu'il voulait regagner les faveurs de Jill, Trevor lui offrait des fleurs. Mais, cette année-là, le jour de la Fête des Mères, Trevor lui offrit une carte avec un petit mot affectueux dans lequel il lui exprimait sa reconnaissance. Elle fondit en larmes. « Il a *vraiment* de beaux sentiments. » Elle l'avait toujours su. « Il n'est pas du genre à faire beaucoup de câlins, ni à exprimer ses émotions enfin, pas davantage que n'importe quel Anglais. Vu de l'extérieur, les Américains semblent plus expansifs. Mais cela ne fait pas partie de notre culture », reconnaît-elle. Cependant, Trevor avait fait des progrès, il était « plus prévenant qu'il ne l'avait jamais été... Et il avait découvert que Ernie était son ami ».

En mai 1999, Jill fut en mesure de dire : « Nous sommes presque revenus à la relation qui existe entre n'importe quelle mère et son fils — accident ou pas —, on se fait du souci pour nos enfants parce qu'on les aime et qu'on espère les voir prendre les bonnes décisions dans leur vie ? Vis-à-vis de Trevor, je me sens comme je l'étais auparavant. Je ressens les mêmes choses que pour Chris, Gareth et John. »

Jill et Ernie sentaient que leur famille et leur couple étaient plus solides que jamais. « Pour survivre à la perte d'un enfant, ou supporter de le voir handicapé ou gravement blessé dans un accident, il faut être très fort. Nous formons un couple très résistant. Cette histoire ne nous a pas détruits mais cela n'est pas passé loin, dit Jill en réfléchissant. La plupart des gens n'ont pas réussi à faire un bon mariage. J'ai eu beaucoup de chance. J'en ai vécu deux. Et Trevor est toujours Trevor. Il n'est pas devenu quelqu'un d'autre. »

Les priorités — et l'humour — de Trevor étaient de retour.

Quand il se rendit à l'hôpital dans le service orthopédique pour y subir une nouvelle opération du poignet, l'idée de rater la demi-finale de la Coupe de rugby le faisait plus souffrir que la perspective de ce qui l'attendait. En s'apercevant qu'il n'était que le quatrième sur la liste, il commença à pester. « Mon Dieu, je vais rester là pendant des siècles », ruminait-il lorsqu'un des chirurgiens arriva. Gallois et joueur de rugby passionné, il demanda à Trevor pourquoi il était si agité. « C'est un match de la Coupe et j'ai hâte de partir pour aller le voir. » Le chirurgien mit son nom en premier sur la liste et, tandis qu'on roulait son brancard dans la salle d'opération, une des infirmières lui demanda : « Mon Dieu, vous n'allez pas jouer aujourd'hui, n'est-ce pas ? » Il avait à peine émergé de l'anesthésie que Jill et Ernie le conduisirent au club.

Mais jamais, il ne redeviendrait ou ne pourrait être ce qu'il était auparavant.

Au printemps 1999, Trevor avait fait la fête plusieurs fois avec ses copains dans les pubs du coin. C'était un rituel le samedi soir après les matchs. Ian Lucas avait appris par la presse locale que des rumeurs commençaient à circuler — Trevor dépassait les bornes. Ian connaissait, grâce à sa campagne politique, l'exigence que réclamait une vie publique. « Je devais toujours veiller à être bien rasé. J'étais toujours sous les projecteurs. Mais j'assumais cela de mon plein gré. Ce n'était pas le cas de Trevor. » Ian l'appela. Ils devaient avoir une discussion, même si l'avocat la redoutait. Il allait devoir condamner un type à perpétuité qui ne le méritait pas.

« Trevor, tu dois accepter le fait que tu es un personnage public. Quoi que tu fasses, tu dois savoir que cela peut se répercuter sur ta famille. » Pendant dix-huit mois, Trevor avait œuvré pour retrouver une vie normale. Il avait évité la presse avec fanatisme. Il resta « interloqué ».

En fait, il était « exaspéré ». « Je me souviens que Ian m'a raconté qu'un photographe m'avait vu en ville, heureusement sans son appareil photo, draguant une fille d'un peu trop près. Ma première réaction fut de penser, je les emmerde, qu'ils aillent se faire foutre, je ne changerais pas. Je faisais seulement ce que tous les types de mon âge font le samedi soir et cela me gonflait vraiment qu'on me l'interdise. »

« Je ne serais plus jamais anonyme. C'est ça que vous êtes en train de me dire ? » répliqua-t-il à Ian, en colère.

« Puis il commença à l'accepter », s'aperçut Ian. Il serait toujours montré du doigt, dévisagé. Le garde du corps qui avait survécu à l'accident. Son visage était partout sur les vidéos et les photos des dernières heures à Paris. Son image était indélébile, internationale. Lui et la princesse partageaient les mêmes dernières séquences de film — il était là dans chaque nouveau livre ou film qui parlait d'elle, avec sa chemise orange et sa veste bleue. Même si les gens ne le reconnaissaient pas à coup sûr, ses cicatrices le trahiraient toujours. Comment aller tranquillement à un rendez-vous, prendre une bière avec ses amis ? Plus grave, comment faire de la protection rapprochée, où il est nécessaire d'être anonyme ?

En mai, quand Kez vint lui rendre visite, il lui parla d'un boulot de sécurité bien payé à l'étranger. Trevor fut impatient de partir : « Je serais heureux de m'en aller et franchement, de ne jamais plus entendre parler de tout cela. » Il s'accrochait à l'espoir qu'une fois l'enquête achevée, on le laisserait vivre en paix, comme auparavant. Mais d'abord, il avait une tâche à accomplir. De toute évidence, il ne pouvait pas partir tant que l'affaire n'était pas terminée. Dans sa volonté de régler les problèmes qui pesaient sur sa vie, il commença à reconsidérer une idée de Ian qu'il avait refusée catégoriquement l'été précédent. « Quand Ian m'a parlé de la possibilité de raconter mon histoire dans un livre, j'ai dit non immédiatement. Je ne voulais vraiment rien faire. » Puis en octobre, quand il dut affronter les critiques — des conneries, selon lui — il repensa à cette proposition. « J'ai repensé à cette histoire de livre en me disant que ne rien faire n'était pas une solution — les gens se permettront d'écrire ce qu'ils voudront. J'ai commencé à me dire que ce serait l'occasion d'avoir le maximum de contrôle sur les événements. Une fois qu'il serait fini, je pourrais dire à tous ceux qui me poseront des questions sur ce qui s'est passé : lisez le livre. »

« Christian avait fait la connaissance de quelques agents littéraires au cours de l'un de ses voyages à New York et je décidais d'en rencontrer certains. Je pensais envisager un projet avec l'un d'eux, plus tard. »

En avril, il avait un éditeur et un délai de remise pour le manuscrit. Le livre occupa tout son temps. Il luttait contre sa mémoire défaillante et son besoin d'écrire les choses comme elles étaient. Sa vérité. Il passa six mois à travailler. Il pensa, un peu désabusé, au jour où il avait refusé le million de dollars proposé par le *National Enquirer*. L'interview en contrepartie ne lui aurait pris qu'une demi-journée !

« Mais c'était la seule façon d'être sûr qu'il s'agissait bien de *mon* histoire. Cela empêchera quiconque d'écrire à nouveau un article, m'attribuant des gestes que je n'avais jamais faits, ou des paroles que je n'avais jamais dites ou pensées. Quand ce sera fini, je pourrais continuer ma vie et ne jamais plus en parler.

« Tandis que le travail d'écriture avançait, les choses me semblaient drôles. J'étais toujours un peu réticent mais j'espérais que ma décision était la bonne. Je dois dire que je n'aurais pas fait ce livre si maman et Ernie ne m'avaient pas proposé leur aide. »

Pour Jill, ce ne fut pas une décision facile à prendre. Ils avaient tant lutté pour reconstruire leurs vies. Ce livre allait la leur reprendre un peu. Elle craignait d'avoir à revivre les souvenirs ; les larmes et la souffrance étaient encore si proches. Mais Jill avait encouragé Trevor à raconter son histoire parce qu'elle croyait — elle espérait désespérément — que cela lui ferait du bien. Peut-être, verrait-il, en couchant les mots sur le papier, à quel point il s'était bien débrouillé. À quel point il était fort. Il s'était rendu compte que sa guérison était extraordinaire. Mais il n'avait pas trouvé la paix dont son esprit et son corps avaient besoin. Il s'était rétabli sous le feu des projecteurs, entraîné dans une tourmente à peine imaginable. Et comme leur avait dit le docteur Chikhani, il s'était guéri lui-même. Elle espérait que ce livre lui montrerait que, s'il était capable de tenir tête à la détermination puissante de l'un des hommes les plus influents d'Angleterre tout en restant fidèle à lui-même, il pourrait alors supporter n'importe quelle pression. Pour le restant de sa vie.

Quand Ernie lui avait dit, pour essayer de lui remonter le moral au départ de Paris : « Nous formons une excellente équipe », il devait avoir raison, en réalité. La famille entière avait subi un profond traumatisme, Jill s'en apercevait, mais elle avait guéri. Quelle terrible façon de découvrir sa propre force ! Elle espérait au plus profond d'elle-même — pour Trevor, pour eux tous — que ce livre leur permettrait enfin de clore le chapitre et de continuer à vivre.

Le 17 août 1999, six mois après avoir reçu le rapport du juge d'instruction, Mme Coujard, le procureur, rendit publique sa décision : toutes les charges pesant sur les photographes et le motard étaient abandonnées et rejetées. Après deux années d'enquête et la consultation d'un dossier épais de dix mille pages, elle n'avait pas trouvé de preuves suffisantes pour confirmer les soupçons qui avaient conduit à ouvrir une information.

> (La) cause directe de l'accident est la présence, au volant de la Mercedes S280, d'un chauffeur qui avait consommé une quantité considérable d'alcool, mélangé... à des médicaments, et qui conduisait à une vitesse... plus importante que

> celle autorisée dans une zone habitée... Donc la perte de contrôle du véhicule par le chauffeur dans le tunnel de l'Alma constitue la cause principale de l'accident.

L'accident était « involontaire ». C'était un coup terrible porté à la théorie du complot. Le rapport fut publié dans son intégralité dans le *Sunday Times* du 29 août. Fayed le dévoila ensuite sur son site Internet, la nouvelle arme internationale de son arsenal.

Mme Coujard avait rejeté la plainte de Trevor. Les deux arguments qu'elle lui opposait semblaient simplistes. Premièrement, le garde du corps ayant subi de graves traumatismes, la plainte pour « mise en danger de la vie d'autrui » était jugée irrecevable. Désolé, disait le rapport, seuls ceux qui ne sont pas blessés ont un droit ; si vous êtes déjà blessé, le *risque* de l'être a disparu. Ensuite, le rapport affirmait que le fait que Henri Paul n'ait pas eu le permis légalement requis n'était pas recevable, puisque tout le monde était capable de conduire la Mercedes. Dans les rues de Paris dont la vitesse est contrôlée, la présence au volant d'un chauffeur professionnel doté d'une licence n'aurait eu aucun effet sur la sécurité. Pourquoi, alors, avons-nous une loi ? s'émerveilla Christian Curtil. Il considérait que le tribunal faisait tout son possible pour éviter un procès.

En effet, quelques lignes plus bas, le rapport se contredisait, attirant l'attention sur la « licence spéciale » dont il venait de nier la recevabilité. Il admettait finalement que ce point-là était tout à fait pertinent :

> Si le choix de Henri Paul comme chauffeur pose un problème et s'il faut prendre en considération son état le soir en question, il faut aussi examiner les conditions dans lesquelles il a été décidé de recourir à un véhicule de la société Étoile Limousine, dont la flotte était composée de voitures très puissantes, nécessitant un permis spécial, que Henri Paul ne possédait pas.

Curtil ne fut pas surpris, le résultat confirmait ses craintes. Ils ne voulaient pas paraître ridicules. Poursuivre aujourd'hui le Ritz ou Étoile, c'était reconnaître qu'ils s'étaient trompés pendant deux ans en voulant poursuivre les photographes... Pour eux, un changement de stratégie était inacceptable.

Mais, par-dessus tout, Curtil éprouva de la fierté. Mme Coujard avait cité certains des facteurs interdépendants qui, d'après lui, avaient contribué à l'accident. Elle avait clairement entendu la plainte de Trevor, les témoignages des deux gardes du corps, révélant la responsabilité de Dodi dans l'organisation du plan. Le rapport reconnaissait « des divergences » dans les informations données par la direction du Ritz et le patron d'Étoile Jean-François Musa concernant les décisions prises avant l'accident. Christian Curtil lut avec intérêt un paragraphe mettant en lumière les relations étroites entre les deux sociétés. De facto, cela faisait de Musa et des chauffeurs d'Étoile, des employés du Ritz. Ils étaient assujettis aux ordres de leur patron — ce lien, disait le rapport, donnait à Dodi « le pouvoir de prendre toutes les décisions, en dernier recours ».

À la lumière de cette chaîne de commandement, la déclaration de Fayed au juge, le 11 décembre, devenait sans intérêt. « Le jour de l'accident, avait-il déclaré, Trevor Rees-Jones était le seul en charge de la sécurité du couple. Il avait tous les pouvoirs pour prendre les mesures nécessaires concernant la sécurité. »

Christian Curtil attendait la suite. Dans environ une semaine, le juge donnerait sa réponse. Stéphan avait encore le pouvoir de rejeter la décision du procureur et d'accuser qui il voulait — les photographes, le Ritz, Étoile Limousine. Curtil espérait qu'après ces deux années de travail il aurait des réticences à clore son instruction de cette façon boiteuse et insatisfaisante. « C'est maintenant au juge de décider. Il n'est pas obligé de se cantonner à l'avis du procureur. Il m'a dit qu'il rendrait sa décision au cours de la première semaine de septembre », écrivit Curtil à Trevor dans une lettre du 29 août.

Il ajouta, en guise d'avertissement, que la décision du juge « ne signerait pas malheureusement la fin de cette affaire ». Les Spencer n'agiraient peut-être pas. Ils s'étaient montrés complètement passifs jusqu'ici. « Mais une chose est sûre : Fayed et les Paul feront appel de toute décision qui n'accusera pas au moins six ou sept photographes d'homicide involontaire. Le risque est que Fayed essaie de vous mettre en cause au cours du procès. Soyez sûr que je suis conscient de votre désir de mettre un terme à cette histoire et de ne pas apparaître trop agressif envers cet homme... Mais à votre place, je ferais appel au moins pour me protéger. »

Si le juge ne mettait personne en accusation, cette page d'histoire serait classée, aucune responsabilité ne serait établie. Si Trevor refusait de faire appel, de contester la décision, il n'y aurait aucune chance que la vérité sorte au grand jour. « Je veux que la lumière soit faite. Au fond, c'est mon droit, mon devoir — je ne suis pas le seul à le penser — de répondre aux allégations de Fayed qui m'accuse d'avoir contribué à l'accident ». Pour cela, Trevor n'avait pas besoin de faire appel. Son livre serait la meilleure réponse à son ancien patron. « J'espère que ces pages marqueront la fin de cette affaire. Je préfère cela à une action judiciaire. Une compensation financière n'est plus nécessaire. Grâce à ce livre, je vais gagner de l'argent. Je n'ai pas besoin d'être gourmand. Je pourrais enfin payer mes frais de justice ». L'accord qui stipulait que Fayed devait payer les avocats de Trevor jusqu'au moment de sa démission s'était révélé source de problèmes. Il n'en valait pas la peine. Les trois avocats avaient fourni un travail incroyable pour Trevor depuis son départ de l'organisation. Il devait les rémunérer. « Il fallait aussi que je mette un peu d'argent de côté pour pallier les incertitudes de l'avenir. »

Le second anniversaire de la mort de Diana, bien que moins poignant que le premier, révéla la puissance du mythe. Dans un téléfilm, « fondé sur la vraie histoire », et diffusé sur le petit écran, Diana était montrée sous les traits d'une « femme humaine et triste », cherchant le grand amour et menée à la mort, angoissée, par un essaim de paparazzi. Trevor était appelé « Tim ». Cette fiction ne parlait ni des priorités de Fayed ni de l'ivresse de Henri Paul, ni des décisions de Dodi ou des irrégularités qui avaient permis à un chauffeur sans permis spécial de prendre le volant de la Mercedes.

Diana fut canonisée par certains : on reprécisa que le prix Nobel de la Paix, accordé l'année précédente à ceux qui combattaient l'usage des mines anti-personnel, était un hommage à son rôle humanitaire. En Grande-Bretagne, un documentaire télé, produit par Richard Belfield, dans lequel on devinait l'intervention de Fayed, sanctifia l'histoire d'amour des deux jeunes gens. Un célèbre conseiller de la Reine y protesta même contre la décision de justice d'innocenter les photographes.

Diana fut critiquée par d'autres : un best-seller américain décrivit la princesse comme un être perturbé, à peine capable de se conduire en adulte.

Le 31 août 1999, la famille Rees-Jones ne se rendit pas à Sweeney Hall pour y jouer au cricket, comme Jill y avait songé. La vie avait repris son cours. Sweeney Hall était complet et les membres de la tribu avaient tous leurs occupations. Cependant, ils ressentirent le besoin de se réunir, comme chaque été. Alors, ils se retrouvèrent à treize, une semaine plus tôt, pour déjeuner au Walls, l'ancienne école en pierre de Ernie et des garçons qui avait été transformée en restaurant. C'était peut-être mieux de changer pour que ce jour ne devienne pas une commémoration funèbre.

Le 3 septembre, le juge rendit ses conclusions. Elles ne correspondaient pas aux attentes de Curtil. Hervé Stéphan rejeta, lui aussi, toutes les charges pesant sur les photographes, confirmant la décision du procureur. Il rejeta la responsabilité de l'accident sur la conduite en état d'ivresse de Henri Paul, à la suite de la résolution de Dodi de le mettre au volant. Le rapport, presque similaire à celui du procureur, fut publié à la une des journaux européens et en Amérique du Nord. Les photographes n'y étaient pas jugés dénués de responsabilités. Les juges estimaient que leur comportement « soulevait des questions éthiques et morales ». Ils déclaraient que « leur présence continuelle et insistante » avait conduit Dodi Fayed « à prendre des décisions imprudentes certes, mais qu'il n'aurait pas prises s'ils n'avaient pas été pourchassés ».

La plainte de Trevor fut rejetée. Il n'y aurait pas de poursuites pénales contre le Ritz et Étoile. Les trente-deux pages du rapport des juges Stéphan et Devidal confirmaient d'un bout à l'autre les conclusions du procureur.

Trevor apprit la nouvelle à Oswestry. « Quand Christian Curtil m'a appelé pour me parler des conclusions du juge, j'avais déjà entendu les informations à la télé. Je dois reconnaître que j'étais très soulagé. Je savais que ce n'était pas fini, que Fayed allait faire appel, mais je n'avais aucun désir à l'époque d'entamer une nouvelle bataille judiciaire. Si le juge avait soutenu ma plainte, il y aurait eu des appels, des affrontements. Je n'en aurais jamais vu la fin. Si j'essaie d'être honnête avec moi-même, je dois avouer que je n'avais jamais vraiment voulu déposer cette plainte. »

À l'annonce de la sortie du rapport, la presse se précipita au magasin de sports où il travaillait. Après avoir éjecté manu militari un photographe de la boutique, il découvrit sur le pas de la porte des équipes de reporters de Sky News et du *Mirror*. Il rentra chez lui en courant et resta barricadé près du téléphone, ne communiquant qu'avec Christian et ses parents.

Toute cette affaire avait été guidée par la pression, réalisa Curtil. Le juge avait « innocenté » Dodi à cause de la pression que lui faisait subir la presse. « Certes, se dit Curtil, les photographes les ont harcelés mais ils n'auraient pas dû réagir. Ce n'est pas une raison pour appuyer sur l'accélérateur comme l'a fait Henri Paul. »

La pression ne doit pas vous faire perdre votre bon sens. La justice française avait réagi et agi sous la pression médiatique internationale. Le juge Stéphan avait publié deux communiqués de presse sans précédent. Le secret de l'enquête, les fuites et les spéculations délirantes que cela avait provoqué avaient été préjudiciables.

Dans l'ensemble Curtil avait le sentiment que les conclusions justifiaient sa ligne de conduite. Les juges avaient évité un procès pour des raisons d'apaisement général, pensait-il, « mais ils reconnaissaient que nous avions raison ».

Ce jour-là, il fut littéralement assiégé par les médias. Ian et David étant en vacances, il dut répondre à une cinquantaine d'appels téléphoniques. « Christian Curtil, l'avocat de Trevor Rees-Jones, qui a déposé plainte contre le Ritz et son service de voitures, Étoile Limousine pour "mise en danger de la vie d'autrui" s'est montré satisfait de la décision. Il a déclaré qu'il était content que le juge "ait souligné la responsabilité du Ritz et... d'Étoile" », écrivit une dépêche de l'agence AP.

Trevor, lui, ressentit peu d'exaltation. Il n'était pas d'accord avec la décision qui innocentait les photographes. « Pas de paparazzi, pas d'accident », pensait-il. Le juge n'avait pas tenu compte de nombreux facteurs importants. « Mais j'acceptai la décision. »

« Ce rapport ne met pas un terme à cette affaire, annonça le soir même le journal de la nuit de NBC. Cela pourrait conduire à une inculpation de l'hôtel Ritz, ouvrant la possibilité au garde du corps Trevor Rees-Jones et à la famille de Diana de réclamer des dommages et intérêts... »

Les porte-parole de Fayed — l'avocat Georges Kiejman à Paris et Laurie Mayer à Londres qui avait remplacé Michael Cole — déclarèrent immédiatement que Fayed allait faire appel. Le titre de *l'Observer* annonça : « FAYED PREND D'ÉNORMES RISQUES EN FAISANT APPEL DU VERDICT RENDU DANS L'AFFAIRE DIANA. »

Ce fut un grand moment d'humiliation pour Fayed. Malgré ses deux années d'enquête dans le monde entier, sa théorie du complot avait été considérée comme « une absurdité ». C'était depuis le début l'opinion de Trevor et des autres gars. Ses diatribes avaient nui à sa réputation. Il devait affronter les reproches publics faits à son propre fils pour avoir donné l'ordre à Henri Paul de conduire la Mercedes. En novembre, la situation se compliqua. Le magazine *Eurobusiness* révéla que Fayed et Frank Klein du Ritz étaient les copropriétaires de Étoile Limousine. La société n'appartenait pas, comme on l'avait dit auparavant, à une troisième personne. Si l'information se vérifiait, Fayed ne pourrait pas se retourner contre Étoile, dans le cas de poursuites contre le Ritz.

Trevor « se réserve le droit de faire appel une fois qu'il aura lu le rapport du juge » annonça Curtil dans son communiqué de presse. Cet appel devait être déposé avant dix jours, soit le 13 septembre. En privé, il essayait en hâte de convaincre Trevor de dépasser ses scrupules, de se protéger. Curtil avait appris par l'intermédiaire d'un de ses plus fiables contacts dans la presse que Fayed prévoyait, non seulement d'accuser Trevor pour son attitude criminelle durant le procès devant la cour d'appel mais aussi « de le poursuivre ensuite devant un tribunal civil pour négligence ».

Les trois avocats savaient qu'ils n'arriveraient pas à faire partager leurs inquiétudes à leur client.

Cependant, le danger était réel et croissant. Si le fait d'avoir acquis le grand magasin Harrods, une icône britannique, avait conduit Fayed à jubiler : « Je pisse sur les Britanniques. J'ai acheté Harrods afin d'être au-dessus d'eux et pouvoir leur pisser dessus », il était difficile d'imaginer dans ces conditions ce qu'aurait inspiré un mariage entre Dodi et Diana — Fayed se retrouvant le grand-père par alliance de l'héritier du trône.

Maintenant que ce bref fantasme avait disparu, Trevor — le seul lien vivant avec la tragédie — risquait de devenir la cible des frustrations de Fayed. Jusque-là, ce dernier s'était retenu de dire que le garde du corps avait fait partie du complot, mais cette idée pouvait germer dans son esprit. Il éprouverait peut-être aussi le besoin de punir Trevor pour l'avoir dépossédé du plaisir d'humilier l'*Establishment*. Il pourrait brutalement décider d'absoudre Henri Paul et de faire de Trevor le bouc émissaire, à la place du prince Philip, de la famille royale et du gouvernement qui l'avait humilié et durement rejeté.

Selon les hommes de loi, il fallait peut-être prendre du recul pour comprendre les attaques de Fayed contre Trevor. Peut-être percevait-il le départ de Trevor comme l'offense de trop. Depuis des décennies, il avait « encaissé » énormément de choses de la part des Britanniques, dont il avait si désespérément cherché l'approbation et... le passeport. Lorsqu'il avait racheté Harrods, il s'était heurté à une opposition acharnée et violente. Ses finances avaient été passées au crible par des enquêtes gouvernementales, à la suite desquelles les Anglais refusaient toujours de lui accorder la nationalité britannique. Actuellement, les problèmes s'accumulaient.

Alors qu'il avait cru obtenir enfin un passeport, grâce à un gouvernement travailliste bien plus compréhensif, ce rêve lui avait une nouvelle fois échappé. Début 1998, la reine avait annulé sommairement son sponsoring du Windsor Horse Show. Et le prince Philip et le prince Charles ne l'avaient jamais remercié pour le petit mot qu'il leur avait écrit. Autant de nouveaux poignards dans le cœur !

Isolé dans son monde « d'Alice au pays des merveilles », il avait une telle vision de la réalité que, lorsqu'il avait admis avoir soudoyé plusieurs membres du Parlement pour promouvoir ses intérêts à la Chambre des communes, il s'était décrit comme un réformateur parti en croisade pour bannir la corruption régnant au sein du gouvernement. Il avait été accusé, poursuivi, avait subi multiples enquêtes et de nombreuses campagnes de presse — on lui reprochait aussi d'avoir menti sur son passé et ses origines. Il continuait pourtant de mettre ses malheurs sur le compte d'un racisme anti-arabe et du snobisme. Jamais sur lui-même.

Fayed avait-il d'autres raisons d'accentuer ses attaques contre Trevor ? S'apercevait-il que ses fictions et ses complots s'écroulaient ? « Alors que Fayed fonce vers une inévitable autodestruction, il pourrait essayer de comprendre pourquoi tout est allé de travers », écrit Tom Bower dans une biographie non autorisée en 1998, intitulée « Fayed ». « Comme tant d'autocrates, Fayed est devenu son pire ennemi. » Les lions blessés peuvent être les plus dangereux.

La famille de Trevor était d'accord pour penser qu'il devrait faire appel. « Trevor, il n'est pas juste que ta vie, ta santé aient été détruites, et que tu n'ais pas reçu un seul penny d'indemnité, lui disaient Jill et surtout Ernie. Dans un autre pays, tu aurais perçu des dommages et intérêts pour ce qu'on t'a fait. »

Ses avocats devaient aussi lui faire savoir que, s'il ne faisait pas appel, il abandonnerait, à cause du fonctionnement du système judiciaire français, ses droits à toute indemnisation. Et le délai légal pour agir expirait prochainement.

Les attaques commencèrent, obligeant Trevor à se décider.

Laurie Mayer fit paraître un communiqué de presse. « Laurie Mayer a mis en doute la fiabilité de Trevor Rees-Jones », cela annonce le drame judiciaire qui devrait suivre, écrivit John Arlidge de l'*Observer* le 5 septembre. Mayer a déclaré que le récit de Trevor concernant l'accident est « absurde » et a insinué que Rees-Jones est en partie à blâmer : « Trevor Rees-Jones s'est rappelé bien à propos qu'il y avait un autre fautif. »

« Je ne cherche pas à trouver un responsable, ni à recevoir une importante indemnisation. La seule chose que je veux, c'est travailler et recommencer à vivre. Je ne suis pas aigri. Si c'était le cas, j'en serais le premier effrayé. » Il éprouvait du mépris et même de la pitié pour le patron. « Mais je ne ressentais pas d'amertume envers Fayed. Je crois n'avoir jamais agi contre lui ou son organisation. J'espère que je pourrais m'y rendre bientôt, boire une tasse de thé avec les gars dans la petite cuisine près de la salle des Opérations. Cela pourrait être plus difficile pour eux si des ordres d'en haut m'en interdisaient l'accès. Mais cela ne me gênerait pas. »

Le 7 septembre 1999, Fayed fit appel, ainsi que la famille de Paul, en se réservant le droit d'accuser, n'importe qui ou n'importe quelle entité, de responsabilité criminelle. Dès que la cour annoncerait une date d'audience, ils devraient déposer leurs conclusions. D'après ses avocats, Trevor serait vraisemblablement cité. Malgré lui, il pourrait encore être entraîné dans une bataille juridique, précipité dans une nouvelle pagaille médiatique. Pourtant, il n'avait aucun désir de contre-attaquer.

« Je ne voulais pas que ça dure. La famille Spencer avait lancé un appel à la télévision, demandant qu'on arrête les polémiques. Ils avaient annoncé qu'ils respectaient la décision du juge. C'était mon cas, franchement. Je ne voulais pas être la seule personne, à part Fayed, à poursuivre la guerre », dit Trevor.

Terré dans sa petite maison, il n'était pas malheureux. Au cours des six derniers mois il avait découvert « le plaisir de vivre seul. J'apprécie aujourd'hui ma propre compagnie. C'est parfois sympa de rentrer à la maison, de m'y asseoir, de mettre le répondeur et de rester seul... J'arrive maintenant à me montrer un peu égoïste. À écouter mes envies au lieu de faire ce que les autres veulent ».

Il avait surmonté son divorce avec Sue. « J'apprécie vraiment d'être à nouveau célibataire. »

Toutes les semaines, il papotait au téléphone avec Lara, qui avait illuminé ses jours les plus tristes à Paris. Il lui avait rendu visite en Irlande et elle était venue pour le mariage d'un ami commun à Sweeney Hall en novembre.

« Je dois admettre que parfois, seul à la maison, j'ai broyé du noir. Je pensais, “cela ne s'arrêtera-t-il jamais ?” Et j'ai dû réaliser que ma vie ne serait plus jamais ce qu'elle était. Je le ressens toujours de temps à autre. »

Il avait traversé une période de chagrin et de tristesse.

« Mais il faut se ressaisir et vivre avec, parce que la sympathie des gens s'épuise vite ; elle a une durée de vie très courte. Les gens en ont vite assez que vous vous apitoyez. Oh, mon Dieu, revoilà ce type ! » se disent-ils.

Le respect qu'on lui témoignait à Oswestry avait beaucoup d'importance à ses yeux. « J'ai mis du temps à comprendre que, si j'étais resté avec Fayed, j'aurais été perçu comme son porte-parole, son larbin. J'aime croire que les gens d'ici me respectent, que j'y ai beaucoup d'amis. »

Conserver cette considération pesa beaucoup dans le choix de sa décision. Trevor avait pris seul la résolution de quitter Fayed. Il fit la même chose. Il ne ferait pas appel. Il n'entamerait pas de poursuites pour obtenir des dommages et intérêts. Sa décision fut inébranlable.

« Il n'est pas vindicatif, observa sa mère affectueusement. Je suis très fière de lui. Il agit à sa façon. Et je pense qu'il a raison. »

Ian comprit. Il connaissait bien Trevor. Il le considérait aujourd'hui comme « une personne plus équilibrée, plus mature ».

Ils avaient tous souffert, en le regardant se battre. S'il décidait de ne pas faire appel, ce n'était pas par peur de Fayed. Il s'en était libéré. Il avait pris la décision en homme responsable.

« Personnellement, je pense que Fayed s'est comporté comme un idiot, réfléchit Trevor. Si j'étais aujourd'hui avec le Patron, je lui dirais "Cela suffit", je ne ferais rien de ce que je n'ai pas envie de faire. En regardant en arrière, je ne dois rien à Fayed ou à cette organisation, *rien* ! »

« Mais j'aurais honte si je ne ressentais pas une forme de responsabilité morale, ce ne serait pas humain. Je suis la seule personne qui a survécu. Il ne s'agit pas de la prétendue culpabilité du survivant, j'étais payé pour veiller sur Dodi et son invitée et ils sont morts pendant que j'étais en mission. Je garderais cela dans un coin de ma tête le restant de ma vie. J'ai endossé cette responsabilité en aidant le juge du mieux possible pour découvrir ce qui s'était passé. »

Certains de ses proches croiront toujours qu'il a montré trop de sens moral en refusant d'attaquer son ancien patron. Grâce à son site Internet, « alfayed.com », et à son procès en diffamation qui l'opposait à Neil Hamilton, Fayed avait les occasions pour répandre ses diatribes et ses allégations.

À l'approche de Noël 1999, les avocats de Trevor remarquèrent un fait inquiétant sur son site Internet : une page « garde du corps » était en construction. Fayed prévoyait-il de la lancer au moment où son appel se précisait. Trevor serait-il sa cible principale ?

Trevor continue d'ignorer les événements. Il y a réfléchi trop souvent.

« Je sais qu'ils sont morts au cours de ma mission. Ce que je n'accepte pas, c'est que l'on dise que mes actions ou mes négligences ont provoqué l'accident. J'ai aujourd'hui une mémoire définitivement vierge par rapport à tout cela. Mais je m'en tiens aux souvenirs que j'ai racontés au juge, après avoir repris conscience à l'hôpital.

« Je n'ai pas besoin d'une autre enquête pour me sentir sûr de moi. Je dois pouvoir me regarder dans une glace. Je me suis souvent sacrément posé la question : aurais-je pu faire plus ? Vu la situation, nous avons fait le meilleur travail possible. Personne n'aurait pu faire mieux. »

« Je vous le dis aujourd'hui, si j'avais pu mourir à la place des trois autres, je l'aurais fait. Mais on ne peut pas revenir en arrière. On ne peut pas dire, si seulement, si seulement, si seulement... »

Jill ressentait profondément qu'il était « important pour Trevor de tirer un trait sur tout cela, de poursuivre sa vie. C'était important pour tous ceux associés à cette affaire ».

On lui avait offert un travail de protection rapprochée dans une société du Shropshire. Il avait accepté. « Fais attention à ce qu'ils ne t'embauchent pas à cause de ton nom, Trevor », l'avait averti Ian, heureux cependant, de le voir avancer. Il quitta son travail au magasin de sports en septembre, prévoyant de revenir à la protection rapprochée à Noël. La bouche était bouclée.

Trevor pensait toujours aux princes. « Le chagrin de William et Harry est aussi fort que si leur mère avait vendu des journaux au coin de la rue. Les sentiments ne changent pas, ce sont juste ceux des autres qui sont différents parce qu'elle était princesse. Je suis sûr qu'on en a fait baver au prince William et au prince Harry à cause de l'identité de leur mère. C'étaient des gamins adorables et j'aimerais penser qu'ils se sont amusés pendant ce premier voyage en juillet. Mais je sais qu'ils ne se souviendront pas de mon nom avec tendresse. Pour eux, je serais toujours associé à la mort de leur mère. C'est très dur à encaisser. J'aimerais les revoir et leur dire : je suis vraiment désolé. Je n'ai rien pu faire de plus. »

Il a conservé la lettre que les enfants et leur mère avaient signée, joliment encadrée, dans un coffre au bureau de ses hommes de loi.

S'il avait pu ranger ses souvenirs et ses pensées aussi soigneusement !

Il voulait refermer la porte et continuer sa vie. « Je veux ce que j'ai toujours voulu, ce que j'ai failli avoir : une femme sympa, des enfants, une maison et un boulot calme. J'ai du mal à croire que ces deux dernières années ont rendu cela impossible. »

Les cicatrices seraient toujours là, Trevor le savait

« Pourquoi tu as des rides partout sur ta figure ? » Le souvenir de la petite fille, qui était venue vers Trevor au club de rugby, remontait à la mémoire. En y repensant, la réponse du jeune homme était trop simple. Mais comment raconter à un enfant tout ce qui s'était passé ?

Table des matières

Impression réalisée sur CAMERON
par BRODARD ET TAUPIN
La Flèche
en mars 2000

Imprimé en France
Dépôt légal : mars 2000
N° d'édition : 2049 – N° d'impression : 1545